Viktor Schultze

Geschichte des Untergangs des griechisch-römischen Heidentums

Zweiter Band.

Geschichte des Untergangs des griechisch-römischen Heidentums.

Zweiter Band.

Geschichte des Untergangs des griechisch-römischen Heidentums

II.
Die Ausgänge.

Von

D. Victor Schultze,
Professor an der Universität Greifswald.

Jena,
Hermann Costenoble.
1892.

Alle Rechte vorbehalten.

Der hochwürdigen

theologischen Fakultät

der

Universität Dorpat

als

Zeichen des Dankes

für die dem Verfasser verliehene

theologische Doktorwürde

gewidmet.

Vorwort.

Dieser zweite Band bringt die Geschichte des Untergangs des griechisch-römischen Heidentums zum Abschluß. Der Versuchung, den Stoff weiter auszudehnen, glaubte ich widerstehen zu sollen. Ich habe mich bestrebt, die Darstellung selbst knapp zu halten, dagegen die Quellen möglichst vollständig anzuführen. Ich hielt letzteres um so mehr für geboten, da in großem Umfange monumentale Zeugnisse antiker wie christlicher Herkunft von mir verwertet sind, deren Kenntnis dem herkömmlichen kirchengeschichtlichen Wissen noch fern liegt.

Wenn dem mit bekanntern Verhältnissen rechnenden ersten Bande unter Kennern dieser Zeit — ich nenne dankbar Gaston Boissier und Gustav Hertzberg — eine wohlwollende Anerkennung zu Teil geworden ist, so darf ich für diese Fortsetzung desto größere Nachsicht erwarten, da hier fast überall die Wege erst zu bahnen waren, und ich in den seltensten Fällen und nur in Einzelheiten mich auf Vorarbeiten stellen konnte.

Das geistvolle Werk von Boissier über das Ende des abendländischen Paganismus im vierten Jahrhundert,*)

---

*) La fin du paganisme. Étude sur les dernières luttes religieuses en Occident au quatrième siècle. Paris 1891. 2 vol.

welches in farbenreichen Bildern einzelne Seiten dieser entscheidungsvollen Geschichte vorführt, konnte ich nicht mehr benutzen. Ich habe das insofern nicht zu bedauern, da Anlage, Ziel und auch die Hauptsache des Inhaltes dort ganz andere sind, so daß beide Werke als selbständige nebeneinander stehen.

Die Beschleunigung des Druckes und noch mehr der Umstand, daß ich persönlich nur einen Teil der Korrekturen gelesen habe, haben im ersten Bande leider eine Anzahl von Druckfehlern verursacht und Verschreibungen aus dem Manuskript hinübergezogen. Ich verweise dieserhalb auf den Anhang dieses Schlußbandes.

Inhaltsverzeichnis.

Erste Abteilung.
Allgemeine Wandlungen.

	Seite
Erstes Kapitel. Die Lage	1
Zweites Kapitel. Das römisch-griechische Recht	12
Drittes Kapitel. Die Kunst	53
Viertes Kapitel. Die Literatur	72
Fünftes Kapitel. Der Kalender	88

Zweite Abteilung.
Die provinziale Entwickelung.

I. Gallien	101
II. Britannien	127
III. Spanien	134
IV. Die nordafrikanischen Provinzen	147
V. Italien und die Inseln	166
VI. Die Rhein- und Donauländer	193
VII. Griechenland	203
VIII. Ägypten	218
IX. Syrien	240
X. Konstantinopel	278
XI. Kleinasien	297
Der allgemeine Verlauf des Gegensatzes	324

Dritte Abteilung.
Religiöse Ausgleichungen 340

Nachträge und Berichtigungen zu Bd. I und II . . 390

Erste Abteilung.

Allgemeine Wandelungen.

Erstes Kapitel.

Die Lage.

Der Glaube an die ewige Dauer des römischen Reiches hat die schweren innern und äußern Erschütterungen, denen dieser große Staatenorganismus seit Marc Aurel in zunehmendem Maße ausgesetzt war, überlebt. Die Idee behielt den Sieg über die Erfahrung des Gegenteils. Noch im vierten Jahrhundert gestand ein heidenfeindlicher Schriftsteller, den Gedanken an einen einstigen Untergang des Weltreiches nur mit Schauder denken zu können.[1]) Die dunkeln Seiten dieses mit politischer Genialität zusammengefügten Völkerganzen hat zuerst der Bischof Cyprian von Karthago nach seinem Übertritt zum Christentume mit der Einseitigkeit eines Convertiten, aber nicht unwahr zu einem düstern Gemälde gestaltet.[2]) Die von Krieg, Mißwachs und Hungersnot

---

[1]) Lactant. Div. Inst. VII, 15, 11: — quod Romanum nomen, quo nunc regitur orbis (horret animus dicere, sed dicam, quia futurum est) tolletur de terra.

[2]) Cyprian. Ad Donatum.

begleitete verheerende Pest unter der Regierung Marc Aurels war nicht nur der Vorbote der kommenden Zustände, sondern zugleich der kräftigste Anstoß dazu. Seitdem sind Veröbung blühender Gebiete, Abnahme der Bevölkerung, Zunahme des Proletariats stetige Erscheinungen. Die Wüsteneien in dem fruchtbaren, von Kriegswirren nicht berührten Kampanien sind die deutlichsten Zeugen der Lage. Der dauernde Kriegszustand in den Grenzländern, Rebellionen im Innern und das Räuberwesen zu Wasser und zu Lande lähmten den Handel und hinderten größere Unternehmungen. Der Rückschlag war eine drückende Finanznot, und diese wiederum erzeugte aus sich ein Steuersystem von beispielloser Härte. Die städtische Nobilität, auf welcher dieser Druck sich zusammenzog, wurde aus einem Ehrenstande zu einem Übel, dem man sich durch mancherlei Praktiken zu entziehen suchte. Schlimmer war die Wirkung auf die kleinen Grundbesitzer. Aufgesogen von den Latifundien, verschwanden sie in halber und ganzer Hörigkeit oder sie vermehrten das städtische Proletariat. Von der äußersten Armut, in welcher der Hungertod nichts Außergewöhnliches war, hob sich die Lebensweise der Reichen um so schroffer ab und verschärfte in ihrer Entartung jene Empfindungen, welche nie da fehlen, wo Besitz und Besitzlosigkeit in extremer Ausbildung einander gegenüberstehen.

In diesen schlimmen sozialen Verhältnissen mußte jede Ungerechtigkeit des Staates, jede Ausschreitung oder Pflichtvergessenheit seiner Beamten die gedrückte Stimmung empfindlich treffen. Die Klagen über Beamtenschaft und Gericht mehren sich im dritten Jahrhundert; bestimmte Vorkommnisse erweisen ihre Berechtigung. In etwas späterer Zeit ist öffentlich ausgesprochen worden, daß der Staat durch seine eigenen Beamten an den Rand des Verderbens geführt werde.¹) Das war Volksmeinung. Die große Zahl derjenigen, die nicht zu dem kleinen Kreise der Reichen und Mächtigen gehörten, betrachtete den Staat als ihren Feind oder wenigstens als einen Spekulanten, dem die Ausbeutung der Unterthanen das letzte und vornehmste Ziel sei.

Aus diesen Zuständen und Stimmungen erwuchsen schon seit dem zweiten Jahrhundert der Kirche Vorteile, welche im ganzen Verlaufe ihrer Geschichte in diesem Umfange ihr sonst auf keinem Boden zugefallen sind. Da sie nämlich sich in die Lage setzte, den verarmten und sonstwie bedrängten und in Verlegenheit geratenen Bevölkerungsklassen oder Einzelnen einen gewissen Ersatz des Verlorenen oder Entbehrten bieten zu können, wurde sie ihnen das, was diesen in den besten Zeiten der Staat gewesen war. Sie stellte sich zwischen Staat und Volk, nicht als Vermittlerin, sondern in selbständiger Rolle, so daß der Gewinn ihres Handelns ihr ausschließlich zufiel. Die religionspolitische Lage der vorkonstantinischen Zeit zog dieser Praxis noch bestimmte Schranken, und erst, als diese wegfielen, trat die Aktion in großen Formen in die Erscheinung. Aber die Tendenz ist dort wie hier dieselbe.

Die Thätigkeit der Kirche gestaltete sich, entsprechend den zu bewältigenden Übeln, als eine doppelte, nämlich als materielle Unterstützung und als Rechtshilfe. In beiden Fällen kam sie vorwiegend den Gemeindegliedern zu Gute, aber zu keiner Zeit hat sie sich darauf beschränkt. Indeß nicht dieser Umstand, sondern der imponierende Eindruck einer geschlossenen Gemeinschaft, die mit großen und starken

---

¹) Salvian. De gub. Dei IV, 6 vgl. auch IV, 4.

Mitteln für ihre Angehörigen eintrat und ihre leiblichen und rechtlichen Calamitäten erfolgreich aufnahm, mußte von einer fast unwiderstehlichen Wirkung sein in einer Volksmasse, die den Glauben an die Gerechtigkeit des Staates und das Gefühl einer sichern Existenz verloren hatte. Dort galt Kirchengut als Armengut und die Bethätigung der Wohlthätigkeit als kostbarste Frucht der Religiosität. Dem entsprach der ungeheure Aufwand von Geldmitteln, den die Kirche und Private, ohne daß irgend ein Nachlassen zu bemerken wäre, leisteten. Für die regelmäßigen wie für außergewöhnliche Ausgaben konnte das Erforderliche beschafft werden. Die Summen, welche der Staat unvollkommen und mühsam durch harte Steueroperationen im Reiche zusammentragen mußte, flossen der Kirche ohne sonderliche Anstrengung zu, nachdem sie einmal den religiösen Wert des Almosengebens zum Besitzstück der christlichen Überzeugung gemacht hatte. So vermochte sie nicht nur, tagtäglich Millionen Unterhalt zu geben, Gefangene loszukaufen, Schuldner aus den Händen der Wucherer zu befreien und sonstwie Bedrängten Erleichterung zu verschaffen, sondern sie ließ auch Anstalten zur Pflege von Hilfsbedürftigen jeder Art entstehen. Durch das ganze Reich ging diese Übung des Wohlthuens; sie war etwas Notorisches, Christen und Nichtchristen machten Gebrauch davon. Auch wenn nicht gelegentlich berichtet würde, daß diese trotz aller Mängel bewundernswerte Aktion der Kirche Bekenner zugeführt habe, so wäre es von vornherein anzunehmen. Ja, es kann gesagt werden, daß diese Erweisung der Wohlthätigkeit bei der Überwindung der heidnischen Volksmassen in hohem Grade wirksam gewesen ist. Die Millionen, welche die Kirche verausgabte, haben ihr Millionen Katechumenen eingetragen. So hat Julian geurteilt und darum in seinem neuen Religionsstaate auch die Liebesthätigkeit als Gesetz angeordnet.¹)

Weniger, aber immer noch genug wog die Intercession der Kirche zu Gunsten der durch staatliche Organe Bedrückten und Geschädigten. An kraftvollen Bischöfen fand die Beamtenwillkür einen fast immer erfolgreichen Widerstand. An jene gegen diese zu appellieren, wurde eine gewöhnliche Praxis, die freilich dem Staatsansehen nicht förderlich sein konnte. Neben Männern wie Ambrosius, Basilius, Athanasius und Synesius, deren entschlossenes Eingreifen in eine gewissenlose Verwaltung die geschichtliche Überlieferung rühmend meldet, ist die überwiegende Zahl der Bischöfe in Ausübung derselben Thätigkeit in irgend einer Form zu denken, da kanonische Verordnungen und eine feste Überlieferung dahin wiesen. Der wechselvolle Kampf zwischen Staat und Kirche über den Umfang des Asylrechts der gottesdienstlichen Stätten beweist, welche Bedeutung die Kirche einem unmittelbaren Eingreifen in die Machtsphäre des Staates zumaß. Es ist ihr auch gelungen, neben die staatliche eine bischöfliche Gerichtsbarkeit zu setzen und über die staatliche Rechtspflege eine gewisse Aufsicht zu gewinnen.²) So sehr auch der Staat sein Rechtsgebiet als Ganzes fest in seinem Besitze hielt, so erschien die Kirche doch dem allgemeinen Urteile als Trägerin und Garant einer höhern, bessern Gerechtigkeit. Diese Rolle bedeutete um so mehr, da die Verwaltung und die Rechtspflege damaliger Zeit in der That, wie schon bemerkt, an schweren Schäden litten.

So entdeckte das Volk ohne Unterschied des Bekenntnisses

---

¹) Ep. XLIX S. 89 f. (ed. Heyler).
²) S. darüber d. folg. Kapitel.

in der Kirche mehr und mehr diejenige Instanz, welche in dem Niedergange der öffentlichen und privaten Verhältnisse das materielle und das bürgerliche Dasein zu gewährleisten verstand. Wie durch diese Erkenntnis in der kirchlichen Gemeinschaft selbst eine starke Einheitlichkeit gesichert wurde, so mußte die Thatsächlichkeit dieser Machtstellung nach Außen von tiefer Wirkung sein und den Zugang zu den niedern und mittlern Schichten der heidnischen Gesellschaft weit aufthun. Eine Schrift, wie des gallischen Presbyters Buch „Von der göttlichen Weltregierung", welches aus der Stimmung tiefster Verbitterung heraus und in dem leidenschaftlichen Tone eines Pamphlets die bürgerliche und die Geldaristokratie ebenso wie die auf Unterdrückung des Schwächern gerichtete staatliche Mißwirtschaft dem Wissen eines großen Publikums und dem Gerichte Gottes schonungslos preisgiebt, kann als eine allerdings einseitige Probe der kirchlichen Anwaltschaft gelten.

Auf dieser Grundlage als gegebener Voraussetzung bewegten sich die systematischen Bemühungen der Kirche um Ausrottung des Hellenismus. Wie verschieden auch dieselben im Einzelnen sich gestalteten und sich auswirkten, sie waren überall da und suchten überall dasselbe Ziel. Der Charakter einer angreifenden und erobernden Macht eignet der nachkonstantinischen Kirche durchgehends, und diese feste Richtung auf ein festes Ziel verstärkte sich aus der natürlichen geschichtlichen Entwickelung heraus fortwährend. Denn seit der neuen Ordnung im vierten Jahrhundert vollzog die Kirche in verhältnismäßig raschem Handeln den weitern Ausbau ihrer im Schema längst fertigen Verfassung. Die bischöfliche Gewalt zog sich in ihren verschiedenen Abstufungen straffer zusammen. Die größern und kleinern Verwaltungsbezirke wurden, wo es noch nicht geschehen war, in deutlichere kirchenrechtliche Beziehung gesetzt. Das Streben, das ganze Gebiet nach der erprobten Vorlage des römischen Staatsorganismus zu gestalten, beherrscht die immer mehr auf bestimmte Regierungszentren hindrängende Bewegung. Auf die Zufälligkeiten der frühen Entwickelung folgte jetzt ein bewußtes Handeln nach festen Grundsätzen. Das Wichtigste darin war die bischöfliche Gewalt. Der Begriff derselben stand längst fest; zur vollen Auswirkung kam er erst jetzt. Wenn die Vervollständigung und Verstärkung der kirchlichen Organisation überhaupt der alten Religion nachteilig wurde, indem diese gleichsam als zu eroberndes Gebiet den einzelnen Bezirken zufiel, so liegt doch der Schwerpunkt im Episkopat. Von hier aus hat die kirchliche Verfassung am kräftigsten und erfolgreichsten zur Überwindung des Heidentums eingesetzt. Was nämlich in vorkonstantinischer Zeit mehr als Folge der thatsächlichen Verhältnisse erscheint, die Parallelisierung der politischen Diözese mit der kirchlichen, wird jetzt System. Die selbständige städtische Commune mit zugehörigem Territorium bildete im spätern Römertum die Grundlage der Verwaltung. Die Provinz war ein Komplex von Stadtbezirken. In den Städten conzentrierte sich das geistige und politische Leben, zu welchem sich das Land in Abhängigkeit verhielt. Darnach ermißt sich die Tragweite der religiösen Eroberung eines städtischen Gemeinwesens. Der Kirche ist diese Perspektive völlig klar gewesen, denn, was später zu zeigen sein wird, sie hat systematisch in den Städten Bistümer eingerichtet und von diesen festen Punkten die Propaganda weiter wirken lassen. Gewiß fand sich in den von verschiedenen Elementen durchsetzten und von verschiedenen Interessen bewegten Städten leichter eine Gemeinde, aber nicht diese Erwägung, sondern jener weitere Gesichtspunkt gab den Ausschlag, wie die provinzielle Kirchengeschichte feststellt. So ist in Gallien an die römischen Civitates, in Ägypten an die Nomenteilung angeknüpft. Wie eng sich damals die episkopale Gewalt an die politische Diözese anlehnte, darüber belehrt nichts besser als die Geschichte der Entstehung der Parochie.[1])

Gegen Ende etwa des fünften Jahrhunderts sind die Städte des griechisch-römischen Reiches bis auf eine geringe Anzahl mit Bischöfen besetzt. Diese Bistümer waren das kirchliche Centrum des städtischen Territoriums. Ob die Zahl der Christen in den einzelnen Fällen eine größere oder geringere war, dieser Umstand trat durchaus zurück vor der Thatsache der fertigen Organisation. Über das ganze Reich war die bischöfliche Organisation geworfen, und sie umfaßte kirchenrechtlich die heidnische wie die christliche Bevölkerung der Diözese, da sie als ihren räumlichen Umfang das städtische Territorium hatte. Daher geht in der Geschichte des untergehenden Heidentums neben den allgemeinen staatlichen und kirchlichen Maaßnahmen und den dadurch hervorgerufenen größern Bewegungen die städtische Geschichte als etwas Partikulares.

Die staatliche Gesetzgebung, welche in zunehmendem Maaße die alte Religion rechtlos machte, verstärkte diese günstige Lage. Ihre wesentliche Bedeutung bestand darin, daß sie dem Vorgehen der kirchlichen Organe gesetzliche Handhaben lieh. Aber auch der Eindruck der Feindseligkeit gegen den Götterglauben, den die kaiserliche Regierung durch ihre

---

[1]) Hatsch, Die Grundlegung der Kirchenverfassung Westeuropas im frühen Mittelalter, deutsch von A. Harnack. Gießen 1888 Abschnitt 1—3 (mit manchem Unzureichendem).

gesetzgeberischen Akte und einzelne Verwaltungsmaßregeln hervorrief und erhielt, mußte die allgemeine Stimmung irgendwie berühren und beeinflussen. Dieses Ergebnis ist vielleicht folgenschwerer gewesen als das direkte Eingreifen des Staates in den Gang der Dinge.

Diese Bundesgenossenschaft, die im Laufe der Zeit sich immer enger an die Kirche band, bildete eine Gegnerschaft, die um so unwiderstehlicher war, da die Omnipotenz des Staates damals alle freiheitlichen Bildungen aufgesogen hatte; ihr sind z. B. auch die korporativen Verbände allmählich erlegen.[1])

Die Weise der Mitarbeit des Staates an der Lösung der Heidenfrage genügte zwar nicht den Fanatikern, die mehr wollten, befriedigte aber die Kirche. Nur ist auch hier gelegentlich über Nachlässigkeit der Beamten in Ausführung der kaiserlichen Verordnungen geklagt worden. Der Staat war aber gar nicht in der Lage, immer allseitig und energisch durchzugreifen, da die große Korruption und die Fortdauer des Götterglaubens in der Beamtenschaft selbst schwere oder gar nicht zu überwindende Hindernisse boten.

Trotz dieser Zusammenhäufung von staatlichen und kirchlichen Machtmitteln zu dem einen Zwecke würde die religionspolitische Geschichte des vierten und fünften Jahrhunderts einen wesentlich andern Verlauf genommen haben, wenn sie sich in einer lebenskräftigen Generation und nicht in einer gealterten Menschheit abgespielt hätte. Schon das Jahrhundert vor Konstantin zeigt in allen Äußerungen, in denen es uns entgegentritt, ein Stadium der Entwickelung

---

[1]) Liebenam, Zur Geschichte u. Organisation d. röm. Vereinswesens, Lpz. 1890 S. 49 ff.

an, welches alle Anzeichen einer nahen völligen Auflösung der antiken Kultur in sich trug.¹) Zerfahrenheit und Schwächlichkeit bezeichnen die öffentliche Geschichte, Hohlheit, Geschmacklosigkeit und Ermüdung das Kulturleben. Die geistigen Kräfte waren auf ein niedriges Maaß heruntergegangen, die Religiosität trotz der von den Severern versuchten Reformation in ein unbestimmbares Allerlei verwildert. Was konnte diese Menschheit einer zielbewußten, von starken materiellen und idealen Machtmitteln getragenen Organisation, wie die Kirche war, entgegenstellen? Noch, als der Staat auf ihrer Seite stand, hat sie das rapide Anwachsen der neuen Religionsgemeinschaft geschehen lassen müssen. Jetzt handelte dieser als Verbündeter der Kirche, die Situation war also eine schlimmere geworden. Es gab ferner für den von Kirche und Staat bedrängten Hellenismus keinen einheitlichen Halt mehr. Die Massen klammerten sich an die ererbten Religionsbräuche und setzten in ihre Behauptung das Kampfesziel. Die neuplatonische Philosophie, erhoben über diese niedern Formen und Vorstellungen, stritt für ihre religiös-philosophische Weltanschauung. Andere wiederum, wie Symmachus, wurden vorwiegend von patriotischen Stimmungen bewegt. Anders wiederum gestaltete sich das Interesse des Deismus. Es verband diese Kreise wohl eine gemeinsame Empfindung, und gelegentlich, wie in Alexandrien²), schloß die Philosophie mit dem Pöbel enge Bundesgenossenschaft, doch lagen die Interessen zu weit voneinander ab, als daß eine annähernd geschlossene

---

¹) Burckhardt, Die Zeit Constantins d. Gr., 2. Aufl. Lpz. 1880. S. 249 ff. Abschnitt: „Alterung des antiken Lebens und seiner Kultur."

²) Bd. I S. 261.

Opposition möglich gewesen wäre. Dieser Zersplitterung gegenüber stand die Kirche mit einem Willen und einer Macht.

Wie die römische Geschichte als allgemeine und als provinzielle sich vollzieht und so darzustellen ist, so hat auch die Betrachtung der dieser Geschichte angehörenden Ausgänge des griechisch-römischen Heidentums sowohl die allgemeinen Wandelungen als die provinziellen Vorgänge ins Auge zu fassen. Die allgemeinen Wandelungen würden sich an zahlreichen Einzelheiten, in denen sie kräftiger oder geringer hervortreten, aufweisen lassen. Im Folgenden ist die Beschränkung auf das Wichtigere und Bezeichnendere innegehalten. Religiöse Motive treten darin nicht überall in unmittelbarer Wirkung hervor, aber sie liegen in jedem Falle in dem Prozesse und bewegen ihn.

Zweites Kapitel.

Das römisch-griechische Recht.

Die weltgeschichtliche Bedeutung des römischen Volkes gipfelt in seiner Rechtsordnung. In der Eigenart des Römertums wurzelnd und lange mit der Härte und Unbiegsamkeit desselben belastet, entfaltete sie sich, wie die römische Kultur überhaupt, im Verlaufe der Geschichte unter der Rückwirkung des in dem Weltreiche mächtig waltenden hellenischen Geistes freier und reicher und gewann jenen internationalen Charakter, der sie dem Staate zu dem wertvollsten Mittel machte, das Nationalitätsprinzip in den Provinzen zu zertrümmern. Diese größte Schöpfung des römischen Volkes war zugleich seine festeste, welche den Untergang des Reiches überdauerte, um unter ganz andern Bedingungen, nämlich in der Welt des Mittelalters, noch einmal eine bedeutungsvolle Geschichte zu haben.

Das Recht gestaltet sich nach dem in der menschlichen Gemeinschaft lebendigen Ideal der Gerechtigkeit, dessen „letzte Quelle der Glaube an die göttliche Gerechtigkeit ist."[1] Da nun das Rechtsideal, welches Voraussetzung und Inhalt der

---

[1] Sohm, Institutionen d. röm. Rechts, Leipz. 1886 S. 14; vgl. auch Kuntze, Cursus d. röm. R. 2. Aufl. Leipz. 1879. §§. 15, 16, 21—23.

römisch-hellenischen Rechtsordnung bildet, in dem antiken sittlich-religiösen Bewußtsein seinen Ausgang hat, so konnte nicht ausbleiben, daß das anders bestimmte christliche Bewußtsein Mängel oder auch Gegensätzliches darin entdeckte. In diesem Sinne ist in der Kirche von dem menschlichen Gesetze, „welches je nach den Sitten wechselnd sich bestimmt", auf das „eine Gesetz Gottes" und die „wahre Rechtsordnung Gottes" verwiesen und sind den Institutionen des bürgerlichen Rechts die „göttlichen Institutionen" zur Seite gestellt worden.[1]) An einzelnen Punkten ließ sich der Unterschied zwischen dem „Recht des Forum" und dem „Recht des Himmels" scharf beleuchten.[2]) Doch daneben ging, vielleicht nicht ganz vereinzelt, die Vorstellung, daß zwischen dem römischen und dem mosaischen Rechte ein geschichtlicher Zusammenhang bestehe, also auch jenes zum Teil auf göttlicher Offenbarung ruhe.[3]) Es ist dieselbe Anschauung, welche die großen Philosophen des Altertums, Sokrates und Plato voran, eine Summe von Wahrheiten aus dem Alten Testamente entnehmen ließ. Nur von hier aus auch wird der von einem rechtskundigen Christen unternommene Versuch

---

[1]) Lactant. Divinae Institutiones VI, 8, 9; V, 8: I, 1. Ebenso schon früher die Apologeten: Justin. M. Apol. I, 10; Tatian, orat. ad Gr. c. 28. Die Belege lassen sich leicht mehren. Auch der frühere Staatsmann Cassiodorius bekennt sich in seinen Variae (VII, 46) zu dem Satze: Institutio divinarum legum humano juri ministrat exordium.

[2]) August. Sermo 392,2 (Migne t. 39 p. 1710) über das Thema Concubinas habere non licet. Hierselbst das Urteil: adulterina sunt ista conjugia, non jure fori, sed jure coeli. Ebenso Sermo 355, 4 (t. 39 p. 1572) in einem andern Falle: jure fori, non jure poli.

[3]) Ambros. In Epist. ad. Rom. c. VII, 1. Die Vermittlerrolle bei diesem Vorgange spielten nach der Meinung des Bischofs die Griechen.

verständlich, an einer Reihe von Beispielen die Concordanz zwischen römischer Rechtsauffassung und Rechtsentscheidung und dem mosaischen Gesetze zu erweisen. Diese kurzweg Lex Dei benannte Schrift,[1]) deren Abfassung wahrscheinlich an das Ende des vierten Jahrhunderts fällt, besteht aus sechszehn, in der Folge der zehn Gebote geordneten Titeln, in denen jedesmal Worte Mosis voranstehen und parallele Aussagen und Verordnungen der römischen Rechtsliteratur folgen. Der unbekannte Verfasser war unbefangen genug, nicht nur Ulpians Buch De officio Proconsulis, in welches auch die Rescripte gegen die Christen aufgenommen waren,[2]) für seine Zwecke zu verwerten, sondern auch eine Constitution des Christenverfolgers Diokletian.[3]) Die Harmonie des „göttlichen und des menschlichen Urteils" ist der Gesichtspunkt, welcher die Excerptensammlung normiert, ohne freilich zu hindern, daß gelegentlich dem weltlichen Gesetze eine Rüge erteilt wird.[4]) Doch tritt diese Kritik so schüchtern auf, daß es nicht in ihrer Absicht gelegen haben kann, „die Auktorität der juristischen Orakel einer vermeintlich überlebten vorchristlichen Rechtsepoche zu brechen."[5]) Aber auch, wenn die

---

[1]) Lex Dei sive Mosaicarum et Romanarum legum collatio (im Folgenden in der Ausgabe von Huschke: Jurisprudentiae antejustin. quae supersunt, Lips. 1861 S. 528 ff. citiert.

[2]) Lactant. Div. Inst. V, 11: Domitius de officio Proconsulis libro septimo rescripta principum nefaria collegit, ut doceret, quibus poenis adfici oporteret eos, qui se cultores Dei confiterentur. Gerade aus diesem Teile des Buches citiert der Verfasser Tit. XV, 2 Anfang.

[3]) Tit. XV, 3 (de maleficis et Manichaeis).

[4]) Tit. V, 2 §. 2; VI, 7; vgl. auch Tit. XIV, 3 §. 6.

[5]) Rudorff, Röm Rechtsgeschichte. Leipz. 1857, I. S. 284 und desselben Verfassers ausführlicher Aufsatz: „Über den Ursprung u. die Bestimmung der Lex Dei" (in b. Abh. b. Königl. Akad. b.

Tendenz eine solche gewesen wäre, so hat sich der Staat weder damals noch nachher dafür gewinnen lassen. Sowohl das von Theodosius II. wie das von Justinian codifizierte Recht ist in seiner Hauptmasse römisches Recht.

Auch die beiden im vierten Jahrhundert angesehensten Privatsammlungen, der Codex Gregorianus und der Codex Hermogenianus, aus welchen das Rescriptenrecht der christlichen Kaiser fast ausschließlich schöpfte, waren Arbeiten heidnischer Juristen. Die klassischen Repräsentanten des römischen Rechts, Papinianus, Ulpianus, Paulus behaupteten auch in dem christlichen Staate ihre hohe Auktorität.

Nichtsdestoweniger war eine Rechtsfestsetzung ohne Rücksicht auf das im Staate siegreiche und im Volksleben einflußreiche Christentum nicht mehr möglich. Denn das Recht ist in seiner Bedeutung und Wirkung auf den Zusammenhang mit den lebendigen Kräften und dem sittlich-religiösen Bewußtsein der Gesamtheit angewiesen.[1]) Jene wie dieses aber, soweit sie ein Gewicht hatten, waren christlich. Mit dem Christentum hatte ferner das Kaisertum, welches seit Konstantin d. Gr. auch in der Form die Nomothesie fast in ihrem ganzen Umfange an sich nahm, einen engen Bund geschlossen. Erst wenige Tage bevor der Codex Theodosianus

---

Wissensch. zu Berlin 1868 S. 265—297), wo auch der Versuch gemacht wird, Ambrosius als Autor festzustellen. Richtiger fassen Huschke (Zeitschr. f. gesch. Rechtswissenschaft 13. B. 1846 S. 1—49) und Karlowa (Röm. Rechtsgesch. 1. Bd. Leipz. 1885 S. 969) die Tendenz der Schrift.

[1]) Puchta, Vorlesungen über das heut. röm. Recht, herausg. von Rudorff, 3. Aufl., Berlin 1853, 1. Bd. S. 48: „ein Recht, das sich gegen Gebote der Sittlichkeit und Religion vollkommen gleichgültig verhielte, würde ein totes, für das wirkliche Leben unbrauchbares, unvernünftiges Abstraktum werden."

der Öffentlichkeit übergeben wurde, erklärte der Kaiser in einem Erlaß die Förderung der wahren Religion für die vornehmste Aufgabe der Regierung.¹) Auch ruht es ohne Zweifel auf einer religiös begründeten Entschließung, daß dieses neue Rechtsbuch von den vorkonstantinischen Herrschern gänzlich absieht und von dem ersten christlichen Kaiser seinen Ausgang nimmt. ²)

Das Schlußbuch enthält in reicher Mannigfaltigkeit des Stoffes Kirchenrecht. Gleich der zweite Titel führt das berühmte Edikt des Theodosius auf, in welchem der heilige Glaube der Kirche und die strafwürdige „Infamie" der Häresie scharf geschieden werden,³) und die letzte Konstitution der ganzen Sammlung ordnet die feierliche unwiderrufliche Sanktion aller auf das „katholische Gesetz" bezüglichen Verordnungen älterer und neuerer Zeit an.⁴) Doch auch sonst zeigt oft genug dieser Codex, dessen Urheber ein streng kirchlicher Herrscher war, Christentum und Kirche als wirkungsvolle Faktoren. Die Novellensammlungen nach Theodosius II. — und seine eigenen — gewähren dasselbe Bild; ja verhältnismäßig sind in denselben die Beziehungen zur Kirche noch mehr in den Vordergrund getreten. Das steigert sich im Zeitalter Justinians. Der den Bischöfen und Mönchen ergebene Sinn dieses theologisierenden Kaisers ist bekannt.

---

¹) Novell. Const. II, 3.

²) Pseudo-Prosper Chron. (Migne t. 51 p. 863): Theodosianus liber omnium legum legitimorum principum in unum collatarum hoc primum anno editus. Die legitimi principes sind aber nicht, wie man gemeint hat, die christlichen Kaiser, da auch Julian berücksichtigt ist, sondern die legitimen Augusti im Gegensatz zu den Tyrannen.

³) Cod. Theod. XVI, 1, 2.

⁴) Ebend. XVI, 11, 3.

Die in Byzanz als Ergebnis längerer Entwickelung zu Stande gekommene Verflechtung kirchlicher und politischer Verhältnisse erfaßte auch das Rechtsleben. Die Rechtsbücher Justinians würden noch mehr davon an sich tragen, wenn sie nicht in Eile abgefaßte Kommissionsarbeiten wären. Der Codex Justinianus, welcher in der vorliegenden Frage voran steht, führt sich ein mit dem Abschnitte De summa trinitate et de fide catholica et ut nemo de ea publice contendere audeat und bringt als erstes Gesetz das oben erwähnte Edikt Theodosius d. Gr. In den folgenden Konstitutionen wird der orthodoxe Glaube feierlich betont und die falsche Lehre verdammt. Die Erlasse des Kaisers erweitern sich nicht selten zu dogmatischen Exkursen oder pastoralen Ansprachen und stellen sich bereitwillig in den Dienst der Kirche zur Durchführung der synodalen Festsetzungen. Die ersten dreizehn Titel haben das Kirchenrecht als Inhalt, das also, im Unterschiede von dem Codex Theodosianus, voransteht. Wie sehr der staatliche Gesetzgeber die Verpflichtung gegen das göttliche Gebot empfand, tritt in zahlreichen Fällen hervor.[1]) Ganz anderer Art sind die Digesten, die nicht Konstitutionenrecht, sondern ältere juristische Quellen heidnischer Herkunft enthalten. Dagegen lehnen sich die Institutionen an den Codex an.[2])

Die neue Zeit spiegelt sich naturgemäß am deutlichsten

---

[1]) Hierher gehört auch die Definition der Rechtswissenschaft Instit. I, 1: Jurisprudentia est divinarum atque humanarum rerum notitia, justi atque injusti scientia.

[2]) Über den angeblichen Hellenismus Tribonians und Spuren desselben in den Rechtsbüchern vgl. die verständige Darlegung von Joach. Andr. Helvigius: De paganismo Triboniani, Gryphiswald. 1728.

in den Religionsgesetzen wieder. Das römische Recht, obwohl in seinen Anfängen mit der heimischen Religion und ihren Formen eng verbunden, verhielt sich zu dem religiösen Bekenntnisse gleichgültig. Das Bürgerrecht war Personen, Städten und Ländern fremder Religionen unterschiedslos zugänglich. Die Verwandtschaft der polytheistischen Religionen, der Verfall des vaterländischen Glaubens und politische Rücksichten ließen den Gedanken des Gegenteils nicht aufkommen. Erst die Kirche zwang den Staat, diesen Rechtssatz aufzugeben und das Maaß des Rechts nach dem religiösen Bekenntnisse zu verteilen. Bereits unter Konstantin tritt das neue Prinzip in seinen Umrissen hervor. Die den Christen bewilligten Privilegien dürfen nur der katholischen Kirche zu Gute kommen;[1] der Übertritt zum Judentum ist verboten und andererseits jede Äußerung des Fanatismus gegen die zum Christentum sich wendenden Juden unter strenge Strafe gestellt; das Sklavenrecht unterliegt unter Juden bestimmten Einschränkungen.[2] Dagegen erlitt die alte Religion wohl Abzüge ihres religiösen, aber noch nicht ihres bürgerlichen Rechts. Auch in der Folgezeit ist sie in diesem Zustande erhalten worden, bis Theodosius die Wendung herbeiführte, indem er den Apostaten die Fähigkeit, zu testieren, entzog.[3] Im Abendlande führte Valentinian, mit unwesent-

---

[1] Cod. Theod. XVI, 5, 1 (a. 326).

[2] Cod. Theod. XVI, 8, 1 (a. 315; nach O. Seeck, Zeitschr. f. Rechtsgesch. X Rom. Abt. S. 240 a. 329); 8, 5 (a. 335); 9, 1 (a. 336).

[3] Cod. Theod. XVI, 7, 1: Eis, qui ex Christianis pagani facti sunt, eripiatur facultas jusque testandi et omne defuncti si quod est testamentum summota conditione rescindatur (a. 381). Dazu XVI, 7, 2 (a. 383), woselbst die Äußerung: ut sint absque jure Romano.

lichen Einschränkungen denselben Rechtssatz ein,[1]) verschärfte ihn aber schon einige Jahre nachher in der Weise, daß er Apostaten aktiv und passiv testamentsunfähig machte, der Zeugenfähigkeit beraubte, sie ihrer Würde und ihres Standes verlustig erklärte und mit dauernder Infamie belastete. Ja sie wurden aus der Rechtsgemeinschaft überhaupt ausgesondert.[2]) Von hier aus war es nur ein Schritt, die bürgerlichen Rechte des Heidentums in seiner Gesamterscheinung einzuschränken und endlich aufzuheben. Denn das Prinzip war schon vorher erfaßt und harrte nur der Durchführung. Theodosius II leitete diese Weiterentwickelung ein, indem er die Anhänger der alten Religion von der Armee sowie von den Verwaltungs- und Regierungsämtern ausschloß, Justin I und Justinian vollendeten sie.[3]) Die Gesetzgebung des Letztern ruht auf der Voraussetzung, daß kirchliche Orthodoxie den Vermögensbesitz bedingt und Abfall davon oder Gegensatz dazu ihn auflöst. Den Heiden ist jetzt jeder Rechtsakt untersagt.[4])

Weit früher als der Hellenismus sind die Häretiker zu diesem Punkte geführt worden, ohne Zweifel, weil der Staat auf sie weniger Rücksicht zu nehmen hatte als auf die im öffentlichen Leben noch nicht zu entbehrenden Altgläubigen. Die kaiserlichen Verordnungen gegen Ketzer und Schismatiker

---

[1]) Cod. Theod. XVI, 7, 3 (a. 383).
[2]) Cod. Theod. XVI, 7, 4 u. 5 (a. 391). Es heißt hier u. A.: a consortio omnium segregati sint — de loco suo statuque dejecti perpetua urantur infamia ac ne in extrema quidem vulgi ignobilis parte numerentur. Vgl. ferner XVI, 7, 6 (a. 396) u. 7 (a. 426),
[3]) Bd. I S. 385—437 ff.
[4]) Cod. Just. I, 5, 21: (in Beziehung auf die Heiden und mehrere namhaft gemachte Sekten) quibus pro reatus similitudine omnis legitimus actus interdictus est.

begannen mit dem Jahre 326 und nahmen schnell an Umfang und Schärfe zu. Bereits Theodosius d. Gr. versagte den Manichäern als mit Infamie behaftet den Genuß des römischen Rechts; die Eunomianer gerieten bald darauf in dieselbe Lage.[1]) Abschließend ist aber auch hier Justinian. Die stattliche Reihe der auf die Ketzer bezüglichen Verordnungen[2]) in den Rechtsbüchern ist ein untrügliches Zeugnis, wie weit sich hier das römische Recht der Einwirkung der Kirche ergeben hat.

Auch das Judentum wurde von dieser Gesetzgebung betroffen, ohne indeß die äußersten Consequenzen derselben an sich zu erfahren; es verlor nur einzelne Stücke des bürgerlichen Rechts, darunter die Fähigkeit, Staatsämter zu bekleiden.[3])

So zeigt sich nach allen Seiten hin, daß das römische Recht auf seine religiöse Indifferenz verzichtet hat. Der scharfen Abneigung der Kirche gegen die Häresie und den Hellenismus vermochte der Staat nicht, sich zu entziehen; unter dem Drucke derselben hob er die althergebrachte Rechtsgleichheit auf. Er gab damit ein Stück Selbständigkeit hin. Denn die Begriffe Häresie und Schisma unterliegen nicht seinem, sondern der Kirche Urteil; die unterschiedliche Behandlung der einzelnen akatholischen Gemeinschaften in den Gesetzesbestimmungen verrät deutlich genug Informationen seitens kirchlicher Organe.

---

[1]) Cod. Theod. XVI, 5, 7 (a. 381); XVI, 5, 17 (a. 389): nihil ad summum habeant commune cum reliquis.

[2]) In Cod. Theod. XVI, 5, 1—66 und Cod. Just. I, 5, 1—21 ist die Hauptmasse, dazu noch einzelnes Verstreute in beiden Sammlungen und in den Novellae Constitutiones.

[3]) Nov. Theod. III, 1, vgl. sonst Cod. Theod. XVI, 8, 1—18; 20—29; XVI, 9, 1—5. Cod. Just. I, 9, 3—18; 10, 1—2.

Es versteht sich, daß eine Kirche, die den Staat auf diese Bahn zu drängen vermochte, über eine moralische und materielle Machtfülle verfügt haben muß, vor der noch andere und zum Teil noch wichtigere Stücke des alten Rechts hinfielen. Kaum war diese Kirche durch das Patent von Mailand in den Besitz staatlicher Duldung gelangt, so begann sie, die Rechtsvorzüge der antiken Religion und ihrer Diener auf sich herüberzuziehen. Bereits 313 erlangte sie die Gewährung der Immunität für ihre Kleriker und erhielt dafür aus kaiserlichem Munde eine religiöse Rechtfertigung.[1]) Dieses Privilegium hat in der Folgezeit zwar einige Einschränkungen erfahren, ist aber aufrecht erhalten worden. Das Korporationen bis dahin nur ausnahmsweise verliehene Erbrecht gab Konstantin mit voller Hand der gesamten Kirche in ihren einzelnen Gemeindekörpern.[2]) Jene Befreiung von kostspieligen Lasten und diese einträgliche Erbfähigkeit einer ansehnlichen geistlichen Genossenschaft erwiesen sich in ihrem Zusammenwirken als so bedeutend, daß die Kirche jetzt auch noch in anderem Sinne eine machtvolle Institution im politischen und sozialen Leben wurde. Ebenderselbe Kaiser verlieh den Bischöfen eine Gerichtsbarkeit, welche in ihrer letzten Ausbildung, allerdings nur auf privatrechtlichem

---

[1]) Cod. Theod. XVI, 2, 1; XVI, 2, 2 (a. 319; Seeck: 313): — ne (scl. clerici) sacrilego livore quorundam a divinis obsequiis avocentur. Ebenso in dem Schreiben an den Prokonsul Anulinus (Euseb. H. E. 10, 6): Die Kleriker sollen von den öffentlichen Lasten frei sein, damit sie ungehindert den göttlichen Dienst verrichten können, worin eine Bürgschaft für das Wohlergehen des Staates liegt.

[2]) Cod Theod. XVI, 2, 4: habeat unusquisque licentiam, sanctissimo catholicae venerabilique concilio decedens bonorum quod optavit relinquere. Non sint cassa judicia.

Gebiete, ein rechtskräftiges Urteil in der Weise der staatlichen Richter herstellen konnte.¹) „Damit hat er diese Urteile über das Niveau der von geborenen Richtern erlassenen Schiedssprüche erhoben und sie den gerichtlichen Urteilen gleichgestellt; denn Schiedssprüche waren zu jener Zeit nicht rechtsverbindlich und ergaben keine Klage auf Erfüllung, geschweige denn einen Anspruch auf sofortige Vollstreckung; die Urteile der Bischöfe aber begründen ebenso wie die der Gerichte, die Einrede der abgeurteilten Sache und das Recht auf Zwangsvollstreckung."²) Auch das in seinem Umfange wechselnde Asylrecht sowie die pflichtmäßige Intercession der Bischöfe bei Criminalprozessen³) wiesen den Einfluß der Kirche auf das öffentliche Recht auf. Nimmt man dazu, daß den Bischöfen gegenüber der Zeugniszwang wie auch die Verpflichtung, im Criminalprozeß persönlich zu erscheinen, wegfiel, daß Presbyter nicht zur Tortur gebracht werden konnten und Injurien gegen Geistliche während ihrer Amtshandlungen als crimen publicum geahndet wurden,⁴) endlich die ganze Summe dessen, was in Beziehung auf Mönche und geweihte Jungfrauen und sonst in Rücksicht auf Organe, Institutionen und Lehre der Kirche besonders durch Justinian

---

¹) Über die Stufen und die rechtliche Tragweite dieser Gerichtsbarkeit vgl. Löning, Gesch. d. deutschen Kirchenrechts I Straßb. 1878 S. 289 ff.

²) Seuffert, Konstantins Gesetze und das Christentum. Würzburg 1891 S. 20 (Festrede).

³) Cod. Theod. IX, 45, 1 ff. (De his qui ad ecclesias confugiunt); Cod. Just. I, 12, 1 ff. Vgl. Conc. Sardic. c. 7; Ambrosius, De off. II, 21 u. s. ö. Cod. Theod. IX, 40, 15; XI, 36, 31 u. s.

⁴) Cod. Theod. XI, 39, 8; Nov. Valentin. III, 34 § 1; Cod. Theod. XI, 39, 10; Cod. Just. I, 3, 10; Nov. Const. 155 c. 31. (Ausg. von Zachariä Lpz. 1881.)

gesetzgeberisch festgestellt worden ist, so ergiebt sich daraus das weite Vordringen der Kirche in das Gebiet des alten Rechts. Es handelte sich bei diesen Vorgängen weniger darum, die christliche Kirche und ihre Organe in den gleichen Besitzstand wie die überlieferte Religion und ihre Diener zu bringen, als vielmehr für jene eine neue, ansehnlichere Position zu schaffen. Jede Neuerung aber, die hier vollzogen wurde, bedeutete einen Verlust des antiken Rechts, das hier Rücksichten dienstbar gemacht wurde, die ihm seinem Ursprung und Wesen nach durchaus fremd waren.

Im Umfange des Criminalrechts äußerte sich die Rückwirkung des Christentums einerseits in Strafverschärfung wider solche Vergehen, die das christlich bestimmte religiöse und ethische Empfinden tiefer verletzten, andererseits in Strafminderungen, welche der Humanität der neuen Religion entsprachen. In der Beurteilung der Delikte jener Art haben die Gesetzgeber sich nicht selten an die volle Schärfe alttestamentlicher Verordnungen angelehnt; so wenn Justinian auf Gotteslästerung im engern und weitern Sinne den Tod setzt.[1]) Ebenso deutlich erscheint dieser Zusammenhang in der strafrechtlichen Beurteilung der unnatürlichen Wollust. Dieses in der Kaiserzeit weitverbreitete Laster war zwar schon frühzeitig unter Strafe gestellt, wucherte aber in halber Duldung weiter. Auf ihm ruhte der volle Abscheu der Christen; es galt als ein hervorragendes Beispiel der Greuel des Heidentums. Die Synode von Elvira beschloß, den mit dieser Sünde Befleckten nicht einmal im Sterben die Communion zu gewähren.[2]) Derselbe sittliche Abscheu redet aus einem

---

[1]) Nov. Const. 28; vgl. Lev. 24, 15 ff.
[2]) Syn. Illib. c. 71; vgl. 1. Kor. 6, 9; Röm, 1, 26 f.; 1. Tim. 1, 10; Barnabasbrief c. 19; Apostellehre c. 2, 2.

Gesetze der Konstantinssöhne Konstantius und Konstans, in welchem sie, im Einklang mit dem Alten Testament (Lev. 20, 13), die dieses Verbrechens schuldigen „Infamen" mit Hinrichtung durch das Schwert bedrohen.[1]) Theodosius steigerte die Strafe zum Feuertode in öffentlicher Schaustellung.[2]) Justinian geht in seiner denselben Gegenstand behandelnden Äußerung von der heiligen Schrift aus und bemüht sich, das fragliche Vergehen als eine schwere Sünde gegen Gott darzulegen und zur Buße aufzufordern.[3]) Die Gesetzgebung bewegt sich hier genau auf der Bahn des christlichen Urteils. Letzteres ist ebenso die treibende Kraft in den seit Theodosius und Valentinian auftretenden Erlassen gegen das öffentliche Lenocinium. Jene beiden Herrscher erklärten das bis dahin straflose Gewerbe für eine Schande ihres Jahrhunderts, wiesen den der Staatskasse daraus zufließenden Gewinn als schimpflich ab und untersagten für alle Zeiten die Ausübung desselben.[4]) Justinian hat das hernach bekräftigt, indem er an die göttliche Verpflichtung zu keuschem Leben erinnerte.[5]) Wenn er weiterhin anderswo[6]) in einer scharfen Verordnung gegen das Eunuchentum die Verstümmelung eine „gottlose Sünde" nennt, welcher er von dem Grundsatze aus Auge um Auge entgegentritt, so läßt sich annehmen, daß auch Konstantin, als er jene furchtbare

---

[1]) Cod. Theod. IX, 7, 3. Nach einer deklamatorischen Einleitung. jubemus insurgere leges, armari jura gladio ultore, ut exquisitis poenis subdantur infames, qui sunt vel qui futuri sunt rei.

[2]) Cod. Teod. IX, 7, 6.
[3]) Nov. Const. 171. 28.
[4]) Nov. Theod. II, 18.
[5]) Nov. Const. 39.
[6]) Nov. Const. 170.

Gepflogenheit unter Todesstrafe im ganzen Reiche unter=
sagte,¹) von demselben sittlichen Unwillen geleitet war, den
die Kirche öffentlich äußerte.²) Auch wenn in den Straf=
verfügungen der christlichen Kaiser über Vergehen wie Ent=
führung, Menschenraub, Kindermord eine härtere Justiz
hervortritt, so sind die letzten Beweggründe allein in der
ernstern Beurteilung dieser Delikte durch die christliche Ethik
zu suchen. Die Äußerungen der kirchlichen Schriftsteller wie
der Synoden bestätigen diesen Schluß überall, wie anderer=
seits die Rücksicht auf christliche Empfindungen und christliche
Sitte gewisse Strafminderungen oder Strafaufhebungen er=
klärlich macht.

Das Osterfest gab Veranlassung, Verurteilten Amnestie
zu gewähren. An jedem Sonntage sollten die Richter die
Gefangenen sich vorführen lassen und inquirieren, ob ihnen
nicht etwa durch gewissenlose Kerkermeister humane Behand=
lung versagt werde. Zur Durchführung dieser „heilsamen
Maßregeln" wird unter Androhung von Geldstrafen ange=
halten. Die Bischöfe sollen dabei mitwirken. Später
wurden sie noch ausdrücklich ermächtigt und angewiesen, ein=
mal in der Woche die Gefängnisse zu besuchen und Ver=
gehen, Stand und Behandlung der Gefangenen festzustellen.³)
Dieses Aufsichtsrecht der Bischöfe mußte naturgemäß zu

---

¹) Cod. Just. IV, 42, 1; vgl. IV, 42, 2.
²) Es genügt, auf Can. Apost. c. 21—24 zu verweisen, wo
über dieses Vergehen geurteilt wird: $αὐτοφονευτὴς\ γάρ\ ἐστιν\ ἑαυτοῦ\ καὶ\ τῆς\ τοῦ\ θεοῦ\ δημιουργίας\ ἐχθρός$ (c. 22). —
$ἐπίβολος\ γάρ\ ἐστι\ τῆς\ ἑαυτοῦ\ ζωῆς$ (c. 24). Vgl. auch Conc.
Nicaen. c. 1. Es handelt sich in diesen Fällen um Selbstverstümme=
lung, doch gilt selbstverständlich jenes Urteil der Handlung überhaupt.
³) Cod. Theod. IX. 38, 3 ff.; Cod. Just. I, 4, 9; I, 4, 22.

manchen Unzuträglichkeiten führen und hat nicht selten die geordnete Rechtspflege aufgehalten; sie kommt aber nicht nach dieser Seite ihrer Wirkung hier in Betracht, sondern insofern, als dadurch die staatliche Justiz sich einer Kontrolle durch geistliche Organe unterstellte. Eine solche Kontrolle war bis dahin in der römischen Rechtsgeschichte unerhört. Sie bedeutete ein Preisgeben der vollen Souveränetät des Staates an eine außer ihm liegende und von ihm unabhängige Macht. Verständlicher ist, daß Konstantin schon die Kreuzesstrafe beseitigte; ob aus Pietät gegen den einzigartigen Kreuzestod auf Golgatha oder in Rücksicht auf die Grausamkeit dieses Strafmittels, bleibt unentschieden.[1]) Ebenso wenn die Verurteilung zu den blutigen Spielen durch einen Erlaß des Jahres 325 aufgehoben wurde,[2]) so ist das eine begreifliche Konzession an das christliche Empfinden, welches aus jüngster und älterer Vergangenheit von solchen Exekutionen der Märtyrer wußte. Jener Brauch ist damals für immer untergegangen, obwohl die Gladiatorenspiele sich bis in das fünfte Jahrhundert hinein zu halten vermochten. Bereits ein Jahrzehnt vorher hatte sich der Kaiser auch dazu verstanden, die übliche Brandmarkung der zu den Spielen und den Bergwerken Verurteilten auf der Stirn mit der Begründung zu verbieten, „damit das Antlitz, welches ein Abbild der himmlischen Schönheit ist, in keiner Weise geschändet

---

[1]) Sozom. H. E. I, 8; Aur. Vict. c. 41.
[2]) Cod. Theod. XV, 12, 1. In den Div. Instit. des Konstantin nahe stehenden Lactantius steht VI, 22 über die blutigen Circusspiele das Urteil: ... non modo ad beatam vitam nihil conferunt, sed etiam nocent plurimum. Nam qui hominem, quamvis ob merita damnatum, in conspectu suo jugulari pro voluptate computat, conscientiam suam polluit u. s. w. Man möchte hier den unmittelbaren Anstoß zu jener Konstitution finden.

werde." ¹) Die chriſtliche Auffaſſung der göttlichen Ebenbild=
lichkeit im Menſchen macht ſich in Gemeinſchaft mit der
„Beſiegelung" in der Taufe hier in eigentümlicher Weiſe
geltend.²)

Nicht in demſelben Maße erfolgreich erwieſen ſich die
Bemühungen der Kirche auf dem Gebiete des Privatrechts.
Denn dieſes war faſt in ſeinem ganzen Umfange durch die
ſtändiſche und ſoziale Gliederung der Bevölkerung beſtimmt
und gebunden und hatte den Vorzug des Alters und der
Geſchloſſenheit. Schwerlich iſt es auch je in ſeiner Geſamt=
heit von der in der Gewöhnung an dieſe Ordnungen auf=
gewachſenen Chriſtenheit drückend empfunden worden, wohl
aber in manchen Einzelheiten. Nur in ſolchen liegen auch
die Erfolge der Kirche.

Sie treten uns entgegen im Familienrecht und hier
beſonders im Eherecht. Das Eherecht der Kaiſerzeit befaßte
ſich ausſchließlich mit der Feſtſtellung der rechtlichen Seite
der ehelichen Gemeinſchaft; es hielt ſich genau in dem
Rahmen des Juriſtiſchen. Die altrömiſche ſtrenge Form der
Ehe, die Manus, welche die entſchiedene Unterordnung der
Frau unter die Poteſtas des Gatten in ſich faßt, war in
Sitte und Geſetz einer freiern Geſtaltung gewichen, welche
der chriſtlichen Auffaſſung näher lag.³) Indem damit die

---

¹) Cod. Theod. IX, 40, 2: — — quo facies, quae ad similitudinem pulchritudinis coelestis est figurata, minime maculetur.

²) Vgl. die lat. Überſetzung der Worte Gen. 1, 26: faciamus
hominem ad imaginem et similitudinem nostram; wozu Cyprian
(de habitu virgg. c. 15) hinzufügt: et audet quisquam mutare
et convertere, quod deus fecit!

³) Auf dieſe Form der Ehe bezieht ſich die ſchöne Definition des
Juriſten Modeſtinus (Mitte des 3. Jahrh.): Matrimonium est conjunctio maris et feminae, consortium omnis vitae, individua

Möglichkeit offen stand, innerhalb dieser Formen einen sittlich-religiösen Einfluß zur Geltung zu bringen, konnte die Kirche kein allzugroßes Interesse haben, das Gesamtbild des römischen Eherechts zu verändern. Es genügte ihr, einzelne Züge anders gestaltet zu sehen. Außerdem hatte sie von vornherein nur geringe Neigung, sich mit der rechtlichen Ordnung eines Instituts zu befassen, das in ihren Augen auf einer niedrigen Stufe des christlichen Lebens lag.[1]) Die gesetzgeberischen Maßregeln der christlichen Kaiser zur Einschränkung der zweiten Ehe und die Aufhebung der im frühern Recht auf Ehe- und Kinderlosigkeit gesetzten Strafen erledigten das wichtigste kirchliche Desideratum dieser Art. Was der Staat in der Weiterbildung des antiken Eherechts sonst noch gethan, darf nicht sowohl als Erfüllung bestimmter Wünsche, sondern als das Ergebnis der Wirkung des christlichen Geistes überhaupt im öffentlichen Leben des vierten und fünften

---

vitae consuetudo, divini et humani juris communicatio. (D. XXIII, 2, 1; Jnst. I, 9, 1). Dieselbe drückt so sehr die christliche Auffassung aus, daß man sie aus christlichem Einflusse hat herleiten wollen, und überragt im Allgemeinen die Auffassung der Kirchenschriftsteller, welche den Hauptzweck der Ehe in echt antik römischer Weise in der Kindererzeugung (liberorum quaerendorum causa) aufgehen lassen (z. B. Clem. Alex. Strom. II, 23: $\gamma\acute{\alpha}\mu o \varsigma\ \mu\grave{\epsilon}\nu\ o\mathring{v}\nu\ \mathring{\epsilon}\sigma\tau\grave{\iota}\ \sigma\acute{v}\nu o\delta o \varsigma\ \mathring{\alpha}\nu\delta\varrho\grave{o}\varsigma\ \varkappa\alpha\grave{\iota}\ \gamma v\nu\alpha\iota\varkappa\grave{o}\varsigma\ \mathring{\eta}\ \pi\varrho\acute{\omega}\tau\eta\ \varkappa\alpha\tau\grave{\alpha}\ \nu\acute{o}\mu o\nu\ \mathring{\epsilon}\pi\grave{\iota}\ \gamma\nu\eta\sigma\acute{\iota}\omega\nu\ \tau\epsilon\varkappa\nu\tilde{\omega}\nu\ \sigma\pi o\varrho\tilde{\alpha}$).

[1]) Ich verweise nur auf Ambros. De viduis c. 11: licet ergo nubere, sed pulchrius est abstinere, sunt enim vincula nuptiarum; Hieron. Epist. 23 ad Eustoch. de cust. virginitatis n. 20: laudo nuptias, laudo conjugium, sed quia mihi virgines generant; lego de spinis rosam u. s. w.; Adv. Jovin. I, 29: ejiciuntur de paradiso, et quod ibi non fecerunt, in terra faciunt, ut statim a principio conditionis humanae, virginitatem paradisus et terra nuptias dedicaverit.

Jahrhunderts beurteilt werden. Dahin gehört das Verhalten des Staates zum Konkubinat, der nicht standesgemäßen Verbindung eines freigeborenen Mannes, die zwar gewisser rechtlicher Wirkungen nicht entbehrte, aber hinter dem Werte des Justum Matrimonium zurückblieb. Daher versagte das Recht in solcher Ehe der Frau die Bezeichnung uxor, sowie Rang und Würde des Mannes und enthob die „natürlichen" Kinder der Potestas des Vaters und damit aus der vollen Rechtsstellung der aus rechtmäßiger Ehe hervorgegangenen Kinder. Die schweren sittlichen Gefahren der Konkubinatsehe werden durch die rasche Zunahme und weite Verbreitung derselben deutlich gemacht. Daher konnte wohl die Thatsache, daß ein römischer Bischof im Kreise seiner Machtbefugnis dieselbe billigte und förderte, als ein Anklagepunkt gegen ihn aufgegriffen werden.[1]) In späterer Zeit indeß erwähnen kirchliche Synoden diese Ehe, ohne ihr Recht in Frage zu stellen.[2]) Der Kampf gegen dieselbe hat seinen Ausgang nicht in der Kirche, sondern im christlichen Staate. Konstantin d. Gr. versuchte zuerst, den Konkubinat dadurch einzuschränken, daß er ihn in eine schwierigere Rechtslage brachte. Er erneuerte das alte Verbot,[3]) neben der rechtmäßigen Ehefrau eine Konkubine zu halten,[4]) entzog den natürlichen Kindern das

---

[1]) Hippol. Phil. IX, 12.

[2]) Con. Tolet. (a. 400) c. 17; Syn. Rom. (a. 402) c. 9; Syn. Aurel. (a. 538) c. 9.

[3]) Paulus, Sent. II tit. 20: Eo tempore, quo quis uxorem habet, concubinam habere non potest. Aber war dies ein allgemein gültiger Rechtssatz?

[4]) Cod. Just. V, 26, 1 (a. 326). Die streng monogamische Auffassung der christlichen Kaiser tritt u. A. in einer Verordnung v. J. 393 hervor, welche den Juden die Polygamie verbietet (Cod. Just. I, 9, 7). Die fabelhafte Mitteilung des Sokrates (H. E. IV, 31),

Recht zu succedieren und wies, falls legitime Erben fehlten, das hinterlassene Vermögen dem Fiskus zu.¹) Mit verächtlicher Äußerung über solche Ehen untersagte er den hohen Staatsbeamten und Würdenträgern jegliche Zuwendung an die Konkubine und deren Kinder unter dem Schein der Legitimität.²) Andererseits wurde die Legitimation der von einer Konkubine geborenen Kinder durch nachträgliche Umwandlung der Konkubinatsehe in eine vollberechtigte Ehe bewilligt.³) Doch blieb der Konkubinat in seiner Rechtsexistenz sowohl damals wie in den Erlassen späterer Kaiser, die sich hauptsächlich mit der Erbfolge innerhalb desselben beschäftigten, unangetastet;⁴) auch Justinian ist über diese Grenze nicht hinausgegangen; seine Gesetzgebung begnügte sich damit, einzelne Mißbräuche abzuschaffen.⁵) Erst die Ekloge Leo's des Isauriers verließ diesen Weg und bahnte eine neue Rechtsauffassung an, die endlich im neunten Jahrhundert zu

---

daß Valentinian I zwei Frauen zugleich zu haben gestattete, ist schon von Baronius (Ann. ad an. 370) hinreichend als unglaubwürdig erwiesen.

¹) Cod. Theod. IV, 6, 2 (a. 336); IV, 6, 5.

²) Cod. Theod. IV, 6, 3 (336): Senatores seu perfectissimos vel quos in civitatibus duumviralitas vel quinquennalitas vel flaminis vel sacerdotii provinciae ornamenta condecorant, placet maculam subire infamiae et peregrinos a Romanis legibus fieri, si u. s. w.

³) Cod. Just. V, 27, 5. Die Konstitution selbst ist nicht erhalten, doch führt Zeno ihren Inhalt an und bestätigt ihn neu.

⁴) Eine Konstitution vor d. J. 428 nennt die Konkubinatsehe ausdrücklich legitima conjunctio (Cod. Theod. IV, 6, 7).

⁵) Nov. Const. 42, 5 (a. 536); 111, 12 (a. 539).

einem Verbote jedes „Mittelbinges zwischen Ehe und Ehelosigkeit" führte.¹)

Aus dem neuen Religionsrecht ergab sich unmittelbar, daß in die Reihe der gesetzlichen Ehehindernisse auch das abweichende religiöse Bekenntnis trat. Doch scheint nur das Judentum ernstlich davon betroffen worden zu sein. Konstantius setzte die Todesstrafe auf die Ehe eines Juden mit einer Christin; Theodosius schloß überhaupt jede eheliche Gemeinschaft zwischen Juden und Christen aus; sie soll als Adulterium angesehen werden, ein Rechtssatz, zu welchem auch die Gesetzgebung Justinians sich bekannte.²) Dagegen fehlen Bestimmungen über Ehen zwischen Häretikern und Orthodoxen. Die Abneigung der Kirche gegen solche Verbindungen ist bekannt,³) aber gerade dieser Umstand macht jenes Stillschweigen bedeutungsvoll. Ohne Zweifel wich der Staat absichtlich einer bestimmten Äußerung aus angesichts der Thatsache der großen Zahl solcher Mischehen in einer von theologischen Kontroversen bewegten und an häretischen Bildungen fruchtbaren Zeit. Dieselbe Rücksicht mußte ihn längere Zeit dem Heidentum gegenüber leiten. Noch Augustinus klagt über die heidnisch-christliche Mischehe als

---

¹) Vgl. Zachariä, Geschichte d. griechisch-röm. Rechts. 2. Aufl. Berlin 1877 S. 38 f.

²) Cod. Theod. XVI, 8, 6 (a. 339); darin der Satz: ne Christianas mulieres suis jungant flagitiis: III, 7, 2 (a. 388); ebenso IX, 7, 5; Cod. Just. I, 6, 9.

³) Ambros. De Abrah. I, 9: Primum in conjugio religio quaeritur. — Concil. Illib. c. 15; Chalced, c. 14; Aurel. (a. 533) c. 19; (a. 538) c. 13 u. s. w. Äußerungen dieser Art sind sehr zahlreich.

weit verbreitet; sie werde nicht mehr als Sünde angesehen.¹) Wenn freilich auch das Justinianische Recht auf jede Festsetzung dieser Art verzichtet hat, so ist dies in Beziehung auf den Hellenismus, der damals nichts mehr bedeutete, begreiflich; rücksichtlich der Häretiker aber dauerte jener Zustand noch fort, und der Staat meinte, genug zu thun, wenn er in der Verfolgung und Unterdrückung der Akatholiken der Kirche seinen weltlichen Arm lieh. Andererseits endlich verlieh Justinian, damit einen bestimmten Wunsch erfüllend, der durch die Patenschaft hergestellten „geistlichen Verwandtschaft" den Wert eines Ehehindernisses.²) Auch in den scharfen Verfügungen gegen diejenigen, welche geweihte Jungfrauen oder Wittwen mit oder ohne ihren Willen entführen und ehelichen, tritt die Rücksicht auf die kirchliche Anschauung hervor: der Verführer verfällt der Todesstrafe, die Verbindung gilt als Contubernium und die daraus entsprossenen Kinder ermangeln des Erbrechts³). In engem Zusammenhange damit stehen die Bestimmungen über die Ehen zwischen Entführer und Entführten überhaupt, die zuerst Konstantin und zwar in schärfster Weise formulierte⁴).

---

¹) August. De fide et oper. c. 19; ebenso Hieron.-Adv. Jov. I, 10. Auf ein freieres Urteil des Staates in dieser Frage weist auch hin, was Leo und Anthemius in einem Erlasse de sponsalibus v. J. 472 über Rückgabe der Arra bestimmen, im Falle die Braut die Ehe zurückweist propter turpem vel impudicam conversationem aut religionis vel sectae diversitatem.

²) Cod. Just. V, 4, 26 (a. 530). Die Begründung: cum nihil aliud sic inducere potest paternam adfectionem et justam nuptiarum prohibitionem quam hujusmodi nexus, per quem Deo mediante animae eorum copulatae sunt.

³) Cod. Theod. IX, 25, 1—3 (a. 354; 364; 420); Cod. Just. IX, 13, 1 (a. 533); I, 3, 53 (a. 533); Nov. 173 (a. 563).

⁴) Cod. Theod. IX, 24, 1 (a. 320: Seeck: 318); IX, 24, 2 (a. 349) u. 3 (a. 374); vgl. auch vorhergehende Anm.

Die auf Verwandtschaft ruhenden Ehehindernisse haben unter den christlichen Kaisern mancherlei Veränderungen erfahren, denen aber nur in wenigen Fällen religiöse Erwägungen zu Grunde gelegen zu haben scheinen.[1]) Dagegen behaupteten sich die auf Standesunterschied gegründeten Bestimmungen des römischen Eherechts fast in ihrem ganzen Umfange, da diese Standesunterschiede fortdauerten. Erst Justinian hat an einzelnen Punkten diese Schranken entschlossen durchbrochen, was vielleicht die kühnste christliche That seiner Gesetzgebung gewesen ist. Schon im Jahre 531 oder 532 wies er die Meinung ab, daß die Erhebung eines mit einer Freigelassenen verehelichten Mannes in den senatorischen Stand die Ehe auflöse. „Dem Willen Gottes folgend dulden wir nicht, daß in derselben Ehe das Glück des Mannes der Frau zum Unglück werde, dergestalt, daß in demselben Maaße der Mann erhöht und die Frau erniedrigt wird, ja zu Grunde geht!" Dasselbe soll Recht sein in der Ehe mit einem Freigelassenen, wenn der Vater der Freien die Senatorenwürde erlangt.[2]) In Fortsetzung dieses Gedankens wurde wenige Jahre nachher der Ehe Jedwedes mit einer Freigelassenen die kaiserliche Sanktion erteilt und

---

[1]) Die Lex Dei führt VI, 6 (De incestis nuptiis) nur Lev. 20, 11, 12 an. Vgl. über diesen Punkt: Eichhorn, Das Ehehindernis d. Blutsverwandtschaft nach kan. Rechte, Breslau 1872; Heinrich Thiersch, Das Verbot der Ehe innerhalb der nahen Verwandtschaft, Nördl. 1869.

[2]) Cod. Just. V, 4, 28 (a. 531 vel 532). In Beziehung auf die Lex Papia, welche die Ehen zwischen Senatoren und freigelassenen Frauen ausschloß, heißt es hier: Absit a nostro tempore hujusmodi asperitas et firmum maneat matrimonium et uxor marito concrescat et sentiat ejus fulgorem stabileque maneat matrimonium ex hujusmodi superventu minime deminutum.

endlich, mit leichtem Tadel gegen die anderslautenden Verordnungen Konstantins und Martians, die eheliche Verbindung mit Frauen, „welche das Gesetz Konstantins verworfene nennt", allen Personen ohne Unterschied der Würde freigegeben, vorausgesetzt, daß jene Frauen freie sind und die gesetzlichen Ordnungen innegehalten werden.[1]) Rechtsungültig blieb dagegen auch jetzt noch die Ehe zwischen Sklaven oder zwischen Sklaven und Freigelassenen.

Der Schwerpunkt des römischen Familienrechts lag in der patria Potestas, welche die älteste Zeit als fast uneingeschränkte kannte. Sie gipfelte in der freien Verfügung über Leben und Tod der Kinder. Schon in der älteren Kaiserzeit war diese letztere Machtvollkommenheit freilich so gut wie geschwunden, aber zum erstenmal hat Konstantin die auf Grund der väterlichen Gewalt vollzogene Tötung eines Kindes für Parricidium erklärt und dementsprechend mit Strafe belegt.[2]) Die christliche Gesetzgebung gestattete den Vätern nur noch ein maaßvolles Züchtigungsrecht; handelte es sich um ein schweres Vergehen, so mußte die Sache vor

---

[1]) Nov. 97, 3 (a. 539). — Nov. 141, 6 (a. 542): . . . ἄδειαν τοῖς βουλομένοις παρέχομεν, εἰ καὶ οἱοιςδήποτε μεγάλοις ἀξιώμασι κοσμοῖντο, τὰς τοιαύτας γυναῖκας μετὰ προικῴων συμβολαίων ἑαυτοῖς συνάπτειν u. s. w. Die angezogene Konstitution Konstantins (Cod. Theod. IV. 6, 3) zählt auf: ancilla vel ancillae filia, liberta vel libertae filia, sive Romana facta seu Latina, scenica vel scenicae filia, tabernaria vel tabernarii filia, humilis, abjecta, lenonis aut arenarii filia vel quae mercemoniis publicis praefuit. Dazu Nov. Martiani IV (a. 454), in welcher der Begriff humilis abjectaque persona näher bestimmt wird und zwar in dem Sinne, daß darunter nicht pauperes, ingenuae feminae verstanden sind, sondern solche, denen von Geburt oder durch ihr Gewerbe ein sittlicher Makel anhaftet.

[2]) Cod. Theod. IX, 15, 1 (a. 319).

den zuständigen Richter gebracht werden.[1]) Das Verkaufsrecht des Kindes, das heißt die Übergabe desselben in das Mancipium des Käufers, hatte sich aus dem geltenden Rechte schon im dritten Jahrhundert verloren,[2]) wurde aber wie die Aussetzung und Verpfändung der Kinder als Sitte geübt. Um diesem von der Kirche bekämpften Übel zu steuern, gewährte Konstantin bedürftigen Eltern zur Ernährung ihrer Kinder Unterstützungen aus der Staatskasse. In dem betreffenden Schreiben an den Präfekten Ablavius bezeichnet der Kaiser als Zweck dieser Bestimmung, „die Hand der Eltern von Kindermord zurückzuhalten". Es sollen schleunigst in festgestelltem Falle Nahrungsmittel und Kleidungsstücke dargereicht werden, „da die Erhaltung eines kleinen Kindes kein Zögern gestattet".[3]) Anfangs auf Italien beschränkt, wurde dieses Gesetz einige Jahre nachher mit der Wendung gegen Aussetzung und Verpfändung der Kinder auch auf Afrika ausgedehnt mit der Äußerung des Kaisers: „Es widerstrebt unserm Gefühle, daß wir zulassen könnten, daß Jemand verhungert oder zu unseliger That sich verleiten läßt".[4]) Außerdem wurde die Aussetzung mit schwereren

---

[1]) Cod. Theod. IX, 13, 1 (a. 365); auch Cod. Just. IX, 15, 1. Vgl. Hieron. In Epist. ad Eph. III (zu c. 6, 4): parentibus moderatum jubetur imperium, ut non quasi servis, sed quasi filiis praeesse se noverint.

[2]) Cod. Just. IV, 43, 1 (Gesetz Diokletians v. J. 294).

[3]) Cod. Theod. XI, 27, 1 (a. 315); vgl. Lact. VI, 20: At enim parricidae facultatum angustias conqueruntur nec se pluribus liberis educandis sufficere posse praetendunt. Die Schrift erschien gegen 310. Seeck datiert diese Konstitution auf 331. Sie würde dann nach Cod. Theod. XI, 27, 2 fallen.

[4]) Cod. Theod. XI, 27, 2 (a. 322).

Rechtsfolgen belastet.¹) Wenn andererseits der Kaiser den Verkauf der Kinder wieder frei gab, so geschah es in der Absicht, schlimmern Praktiken dadurch vorzubeugen; auch blieb den Eltern der Weg der Rückerwerbung offen.²) Endlich erfolgte ein direktes Verbot zuerst der Aussetzung, dann der Verpfändung der Kinder; letztere wird bei dieser Gelegenheit als Gottlosigkeit gebrandmarkt.³) Daß diese von Konstantin eingeleitete Entwickelung endlich bis zu diesem Punkte kam, war das Ergebnis der andauernden Wirkung des christlichen Geistes, der in der Stimme der Kirche sich vernehmen ließ. Das harte Urteil der Kirche über diese Sitte, welche das Kind in der That, wie Lucretius sich einmal äußert, einem Schiffbrüchigen gleich machte, und die Anstrengungen, die christliche Liebesthätigkeit an diesem Punkte

---

¹) Cod. Theod. V, 7, 1 (a. 331): Quicunque puerum vel puellam projectam ... collegerit et suis alimentis ad robur provexerit, eundem retineat sub eodem statu, quem apud se collectum voluerit agitare, hoc est sive filium sive servum eum esse maluerit u. s. w. Nach älterm Recht konnte nicht nur das Kind seine Rechte geltend machen, sondern auch die Eltern waren befugt, dasselbe gegen Erstattung der Erziehungskosten zurückzufordern (vgl. Cod. Just. V, 4, 16).

²) Cod. Theod. V, 8, 1 (a. 329; Seeck: a. 320); in anderer Form Cod. Just. IV, 43, 2.

³) Cod. Just. VIII, 51, 2 (a. 374). Gleich der Eingang: Unusquisque subolem suam nutriat. — Daß aber die Aussetzung trotzdem sich als Sitte erhielt, zeigt Cod. Just. VIII, 51, 3 (a. 529), wo ihre schlimmen Folgen einzuschränken versucht wird. Nov. Const. 166, 7 (a. 556). Im Falle einer solchen Verpfändung soll der Gläubiger nicht nur des Pfandes verlustig gehen und eine Geldsumme in der Höhe der schwebenden Schuld dem Verpfändeten oder dessen Eltern auszahlen, sondern auch körperlich bestraft werden.

zu organisieren,¹) mußten die staatliche Gesetzgebung allmählich auf dieselbe Bahn ziehen.

In Beziehung auf Fortdauer oder Auflösung der Ehe begegneten sich christliche und antike Anschauung in noch größerer Schärfe. Nach dieser steht die Ehe in dem Belieben der Gatten, hört also auf, sobald ein Teil sie nicht mehr fortsetzen will. Die Scheidung war ein privater, nicht ein gerichtlicher Akt. Daher haben die in der Gesetzgebung auf bestimmte Ehescheidungsfälle gelegten Strafen die Scheidung wohl erschwert, aber nicht gehindert. Die freie Ehe ist ein Consensualakt; ihre Auflösung gleicherweise. Dieser Gedanke beherrschte die Ehegesetzgebung bis nahe an die Mitte des sechsten Jahrhunderts heran. Erst im Jahre 542 hob Justinian das auf gegenseitigem Willensentschluß beruhende Divortium auf, nachdem er es nicht lange vorher noch als selbstverständlich genommen hatte;²) nur in dem Falle, daß beide Gatten das Gelübde der Keuschheit, also das klösterliche Leben übernehmen, kann ihnen das alte Recht noch zu Gute kommen.³) Indeß mit solcher Gewalt beherrschte die frühere

---

¹) Vgl. Becker, Behandlung verlassener Kinder im Altertume. Frankf. 1871; Uhlhorn, Die christliche Liebesthät. in d. alt. Kirche. Stuttg. 1882 S. 379 ff.; 180.

²) Nov. 48, 4 (a. 536): Διαλύονται δὲ ἐν ζωῇ τῶν συμβαλλόντων γάμοι οἱ μὲν συναινοῦντος ἑκατέρου μέρους — οἱ δὲ κατὰ πρόφασιν εὔλογον u. s. w. Auch eine Konstitution des Kaisers Anastasius v. J. 497 ruht auf dieser Anschauung (Cod. Just. V, 17, 9: Si constante matrimonio communi consensu tam mariti quam mulieris repudium sit missum u. s. w.). Besonders bezeichnend ist, daß der Justinianische Codex eine Verordnung Diokletians aufgenommen hat des Inhaltes: ... liberam facultatem contrahendi atque distrahendi matrimonii transferre ad necessitatem non oportere (V, 4, 14).

³) Nov. 141, 10 (a. 542); vgl. Nov. 166, 11 (a. 556).

Anschauung noch die Sitte und die Menschen, daß bereits der Nachfolger Justinians, Justin, von stürmischen Bitten bedrängt, zu ihr zurückkehrte und sich zu dem Satze bekannte, daß, da die Liebe das eheliche Band knüpfe, das Aufhören derselben es naturgemäß auflöse.[1]) Das Geständnis, daß die Verordnung Justinians in den Familien zu unseligem Streite, ja zu Anschlägen auf das Leben des einen Gatten fortwährend Veranlassung gebe, erschließt uns einen Blick in schlimme Zustände.

Über die aus einem gesetzlichen Grunde erfolgende einseitige Scheidung traf zuerst Konstantin umfassende Bestimmungen, die den Zweck verfolgten, den üblichen Ausschreitungen zu begegnen.[2]) Julian indeß warf diese Verordnungen, offenbar weil er christliche Motive darin erkannte, zu Gunsten des alten Rechts wieder um, und dieser Zustand dauerte bis Honorius fort, der eine neue Ordnung schuf, die aber in der Folgezeit manchen Schwankungen unterlag.[3]) Von Bedeutung ist hierin die Beurteilung des Ehebruchs. Die Lex Julia de adulteriis bezeichnet den ersten Versuch, das auf diesem Gebiete übliche Gewohnheitsrecht in feste Formen zu fassen. Die spätere Kaiserzeit ist, auch seit Konstantin, in der Hauptsache dabei verblieben. Zunächst

---

[1]) Nov. 2. Justini a. 566 (Jus Graeco-Romanum ed. Zachariä. Leipz. 1857 p. 111).

[2]) Cod. Theod. III, 16, 1 (a. 331). Die Frau darf sich von dem Manne nur scheiden si homicidam vel medicamentarium vel sepulcrorum dissolutorem maritum suum esse probaverit, der Mann von der Frau si moecham vel medicamentariam vel conciliatricem repudiare voluerit. Abgewiesen wird die Scheidung „aus weithergeholter Ursache."

[3]) Wächter, Über Ehescheidungen bei den Römern, Stuttg. 1822 S. 213 ff.

trat in der Auffassung des Ehebruchs in christlicher Zeit insofern ein Neues hervor, als der übliche rein staatlich=polizeiliche Gesichtspunkt sich nach der ethischen Seite hin erweiterte. Der Ehebruch gilt jetzt nicht nur als ein öffentliches Vergehen, sondern auch als eine Versündigung gegen göttliches Gebot; der Ehebrecher ist ein sacrilegischer Mensch und dem Parriciden gleich zu achten. Dementsprechend werden die auf dieses Vergehen gesetzten Strafen zu Hinrichtung mit dem Schwert, ja sogar zum Tode durch Verbrennen oder Säcken gesteigert,[1]) wobei ohne Zweifel das alte Testament die Weisung gegeben hat (Deut. 22, 22 ff.).

Justinian milderte wenigstens für die Ehebrecherin die herkömmliche Strafe, indem er sie nach vorausgegangener körperlicher Züchtigung in ein Kloster einsperren ließ, mit dem weitern Zugeständnis, daß der Mann sie nach zwei Jahren wieder zu sich nehmen könne. Erfolgte letzteres nicht, so verblieb die Schuldige als Nonne lebenslänglich im Gewahrsam des Klosters, welchem damit gewisse Ansprüche auf ihr Vermögen zufielen.[2]) Hier zeigt sich also in ganz besonders charakteristischer Form das Eindringen des kirchlichen Interesses in das öffentliche Recht.

Das ältere Recht schloß von dem Begriff des Ehebruchs die Untreue des Mannes als solchen aus. Er ist frei in dieser Richtung und kann wohl gegen die gute Sitte, gegen den gesellschaftlichen Anstand, nicht aber gegen das öffentliche Recht verfehlen. Diese aus der übermächtigen, souveränen Stellung des Mannes in der Ehe erwachsene Vorstellung

---

[1]) Cod. Theod. XI, 36, 4 (a. 339). Derselbe Gedanke liegt in dem Gesetze Konstantins IX, 7, 2 vor (vgl. Bennecke, Die strafrechtl. Lehre vom Ehebruch. Marburg 1884 S. 16 f.).

[2]) Nov. Const. 166, 10.

fand in der christlichen Ethik, welche diese Doppelrechnung verwarf, scharfen Widerspruch; sogar der Umgang Abrahams mit Hagar ist hier als Ehebruch, obwohl gelinder Art, bezeichnet worden.[1]) Diesen Zwiespalt löste Theodosius II, indem er, einer alten Beschwerde der Kirche abhelfend, den Ehebruch nicht nur dem Manne, sondern auch der Frau als Scheidungsgrund zuerkannte. Nunmehr begründen sowohl gewisse Vergehen gegen das allgemeine Recht die Scheidung der Frau von dem Manne, als auch Unzucht des Mannes und Zusammenkünfte mit liederlichen Dirnen. Hierin, wie in der Thatsache, daß der Besuch des Theaters oder des Cirkus seitens der Frau ohne Erlaubnis des Mannes eine Scheidungsursache abgiebt, prägt sich deutlich der christliche Einfluß aus. Dennoch erklärt die kaiserliche Konstitution allein die Rücksicht auf die Kinder als Grund dieser Verschärfung.[2]) Die mannigfaltige Gesetzgebung Justinians[3]) zeigt in einigen Punkten ein weiteres Entgegenkommen der Kirche gegenüber, in anderen dagegen eine Laxheit, die jenen Zugeständnissen ein gutes Teil der Bedeutung nimmt, die man ihnen zuzuschreiben geneigt sein möchte. Es offenbart sich darin, daß in der Ehescheidungsfrage antike und christliche Gedanken mit einander rangen, ohne zum Austrag zu

---

[1]) Ambros. De Abrah. I, 4; ebend. I, 9: eadem a viro, quae ab uxore debetur castimonia; Lact. Div. Instit. VI, 23: non enim, sicut juris publici ratio est, sola mulier adultera est, quae habet alium u. s. w.; Hieron. Ep. 77: neque enim adultera uxor dimittenda est et vir moechus tenendus ... Aliae sunt leges Caesarum, aliae Christi. Aliud Papinianus, aliud Paulus praecipit.

[2]) Cod. Just. V, 17, 8 (a. 449).

[3]) Cod. Just. V, 17, 10—12; Nov. 48; 141 u. sonst Einzelnes. Vgl. Wächter a. a. O. S. 222 ff.

kommen. Aber so wie die Gesetzgebung unter Justinian schließlich sich gestaltete, trug sie mehr von antikem als von christlichem Geiste in sich. Die Macht des gesetzlichen Herkommens und der Volkssitte waren noch von größerem Gewichte als der Wille der Kirche und der Einfluß des Christentums.

Die hohe Wertschätzung des Cölibats in der damaligen Kirche mußte es ärgerlich erscheinen lassen, daß schon seit Augustus die Ehelosigkeit einen empfindlichen Rechtsverlust, besonders im Erbrecht, nach sich zog, andererseits der Besitz von Kindern Rechtsvorteile verschaffte. Konstantin beseitigte diesen Anstoß, indem er die Ehelosen von dem „drohenden Schrecken der Gesetze" befreite. Dieselbe Wohlthat verschaffte er den Kinderlosen, die unter derselben Unbill des Rechts zu leiden hatten.[1] In der Christenheit hat ihm dieses Vorgehen warme Anerkennung eingetragen.[2] Die spätere Gesetzgebung hat den Zustand unverändert gelassen. Eine ähnliche Richtung und Stimmung in der Kirche erklärt es, daß seit Konstantin die zweite Ehe mit mancherlei Rechtsabzügen beschwert wurde.[3]

Der römische Begriff der Familia umfaßte auch die dem Hausstande zugehörige Sklavenschaft. Die Sklaverei hatte sowohl in der Sitte wie in dem Recht ihre feste

---

[1] Cod. Theod. VIII, 16, 1 (a. 320).

[2] Euseb. V. C. IV, 26: καὶ ἦν οὗτος κατὰ τῶν ἀτέκνων ἀπηνὴς νόμος ὡσανεὶ πεπλημμεληκότας αὐτοὺς ζημίᾳ κολάζων. Τοῦτο ὁ βασιλεὺς ἐπὶ τὸ ὅσιον μεθήρμοζε u. s. w. Bei Sozom. H. E. I, 9 wird noch deutlicher gesagt, daß den Kaiser die Rücksicht auf die aus religiösem Grunde Ehelosen in der Christenheit leitete.

[3] Zimmern, Geschichte d. röm. Privatrechts Bd. I, 2 §. 177 (S. 645 ff.).

Grundlage. Sie bestand, allgemein ausgedrückt, in der Ermanglung der Rechtspersönlichkeit und war entweder angeboren oder durch Verlust der Freiheit entstanden. In der Anerkennung dieser Institution waltete zwischen dem ältern und jüngern Recht vollkommene Übereinstimmung. Die rechtliche Weiterbildung in der christlichen Periode berührte ausschließlich die Formen der Sklaverei. Nur für diese zeigte auch die Kirche ein gewisses Interesse. Während sie von dem Gedanken einer Aufhebung der Sklaverei ebenso weit entfernt war wie der Staat, betrachtete sie es doch als eine ihrer Aufgaben, wie überhaupt die Lage der Notleidenden und Bedrängten, so auch das Loos der Unfreien erträglicher zu gestalten.[1]) Indeß eignete sich die Gesetzgebung in der Sicherung eines gewissen persönlichen Schutzes des Sklaven nicht diese Bestrebungen an, sondern folgte, soweit sie überhaupt jene Richtung einschlug, in der Hauptsache dem Vorgange älterer humaner Bestimmungen, deren wichtigstes Stück das Verbot absichtlicher Tötung des Sklaven war. Nicht einmal die Verfügung Konstantins,[2]) welche bei der Teilung fiskalischer oder privater Ländereien und der daran haftenden Unfreien Rücksicht auf die verwandtschaftlichen Verhältnisse dieser letzteren forderte, scheint trotz ihrer Entschiedenheit davon ausgenommen werden zu dürfen; wohl aber das Verbot der Brandmarkung auf der Stirn, in welchem das christliche

---

[1]) Innerhalb der neuern reichen Litteratur über die Stellung der alten Kirche zur Sklavenfrage und der darin hervorgetretenen Meinungsverschiedenheiten verdient das Schriftchen von Theod. Zahn, Sklaverei und Christentum in der alten Welt (Heidelb. 1879) als das meiner Meinung nach zutreffendste besondere Beachtung.

[2]) Cod. Theod. II, 25, 1. Die Begründung: quis enim ferat, liberos a parentibus, a fratribus sorores, a viris conjuges separari? Mit inhaltlicher Erweiterung Cod. Just. III, 38, 11.

Motiv deutlich zu Worte kommt.¹) Dagegen hielt Konstantin im Jahre 319 es noch für angemessen, darauf aufmerksam zu machen, daß im Falle unbeabsichtigter Tötung des Sklaven in Ausübung des Züchtigungsrechtes keine Anklage erhoben werden könne.²)

Auch die im geltenden Recht festgesetzten Möglichkeiten, die den Verlust der Freiheit herbeizuführen geeignet waren, behaupteten zum Teil mit geringen Abzügen zum Teil in Verschärfung ihre Wirkungsfähigkeit. Dagegen erfuhr das Manumissionsrecht eine durchgreifende Veränderung und zwar zu Gunsten des Sklavenstandes.

In der Kaiserzeit vollzog sich die feierliche Freilassung durch öffentliche Erklärung unter Mitwirkung eines Magistrats (manumissio vindicta) oder durch letztwillige Verfügung (manumissio testamento) Nur diese Akte verliehen das volle Bürgerrecht, während die verschiedenen Formen der unfeierlichen Manumissio allein die Latinität hervorriefen, ein unvollständiges Bürgerrecht in der Mitte zwischen dem Recht der Peregrinen und der Cives. Schon vor 316 — der genauere Zeitpunkt läßt sich nicht angeben — verschaffte sich die Kirche das Recht unmittelbarer Beteiligung an der Manumissio. Sie erlangte nämlich von Konstantin, daß eine im gottesdienstlichen Gebäude vor versammelter Gemeinde in Gegenwart des Klerus und unter Wahrung der Urkund-

---

¹) Vgl. oben S. 26 f.
²) Cod. Theod. IX, 12, 2 (a. 319 nach der Datierung Seecks gegenüber der überlieferten a. 326). Diese Wohlthat kommt allerdings nur denjenigen Herrn zu Gute qui, dum pessima corrigunt, meliora suis acquirere vernulis voluerunt. Eine identische Konstitution von demselben Jahre (Cod. Theod. IX, 12, 1) mahnt zu maaßvoller Ausübung des Züchtigungsrechts, geht aber sachlich über das ältere kaiserliche Recht nicht hinaus.

lichkeit vollzogene Freilassung die Rechtswirkung einer feierlichen Manumissio haben solle. Wenige Jahre später befugte derselbe Kaiser die Kleriker sogar, ihren Sklaven auch in unfeierlicher Form die Civität zu verleihen.[1]) Dadurch wurde nicht nur die moralische Autorität der Kirche gesteigert, sondern ihre Repräsentanten auch mit einer Rechtseigenschaft bekleidet, die bis dahin in diesem Akte nur den höhern Magistraten eignete. Sonst bestand die Latinität als Wirkung der unfeierlichen Freilassung noch fort, bis Justinian jene überhaupt beseitigte.. Damit hörte der rechtliche Unterschied zwischen feierlicher und unfeierlicher Manumissio auf, und die Freilassung konnte in einfachster Weise, wenn auch nicht formlos, bewirkt werden.[2]) Weiterhin fielen unter Justinian die Schranken, welche die Lex Fusia Caninia der Freilassung setzte, indem sie die Zahl der testamentarisch freizulassenden Sklaven begrenzte: die „humanen

---

[1]) Auf die manumissio in ecclesia beziehen sich drei Verordnungen Konstantins, wie Sozomenos (H. E. I, 7) richtig angiebt; denn diejenige v. J. 316 (Cod. Just. I, 13, 1) weist mit ihren Anfangsworten jam dudum placuit. ut in ecclesia catholica u. s. w. auf eine frühere verloren gegangene zurück. Dazu kommt eine dritte v. J. 321 (Cod. Theod. IV, 7, 1: Cod. Just. I, 13, 2), welche den Inhalt der vorhergehenden wiederholt und dann das spezielle Privilegium der Kleriker zur Kenntnis bringt; sie ist gerichtet an den Bischof Hosius. Seeck (a. a. O. S. 230) datiert Cod. Just. I, 13, 1 auf 323, m. E. ohne genügende Ursache. Es sei noch bemerkt, daß die kirchliche Manumissio am Sonntage stattfand, während Konstantin das Prozessieren am Sonntage verbot (Seuffert a. a. O. S. 21).

[2]) Cod. Just. VII, 6. 1: De latina libertate tollenda et per certos modos in civitatem Romanam transfusa (a. 531). Cod. Just. VII, 15, 2 der Grundsatz: ampliandam magis civitatem nostram quam minuendam esse censemus.

Verfügungen" der Erblasser sollen nicht gehindert werden.[1]) Ebenso verlor eine Bestimmung der Lex Älia Sentia, welche dem die Manumissio vollziehenden Herrn eine Altersgrenze zog, einen Teil ihres Inhalts zum Nachteil der Sklaverei.[2])

Die Richtung auf dasselbe Ziel, die Minderung des Sklavenstandes, äußerte sich in der Mehrung derjenigen Fälle, welche die Freiheit ipso jure herbeiführten. Schon Konstantin ging in dieser Beziehung über den Umkreis der früheren Rechtsordnung hinaus; noch mehr Leo und Justinian. Letzterer beseitigte außerdem die poenae servitus ganz[3]) und hob das Claudianische Senatsconsult auf, wonach eine Freie, die sich wissentlich mit einem fremden Sklaven einläßt, samt ihren Kindern der Knechtschaft verfällt.

Deutlich tritt hier der Zusammenhang der Gesetzgebung und kirchlicher Bestrebungen hervor. Ganz abgesehen davon, daß der Kirche eine eigene Manumissio vorbehalten ist, die sich unverkennbar als Ersatz der untergegangenen manumissio censu giebt, sind in mehreren Fällen ihre Bischöfe mit derselben Rechtsfähigkeit neben die Organe des Staats gestellt.[4]) Die Beseitigung des Claudianischen Senatsconsult wird durch seine Unverträglichkeit mit dem Geiste der neuen Religion begründet.[5]) Der Eintritt in den geistlichen Stand oder in das Mönchtum löst unter gewissem Vorbehalt das

---

[1]) Cod. Just. VII, 3, 1 (a. 528).
[2]) Cod. Just. VII, 15, 2 (530).
[3]) Nov. Const. 48, 8.
[4]) Cod. Just. I, 4, 14; VIII, 51, 3; I, 13, 1; Cod. Theod. IV, 7, 1.
[5]) Cod. Just. VII, 24. 1: — — satis esse impium credidimus — religio temporum meorum nullo patitur modo.

Knechtschaftsverhältnis.¹) An das Verbot der Prostitution knüpfte Leo unmittelbar die Freiheitsbewilligung für diejenigen Sklavinnen, welche von ihren Herren zur Prostitution gezwungen würden.²) Vorzüglich steht die mit Eifer betriebene Verminderung des Sklavenstandes durch Justinian in Beziehung zu gleichen Bemühungen der Kirche. Gelegentlich einer Verordnung hat der Kaiser offen geurteilt, daß gewisse Bestimmungen des Sklavenrechts seinen Regierungsgrundsätzen nicht mehr entsprechen, und sich als einen „eifrig thätigen Befreier der in Sklavenschaft Befindlichen" selbst bezeichnet.³) Auf dieses Ziel richtete sich schon im zweiten Jahrhundert die Arbeit der Kirche,⁴) und in der Christenheit sind kirchliche wie private Mittel reichlich zum Loskauf von Sklaven aufgewendet und Freilassungen zahlreich vorgenommen worden. So wenig dabei an eine Beseitigung der Sklaverei gedacht ist, so beherrschte doch die Vorstellung die Gemüter, daß die Befreiung des Einzelnen aus diesem Stande als eine himmlischen Lohn eintragende Leistung anzusehen sei.⁵) Diese Vorstellung allein giebt einen ausreichenden Erklärungsgrund für das energische Eintreten Justinians zu Gunsten erleichterter Freilassung.

Während diese Rechtsbücher und Rechtssätze ihre Herkunft im Staate haben, bietet die griechisch-römische Rechtsgeschichte einen in seiner Art höchst lehrreichen Fall, daß der

---

¹) Cod. Just. I, 3, 36; 37; Nov. Const. 13, 2 mit Anknüpfung an Gal. 3, 28; 155, 17.

²) Cod. Just. 11, 41, 7 (a. 457—467). Vgl. auch Cod. Theod. XV, 8, 1 (a. 343).

³) Cod. Just. VII, 24, 1; Nov. Const. 48, 8.

⁴) Ignat. Ep. ad. Polyk. 4, 3.

⁵) Zahn a. a. O. S. 172 f.; Uhlhorn, Die christl. Liebesthät. I S. 184 ff.; 362 ff.

Versuch), ein staatliches Rechtsbuch herzustellen, von kirchlichen Organen unternommen und durchgeführt wurde, und daß dieses Rechtsbuch in wechselnden Redaktionen in weitem Umfange und lange Zeit maaßgebend gewesen ist. Die Heimat dieses Rechtsbuchs ist die syrische Kirche, welche im vierten und fünften Jahrhundert eine angesehene Stellung unter den östlichen Kirchen und in der wissenschaftlichen Literatur einnahm. Gegen Ende nämlich des fünften Jahrhunderts, jedenfalls noch vor der Justinianischen Gesetzgebung, stellte in Syrien aus dem Volksrecht des Landes und römischen Rechtsquellen ein Geistlicher ein Rechtsbuch her, dessen wichtigste Materien Erbrecht und Eherecht bilden.[1]) Ursprünglich griechisch abgefaßt, wurde es schon frühzeitig in die syrische Volkssprache, bald auch in andere orientalische Sprachen übersetzt[2]) und gewann einen Jahrhunderte hindurch andauernden, tief eingreifenden Einfluß in dem Rechtsleben des Orients. Ob es einem in der kompromissarischen Rechtspflege der Bischöfe hervorgetretenen Bedürfnis seinen Ursprung verdankt, läßt sich nicht mehr entscheiden; jedenfalls bietet es, soweit bekannt, den ersten Versuch der Kirche, ein bürgerliches Rechtsbuch zu schaffen. Die klerikale Herkunft des an manchen Unklarheiten leidenden Buches[3]) verrät sich deutlich in den über die Privi-

---

[1]) Syrisch-römisches Rechtsbuch aus dem 5. Jahrh. herausgegeb. von Bruns u. Sachau. Lpz. 1880. Die erste Publikation von Land, Anecdota Syriaca, t. I. Lugd. Bat. 1862 S. 128 ff. ungenügend.

[2]) Darüber Sachau a. a. O. 153 ff.; dazu v. Hube in Zeitschr. d. Savignystift. Roman. Abt. III S. 17 ff. Der griechische Text ist nicht erhalten. Die älteste Version ist die Londoner syrische (L.), nach Sachau aus dem Anfange des 6. Jahrh.

[3]) Kipp, Erörterungen zur Gesch. des Römischen Civilprozesses ꝛc. Halle 1888 (Festgabe zu B. Windscheids Jubiläum) S. 113 Anm. 102.

legien der Geistlichen handelnden Paragraphen.¹) Darnach genießen die Kleriker in Gemäßheit von Anordnungen des „glückseligen" Konstantin volle Freiheit sowohl von der Kopfsteuer wie der Gewerbesteuer und sind von der väterlichen Gewalt eximiert. Denn sie haben nur einen König im Himmel. Nur wer eine Ehe mit einer Wittwe schließt, geht dieses Vorrechts verlustig und gerät „unter das Joch der Steuer des Königs." Kaiser Leo ferner, der die Kirche Christi ehrte und die Ketzer zu Boden warf, zeichnete den Klerus dadurch aus, „daß Niemand einen aus demselben wegen einer Schuld belangen solle, sei es, daß er ihn wegen viel oder wegen wenig belangen wolle." Was an Einkünften aus Zehnten, Gelübden und Geschenken der Kirche zufließt, darüber haben die Geistlichen die Verfügung und nähren sich davon. Diese Sätze enthalten Wahrheit, aber noch viel mehr Dichtung und geben eine Vorstellung davon, wie particelle Bewilligungen der staatlichen Gesetzgebung an die Kirche von dieser einseitig allmählig zu vollen gemacht worden sind.²)

In eigentümlicher Gestaltung zeigt sich das ausführlich behandelte Erbrecht. Diese Eigenart entspringt aber nicht irgendwelchen durch die Kirche geltend gemachten Einflüssen des mosaischen Erbrechts,³) sondern ist vielmehr aus uns

---

¹) §§. 117. 118. der Lond. Handschrift und die Parallelen in den übrigen a. a. O. mitgeteilten Versionen (bes. eigenartig §. 49 der arabischen Übersetzung); §. 83 d d. Pariser syr. Übersetzung.

²) Vgl. Bruns a. a. O. S. 284 f., S. 302. Doch ist der Satz, daß das ganze Kirchenvermögen den Geistlichen gehöre, keineswegs „nur eine allgemeine Phrase," insofern der Klerus an der betreff. Stelle als Repräsentant der Kirche vorausgesetzt ist, die Verwaltung aber des Kirchenvermögens in der Hand des Bischofs lag und die Nutznießung desselben dem Klerus zukam.

³) Rudorff: „Über den Ursprung u. die Bestimmung der Lex Dei u. s. w.

nicht näher bekannten landestümlichen Rechtsgepflogenheiten zu erklären; nur an einem, aber unwesentlichen Punkte hat die Kirche ihre Mitwirkung eingesetzt, in dem Akt der Testamentseröffnung in Landgemeinden, welche nach diesem Rechtsbuch vor den Presbytern, den Diakonen und den Dorf-Ältesten, stattzufinden hat; die authentische Abschrift des Testaments — das Original verbleibt dem Erben — wird in der Kirche deponiert, „wo auch die sonstigen Urkunden des Dorfes aufbewahrt werden." [1]

Mehr bedeutete die in dem Rechtsbuche geforderte Mitwirkung der Kirche bei der Manumissio. Die manumissio in ecclesia wird nachdrücklich empfohlen gegenüber der rein bürgerlichen; sie vollzieht sich in der Stadt vor dem Bischof und den Presbytern, auf dem Lande vor dem bischöflichen Visitator und den Presbytern, „gemäß dem Befehle des gepriesenen Königs Konstantinus." [2]

Die arabische und die armenische Version dagegen nennen nur die kirchliche Manumissio und erwecken den Eindruck, daß

---

[1] A. a. O. L §. 95 (S. 28 vergl. §. 94 S. 27 f.) Der Schlußsatz des §. ist beachtenswert und meines Wissens die erste Notiz darüber, daß die Kirche — es wird ausdrücklich der οἰκόνομος als der zuständige kirchliche Beamte genannt — bürgerliche Urkunden aufbewahrte.

[2] L §. 21 (S. 9). Der Anfang: „Wenngleich ein Sklave, den sein Herr vor Zeugen freiläßt, in rechtmäßiger Weise freigelassen ist, so ist es doch besser, daß ein Mann seinen Sklaven oder seine Sklavin freilasse vor dem Bischof u. s. w." Nach dem vorjustinian. Recht verschafft die erstgenannte unfeierliche Manumissio nur die Latinität; hier aber liegt ohne Zweifel die Civität in ihrer Wirkung (gegen Bruns S. 195 f.), denn der Effekt beider Arten wird in den vorliegenden Paragraphen durchaus gleichgefaßt; es besteht nur ein Unterschied der Dignität. Noch deutlicher tritt dies in P (Parif. syr. Version §. 24 b S. 53) hervor.

nur diese gesetzliche Gültigkeit haben solle.¹) Sie würden damit eine weitere Stufe der Entwickelung der manumissio in ecclesia bezeugen, die aber mutmaßlich zeitlich über die Grenze der griechisch-römischen Rechtsgeschichte hinausfällt.

Nimmt man die starke Hervorhebung der gesetzlichen Unterlage der Sonntagsfeier, die Eingliederung der Ehebrecher in die Klasse der Ehrlosen, die Anerkennung des Ehebruches des Mannes als Scheidungsgrund hinzu,²) so ist das wichtigste specifisch Christliche und Kirchliche in dem Rechtsbuche erschöpft.³) Denn die rhetorischen Einleitungen, welche die Texte, mit einer Ausnahme, eröffnen und allgemeine Raisonnements über altes und neues Gesetz, zum Teil mit sonderbaren Ideen, enthalten, gehören schwerlich dem Original oder auch nur seiner nächsten Weiterbildung an.

Im übrigen liegt die Rechtsordnung dieses Buches außerhalb des Christentums und nimmt auch da keine Rücksicht auf dasselbe, wo eine solche von der Voraussetzung des klerikalen Ursprungs desselben erwartet werden könnte. Ja, in dem Sklavenrechte sind nicht nur die gesetzlichen Milderungen der christlichen Kaiser, sondern auch die humanen Verordnungen der vorchristlichen Zeit ignoriert.⁴) Das ist

---

¹) Arab. §. 43 (S. 41); Armen. §. 38 (S. 37). Beide haben auch nähere Angaben über die Zahl der Zeugen und die Freilassungs-Urkunde.

²) L §. 118 und die Parallelen in Ar. u. Armen. — L §. 9 u. d. Parall. P §. 65 (nach einem Gesetz Theod. II v. 449 Cod. Just. V, 17, 8).

³) Einzelnes Unbedeutende noch im Eherecht L §. 108; ferner P §. 78, 4; L §§. 113; 39, 78.

⁴) L §. 48 u. d. P., welches sich auf das harte St. Claudianum v. J. 52 gründet, aber die Milderungen des spätern Rechts übergeht; L §. 49 u. d. P.; auch hier sind die Einschränkungen der spätern Gesetzgebung einfach unberücksichtigt gelassen. Vgl. Bruns a. A. S. 215.

um so auffallender, da die Kirche doch von dem lebhaften Gefühle der Verpflichtung, die äußere Lage der Sklaven zu mildern, beherrscht war. Sie muß in Syrien gerade in diesem Punkte ein Volksrecht vorgefunden haben, dessen Festigkeit ihren Bemühungen unerreichbar war.

Doch das gilt überhaupt von dem römischen Rechte in seinem Verhältnis zum Christentum. Es hat die alte Kirche überdauert dank seines unvergleichlichen innern Wertes, und nicht etwa darum, weil der Gedanke nicht aufkam, es umzustürzen. Indeß die bedeutungsvolle Geschichte von Konstantin bis Justinian hat ihm ihre Spuren aufgeprägt, und diese Spuren haben seine Einheitlichkeit und Ursprünglichkeit zerstört. Denn, herausgeboren aus dem eigenen Geiste der Antike, konnte es die Wirkungen der neuen Religion nur als fremdartige empfinden, und indem es diesen Einflüssen sich aufzuschließen gezwungen wurde, gab es sich selbst auf. In die Gedankenwelt, der es sein Dasein und seinen Inhalt verdankte, drängte sich eine andersgeartete ein. Verluste, Kompromisse, Zwiespältigkeiten sind die Folge. Man wird nicht sagen, daß Christentum und Kirche das alte Recht aufgelöst haben, wohl aber, daß dasselbe unter ihren Einwirkungen auf neue Bahnen und in neue Gedanken gezogen ist, so daß die Christenheit keine Ursache hatte, es nicht als Wohlthat zu empfinden.

Man darf allerdings annehmen, daß, besonders im fünften und sechsten Jahrhundert, die Kirche das antike Recht in viel weiterm Umfang, als thatsächlich geschehen ist, an sich hätte heranziehen können, wenn sie nicht sich selbst daran gehindert hätte, nämlich durch ihre eigenen Rechtsbildungen. Im heidnischen Staate und in der heidnischen Gesellschaft dahin gewiesen, die Grenzen ihrer christlichen Lebensordnungen möglichst scharf zu ziehen, hat sie in Fortdauer dieser Gewöhnung und getrieben durch ihr Streben nach Weltbeherrschung in der spätern Zeit diese gesetzgeberische Thätigkeit fortgesetzt, deren Ergebnis endlich ein umfassendes kirchliches Recht war, welches in zahlreichen Punkten mit dem öffentlichen und dem privaten Rechte des Staates konkurrierte. Dasselbe erfaßte vorzüglich Einzelheiten des Eherechts, Erbrechts, Sklavenrechts und des gerichtlichen Prozesses und zwar in der Absicht, in dieser Form auf kürzerem und für die Kirche vorteilhafterem Wege die auf den Voraussetzungen des Christentums und der Kirche ruhenden rechtlichen Anschauungen in die Wirklichkeit umzusetzen. Die Kirche ist in dieser Arbeit ungemein fruchtbar gewesen, und der Staat, welcher bis dahin gewohnt war, sein Recht als das ausschlaggebende anzusehen, ertrug es, daß sich in seinem Bereiche das „Gesetz Gottes" als ein Recht höherer Gattung einrichtete und die Menschen sich verpflichtete.

Drittes Kapitel.

Die Kunst.

Die antike Kunst war nach einer kurzen Nachblüte unter den Antoninen im dritten Jahrhundert in das Stadium offenkundigen Verfalls eingetreten. Die Vorliebe für das Massenhafte und Colossale und das Wertlegen auf kostbares Material und Scheinwirkung machen das ebenso deutlich wie die künstlerische Inferiorität ihrer Leistungen. Die zunehmende Verarmung der Bevölkerung, Landplagen, Kriegsfälle, die Einschränkung des Betriebs der Marmorbrüche durch die von finanziellen Nöten bedrängte Regierung erklären wohl den quantitativen Rückgang in diesem Jahrhundert und zum Teil auch den innern Zerfall, insofern jegliche Kunst durch ideale und materielle Momente bedingt ist, aber Grund und Ausgang dieses Zustandes ruht vornehmlich in der Auflösung des antiken Geistes. Die letzten Zusammenhänge mit dem klassischen Hellenismus, die im zweiten Jahrhundert noch einmal ins Bewußtsein traten, lösten sich. Die idealen Zwecke der Kunst wandelten sich in Dienstbarkeit unter den Zeitgeschmack. Die herrschenden Dynastieen flochten sie in ihre politischen Bestrebungen ein, die Aristokratie machte sie zum Repräsentanten ihres Luxus. Ein lehrreiches Beispiel dafür, wie die spätrömische Architektur ihre Aufgabe auffaßte, bietet der diokletianische Kaiserpalast in Spalato. Eine imposante Anlage, ausgeführt in gewandter Technik und in phantasievollem Reichtum der Ornamentik, darum von starker malerischer Wirkung, verrät sie durch ihr Mißverständnis klassischer Bauglieder und ihre große Dürftigkeit bei aller Fülle der Formen, vor Allem aber durch ihre Komposition die weite Entfernung von der klassischen Periode der römischen Architektur. Weit größer freilich ist der Abstand in der Plastik und Malerei. Die Reliefs am Konstantinsbogen und die Statuen der Konstantiner, um nur diese zu nennen, decken die ganze Unfähigkeit dieser Kunstgattung auf, deren Feinheit schon längst an den bizarren Göttergestalten der importierten asiatischen Religionen sich abgestumpft hatte. Trotzdem bestand die herkömmliche Vorliebe für Kunstwerke fort, und ohne Zweifel hat es auch an einzelnen tüchtigen Leistungen, besonders im Osten nicht gefehlt. Die allgemeine Situation aber war derartig, daß der einst auch im Römertum so lebenskräftige Strom der Kunstthätigkeit im Begriff war zu versiegen.

So entartet und gealtert, wurde die antike Kunst von der siegreichen Kirche im vierten Jahrhundert vorgefunden, und diese brachte sie mühelos zum Untergange. Die der Kunst nachteiligen Zustände der vorhergehenden Zeit dauerten fast in ganzem Umfange nicht nur fort, sondern neue Hindernisse warfen sich auf. Die Tempelbauten hörten auf, die Götterstatuen, die Votivbildnisse, das mythologische Relief, die ganze Summe solcher Kunsterzeugnisse, welche der alten Religion unmittelbar dienten oder sich irgendwie sonst auf sie bezogen, wurde sistiert, weil gar keine oder nur noch wenige Besteller und Käufer da waren, so daß der Betrieb sich nicht lohnte. Was einst die Kirche selbst erfahren hatte, daß nämlich die Künstler im allgemeinen ihr fern blieben, weil die Taufe den Verzicht auf den Hauptinhalt ihres Betriebs in sich schloß, ja, daß sogar christlich gewordene Künstler fortfuhren, heidnische Götterbilder zu arbeiten, um sich einen genügenden Unterhalt zu schaffen,[1]) das wiederholte sich jetzt unter den Göttergläubigen.

Das Wichtigere war indeß die Konkurrenz der christlichen Kunst. Um die Wende des ersten und zweiten Jahrhunderts aufblühend und in das Gewand der Antike sich kleidend, gewann sie bald nachher nach Inhalt und Form eine größere Selbständigkeit. Diese Emanzipation ließ sich allerdings nur durch eine Reduktion ihrer an die klassischen Vorbilder sich anlehnenden idealen Erscheinung durchführen. Am Beginne des vierten Jahrhunderts tritt uns eine in scharfe, bestimmte Formen gefaßte, von der Antike zwar nicht ganz gelöste, aber ihr gegenüber doch in ziemlich freier Stellung sich behauptende christliche Kunst entgegen und zwar hauptsächlich als Architektur und Malerei.

Dieser christlichen Kunst, in welcher sich antik-christliche Formen und christliche Ideen zusammenfanden, that sich unter Konstantin d. Gr. ein weites Feld auf. Wenn schon die lange Friedenszeit vor der diokletianischen Verfolgung größere und zahlreichere Kirchen forderte,[2]) so stellte sich in unvergleichlich höherem Maaße jetzt dasselbe Bedürfnis ein. In unübersehbarer Zahl erhoben sich im Reiche unter der Gunst der Herrscher seit Konstantin Kirchen,[3]) und diese Kirchenbauten brachten auch die Plastik, die Malerei und die

---

[1]) Tertull. De idol. c. 5—8.
[2]) Euseb. H. E. VIII, 1.
[3]) Über Konstantins Bauthätigkeit Euseb. V. C. II, 46; III, 29 ff., 48. 50. 51 ff. 58; IV, 58.

musivische Kunst in Thätigkeit. Die christlichen Kaiser regten durch Privilegien und Unternehmungen zu künstlerischem Schaffen an.[1] Die neuen Ideen, mit welchen die neue Religion jetzt in großem Umfang die griechisch-römische Welt erfüllte, wurden eine wirksame Anregung zu künstlerischem Sinnen und Thun, während die alten Stoffe, längst verbraucht, keinen frischen Trieb mehr offenbarten. Der ganze Enthusiasmus einer siegesfrohen Zeit legte sich in die Waagschale zu Gunsten der christlichen Kunst, der sich weite und hohe Aufgaben erschlossen. So konnte es nicht fehlen, daß die antike Kunst bald das ganze Gebiet in fremder Hand sah. Sie verschwand als selbständige Größe, ohne daß sie bekämpft wurde. Sie ging freilich nicht unter, aber ihre Fortdauer liegt von jetzt an in der christlichen Kunst. Denn die neue Religion, welche sich jetzt bequem in der Welt einrichtete, hatte nichts gegen die Fortdauer der zahllosen Kunstwerke einzuwenden, die im öffentlichen und privatem Leben ein festes Erbstück geworden waren. Im Gegenteil, ihre eigene Kunst hat daran noch Jahrhunderte lang sich geschult, und das Maaß der Leistungen dieser Kunst bestimmte sich nach dem Verhalten zu der ältern Kunst.

Die altchristliche Architektur weist Neuerungen auf gegenüber der antiken Bauweise, ist aber nicht etwas Neues. Diejenigen beiden Bauformen, in denen sie am schärfsten und bedeutendsten in die Erscheinung trat, der basilikale und der Centralbau, angewandt auf kirchliche Zwecke, sind in der Hauptsache antik. Wie immer die Frage nach dem Ursprunge der christlichen Basilika beantwortet werden mag, so ist diese

---

[1] Cod. Theod. XIII, 4, 1—4 u. d. Mitteilungen der Kirchenschriftsteller.

doch nur aus der antiken Architektur zu verstehen; nicht allein in ihrer Gesamtkonzeption, sondern auch in Einzelheiten weist sie dorthin. Andererseits ist sie das, was sie war, nur geworden, indem ein selbständig schaffender Geist des Überkommenen sich bemächtigte und es nach bestimmten Zwecken disponierte oder weiterführte. Darum hat der basilikale Bau seine glänzendste Geschichte nicht in der Antike, sondern im Christentum.

Dasselbe Urteil besteht zu Recht in Beziehung auf den Centralbau. Seine vorchristliche Geschichte ist eine lange und mannigfaltige, bis er im Pantheon zum imponierendsten Ausdruck kam. Die Kirche übernahm diese Bauform und zwar solange und soweit sie dieselbe für einfache Zwecke, wie als Grabrotunde und Taufhaus in Anwendung brachte, ohne die Nötigung einer Weiterbildung. Indem aber, vorzüglich, doch nicht ausschließlich im Orient, das gottesdienstliche Versammlungshaus der Gemeinde in diese Formen gefaßt wurde, rief die feste Ordnung des Kultus und der gottesdienstlichen Sitte neue Kombinationen und Konstruktionen hervor, denen zwar gewisse Mängel anhafteten, die aber zum erstenmale die eigentümliche Schönheit und Großartigkeit des Kuppelbaues hervorstellten. Die Hagia Sophia in Konstantinopel und S. Vitale in Ravenna seien als Beispiele genannt.

Die basilikale wie die centrale Anlage haben den Untergang der antiken Welt überdauert und im Mittelalter in anderer Umgebung noch einmal eine Geschichte gehabt oder richtiger ihre Geschichte in modifizierten Formen fortgesetzt. Die Erbauer der gotischen Dome ahnten nicht, daß eine deutliche Linie ihr Werk mit dem griechisch-römischen Privathause, der Heimat der christlichen Basilika, verbindet. Die Forschung zeigt diese Linie. In diesem Kreise leben wir heute noch in der Antike.

Doch auch sonst hat in altchristlicher Zeit die antike Baukunst, von den weltlichen Bauten ganz abgesehen, sich zu behaupten gewußt. Neuere Entdeckungen in Syrien brachten genauere Kenntnis darüber. Was sich im Abendlande wohl aus literarischen Quellen allgemein erschließen ließ, nicht aber genügend nachzuweisen war, die Existenz freistehender Memorien ganz in der Weise antiker Grabbauten, ließ sich dort genau feststellen. Bald sind es massive, von einer Verzierung gekrönte Bauten, bald eine von Säulen getragene Gesimskonstruktion oder auch Mausoleen in Tempelform.[1]) Im Occident wurde in solchen Fällen fast ausnahmslos die Rotunde verwertet.[2])

Selbstverständlich ist in der Anlage kirchlicher Nebengebäude wie Bibliotheken, Schulen, oder in der Errichtung der Pilger=, Armen= und Waisenhäuser sowie der Klöster die antike Bauweise zur Anwendung gekommen. Es läßt sich dies von vornherein vermuten, wird aber auch durch bauliche Reste bestätigt.

So setzt sich die Geschichte der antiken Architektur in der christlichen Zeit fort. Der eigentliche Tempelbau ging unter; die neue Zeit hatte für ihn keine Verwertung, da seine Formen auf den Kultus der alten Religion abzwecken. Wo immer antike Heiligtümer im Gebrauch der christlichen

---

[1]) Vogüé, Syrie centrale, Architecture civile et religieuse. Paris 1865 ff. Darnach Abb. bei Holtzinger, Die altchristl. Architektur in system. Darstellung. Stuttg. 1889 S. 244, 250, 251; meine Katakomben S. 80.

[2]) Z. B. S. Costanza bei Rom, Mausoleum der Galla Placidia und Grabmal Theodorichs in Ravenna. Es kann auch auf die unterirdischen Rotunden in den Cömeterien (Girgenti, Syrakus u. s. w.) hingewiesen werden.

Religion übernommen wurden, mußten eingreifende Veränderungen vorgenommen werden; wo es nicht geschah, entsprach der Bau der neuen Bestimmung in unzureichender Weise. Für jenes kann der Ortygiatempel in Syrakus, für dieses der Rundbau im Palast zu Spalato angeführt werden.

Ganz anders gestaltete sich das Verhältnis der christlichen Malerei und Plastik zur antiken. Diese beiden Kunstgebiete boten nur ein verhältnismäßig kleines Stück neutralen Stoffes; das Übrige stand in engster Beziehung entweder zur antiken Mythologie oder zu einer Lebensauffassung, welche das Christentum als gegensätzlich empfand. So konnte im Grunde wenig mehr als die Technik und die künstlerische Schulung von dorther genommen werden. Der Inhalt war ein andersgearteter, ein vollkommen neuer, und gerade aus diesem Grunde konnte eine Selbständigkeit gewonnen werden, welche in der Architektur naturgemäß nicht erreicht, auch nicht erstrebt worden ist. In der Wirkung ergab sich daraus eine mächtige Superiorität der christlichen Malerei und Plastik. Sie verfügten über eine Fülle neuer Gedanken, über einen reichen Stoff, der den vollen Reiz der Neuheit trug, während die antike Kunst dem alten Material keine neuen Seiten mehr abzuquälen vermochte.

Zuerst schuf sich das Christentum, welches zu keiner Zeit der Kunst gegenüber sich ablehnend verhalten hat, in den unterirdischen Grabstätten in Nachahmung antiker Dekorationssitte eine ihm inhaltlich entsprechende Kunst und zwar hauptsächlich in der Form der Malerei. Die erhaltenen Erzeugnisse enthüllen hinreichend deutlich den Entwickelungsgang, der sich aus dem Kreise der Antike stetig und seit der Mitte des zweiten Jahrhunderts auch in rascherem Schritte nach dem Centrum christlicher Konzeption bewegte. Im vierten Jahrhundert entfaltet sich vor uns das Gebiet der cömeterialen Kunst ziemlich selbständig abgegrenzt von der Antike. Der Inhalt ist christlich und wo er darüber hinausgeht und der Tradition folgt, wie in den Personifikationen, entbehrt er des religiösen Wertes. Nur ein einziges Stück macht eine Ausnahme, der Nimbus. Derselbe, in Wirklichkeit eine künstlerische Reduktion des Lichtschimmers, von welchem umflossen Götter und Göttinnen, in erster Linie die Lichtgottheiten, vorgestellt wurden, gehört durchaus der religiösen Sphäre an. Den Kaisern kommt er nur als apotheosierten oder von der Anschauung aus zu, welche der Kult lebender Kaiser voraussetzt. Daher tragen lebende und verstorbene Cäsaren diese Auszeichnung. Dementsprechend übertrug von derselben Voraussetzung der Göttlichkeit aus die Kunst im vierten Jahrhundert zuerst Christo, dann den Engeln, Aposteln, Heiligen, ohne daß sich diese letztere Reihenfolge genau feststellen ließe,[1]) dieses Abzeichen. Es wird sich nicht entscheiden lassen, ob bewußte Entgegenstellung oder naive Nachahmung den Nimbus in die christliche Kunst gebracht hat; die erstere Möglichkeit hat die größere Wahrscheinlichkeit. Denn jene Zeit besaß noch ein genaues Wissen von der Bedeutung des Nimbus und sah ihn als göttliches Zeichen an den religiösen Bildwerken des Heidentums. Dagegen gründet sich die Fortführung des Nimbus in Darstellungen der Kaiser und anderer fürstlicher Personen auf gewohnheitsmäßiges Thun.

In größerer Freiheit bewegte sich die altchristliche Kunst in der Buchillustration. Mit voller Souveränetät schaltet sie mit den Formen der Antike. Das Leben Josuas in der

---

[1]) Meine Archäol. Studien S. 205 Anm. 1; 208.

Vaticana ist der köstlichste Ausdruck einer frischen, unbefangenen Auffassung auf diesem Gebiete. Ohne irgendwie eine religiöse Konzession zu machen, steht die Erzählungsweise doch mitten in der Antike. Soweit die altchristliche Miniatur heilige Stoffe behandelt, bietet sie überhaupt nur einmal den Fall einer starken Beeinflussung durch eine andersgläubige Vorstellung: in den Genesisminiaturen des Codex Cottonianus im Britischen Museum aus dem fünften oder sechsten Jahrhundert anthropomorphisiert der Illuminator den über dem Turme zu Babel erscheinenden Jehova so, wie die christliche Kunst es nicht weiß und nur die antike Religion es verständlich macht.[1]) Dagegen zeigt eine bekannte Kreuzigungsscene im syrischen Codex der Laurenziana in glänzender Weise die Selbständigkeit und das Kompositionstalent der christlichen Malerei.[2]) Ein christlicher Stoff ist, allerdings mit Mängeln der Form, lebendig aus dem christlichen Bewußtsein heraus erfaßt. So wie das Bild sich darstellt, konnte es nur auf christlichem Boden erstehen.

Wir kennen nicht die Anfänge der christlichen Miniaturmalerei; jedenfalls liegen sie hinter dem vierten Jahrhundert zurück. Indeß erst die geänderte Lage der Kirche seit Konstantin eröffnete ihr ein weites Feld. Die heilige Schrift und liturgische Bücher prachtreich auszustatten, wurde eine Sitte, welche ebensosehr von dem Hoheitsgefühle wie von den reichen Mitteln der Kirche gefordert wurde. In dieser neuen Aufgabe ging die Miniatur dieser Jahrhunderte fast gänzlich auf; weltliche Stoffe interessierten sie seltener. Im vierten Jahrhundert mag die antike Buchillustration noch

---

[1]) Garrucci, Storia dell' arte crist. III. 124, 5.
[2]) Garrucci a. a. O. 139, 1.

einige Pflege erfahren haben; in der Folgezeit ist sie nicht mehr nachzuweisen. Das Gebiet war in den Besitz der christlichen Illuminatoren übergegangen.

Es besteht aber in dieser Gruppe der Unterschied profaner und religiöser Kunstübung. Während hier antik-sacrale Elemente ausgeschieden sind, lebten sie dort in unbefangener Weise noch fort. Ein hervorragendes Denkmal giebt darüber eine lehrreiche Auskunft, die Kalenderillustration des Chronographen vom Jahre 354.[1]) Der Schreiber dieses Kalenders ist Furius Dionysius Filocalus, der in der Epigraphik des vierten Jahrhunderts wohlbekannte Kalligraph des römischen Bischofs Damasus. Es mag gering veranschlagt werden, daß die die Widmungstafel tragenden Eroten mit der prophylaktischen Bulla ausgerüstet sind; denn gelegentlich ist auch Eva mit diesem in der antiken Gesellschaft üblichen Schutzmittel versehen worden; die in die gleichnamigen Götterfiguren personifizierten Planeten ferner wollen als neutrale Bilder angesehen werden. Anders verhält es sich mit den Illustrationen zu dem bürgerlichen Kalender. Gleich das Januarbild führt einen vornehmen Römer vor, der in einem Sacrarium den Manen seiner Vorfahren das übliche Weihrauchopfer darbringt.[2]) Unter April tanzt in Anspielung auf die in jenem Monate in Rom gefeierten Venusfeste ein Mann, wahrscheinlich ein Kybelepriester, vor einer Venusstatuette, vor welcher auf kunstvoll gebildetem Leuchter eine Kerze brennt.[3]) Der November endlich ist illustriert durch

---

[1]) Jos. Strzygowski, Die Kalenderbilder des Chronographen v. J. 354. Berlin 1888 (Ergänzungsheft I zu d. Jahrb. d. Kaiserl. deutsch. archäol. Instituts).

[2]) Strzygowski a. a. O. Taf. XVIII. Die der Scene entsprechenden Verse S. 56 f.

[3]) Taf. XXII. Die Verse S. 65.

einen kahlköpfigen Isispriester, der in der Rechten ein Sistrum hält und vor einem Anubisbilde eine sacrale Handlung vollzieht.¹) Die übrigen Monatsbilder liegen auf neutralem Boden. Die Anfangsworte der Dedication VALENTINE FLOREAS IN DEO und das christliche Bekenntnis des Schreibers stehen scheinbar in scharfem Contrast zu den beschriebenen Scenen. Der nahe liegende Versuch, einen Ausgleich in der Annahme zu finden, daß ältere Vorbilder einfach wiederholt seien,²) ist ohne Zweifel berechtigt, löst aber die Hauptschwierigkeit nicht, die eben darin besteht, daß in einer Zeit, wo der religiöse Gegensatz noch ein lebhafter war, ein dem Bischofe nahestehender und in der Herstellung von Märtyrerinschriften verwendeter Christ mit Opferdarstellungen in die Öffentlichkeit treten konnte. Hundert Jahre später wäre das begreiflich gewesen und könnte als Beweis souveräner Unbefangenheit dienen. Doch das ist nicht das einzige Rätsel, welches der Chronograph bietet. Jedenfalls belehrt uns diese älteste christliche Kalenderillustration, daß die christliche Kunst da, wo sie profane Stoffe zu behandeln hatte, nicht die Sprödigkeit behauptete, welche sie sonst auszeichnete. So entdecken wir in den Iliasillustrationen der Ambrosiana³) aus dem fünften, (vielleicht noch aus dem vierten) Jahrhundert ein überraschendes Nachleben einer Weise, welche die pompejanischen Wandmalereien uns vor Augen stellen. Die Auffassung ist frisch, die Komposition lebendig; bemerklich macht sich eine starke Neigung zur

---

¹) Taf. XXX. Die Verse S. 78.
²) Strzygowski a. a. O. S. 58.
³) Veröffentlicht, doch in unvollkommener Weise, von Angelo Mai: Picturae antiquissimae bellum Iliacum repraesentantes, Mail. 1819. Es sind 58 Bildchen; andere sind verschwunden.

Eleganz und eine gewisse Magerkeit der Ideen. Götter, Heroen und Menschen treten in den wechselnden Situationen, welche der Text angiebt, vor den Beschauer hin. Die antike Welt kommt noch einmal zur Erscheinung mit Abzug des Christlichen in ihr. Ähnlich steht es mit dem Virgil der Vaticana[1]) (wahrscheinlich aus dem fünften Jahrhundert), wo zuerst die Anzeichen sichtbar werden, welche als Eigenheiten der byzantinischen Miniaturmalerei gelten. Auch was sonst noch aus nachkonstantinischer und späterer Zeit an solchen Malereien sich erhalten hat, offenbart ein fast ungeschwächtes Fortwirken der Antike. Ja, diese Einflüsse gingen, vorzüglich im Orient, tief in das Mittelalter hinein. Die Lust, antike Miniaturen zu kopieren, hat Jahrhunderte hindurch fortgedauert, und an diesen Kopieen hat sich diese Kunst immer wieder belebt. Solange die antike Literatur Interesse fand, mußte sie die Neigung hervorrufen, die Texte zu illustrieren, wie die kirchlichen Texte illustriert zu werden pflegten, und so wenig die Lektüre jener Texte Anstoß erregte, so wenig konnte die Illustrierung derselben Bedenken haben, obwohl sie häufig genug die alte Götterwelt und den Götterkultus wieder in Erinnerung rief. Es liegt kein Grund vor, die Illuminatoren der Mailänder Ilias und des vatikanischen Virgil als heidnische Künstler zu betrachten.

Besteht auf dem Gebiete der Miniaturmalerei eine starke Gebundenheit der christlichen Kunst an die Formen oder an den Inhalt der Antike oder an beide, so hat sie im Mosaik sich ein selbständiges Gebiet geschaffen, auf dem sie in voller

---

[1]) Bezeichnet mit No. 3225 und nicht zu verwechseln mit den Virgilillustrationen No. 3867 ebendas. Die Publikation von Bartoli: Picturae antiquissimae virgil. cod. Vat. Rom 1728 giebt nur eine allgemeine Vorstellung.

Souveränetät waltet. Sie hat die musivische Technik in überraschender Vollkommenheit sich angeeignet und ihren religiösen Zwecken dienstbar gemacht. So deutlich diese Mosaikbilder das Studium der Antike, besonders antiker Statuen, verraten, so sondern sie sich doch von dem fremden Gebiete scharf ab, wie man aus den biblischen Erzählungen in S. Maria Maggiore in Rom zur Genüge lernen kann. Nur die Mosaiken in dem Mausoleum, welches Konstantin d. Gr. seiner Tochter Constantia bei Rom errichtete, treten aus diesem Kreise heraus und haben Form und Inhalt dem Bacchuscyklus entnommen.[1]) Indeß sie sind die einzige Ausnahme dieser Art. Die altchristliche musivische Kunst hat den unbestreitbaren Ruhm einer Selbständigkeit, welche den übrigen Gebieten noch fehlte. Im Hinblick auf die Schwierigkeit der Technik darf dies um so höher veranschlagt werden, und in dem Rückschlusse von der mit einer gewissen Härte belasteten Ausführung auf die malerische Vorlage eröffnen sich anziehende Perspektiven. Je nach Geschmack und Bedürfnis ist die Behandlung des Gegenstandes eine malerische oder plastische, zuweilen beides, aber die Entwürfe verraten eine Sicherheit der Auffassung, die nur in dem Bewußtsein innerlicher Unabhängigkeit ihre Erklärung findet.

Freilich tragen auch die sogenannten Goldgläser,[2]) die in der Mehrheit dem fünften Jahrhundert angehören, diese Freiheit zur Schau, aber sie ist auf Kosten der künstlerischen Gestaltung um den teuersten Preis erkauft. Diese Umrißzeichnungen verraten oft eine entsetzliche Verrohung des

---

[1]) Garrucci, IV, 204 ff.
[2]) Garrucci, Vetri antichi, ornati di figure in oro 2. Aufl. Rom 1864; Storia Vol. III. Meine Archäol. Stud. S. 204 ff. (Chronologie); Katal. S. 187 ff.

Empfindens und Könnens. Gute Stücke fehlen nicht, aber ihnen steht eine erdrückende Masse mittelmäßiger und abstoßender Leistungen gegenüber. Wenn in dieser Gruppe und zwar unter ihren bessern Erzeugnissen Venus bei der Toilette und Pallas als Lehrmeisterin sich finden,[1]), so ist jene Scene nur als Kompliment gegen eine Dame und diese als bloße Personifikation gemeint.

Als ganz besonders lehrreich erweist sich die Betrachtung des Verhältnisses der christlichen Plastik zur Antike. In vorkonstantinischer Zeit nehmen sich die Versuche der kirchlichen Kunst auf diesem Boden noch äußerst zaghaft aus. Offenbar erwuchsen ihr aus religiösen Bedenken gewisse Hemmungen, da in der Plastik die antike Götterwelt am bezeichnendsten und häufigsten vor das Auge kam. Im vierten Jahrhundert schwand diese Scheu, wenigstens für das Relief, während sie für die statuarische Kunst nie ganz überwunden wurde. Indem die Kirche Reichtum und Aristokratie gewann, weitete sich die beengte Plastik. Es ist nicht Zufall, daß sie hauptsächlich als Sarkophagrelief Verwendung fand und so eine Sitte vornehmer heidnischer Kreise zwar nicht einführte in die christliche Welt, aber doch zur Blüte brachte.

Die altchristlichen Sarkophagreliefs schließen inhaltlich an den Bilderchklus der Katakomben an; Entwickelungen und Neubildungen sind da, aber sie bedeuten wenig. Daneben liegen sehr bestimmte und feste Beziehungen zu der Antike vor. Dorther kommen die niedlichen Putti, welche Ballspiel, Hahnenkampf, Circusrennen betreiben oder ländliche Ver-

---

[1]) Meine Kat. 190, 191 f.

richtungen, wie Obst= und Weinernte in heiterm Spiel aus=
führen, wohl verständlich aus der Lebensanschauung des
Altertums, aber der christlichen Todesauffassung widerstreitend.
Auch die eine Fackel senkenden Genien des Todes gehören
dorthin sowie die Tritonen und mancherlei Seetiere, da sie
nichts mehr und nichts weniger sind als versprengte Stücke
aus einer antik=sepulcralen Symbolik. Ja — womit das
Äußerste gewagt ist — auch Götter und Halbgötter haben
ihr Dasein behauptet. Auf einem gallischen Sarkophage
treten die beiden Dioskuren mit gezäumten Rossen auf;
Sirenen, die Medusa, Eros und Psyche, Orpheus (letztere
beiden auch schon vorher in der Malerei) sind aus dem
alten Besitz herübergenommen.[1]) Rom bietet sogar ein Bei=
spiel, daß Juno Pronuba zwischen einem christlichen Ehepaar
steht.[2]) Eine Umdeutung oder Neutralisierung dieser Dar=
stellung wird stets nur mit Gewaltmaßregeln durchzuführen
sein. Sie wurzeln fast ausnahmslos in der antik=christlichen
Symbolik, aber sie konnten in einer ganz andersartigen
Umgebung doch nur dann fortdauern, wenn ein starkes In=
teresse hinter ihnen stand. Demnach haben wir dieses in den
höhern Gesellschaftskreisen, aus denen diese Denkmäler stammen,
vorauszusetzen. Selbstverständlich war dieses Interesse kein
deutlich religiöses, sondern aus religiösen und nackt traditio=
nellen Momenten zusammengesetzt. Derselbe Thatbestand
läßt sich aus der Verwendung antiker Sarkophage mit mytho=
logischen Scenen erheben. Der Christ, welcher in Rom einen
Sarkophag mit bacchischem Tiasos in Gebrauch nahm,[3]) und

---

[1]) Vgl. meine Archäol. Studien S. 11—13, woselbst die Quellen
angegeben sind; einiges Neue ist seitdem hinzugekommen.

[2]) A. a. O. S. 99 ff. Fig. 20.

[3]) A. a. S. 11.

der Gallier in Arles, der einen schönen antiken Sarkophag mit dem Relief einer sitzenden Gottheit sich aneignete,¹) können nicht ein ausschließliches Recht der christlichen Kunstdarstellungen anerkannt haben. Aber auf der andern Seite ist doch auch geschehen, daß anstößige Bildwerke durch gewaltsame Manipulation dem Auge entzogen worden sind.

Bei der äußerst geringen Zahl weltlicher plastischer Werke verdient ein aus Tunis stammendes Bleigefäß aus dem Anfange etwa des fünften Jahrhunderts besondere Beachtung.²) Die Inschrift, der gute Hirt und eine bekannte auf die Taufe bezügliche symbolische Darstellung stellen den christlichen Ursprung fest, aber in Feldern ordnen sich daneben Gruppen und Scenen echt antiker Art. Von dem Circussieger nicht zu reden, der neben einem Altar stehend den gewonnenen Kranz triumphierend erhebt, so müssen ein trunkener Silen, welcher auf einem Esel reitend sich von zwei Männern stützen läßt, und eine Nereide, die auf einem Seetiere dahinfährt, in dieser Umgebung einiges Befremden erregen. Nicht anders verhält es sich mit einer in Rom gefundenen, jetzt in Paris befindlichen Pyxis, ein Erinnerungsstück an eine Hochzeit.³) Eine in der Toilette begriffene Venus, Tritonen und Nereiden müssen sich mit einer christlichen Acclamation und dem Monogramm Christi vertragen. Auch eine Glasschale aus Trier, welche das Opfer Abrahams in ganz auffallender Weise in das Antike umgesetzt zeigt, läßt sich in diesem Zusammenhange anführen. Es

---

¹) Le Blant, Les sarcoph. chrét. de la Gaule pl. 59
²) Bull. di archeol. crist. 1867 S. 77; vollständiger Garr. VI, 428.
³) Meine Archäol. Stud. S. 110 ff.

kann, wie dürftig auch das Material ist, keinem Zweifel unterliegen, daß die Kleinkunst, soweit sie nicht religiösen Zwecken diente, noch im fünften Jahrhundert nicht nur in die Formen hauptsächlich der Antike sich gekleidet, sondern auch von dorther ihren Inhalt genommen hat. Am längsten mögen die Götter und Göttinnen auf den geschnittenen Steinen der Ringe fortgelebt haben.

Diese Beobachtungen hindern freilich nicht den Schluß, daß im vierten Jahrhundert bereits die antike Kunst von der christlichen zerrieben wurde. Der mächtige Aufschwung der christlichen Kunst nach Konstantin d. Gr. wurde hervorgerufen und gehalten von einer Kirche, welche das Bewußtsein beherrschte, die Gegenwart und Zukunft zu besitzen. Die antike Kunst verschwand nicht, aber sie stellte ihren Betrieb ein oder überließ ihn den Künstlern der neuen Zeit. Man kann noch weiter gehen und sagen: die christliche Kunst dieser Jahrhunderte verdankt ihr Bestes der Anschauung und dem Studium der zwar antiquierten, aber noch sichtbaren klassischen Kunst. Sie hat allerdings dieses Fremde in dem Grade sich assimiliert, daß es als ihr inneres Wesen erscheint, aber ihre besten Erzeugnisse sind nur aus diesen Zusammenhängen zu verstehen.

Zum Schlusse legt sich noch die Frage nahe, ob bestimmte heilige Typen der christlichen Kunst ihre Ausbildung unter dem Einflusse der Antike erhalten haben. Die Darstellung Gottes ist, ohne daß irgendeine Ausnahme sich feststellen ließe, jedenfalls ausgeschlossen. Wo im vierten Jahrhundert zum erstenmal Gott in voller Menschengestalt auftritt, fehlt dieser jeglicher Wiederschein eines antiken Typus; im Gegenteil hält sich die Auffassung durchaus im Gewöhnlichen. Jedes Sublime geht ihr ab. Anders verläuft die Geschichte des Christusbildes. In der ältesten Zeit faßt es sich in ideale Schönheit; seit der Mitte ungefähr des vierten Jahrhunderts tritt dafür der realistische bärtige Typus ein. Jedoch jene wie diese Gestaltung vermeidet scharf die Anknüpfung an die antike Mythologie. Was von Einwirkungen des Apollotypus oder des Asklopios oder des Zeus-Serapis angeblich entdeckt ist, beruht auf einzelnen Ähnlichkeiten allgemeinster Art, denen andererseits als Regel so schroffe Gegensätzlichkeiten gegenüberstehen, daß die Combinationen gänzlich außer Frage bleiben müssen. Dagegen haben die Eroten und Psychen und ähnliche jugendliche Gestalten den ursprünglichen Engeltypus der christlichen Kunst völlig zerstört. Die bärtigen Männer, als welche diese die Engel anfangs auffaßte, wurden im Laufe der Zeit immer jugendlicher, bis sie endlich zur Ebenbildlichkeit der anmutigen Wesen kamen, welche in der antiken Kunst unter mancherlei Namen und Formen sich großer Beliebtheit erfreuten.[1])

Die Kunst giebt der allgemeinen Kultur ein wesentliches Gepräge. Indem nun damals die antike Kunst unter den Einfluß christlicher Ideen und Zwecke kam, verschob sich auch die Kultur der Zeit nach der Seite des Christentums hin. In den öffentlichen Gebäuden, auf den öffentlichen Plätzen und ebenso im Privatgebrauch haben die antiken Kunstwerke gewiß noch lange den vorzüglichsten Schmuck abgegeben. Aber auch der Wirkungskreis der christlichen Kunst beschränkte sich

---

[1]) M. Archäol. Stud. S. 148. 152. 265; Kat. S. 149; Ursprung u. älteste Geschichte d. Christusbildes (in d. Zeitschr. f. kirchl. Wissensch. u. kirchl. Leben 1883 H. 6). Anders: Dietrichson, Christusbilledet, Kopenh. 1880; Holtzmann, Entstehung d. Christusbildes d. Kunst (Jahrb. f. prot. Theol. 1877 S. 189 ff.; dazu 1883 S. 77 ff.).

nicht mehr auf kirchliche Gebäude, sondern griff in die Öffentlichkeit ein, und zwar sowohl in der Form der monumentalen wie der Kleinkunst. Die neue Residenz am Bosporus war reich auch an christlichen Kunstwerken. Zahlreiche Fundgegenstände bezeugen die Rührigkeit des christlichen Kunstgewerbes. Doch noch im sechsten Jahrhundert hat dieselbe Menschheit, die in der christlichen Kunst die wahre Kunst erkannte, der Schönheit der Antike den Tribut der Anhänglichkeit, zum Teil auch der Vorliebe gezollt.[1]

---

[1] Über die Stellung der Kirche zur Kunst in den einzelnen Provinzen ist unten in der Provinzialgeschichte gehandelt.

Viertes Kapitel.

Die Literatur.

Der allgemeine Niedergang des römischen Geisteslebens belastete die literarische Produktivität in weit höherm Grade als die Kunst. Bereits im zweiten Jahrhundert vollzog sich die Abkehr von der Höhe einer noch leistungsfähigen Periode, und weder die schöngeistigen Interessen einzelner Herrscher, wie Hadrian und Alexander Severus, noch die zahlreichen Bildungsanstalten, die mit der fortschreitenden Romanisierung in den Provinzen erstanden, bewirkten ein Aufhalten. Die griechische Reichshälfte zeigt zwar im dritten Jahrhundert noch eine größere literarische Lebhaftigkeit, und die Vielbeweglichkeit des hellenischen Geistes besteht noch in einem gewissen Umfange, indeß der Gesamteindruck ist auch hier kein anderer als der einer in Auflösung begriffenen Schriftstellerei. Ärmlichkeit der Stoffe, Verwilderung des Stils in Barbarei oder Geschraubtheit und geistige Dürftigkeit bezeichnen die große Masse der literarischen Erzeugnisse, welche die siegreiche Kirche als Produkt und Nahrung der antiken Bildung vorfand.

Das Verhalten des Christen zu dieser und der antiken Literatur überhaupt ist mehrfach Gegenstand einzelner theoretischer Erörterungen oder auch praktischer Maßnahmen gewesen,[1]) hat aber zu keiner Zeit eine allgemeine Normierung erfahren. Die Weisung, idololatrische und unsittliche Lektüre zu meiden, ließ sich nicht durchführen, da nach diesen Gesichtspunkten eine scharfe Scheidung nur in wenigen Fällen vorgenommen werden konnte. Das Wissen dieser Dinge seitens der Kirchenschriftsteller ist der beste Beweis dafür. Sie alle empfinden allerdings die antike Literatur, auch in ihren edelsten Erscheinungen, in einer gewissen Gegensätzlichkeit, dennoch haben sie dieselbe in sich aufgenommen und ihre Publizistik nimmt gern Beziehung darauf. Der „Traum" des Hieronymus[2]) ist trotz seiner Wunderlichkeit ein ernsthaftes Zeugnis dieser Doppelstimmung.

Das Bedürfnis humanistischer Bildung bestand für die Kirche als solche ebensowenig wie für den Organismus der antiken Religion. Daher fehlen in älterer Zeit dahin zielende Äußerungen oder Anordnungen durchaus. Auch wo solche hernach hervortreten, ist nur eine in Wirklichkeit sehr minimale theologische Bildung ins Auge gefaßt. Wenn trotzdem die Kirche die antike Kultur an sich zog und sie in ihrer Eigenart oder in christlicher Umprägung festhielt, so hat die geschichtliche Entwickelung, nicht ein auf ihren Zwecken ruhendes inneres Bedürfnis sie auf diese Bahn geführt. Zwei Thatsachen begegneten sich hier: das feste Gefüge des humanistischen Unterrichts in der griechisch-römischen Welt und die Notwendigkeit, den religiösen Sieg durch Aneignung oder Umbildung der alten Kultur zu vollenden.

Die Bildungsanstalten des vierten und fünften Jahrhunderts, auf welche auch die Christen angewiesen waren,

---

[1]) Bd. I, 300 f.; 420 ff.
[2]) Hieron. Ep. XXII, 30.

hielten ihre alte Unterrichtsweise fest. Gewisse Rücksichten legten sich ihnen selbstverständlich auf, indeß sie vermittelten wie vorher die antike Kultur ohne irgend einen Abzug. Christliche Institute desselben Zieles gab es nicht, denn die kirchlichen Schulen in Alexandrien, Antiochia, Edessa und sonst verfolgten andere Zwecke. So strömte die antike Bildung in die christlichen Kreise ein. Männer wie Chrysostomus und Basilius haben sie auf diese Weise gewonnen, der Eine in Antiochia, der Andere in Athen. Eine ernsthafte Abneigung der Kirche dagegen läßt sich nirgends beobachten, obwohl es an Reibungen nicht gefehlt hat. Denn der Besitz der klassischen Bildung, wie sie damals gefaßt wurde, konnte unmöglich verfänglich erscheinen in einer Genossenschaft, die schon längst in den höhern Ständen in weitem Umfange heimisch geworden war. Was das Heidentum an Gold und Silber besitzt, meinte Augustin in diesem Sinne, soll der Christ mit sich nehmen, wenn er das religiöse Band mit ihm löst, wie einst Israel goldene und silberne Gefäße aus Ägyptenland mit sich trug. Mit solchem Gold und Silber haben sich Männer wie Cyprian, Lactantius, Hilarius im Dienste Christi belastet.[1]) Dennoch machte sich in der Kirche begreiflicherweise der Drang geltend, diese große, auf einem fremden Boden aufgewachsene Macht in den eigenen Dienst zu ziehen, um dadurch ihre Stellung zu verstärken. Es konnte nur auf dem Wege der Assimilation geschehen. Daß und wie dieser Weg beschritten ist, darüber belehrt das Verhältnis der christlichen Literatur zur antiken.

Die antike Literatur, die im Zeitalter Konstantins und seiner nächsten Nachfolger das Publikum beherrschte, war keine lebensfähige mehr. Darin ist der Hauptgrund ihres

---

[1]) August. De doctrina christ. II, 61.

raschen Verschwindens zu suchen. Aber mit Recht ist bemerkt worden, daß die christliche Literatur, dem Beispiele des Lactantius folgend, sich an den klassischen Mustern der Antike in formeller Beziehung erfolgreich bildete,[1]) und, indem sie mit einem höhern Maaß von Formschönheit in die Öffentlichkeit trat, von vornherein einen Vorzug aufweisen konnte. Noch mehr freilich wog die Anregung neuer Stoffe und die daraus hervorgehende Frische und Unmittelbarkeit. Die heilige Geschichte, die Schicksale der Märtyrer, die großen Fragen der religiösen und sittlichen Erneuerung der Menschheit boten dem Dichter wie dem Prosaiker unerschöpfliche Stoffe, welche Phantasie und Denken gleicherweise anregten. Die vorkonstantinische christliche Literatur fand sich noch in gewissen Schranken; unter Konstantin fielen diese, indem mit der religiösen Freiheit der ganze Schauplatz der alten Welt für das Urteil, das Interesse und die Thätigkeit der Christen sich aufthat. Daraus erwuchs auch eine mächtige Anregung zu literarischem Schaffen, dessen Ausdehnung und Eigenart sich in Keinem vollkommener darstellt als in Augustinus. Zwar zweckte die gelehrte Thätigkeit dieses Provinzialen auf die Kirche und das Christentum ab, indeß auch die religiöse Zeitfrage fand in ihm einen geistig bedeutenden Darsteller, und noch mehr mußte der ganze Eindruck einer großen, über alle Mittel damaliger Bildung verfügenden Persönlichkeit, die in den zahlreichen Schriften Augustins sich spiegelt, von großer Wirkung nach Außen sein. Die christlich=religiöse Grundanschauung, welche die Unterlage bildet, hat bei den Andersgläubigen schwerlich ein so wesentliches Hindernis geschaffen, wie wir anzunehmen geneigt sind, da die ganze Zeit religiös interessiert war. Auch sonst sind, wie sich

---

[1]) Ebert, Geschichte d. christl=latein. Lit. Lpz. 1874 S. 109.

voraussetzen läßt, solche literarische Gesamteindrücke von Einzelnen ausgegangen. Anderswo wiederum fand eine erfolgreiche Gegenwirkung in engerm Umkreise statt, die wir näher ins Auge fassen.

Die Weise des öffentlichen Lebens im Altertum gab der Beredsamkeit eine hervorragende Bedeutung und erklärt den großen Aufwand von Mitteln, der sich an ihre Pflege knüpfte. Nachdem Aristoteles als der erste die Regeln der Rhetorik wissenschaftlich expliziert, folgte eine lange Reihe systematischer Lehrbücher, neben denen und mit denen die Rhetorenschulen das gleiche Ziel suchten. Aus diesen Schulen ging das prunkende Rhetorentum hervor, welches in der römischen Kaiserzeit zu dieser Entwickelung gelangte. „Zwar das eigentliche Feld der rednerischen Thätigkeit, die politische Beratung war der Sophistik so gut wie ganz entzogen und auch zu den Gerichtsverhandlungen war ihr der Zugang, wenn nicht geradezu versperrt, so doch erschwert. Das kaiserliche militärische Regiment liebte eben nicht die Aufregung politischer Reden und schloß aus den Sitzungen des kaiserlichen Rates die Öffentlichkeit aus. Aber bei dem Empfang der Kaiser und kaiserlichen Statthalter, bei der Einweihung von Tempeln und Odeen, bei den öffentlichen Festen und Leichenfeiern glänzte der Sophist im festlichen Talar mit dem auserlesensten Schmuck seiner Kunst, und auch ohne solchen äußern Anlaß fand sich überall in jenen Zeiten des müßigen Schöngeistertums zu den populären Erörterungen philosophischer und literarischer Fragen ein Kreis beifallspendender Zuhörer zusammen."[1]

---

[1] W. Christ, Geschichte d. griech. Lit. bis auf die Zeit Justinians. 2. Aufl. München 1890 S. 592 (Handbuch d. klass. Altertumswissenschaft her. von Iwan v. Müller VII[2]).

Eine Nachblüte erlebte diese Sophistik im vierten Jahrhundert und zwar ist dieselbe an die Namen Libanius, Themistius, Himerius gebunden. Ihre Aufgabe fand sie wie vordem in schöngeistigen Vorträgen und öffentlichen, durch besondere Anlässe hervorgerufenen Reden, aber doch mit einigen durch das Zurückdrängen des Götterglaubens bedingten Einschränkungen. Die glänzende Außenseite dieser spätern Rhetorik, ihre bewundernswerte stilistische Gewandtheit wollen um so höher veranschlagt werden, da aus den zum Teil abgegriffenen, zum Teil an sich magern Stoffen nur mühsam ein Ertrag sich gewinnen ließ.

Hier setzte daher auch die christliche Rhetorik erfolgreich ein. Die formale Schulung gewann sie auf demselben Wege wie die heidnische Sophistik; Johannes Chrysostomus im Morgenlande und Ambrosius im Abendlande stehen in dieser Beziehung hinter den bessern Rhetoren nicht zurück. Aber sie hatte den bedeutenden Vorzug neuer, inhaltreicher Stoffe. Die religiös=ethische Zweckrichtung und die darin gegebenen vielfachen Bezüge auf konkrete Verhältnisse und Stimmungen versetzten sie von vornherein in eine günstigere Stellung. Das Menschenleben in seiner vollen Entfaltung in dieser oder jener Lage, in diesem oder jenem Stande, gefaßt unter den reichen Inhalt der sittlich=religiösen Normen des Christentums, bot ein unerschöpfliches, in den mannigfaltigsten Betrachtungen auf das mannigfaltigste zu gestaltendes Material. Die antiochenischen „Säulenreden" des Chrysostomus und die sozialen Predigten des Kappadoziers Basilius geben eine Vorstellung davon, was die Gestaltungsgabe geschulter und talentvoller Rhetoriker aus diesem Stoffe zu machen verstand. Denn vorzüglich bildet sich die christliche Rhetorik in der Form der geistlichen Beredsamkeit, der Predigt aus, welche die Kirche als feste Institution hatte. Die Praktikanten dieser Rhetorik in denjenigen Städten, welche blühende Rhetorenschulen besaßen, wie Athen, Antiochia, Konstantinopel, sahen sich schon durch die lokalen Verhältnisse darauf gewiesen, die Formvollendung der Sophistik auf die geistliche Rede zu übertragen. Die Predigtliteratur jener Zeit ist der beste Beweis, wie dieser Zusammenhang festgehalten wurde. Die Predigten verraten in tausend Einzelheiten die rhetorische Technik, die in den Schulen oder in Lehrbüchern vorgetragen und in der allgemeinen Praxis angewendet wurde, doch ist als Ideal nicht die rhetorische Korrektheit, sondern das Verständnis durch die Zuhörerschaft bezeichnet worden,[1]) eine Erkenntnis, die in ihrer Anwendung erfolgreich sein mußte.

Indeß auch dadurch zog das Christentum den Einfluß der Rhetorik an sich, daß es dieselbe in den Dienst theologischer Beweisführung und der Apologetik wie der Polemik stellte. Es genügt, die Reden Gregors von Nazianz zu nennen.

Wie deutlich das Bewußtsein der großen Bedeutung einer in christlichem Geiste gehaltenen Rhetorik in der Kirche war, geht daraus hervor, daß Augustin einen eigenen dahin zielenden Leitfaden verfaßte.[2]) Er fordert die Erlernung der Rhetorik, da sie, an sich neutral, durch den Eifer der Guten für die Mehrheit nützlich gemacht werden kann. Auch die heiligen Schriftsteller verfügten über diese Kunst. Die ganze Technik derselben soll der Redner je nach der ihm vorliegenden Aufgabe zur Anwendung bringen. Immer aber

---

[1]) August. Enarr. in Psl. 138, 20: melius est reprehendant nos grammatici, quam non intelligant populi.

[2]) August. De doctrina christ. Besonders das 4. Buch.

soll das Hauptbestreben auf die Wahrheit, nicht auf Anmut der Form gerichtet sein. Wer nicht befähigt ist, eine gute Rede abzufassen, der darf eine fremde Rede zum Vortrag bringen; kein Tadel trifft ihn deshalb In jedem Falle soll dem Vortrage ein Gebet zu Gott vorangehen.[1])

Ein Zwiefaches verleiht diesen geschickten Ausführungen Wert für unsere Frage: die energische Betonung der Notwendigkeit der Rhetorik für einen Mann der Kirche und die Forderung der ungeschminkten Wahrheit in ihr. Dort also Anknüpfung an die Tradition, der auch die technischen Anweisungen entnommen sind, hier ein völlig Neues gegenüber der damaligen Gepflogenheit der Sophistik. Dadurch wurde in die christliche Rhetorik ein moralisches Gewicht gelegt, welches nicht belanglos bleiben konnte. Prohäresius und Musonius, beide in ihrer Zeit hochangesehen, gehören hierher. Indeß eine eigentlich christliche Rhetorenschule hat sich erst im fünften Jahrhundert in Gaza gebildet, wobei Antikes und Christliches oft seltsame Combinationen eingingen.[2])

Ein Kind der Sophistik war der Roman,[3]) dessen Auftreten in der Literatur die milesischen Fabeln (τὰ μιλεσιακά) ankündigten. Ohne je denjenigen Einfluß erreicht zu haben, welchen die unter derselben Bezeichnung begriffene moderne Literaturgattung und verwandte Unterhaltungslektüre ausüben, erschien er dennoch von solchem Gewichte, daß die Kirche mit ihm rechnen zu müssen glaubte. Sie that es in doppelter Weise, entweder so, daß sie ihn durch Veränderungen größeren

---

[1]) IV, 2; 6 ff.; 4; 10 ff.; 28; 29; 15; 30. Weiteres in De catechizandis rudibus. Auch Ambros. De officiis ministrorum bietet Einiges.

[2]) Stark, Gaza und die philistäische Küste, Jena 1852 S. 631 ff.

[3]) Rohde, Der griechische Roman und seine Vorläufer. Lpz. 1876.

oder geringeren Umfanges tolerabel machte oder ihm eine genuin christliche Unterhaltungsliteratur entgegenstellte.

Für jenes Verfahren bietet die Historia Apollonii regis Tyri ein belohnendes Beispiel.[1]) Dieser wahrscheinlich im dritten Jahrhundert ursprünglich griechisch geschriebene Roman wurde etwa im sechsten Jahrhundert einer Überarbeitung durch christliche Hand unterzogen. Der Überarbeiter begnügte sich nicht damit, die Erzählung volkstümlicher zu gestalten, sondern bemühte sich auch, sie von dem polytheistischen Boden in das Christliche zu ziehen. Zwar lagen in dem Inhalte bestimmte Schranken; Götter, Tempel, heidnischer Kultus ließen sich nicht herausnehmen, aber an zahlreichen Punkten ist die Säuberung wirksam gewesen,[2]) so daß die Erzählung zwar in der Hauptsache antik geblieben ist, aber eine seltsame Färbung erhalten hat. Im Allgemeinen indeß war die Abneigung gegen den Roman zu groß, als daß ein solches Verfahren in weiterm Umfange Anwendung finden konnte. Christliche Leser hat diese Literatur noch in späteren Jahrhunderten gehabt; so schenkte ihnen der Patriarch Photius Beachtung,[3]) jedoch eine entsprechende christliche Literatur ist im Orient erst unter den Komnenen aufgeblüht, also in einer Zeit, wo man dem Hellenismus völlig unbefangen gegenüberstand.[4]) Vielmehr betrat die Kirche den praktischern Weg,

---

[1]) Teuffel, Gesch. d. röm. Lit. 5. Aufl. II §. 489 u. die Praef. in d. Ausgabe von Riese (Lips. 1871).

[2]) Z. B. per deum vivum (58, 18), per communem salutem (17, 16), favente deo (5, 6; 16, 11) u. ähnl. Ausdrücke (vgl. Riese a. a. O. p. IX).

[3]) Photius cod. 166 u. sonst.; vgl. auch Hieron. Comment. in Jes. lib. XII init.

[4]) Krumbacher, Gesch. der byzant. Literatur, München 1891 S. 295 f. (Handb. d. klass. Altertumswissensch. IX, 1).

eine buntschillernde Literatur hervorzurufen, die nicht nur geeignet war, den Roman da zu verdrängen, wo er ein Publikum hatte, sondern auch diejenigen Kreise in Beschlag zu nehmen, welche diese Erzählungsweise noch nicht erreicht hatte. In dieser Literatur nimmt den ersten Rang ein die Legende im Sinne einer erbaulich unterhaltenden Erzählung. Die Produktivität in dieser Gattung war in den nachkonstantinischen Jahrhunderten eine außerordentliche. Den Stoff gaben Heiligen- und Märtyrerleben, der entweder schriftlich oder in irgend einer Form mündlicher Überlieferung vorlag. Die überaus zahlreichen Erweiterungen älterer Stücke in der Richtung auf eine lebendigere und dem Verständnis der Zeit nahe liegende Gestaltung bezeugen die Lust an dieser Weise schriftstellerischer Thätigkeit, die ihrerseits auf ein dafür interessiertes Publikum zurückweist. So sehr indeß hier wie bei freien Schöpfungen der christliche Charakter der Erzählung festgehalten wurde, so haben antike Einwirkungen dennoch zuweilen sich eingedrängt, wie in der Siebenschläferlegende,[1]) ja, es sind wohl in bestimmter Absicht solche Beziehungen aufgesucht, um irgend eine gegen die heidnische Religion oder Sittlichkeit gerichtete Tendenz erfolgreicher durchzuführen.[2]) Die Cypriansage ist vielleicht das interessanteste Stück dieser Art. Dieser Magus ist „ein Repräsentant des seine letzten geistigen Kräfte zum Kampfe gegen das Christentum zusammenfassenden Heidentums, und den Sieg des Christentums in diesem letzten Kampfe zu verherrlichen, ist einer der Grundgedanken der Legende.[3])

---

[1]) John Koch, Die Siebenschläferlegende, Lpz. 1883.
[2]) Usener, Legenden der hl. Pelagia, Bonn 1879. Einleitung.
[3]) Theod. Zahn, Cyprian von Antiochien u. die deutsche Faustsage, Erl. 1882 S. 116.

Diese Schriftstellerei darf indeß nicht auf die eigentliche Legende beschränkt werden. Sie ist auch da thätig gewesen, wo man geschichtliche Darlegungen zu finden geneigt ist. Die Mönchsgeschichten z. B. des Rufinus, Palladius und Cassianus, die Lebensbeschreibung des hl. Martin durch Sulpicius Severus und die Biographieen Gregors d. Gr. sind im Grunde nichts weiter als phantasievolle Bearbeitungen geschichtlicher Stoffe, wobei es gleichgültig bleibt, wie viel in den einzelnen Fällen auf Rechnung der Schriftsteller oder der von ihnen aufgenommenen Tradition kommt.[1]

Diese Literatur, in deren Kreise Nahrung für Gebildetere wie für Ungebildetere sich darbot, drang in das Volksleben erfolgreich ein. Sie ist die erste volkstümliche Literatur größern Umfanges. An wechselndem Inhalt überholte sie den antiken Roman, auch in der Form war sie populärer.

Aus derselben Erwägung wuchsen die Bemühungen hervor, eine christliche Poesie ins Leben zu rufen. Das scharfe Urteil des Paulinus von Nola:

Negant Camenis nec patent Apollini
    Christo dicata pectora[2]

bezeichnet wenigstens eine vorhandene Tendenz richtig. Die Notwendigkeit, mit poetischen Schöpfungen die Menschen für die göttliche Wahrheit zu gewinnen, da nun einmal die Mehrheit durch das „Schmeicheln süßer Verse" sich leichter erfassen läßt als durch die prosaische Rede, hat auch Sedulius in der Widmungsepistel seiner großen Dichtung ausgesprochen.[3]

---

[1] Über die ägyptischen Mönchshistoriker Weingarten, Der Ursprung des Mönchtums im nachkonstantin. Zeitalter, Gotha 1877 (Aus „Zeitschr. f. KG." I) S. 58 ff.

[2] Poem. X, 22.

[3] Sedul. Epist. ad Macedonium.

Die Tröstungen, daß David „unser Simonides, Pindar und Alcäus, nicht minder unser Flaccus, Catull und Serenus sei"¹), und die andere, daß die heiligen Schriften des Alten Testaments den klassischen Versbau kennen²), waren doch imaginäre, welche die Meinung nicht zur Ruhe brachten, daß dem Einfluß der heidnischen Dichtungen nur durch eine parallele christliche Poesie Abbruch gethan werden könne. Diese äußerliche Motivierung ist natürlich nicht zu denken ohne eine innere, ohne den natürlichen Drang nach poetischer Gestaltung, welcher in der Innerlichkeit und Lebendigkeit der christlichen Religion seinen fruchtbaren Boden hatte.

Die antike Epik erlebte vom vierten zum fünften Jahrhundert noch eine Nachblüte, die am schönsten in Claudian und Nonnos zur Entfaltung kommt. Doch schon früher datiert der erste Versuch eines christlichen Dichters, einen biblischen Stoff episch zu erfassen, nämlich die Historia evangelica des spanischen Presbyters Juvencus. Juvencus erkennt den klassischen Dichtungen eines Homer und Virgil einen nahe an die Ewigkeit heranreichenden Ruhm zu, aber darin sind ihre Schöpfungen mangelhaft, daß sie sich mit „Lügen" zusammenflechten. Hier aber wird die „gewisse Wahrheit" zum Gegenstand dichterischer Erfassung gemacht; darum ruft der Dichter den hl. Geist an und findet in den Wassern des „lieblichen Jordan" den Dichterquell.³) Dennoch steht er der antiken Poesie in voller Unbefangenheit gegenüber und scheut nicht vor zahlreichen Entlehnungen aus Lucretius, Ovid und besonders Virgil zurück. Der gegebene

---

¹) Hieron. Ep. 53.
²) Arator, Ep. ad. Vigil. 23 ff.
³) Juvenc. Hist. evang. Praef.

Stoff wird mit großer Zurückhaltung behandelt; er kommt in seiner einfachen Wirklichkeit zur Geltung, und dadurch erscheint das Epos etwas lahm und arm. Ohne Zweifel mußte der Dichter mit gewissen Vorurteilen in ihm selbst oder bei seinen Zeitgenossen rechnen, welche eine freie Bearbeitung des biblischen Stoffes nicht ertrugen.[1]) Die Metaphrase des Johannesevangeliums, welche Nonnos nach seinem Übertritt zum Christentum verfaßte, stellte sich nicht anders zum heiligen Texte.

Größere Erfolge konnte die didaktische Poesie aufweisen. Ihr stand keine erhebliche Gegnerschaft gegenüber, und andererseits fand sie in dem lebhaften apologetischen Interesse der Kirche eine kräftige Anregung. Dennoch läßt sich ihre Wirkung und allgemeine Bedeutung nicht vergleichen mit der Stellung der Lyrik. Hier treten uns die höchsten Lebensäußerungen der christlichen Poesie entgegen. Das Vorbild der Psalmen, das gottesdienstliche Lied, die reiche Empfindungsscala, welche eine lebendige Religiosität unmittelbar setzte, riefen eine Dichtung hervor, welche in dieser Gesamterscheinung keine Vorläufer hatte. Ein neuer Inhalt in den klassischen Formen der großen Poeten der Vergangenheit — damit ist das Wesen dieser Renaissance kurz bezeichnet. Schon Juvencus hatte deutlich den Weg gewiesen, aber ihren bestechendsten Ausdruck fand die Erneuerung in Prudentius.[2]) Wenn auf der einen Seite die Antike in

---

[1]) Man darf auf das Urteil des Gennadius über die poetische Bearbeitung der Genesis durch Marius Victorinus (Catal. viror. illustr. LXI) verweisen.

[2]) Aimé Puech, Prudence. Etude sur la poésie latine chrét. au IVe siècle. Paris 1888. Hier sei auch auf die treffenden Ausführungen von Gaston Boissier, Les origines de la poésie chrét. (Revue des deux Mondes 1875, X, 75 ff., XI, 59 ff.) hingewiesen.

größter Mannigfaltigkeit in seinen Dichtungen sich wiederspiegelt und zwar in ihren Vorzügen wie in ihren Fehlern, so hat kein Einziger in der alten Kirche der christlichen Gedankenwelt eine so lebendige und reiche Gestaltung in der Poesie gegeben als er. Seine Phantasie erfaßte den gegebenen Stoff — und dieser Stoff war ein sehr umfangreicher — in den überraschendsten Wendungen und fügte ihn mit erstaunlicher Gewandtheit in die entsprechenden Formen ein. Für die anspruchslose Einfachheit des Juvencus gab es in diesem rastlosen Spiel von Erfindung und Gestaltung keinen Platz; Neigung zur Künstelei und ein gewisses Ausschweifen sind bekannte Mängel an Prudentius, aber in ihrer Gesamterscheinung genommen, müssen diese Dichtungen als die klassischen Erzeugnisse einer vom Christentum ausgegangenen Wiedergeburt der Lyrik angesehen werden, deren Bedeutung darin bestand, daß die antike Formenschönheit in freier Erfassung mit dem geschichtlichen und Ideengehalt der neuen Religion sich vermählte. Mit Prudentius läßt sich unter den Heiden nur Claudianus vergleichen, aber dieser stand vereinzelt, während jener eine einflußreiche und lebhafte Schule vertrat.

Ihren höchsten Triumph feierte die christliche Poesie in der Hymnendichtung. Sie ist die „reifste Frucht jenes Prozesses der Assimilation der antiken formalen Bildung von Seiten des Christentums; hier entfaltet der Genius derselben zuerst frei die Schwingen zu einem durchaus originellen Aufflug in das Reich der Phantasie."[1] Nur lose Zusammenhänge verbinden sie mit der antiken Lyrik. Durch den christlichen Kultus und die christliche Frömmigkeit angeregt, daher auf

---

[1] Ebert a. a. O. S. 164.

volkstümliche Gestaltung von vornherein gewiesen, zieht sie sich bald aus der Einfügung in das schulmäßige Schema zurück und sucht in den Formen der Volkspoesie eine ihrem Wesen entsprechendere Erscheinung. Die Geschichte dieser Lyrik beginnt für uns mit Ambrosius, obwohl sie, wie wir wissen, früher anhebt und andererseits der Umfang des dichterischen Schaffens des Mailänder Bischofs sich nicht genau feststellen läßt. Die unter dem Namen des Ambrosius gehende Hymnengruppe hat durch die Verbindung klassischer Würde und Einfachheit mit religiöser Empfindung einen Charakter gewonnen, der sie aus dem Gesamtgebiete der Poesie als einzigartige Schöpfungen heraushebt. Im Abendland hat diese Dichtung seitdem eine ununterbrochene Pflege erfahren, mit ungleichmäßigen Leistungen, aber in Behauptung ihrer Eigentümlichkeit. Dagegen hat der Orient, obwohl wahrscheinlich die Heimat der christlichen religiösen Lyrik, nur Annäherndes aufzuweisen, aber es hat auch dort, vor Allem in Syrien, nach dem Vorgange Ephräms, nicht an vielseitiger Bethätigung der Dichtung gefehlt, welche zwischen den beiden Linien volkstümlicher Lyrik und gelehrter Produktion sich mannigfaltig ausbreitet.

Auf wissenschaftlichem Gebiete erstand im vierten und noch mehr im fünften Jahrhundert eine christliche Literatur, die an Gründlichkeit und Umfang die gegnerischen Leistungen weit überholte. Zwar an Ammianus Marcellinus, der „seit Tacitus das erste und überhaupt das letzte ernsthafte Geschichtswerk höhern Stils gab",[1] reicht die große Schar der Kirchenhistoriker oder christlichen Profanhistoriker nicht heran; auch die philosophische Spekulation haftete, wie sehr sie auch

---

[1] Teuffel a. a. O. §. 429.

verarmt und veräußerlicht war, noch am Hellenismus, wahrscheinlich auch zum großen Teile die Rechtswissenschaft, aber nicht nur ein Gelehrter wie Hieronymus und ein so umfassendes Genie wie Augustin waren unvergleichliche Erscheinungen in jenen Jahrhunderten, sondern auch eine große Zahl von Schriftstellern, etwa von dem Maaße eines Theodoret und eines Cyrill von Alexandrien im Orient und eines Isidor von Sevilla im Abendlande, repräsentieren eine geistige Leistungsfähigkeit, die als Gesamtbild genommen in der antiken Welt damals nicht aufgewogen wurde. Die theologischen Kämpfe, das unmittelbare praktische Bedürfnis der Kirche und der Gemeinde selbst, der Gegensatz gegen die alte Religion, das immer stärker hervortretende Interesse an der Provinzialgeschichte wirkten mit dem allgemeinen Streben der christlichen Gelehrten und Literaten, auf das Profangebiet vorzudringen, zusammen, um eine äußerst reichhaltige Literatur zu erzeugen. Indem diese Literatur ferner im Allgemeinen ihr Publikum weiter faßte als die gleichzeitige antike Schriftstellerei, konnte sie ihren Einfluß ins Größere dehnen. Sie war in der Lage, durch ihre populären Erzählungen den Volkskreisen, durch ihre wissenschaftlichen Erzeugnisse den Gebildeten Genüge zu leisten. So umspannte sie das Volkstum, um von allen Seiten in dasselbe einzudringen.

Fünftes Kapitel.

Der Kalender.

Zu den wertvollsten Zeugnissen des Überganges von der antiken zu der christlichen Reichsordnung zählt der Kalender des Chronographen v. J. 354. Nicht weniger als im christlichen Mittelalter bestand im Altertum eine enge Verbindung des Kalenders mit der religiösen Anschauung und dem religiösen Leben. Das astronomische Schema war mit Notierungen religiöser Feste durchsetzt, und diese überwogen im Allgemeinen die politischen Einsätze. So diente der Kalender ebenso zu religiöser wie zu allgemein bürgerlicher Orientierung. Gerade darum mußte die Rückwirkung der Religionspolitik seit dem Anfange des vierten Jahrhunderts auch auf ihn sich ausdehnen. Ein Staat, der z. B. den Opferdienst unter Strafe stellte, konnte nicht mit seiner Auktorität einen Kalender legitimieren, der an bestimmten Tagen Opferhandlungen als zu vollziehende verzeichnete. Andrerseits verbot sich ein radikaler Bruch mit diesem in das Volksleben eingewachsenen herkömmlichen Kalender von selbst. Nur in allmählichem Übergange ließ sich die Entwickelung in eine neue Bahn leiten. Der erste Versuch dieser Art, in schonender Form die Tradition zu modifizieren, liegt vor in dem Kalender v. J. 354, von dessen Illustrationen bereits (S. 62 ff.) die Rede war.¹)

Der Kalender²) besteht aus einer astronomisch-astrologischen und einer bürgerlichen Abteilung. Voraus geht ein Verzeichnis von natales Caesarum, nämlich solcher Kaiser, welche consecriert waren, und deren Geburtstage begangen wurden. Der astronomisch-astrologische Kalender führt die Planeten auf (Jupiter und Venus sind nicht mehr erhalten) und zwar in Personifikation; Beischriften geben Auskunft über den astrologischen Wert der Tag- und Nachtstunden des von dem betreffenden Planeten beherrschten Tages. Außerdem bieten Unterschriften praktische Anweisungen, was an den einzelnen Tagen mit Nutzen oder Schaden geschieht.³)

Dieser Ausschnitt aus dem Gebiete der Tagewählerei kommt einer Superstition entgegen, die ein großer Teil der Christen mit den Heiden teilte;⁴) deshalb kann sein Vorhandensein nicht überraschen. Die Notwendigkeit einer Konzession lag nicht vor; höchstens könnte eine Rücksicht in der Richtung geübt worden sein, daß religiöse Handlungen unerwähnt geblieben sind.

Ein ganz anderes Bild gewährt der bürgerliche Kalender, der als „der offizielle Kalender, wie er im römischen Reiche galt,"

---

¹) Zu Grunde gelegt ist die Ausgabe von Mommsen in C. J. L. I p. 334 ff.; derselbe in den Abhandl. d. Königl. sächs. Ges. d. W. (Phil. hist. Classe) 1850 S. 565 ff. und Strzygowski a. a. O.

²) Die Entstehung des Kalenders fällt nach Mommsen in die Jahre 340—350; eine Überarbeitung fand statt zwischen 350—361.

³) Z. B. unter Solis dies (nach de Rossi bei Strzygowski S. 36): Solis dies horaque ejus cum erit nocturna sive diurna, viam navigium ingredi, navem in aquam deducere utile est. Qui nascentur, vitales erunt, qui recesserit, invenietur, qui decubuerit, convalescet (ms. convalescit), furtum factum invenietur.

⁴) I, 306 f. u. sonst.

anzusehen ist. Allerdings sind die „eigentlichen Opfer und heidnischen Ceremonien aus demselben gestrichen und die ursprünglich dem Kultus der Götter bestimmten Tage nur als dies feriati ohne religiöse Bedeutung beibehalten",¹) aber trotzdem bietet der Text noch Schwierigkeiten, deren vollständige Beseitigung nicht gelingen wird, wenn sich nicht neues Quellenmaterial uns erschließt. Die Anführung freilich von 25 dies Aegyptiaci d. h. solchen Tagen, welche einen unglücklichen Ausgang der Geschäfte präjudizieren, fällt ebensowenig ins Gewicht wie die astrologischen Angaben des Kalenders. Noch in späterer Zeit klagt Augustin über die Fortdauer dieses Aberglaubens in den Gemeinden.²) Ein großer Teil ferner der Götterfeste ist in so unmittelbare Beziehung zu öffentlichen Spielen gesetzt, daß man annehmen darf, der Name des Gottes gebe nur noch den Spezialtitel für die betreffenden Spiele ab, während die sacralen Akte davon abgeschnitten sind³.) In anderen Fällen fehlt allerdings eine Verknüpfung mit Spielen,⁴) aber „teils scheinen die alten Namen der Festtage nur als Benennungen des Tages beibehalten zu sein, teils sind die auf Götter bezüglichen Feste wohl nichts als Gedenktage, die vielleicht mit

---

¹) Mommsen, Abh. d. K. s. G. d. W. S. 570.

²) August. Ep. ad Gal. c. 4 n. 35.

³) Z. B. Jano patri cm (= circenses missi) XXIIII (7. Januar); Jovi statori cm XXIIII (13. Jan.); N (atalis) Herculis cm XXIIII (1. Febr.); N Martis cm XXVIII (1. März); Jovi cultori cm XXIIII (13. März) N dei Quirini cm XXIIII (3. April) u. s. w. Parallelen sind u. A. N d (ivi) Constantini cm XXIIII (25. Juli); N Constantii cm XXIIII (7. Aug.).

⁴) Z. B. N Minerves (21. März): N Dianes (13. Aug.); N Asclepi (11. Sept.).

Schmäusen verbunden waren."¹) So haben auch im Protestantismus die Heiligennamen des christlichen Kalenders ihre Existenz in der Form behauptet, daß die damit irgendwie verknüpften kultischen Veranstaltungen der mittelalterlichen Kirche abgeworfen wurden. Doch läßt sich eine deutliche Vorstellung nicht davon gewinnen, ob und wie irgend welche allgemeinen Beziehungen zu dem Titulargott in der Festfeier zum Ausdruck kamen. Eine einheitliche Ordnung bestand schwerlich darin, und die große Ungleichmäßigkeit in der Übergangsgeschichte von der alten zur neuen Religion muß auch in diesem Punkte als vorhanden angenommen werden. Einzelne im Kalender verzeichnete Feste wie Lupercalia, Quirinalia, Terminalia, Mamuralia und ähnliche, bei denen sich um das Opfer mancherlei andere neutrale Riten und volkstümliche Akte gruppierten, lassen sich auch mit Ausschnitt des sacralen Kerns vorstellen. An den bis zum Ausgang des fünften Jahrhunderts²) fortdauernden Lupercalia haben wir ein concretes Beispiel, wie solche Festlichkeiten durch Ausscheidung dessen, was der christlichen Anschauung als Idololatrie galt, nicht behindert wurden, wenn sie den Charakter volkstümlicher Feste besaßen. Daher erscheinen einige derselben auch noch im christlichen Kalender des Polemius Silvius. Weiterhin gestattete auch das unter dem 5. März verzeichnete Isidis navigium, ein Innungsfest der Schiffer zur Eröffnung der Schiffahrt, eine Loslösung von kultischen Akten, ohne seine Eigenart einzubüßen. Was Johannes Lydus und Appulejus³) über seinen Verlauf mit-

---

¹) Mommsen in d. Beir. üb. d. Verh. d. Königl. sächs. Ges. d. W. 1850 S. 72.

²) I, 415 ff.

³) Joh. Lyd. De mens. IV, 32; Appul. Metam. XI, 16.

teilen, berechtigt zu dieser Annahme. Die Carmentaria ferner (11. und 15. Jan.) zu Ehren der Carmenta, welche die Bedeutung einer Quell=, Weissagungs= und Geburtsgöttin in sich vereinigte, scheinen ein ziemlich abgestorbenes Fest gewesen zu sein.[1]) Jedenfalls muß, da es hernach im christlichen Kalender sich behauptete, angenommen werden, daß der sacrale Inhalt ausgeschieden war. Dagegen sind in diesem die Vestalia verschwunden. Der Chronograph verzeichnet sie (9. Juni), und zwar auch die einleitende (7. Juni: Vesta aperitur) und die abschließende Feier (15. Juni: Vesta clauditur). Trotzdem mußte es keine Schwierigkeiten bieten, dieses beliebte Fest in irgend eine erträglich neutrale Form zu kleiden, um so mehr, da das Institut der Vestalinnen damals noch intakt war. Anders steht es mit den Serapia (25. April). Es eröffnet sich kein Weg, die an den Kultus des Gottes Serapis geknüpfte Feier von allem Sacralen losgelöst zu denken, aber es besteht auch kein Recht, ihm eine Ausnahmestelle zu gewähren.

So stützt sich fast Alles, was auf die Form und den Umfang der in diesem Kalender vorliegenden Reduktionen sich bezieht, auf Vermutungen. Doch wird dadurch die Thatsächlichkeit dieser Reduktionen nicht erschüttert. Die bedeutungsvolle Stellung dieser Urkunde in der Geschichte des untergehenden Heidentums bleibt bestehen. Durch seine eigene Gesetzgebung und die Ansprüche des mächtiger werdenden Christentums gebunden, löste der Staat die uralte enge Verbindung des Kalenders mit den Götterfesten, wie er in den Münzstätten die heidnisch=religiösen Stempel ausschied. Die

---

[1]) Lexikon d. griech. u. röm. Mythol., her. von Roscher I, 1 Sp. 853.

lebendige Beziehung der Götter zu den nach ihnen benannten Feiertagen wurde eine bloße Namensbeziehung. Eine direkte christliche Einwirkung verrät sich nur darin, daß neben die Achtteilung der Woche die Siebenteilung gesetzt ist, und doch ist diese Gestaltung des Kalenders als Ganzes ein Ergebnis der Rückwirkung der siegreichen Kirche auf den Staat. Wie das Neue sich im Einzelnen geformt hat, entzieht sich, wie gesagt, der Erkenntnis. Denn die selbstverständliche Annahme, daß in diesem reformierten Festzyklus diejenigen Handlungen in Wegfall kommen mußten, welche die staatlichen Gesetze strafbar gemacht hatten, darunter vor Allem das Opfer, vermag nicht zu einem deutlichen Bilde des neuen Zustandes zu führen.

Diese Neutralisierung des Staatskalenders bezeugt aber andererseits, so wie sie sich vollzogen hat, eine weitgehende Rücksicht gegen die alte Religion. Denn der Schein des alten Rechtes ist darin nicht aufgegeben worden. Die Götternamen sind noch da und ebenso die Volksfeste, welche zu Bittgängen und kultischen Verrichtungen verschiedener Art Anlaß gaben. Nicht dieser Kalender also legte eine Zwangs=
lage auf, sondern die Interpretation desselben nach den Normen der heidenfeindlichen Konstitutionen.

Diese Beschaffenheit des Kalenders gab ihm von vorn=
herein einen provisorischen Charakter. Eine Aufhebung hat nicht stattgefunden, ist wenigstens nicht bekannt. Ohne Zweifel hat die weitere Entwickelung ihn antiquiert. Ein mit ausdrücklicher kaiserlicher Genehmigung am 22. No=
vember 387 publiziertes Festverzeichnis mit Gültigkeit für Campanien hat mit Ausnahme einer Wegbezeichnung (iter Dianae) keinen einzigen Götternamen mehr. Die Feste sind

Natur-, Familien- oder politische Feste.¹) Die Entfernung von dem Kalender des Chronographen ist eine große, aber sie entspricht den Vorgängen, die in diesen drei Jahrzehnten sich auf religiösem und religionspolitischem Gebiete vollzogen hatten. Noch deutlicher wird die Situation durch eine bald darauf erfolgte Konstitution gemacht, welche die feriae publicae so ordnete, daß die Götterfeste und andere heidnisch-religiöse Kulttage in diesem Kreise keinen Platz fanden.²) Damit ist auch der Schein des alten Rechtes aufgehoben. Der Staat löste sich von der Verpflichtung, der antiken Religion noch irgend eine, sei es auch nur scheinbare Fortdauer im Kalender zu belassen.

Noch einmal erscheint die antike Anlage des Kalenders im fünften Jahrhundert, aber der Inhalt hat eine völlige Umarbeitung erfahren. Im Jahre 448 nämlich schloß der gallische Kleriker Polemius Silvius einen Kalender ab, den er in der Vorrede als einen verbesserten bezeichnet.³) Die

---

¹) I, 254 ff.
²) Cod. Theod. II, 8, 19 (a. 389): Omnes dies jubemus esse juridicos. Illos tantum manere feriarum fas erit, quos geminis mensibus ad requiem laboris indulgentior annus accepit, aestivis fervoribus mitigandis et autumnis foetibus decerpendis. §. 1. Kalendarum quoque Januarium consuetos dies otio mancipamus. §. 2. His adjicimus natalitios dies urbium maximarum, Romae atque Constantinopolis ... §. 3. Sacros quoque Paschae dies, qui septeno vel praecedunt numero vel sequuntur, in eadem observatione numeramus, nec non et dies solis, qui repetito in se calculo revolvuntur. §. 4. Parem necesse est haberi reverentiam nostris etiam diebus, qui vel lucis auspicia vel ortus imperii protulerunt.
³) Ausg. von Mommsen im C. J. L. I p. 335 ff.; dazu Abh. d. K. sächs. Ges. d. W. Bd. III S. 233 ff.

Verbesserung bestand nach seiner Meinung hauptsächlich darin, daß die Tier- und die Planetenbilder in Wegfall gekommen sind, ebenso die Anführung von dies Aegyptiaci, „da Gott Alles gut geschaffen hat". Bezüglich der Planetenbilder ist anzunehmen, daß die Göttergestalten (vgl. S. 89) ihm Anstoß gaben; die Tierbilder werden ausdrücklich als Erfindungen der „thörichten Kunst der alten Heiden" gebrandmarkt; außerdem: „wer sah je Abbilder irdischer Geschöpfe unter den Gestirnen?" In Wegfall gekommen sind aber auch die Götternamen bis auf einige dürftige, ganz verblaßte Reste.[1]) Da der Kalenderverfertiger indeß nicht davon spricht, muß er hier schon Vorgänger gehabt haben. Trotzdem sind in dem neuen Gefüge antike Stücke verblieben, aber in bestimmter Auswahl, die sowohl in Thatsachen wie in der Laune des Autors wurzeln mag. Einige antike Festtage sind, allerdings zum Teil mit falscher Deutung, verzeichnet.[2]) Andere alte Riten werden mit dem Bemerken, daß sie der Vergangenheit angehören, aufgeführt.[3]) Am 17. September sind statt saturnalia in leicht erkennbarer Absicht feriae servorum eingesetzt. Im Übrigen bezeugen die Anführung der ludi und circenses, die Erwähnung der

---

[1]) Ludi Castorum Ostiis (27. Juni); Natalis Favonii (11. März), was im Sinne des Autors nichts anderes heißt als „Frühlingsanfang"; Natalis Musarum (13. Juni).

[2]) Carmentalia (11. Jan.), Lupercalia (15. Febr.), Quirinalia (17. Febr.), Terminalia (23. Febr.), Quinquatria (19. März), Pelusia (20. März); Floria (27. April), Septimontium (12. Dez.).

[3]) 13. Sept: hoc die Romae in aede Minervali per magistratum annis singulis ex aere clipei figebantur (über den Sinn dieser Notiz s. Mommsen im C. J. L. I p. 402); 27. März: lavationem veteres nominabant (gemeint ist die Waschung des Bildes der Magna Mater).

senatorischen Sitzungstage (senatus legitimus) und das Verzeichnis der kaiserlichen Geburtstage nebst andern Einzelheiten weiterhin den Zusammenhang mit dem antiken Kalender. In dieses Gerüst sind nun christliche Stücke eingesetzt, nämlich einige Märtyrergedenktage und Feste, doch in geringer Zahl. Warum die Auswahl eine so auffallend beschränkte ist, läßt sich nur so erklären, daß der Verfasser nicht die Absicht hatte, einen christlichen Kalender herzustellen, sondern nur den herkömmlichen zu purifizieren unternahm. Ersteres lag überhaupt damals außer dem Bereiche der Möglichkeit, da die provinziell-kirchlichen Überlieferungen keine Einheitlichkeit aufwiesen, letzteres mußte ihm als ein höchst zeitgemäßes Werk sich darbieten. Das Unternehmen, wie es jetzt vorliegt, ist in seiner Ganzheit ein dürftiges Werk und hat nur insofern einen Wert, als es von dem Mißbehagen Zeugnis ablegt, mit welchem die Fortdauer des heidnischen Kalenders empfunden wurde. Diese schwächliche Vermittelung, wie sie im Laterculus des Polemius Silvius vorliegt, hat allerdings den erstrebten Zweck nicht erreicht. Nicht auf diesem Wege überhaupt ist der heidnische Kalender überwunden worden, sondern die in den Kirchen und Gemeinden aufgekommenen Heiligenkalender haben ihn schließlich erdrückt. Die Sitte der Kirche, die Gedenktage der Märtyrer zu begehen, ist so alt wie der gegen sie geführte Religionskampf. Die Aufzeichnung dieser natales, wie man sich ausdrückte, bildete die Grundlage eines Kanon, der durch Austausch mit entsprechenden Aufzeichnungen anderer Gemeinden und durch Einfügung von sonstigen kirchlichen Gedächtnistagen und christlichen Festen sich allmählich erweiterte. Alle größern Kirchengebiete hatten solche Kalender; der römische Chronograph v. J. 354 teilt denjenigen der römischen Gemeinde mit.¹) Auch ein ausführlicher karthagischer Kanon liegt vor, ebenso ein syrischer, von andern zu schweigen.²) Allerdings auch noch in ihrer spätern Erweiterung entbehrten diese Kalender der Angabe der staatlichen Feste und Spiele, es müssen demnach Verzeichnisse dieser daneben vorhanden gewesen und gebraucht sein. Aber diese reduzierten Verzeichnisse hatten nicht mehr den Wert eines Kalenders, den vielmehr die christlichen Urkunden an sich zogen.

Mit dem antiken Kalender gingen nicht die antiken religiösen Feste gänzlich unter. Ihre Einzelgeschichte liegt uns zwar nur in dürftigen Fragmenten vor, aber es erhellt zur Genüge daraus, daß sie in nicht unbeträchtlicher Zahl ihre Existenz zu behaupten verstanden, und zwar entweder auf dem Wege der Ausscheidung des Sacralen, so daß nur ein rein bürgerlicher Bestand zurückblieb, oder so, daß die ausgesonderten Stücke Ersatz fanden durch Einschiebung christlicher Kulte. Die Thatsächlichkeit dieses letztern Prozesses steht außer allem Zweifel, wie viel vage Vermutungen auch sich unrechtmäßig an diesem Punkte gesammelt haben. Bewußte Gegenüberstellung und zufälliges Zusammentreffen machten die Heiligen und ihren Kult zu erfolgreichen Rivalen der alten Götter und drängten sie in eine Position, deren dogmatische Grundlage bereits im vierten Jahrhundert feststand. Diese Rivalität scheint in der Regel in einem Kompromisse ihr Ende gefunden zu haben, nämlich so, daß der Gott eliminiert wurde, sein Fest aber in dem Heiligen einen

---

¹) Mommsen, Abh. d. K. sächs. Ges. d. W. Bd. I S. 631 f.

²) Das karthagische Calendarium u. A. bei Mabillon, Analecta vetera p. 163 ff., das syrische (v. J. 411) her. von Wright: An ancient Syrian Martyrology (Journ. of sacred liter. 4 th ser. VIII p. 45 ff.; 423 ff.)

neuen Patron oder Mittelpunkt und damit seine Fortdauer fand.¹) Es läßt sich annehmen und kann bewiesen werden, daß in diesen Vorgängen antik-religiöse Züge in die neue Ordnung hinübergegangen sind, und daß dadurch dem Heidentume eine bequeme Brücke geschlagen wurde.

---

¹) Ich verzichte hier auf Einzelnachweise. Ich könnte sie auch nur in geringem Umfange geben. So sehr die Geschichtlichkeit dieses Prozesses feststeht, so befinden wir uns in der Feststellung seines genauern Inhaltes und Verlaufes erst in den Anfängen.

Zweite Abteilung.

Die provinziale Entwickelung.

Der Betrachtung und Darstellung der provinzialen Vorgänge stellen sich in wechselndem Umfange bald geringere bald größere Schwierigkeiten entgegen, deren Herkunft in der Beschaffenheit der Quellen liegt und auf die von vornherein hinzuweisen nötig erscheint. In erster Linie ist zu erwähnen, daß die Berichterstatter häufig entweder überhaupt nicht in der Lage waren, den Unterschied zwischen barbarischer und antiker Götterwelt zu begreifen oder, wo er ihnen verständlich war, dennoch die antike Nomenclatur auf die barbarischen Götter und Gottesdienste anwandten. Vorzüglich läßt sich in Beziehung auf Gallien und Spanien diese Beobachtung machen. Die Nichtbeachtung dieser Thatsache hat bis in die neueste Zeit hinein unrichtige Urteile hervorgerufen. Es hat sich allerdings, z. B. in den eben genannten Provinzen, auch eine Mischung klassischer und nichtklassischer Kulte vollzogen, aber solchen Zuständen gegenüber ist nicht minder vorsichtige Zurückhaltung geboten in einer Darstellung, welche die Schicksale des griechisch-römischen Heidentums ins

Auge faßt. Die außerhalb dieses Gebietes liegenden Bildungen sind in Folgendem nicht gänzlich übergangen, aber in bestimmter Auswahl doch immer nur in der Absicht herangezogen, um ihre ungehörige Verwertung klar zu legen. Verhängnisvoller ist der bisherigen Berichterstattung der Umstand geworden, daß die zumeist dem theologischen Kreise angehörenden Zeugen auch da nach ihren nackten Worten abgeschätzt worden sind, wo sie im Eifern gegen eine superstitiöse Sitte Götternamen in dieselbe hineinflochten, um die ganze, von ihnen vorausgesetzte Abscheulichkeit konkret deutlich zu machen. Der dadurch hervorgerufene Schein einer Fortdauer des Götterglaubens hat leicht und oft zu falschen Schlüssen verleitet. Auch der mythologischen Bildersprache und den Formen des Stils ist nicht immer genügend Rechnung getragen worden, wofür beispielsweise die Saturnalia des Macrobius genannt seien. Wenn irgendwo, so ist auf diesen Wegen eine besonnene Abwägung des Inhaltes und der Tragweite der Quellen geboten. Die Mannigfaltigkeit der Bilder, die uns, so oder so gestaltet durch die Eigenart des Landes und Volkes, dem sie angehören, entgegentreten, läßt sich nur schwer und nicht immer in eine kurze Aussage fassen. Daher muß nicht selten die einfache Berichterstattung das Urteil ersetzen.

I.

Gallien.

Das südliche Gallien erschien bereits im ersten Jahrhundert den Römern als ein Abbild Italiens.[1]) In der That bietet die römische Geschichte kein Beispiel raschern und tiefern Einlebens einer Provinz in die kulturelle Eigenart des Eroberers als die Umwandlung Galliens. Nicht nur die mittelländischen Küstengebiete, sondern auch die innern und nördlichen Distrikte hatten, wenn auch nicht in demselben Maaße wie der durch die griechische Kolonisation vorbereitete Boden, in Sprache, Bildung und Lebensgewohnheit das fremdländische Wesen in sich aufgenommen. Nicht einmal die religiösen Anschauungen des gallischen Volkes erwiesen sich widerstandsfähig, nachdem die Sieger mit der politischen auch die religiöse Macht des Druidentums zerbrochen hatten. Eine lebhafte wirtschaftliche Entwickelung im Binnenlande und an der See, die Einführung und Lokalisation römischer Geistesbildung, die Modernisierung der Lebensweise, kurz das, was in der Kaiserzeit die Kultur in sich begriff, war der Gewinn, den dieser Verzicht einbrachte.[2])

Gerade in dieser Kultur lagen die Bedingungen der Ausbreitung des Christentums. Das relative Gebundensein derselben an den antiken Weltverkehr und die antike Bildung fand hier seine Erfüllung. Die ältesten Spuren der neuen

---

[1]) Plin. H. n. III, 4: — Italia verius quam provincia.
[2]) Friedländer, Gallien u. seine Kultur unter d. Römern (Deutsche Rundschau 1877 Bd. 13 S. 397 ff.).

Religion in Gallien knüpfen sich an die reichen Provinzialstädte des Südens oder begleiten die Handelswege. Die erste geschichtliche Nachricht über gallische Christen zeigt sie uns in Lugdunum und Vienna. Jene Stadt, der Knotenpunkt eines umfangreichen Straßennetzes und seit Augustus die Centralstelle der Regierung und Verwaltung, stand durch ihren blühenden Handel in lebhaftem Verkehr mit dem Osten; sie besaß eine einflußreiche asiatische Kolonie, die mit den Erzeugnissen des Orients auch die Kulte desselben importierte. Mit dem angesehenen Lugdunum wetteiferte Vienna, die Metropole der politischen Diöcesis Viennensis, daher der Sitz eines Statthalters. Ihr Reichtum und ihre günstige Lage an dem Kreuzungspunkte von sechs Straßen begründeten ihre Rolle. Sie war die Lieblingsstadt des gallischen Adels. Andere Andeutungen weisen auf Massilia und Arles. Die Griechenstadt am mittelländischen Meere hatte auch unter der römischen Herrschaft, die ihr den umfangreichen Landbesitz wegschnitt, ihre Bedeutung als Stadt des Handels und seiner Bildung bewahrt. Wie das Gebiet ringsum noch im Mittelalter die Bezeichnung Gräcia führte, so behaupteten sich in geistigem und materiellem Verkehr die engen Bande, mit welchen Massilia durch seine Entstehung mit dem Osten verknüpft war. Zahlreiche Griechen und Syrer verkehrten hier oder hatten sich ansässig gemacht. Die Stadt galt als Hochschule des Humanismus; nicht nur der gallische Adel, sondern auch viele Römer suchten hier ihre wissenschaftliche Ausbildung.[1]) Sie war für Gallien, „was Neapolis für Italien, das Centrum griechischer Bildung und griechischer Lehre."[2]) Der politische

---

[1]) Jung, Die romanischen Landschaften des röm. Reichs, Innsbr. 1881 S. 209 ff.

[2]) Mommsen, Röm. Geschichte V, 72.

Niedergang Massilias hob Arles, „ein Rom im Kleinen." [1]) Das untere Rhonegebiet ist die Grundlage und der Ausgang der gallischen Kirche gewesen. Es entzieht sich der Erkenntnis, wie von hier aus die Wege weiter gegangen sind, indeß die Thatsache, daß die Provinzialstädte, welche Rom zu politischen und administrativen Mittelpunkten machte [2]) und durch bequeme Kommunikation verband, hernach als Bischofssitze erscheinen, ruft den Gedanken hervor, daß die Mission auf den Verkehrswegen gegangen ist, welche die römische Herrschaft dem unzivilisierten Lande als wertvolle Gabe brachte.

Im vierten Jahrhundert scheint in Gallien die entscheidende Wendung eingetreten zu sein. Bischof Hilarius von Poitiers setzt in der Adresse einer im Frühjahr 359 abgefaßten Schrift über die Synoden in allen Provinzen des Landes eine bischöfliche Organisation voraus. Einige Jahrzehnte später wird dies von anderer Seite in der Form bestätigt, daß „unter den Stämmen ganz Galliens" Christus sich erweise.[3]) Auch hier liegen die einzelnen Vorgänge im Dunkeln. Nirgends tritt eine Kunde von Kämpfen an uns heran, in die auch nur eine Ahnung der weltgeschichtlichen

---

[1]) Ausonius XIX, 74: Gallula Roma Arelas.

[2]) Ich habe in erster Linie die Notitia Provinciarum et Civitatum Galliae aus der Zeit des Honorius im Auge, abgedruckt z. B. bei Desjardins, Géographie hist. et admin. de la Gaule Romaine t. III (Paris 1885) S. 500 ff. Vergleicht man die hier gegebene Karte (pl. XX) mit dem, was sich aus zuverlässigen Quellen als das bischöfliche Schema Galliens gegen Ende des 5. Jahrh. ergiebt, so läßt sich die Congruenz als eine fast vollständige erkennen. Ja, man darf annehmen, daß sie damals eine vollständige war, wenn auch unsere Quellen nicht so weit reichen. Vgl. auch Longnon, Géographie de la Gaule au VI siècle. Paris 1878 S. 180 ff. Karte XI.

[3]) Paulin. Nol. Ep. XVIII, 4.

Bedeutung dieses Konfliktes hineinspielte. Die großen Ideen, welche sonst in dem Ringen der beiden Religionen hervorleuchten, fehlen. Im Plänklergefecht schlägt die Kirche die Reste des fremden Glaubens nieder, und fast nur sind es dörfliche Scenerieen, wo sich diese Vorgänge abspielen.

Die geschichtliche Überlieferung hat an eine einzige Gestalt ein Mehreres gewendet, woraus wir eine genauere Vorstellung über das Verfahren gewinnen können, das ist der Bischof Martin von Tours. Wie ihm Engel dienten, so belästigten ihn Erscheinungen der alten Götter und Göttinnen; doch er handelte mit ihnen familiär oder derb,[1] ein Zeugnis, daß die Götterwelt um ihn zwar noch nicht tot war, aber kein Gegenstand der Besorgnis mehr. Daher auch die furchtlose Rücksichtslosigkeit, mit welcher er Götterbilder und Heiligtümer zerstörte oder heidnische Feste beseitigte. Im Vicus Ambatiensis (Amboise) stand mitten in mönchischer Umgebung und in der Nähe eines stationierten Presbyters ein imposanter Tempel; jetzt fiel er, wie auch eine mächtige Säule mit einem Götterbilde.[2] Bis in das Gebiet der Äduer und der Carnuter griff der eifrige Heidenfeind über.[3] Besonders richtete er naturgemäß seine Thätigkeit auf die Umgegend seines Bischofssitzes, die er bei seiner Wahl (375) noch fast ganz heidnisch fand. Fünfundzwanzig Jahre nachher war das ganze Gebiet in wohlgeordneter Weise mit Kirchen und Klöstern besetzt, die sich zum Teil auf der Stätte der alten Heiligtümer erhoben. „Denn wo er einen Tempel zerstört hatte, errichtete er darüber sogleich eine Kirche oder ein

---

[1] Sulp. Sev. Dial. I, 13; II, 6: Vita Mart. c. 22.
[2] Sulp. Sev. Dial. II, 8; II, 9.
[3] Sulp. Sev. V. Mart. c. 15; Dial. I, 4.

Kloster," erzählt ein Zeitgenosse.¹) Wenn derselbe Berichterstatter bemerkt, daß Gregor „in den meisten Fällen" die Landleute selbst zur Vernichtung ihrer Heiligtümer veranlaßt habe, so läßt sich das in billiger Berücksichtigung der eindrucksvollen Persönlichkeit und des rastlosen Eifers des Bischofs kaum in Abrede stellen. Ein anderes aber ist, welche Motive in jenem Handeln wirksam waren. Mit den Kultusstätten hörte der Kultus auf. Doch auch die kultischen Akte, die sich im Freien in der Öffentlichkeit vollzogen, erlagen folgerichtig, wie die feierliche Umführung der mit weißem Schleier verhüllten Götterbilder durch die Äcker, um den Segen der waltenden Mächte zu erflehen.²)

Im Gebiete der Pictonen machte ein älterer Zeitgenosse des Turonenser Bischofs, der andersartig berühmte Hilarius von Poitiers, den jährlichen feierlichen Opferungen an einem heiligen See auf dem Berge Helarus ein Ende.³)

Diese Thatsachen, richtig gewertet und verwertet, sind von großer Wichtigkeit. Deutlich offenbart sich der verfolgte Götterglaube als keltisches Heidentum. Die altgallische Religion ist wohl in den romanisierten Südprovinzen dem Römertum erlegen und zwar entweder so, daß sie überhaupt erstarb, oder in der Weise, daß sie in Bastardformen einging, dagegen behauptete sie sich in dem übrigen Gallien außerhalb der Städte, allerdings nicht überall in ihrer Ursprünglichkeit. Denn das Druidentum, welches den erhaltenden und beaufsichtigenden Klerus in diesem Religionswesen darstellte, war

---

¹) Sulp. Sev. V. Mart. c. 13; vgl. Greg. Turon. H. Franc. X, 31, 3.
²) Sulp. Sev. V. Mart. c. 12.
³) Greg. Tur. De gloria Mart. c. 2, woselbst eine anschauliche Beschreibung dieses volkstümlichen Kultus.

zum Teil unter dem Drucke direkter Gegenmaaßregeln, zum Teil in Folge der veränderten römischen Kult= und Rechts= verhältnisse zerrieben.¹) Dadurch ging der alten Religion die Organisation und feste Leitung verloren. Sie zersplitterte sich und büßte ihre Widerstandskraft ein. Doch wäre es ein Irrtum, anzunehmen, daß sie im vierten Jahrhundert nicht mehr zahlreiche Gläubige gehabt habe. Die verhältnismäßig große Menge von Inschriften, Bildwerken, Altären und Heilig= tümern, die im zweiten und dritten Jahrhundert in ihrer Weise von ihrer Existenz Zeugnis ablegen,²) zwingt zu dem Schlusse, daß die altgallische Religion, allerdings vorwiegend als Bauernreligion, im vierten und fünften Jahrhundert noch vorhanden war.

Gegen sie richtete sich die Zerstörungsarbeit Martins von Tours. Der kegelförmig zulaufende mächtige Steinbau in Amboise und die gewaltige von einem Götterbilde gekrönte Säule, die der Bischof beide vernichtete, gehören der keltischen sacralen Architektur an.³) Die heilige Fichte ferner, welche im Gebiet von Tours verehrt wurde, ist nur verständlich

---

¹) Es sei bei dieser Gelegenheit erwähnt, b   im Zeitalter des Ausonius es noch als ein hoher Ruhm galt, aus   m Geschlechte der Druiden abzustammen (Auson. Comm. profe . burdigalensium V. 7; der Vater des Rhetors Patera, Phöbicius wird XI, 24 als Beleni aedituus bezeichnet; er gehört aber der ältern Generation an).

²) John Rhys, Lectures on the origin and growth of Religion as illustrated by Celtic Heathendom, Lond. 1888 Lect. I: the Gaulish Pantheon a. versch. OO. Dazu die treffliche Skizze von Gaidoz, Esquisse de la Religion des Gaulois (Extrait de l'Encyclopédie des Sciences religieuses t. V)), Paris 1879.

³) Gallien bietet mehrere solcher Säulen, welche von den Archäo= logen als Votivmonumente angesehen werden. Vgl. Voulot in der Revue archéol. 1880 II p. 294 ff. bei Gelegenheit der Beschreibung eines ähnlichen Werkes.

aus keltischem Glauben heraus. Diesen Thatsachen fügt sich bestätigend und ergänzend an, daß die Bevölkerung, in welcher Martin wirkt, Landleute sind. Ausdrücklich werden sie wiederholt so bezeichnet von dem Berichterstatter.¹) Auch der Kult, welchen Hilarius von Poitiers beseitigte, ist keltisch Wenn weiterhin im Übergange des fünften zum sechsten Jahrhundert Remigius von Rheims in seinem Gebiete einen radikalen Krieg gegen die „Altäre der Idole" eröffnete,²) so bieten die zertrümmerten keltischen Altäre und Götterbilder, an denen das Gebiet der Remi so fruchtbar ist, und unter denen die dreiköpfigen Götter und Dreiheitsgötter, diese echt altgallischen Gestalten, eine hervorragende Rolle einnehmen,³) einen anschaulichen monumentalen Beleg dazu. Auch in Armorica standen noch zahlreich auf dem Lande Altäre und Bildnisse, in der Mehrheit zwar von ihren Gläubigen verlassen, aber noch Gegenstand religiöser Scheu seitens der Bewohner. Eine Konstitution Childeberts,⁴) des Sohnes Chlodovechs, beklagt dies als unziemlich eines christlichen Volkes, welches die Verehrung der Götter verlassen, und fordert „unverweilt" Beseitigung der Idole. Wer nicht persönlich Hand anlegen will, soll die Priester nicht behindern, es zu thun. In Verbindung hiermit untersagt der Herrscher die

---

¹) Siehe S. 104 f. die Anmerkungen.

²) Migne t. 71 p. 1154: . . . Remigii, qui ubique altaria destruebat idolorum et veram fidem . . . amplificabat.

³) Bertrand, L'autel de Saintes et les Triades gauloises (Revue archéol. 1880 I p. 373 ff.).

⁴) Migne a. a. O. p. 1159; Sirmond, Conc. ant. Galliae I p. 300. Darin: . . . praecipientes, ut quicunque admonitus de agro suo, ubicunque fuerint simulacra constructa vel idola daemonibus dedicata ab hominibus, facto non statim abjecerint vel sacerdotibus haec destruentibus prohibuerint u. s. w.

Fortdauer gewisser superstitiöser Volksbräuche, deren Art keltisches Heidentum anzeigt, also auch die in der Verordnung vorher genannten Heiligtümer dahin weist. Fast ausschließlich mit Überbleibseln barbarischer Superstition beschäftigen sich die Synoden des mittlern und nördlichen Galliens; nur ist hier die Möglichkeit offen zu lassen, daß die germanische Einwanderung neues Material hinzugetragen. Was in bischöflichen Versammlungen zu Vannes, Orleans, Tours, Auxerre, Rheims von dem Jahre 465 bis 625 unter dem Generaltitel Idololatrie gemißbilligt und mit Strafe belegt worden ist,[1]) gehört der keltischen oder germanischen Religion an, mit Ausnahme vielleicht der Feier der Januarkalenden. Das unter Verbot gestellte Genießen von Götzenopferfleisch, der Schwur auf ein Thierhaupt, die Lösung von Gelübden an heiligen Bäumen, Felsen und Quellen und Anderes haben zwar Verwandtes im klassischen Kultus, aber diese Verrichtungen treten in einer so ausgeprägten Form auf, welche die Einziehung in den römischen Gottesdienst ausschließt. In diesem Kreise liegt auch der Inhalt einer Anzahl vaganter Kanones,[2]) für welche weder eine bestimmte Zeit noch ein bestimmter Ort sich feststellen läßt. So trifft die Aussage der verschiedenartigen Quellen in einem Punkte zusammen, und es wird dadurch die That-

---

[1]) Vgl. Conc. Venet. (a. 465) c. 16 (Mansi VII p. 955); Aurel. (a. 511) c. 30 (VIII p. 356); Aurel. (a. 533) c. 20 (VIII p. 838) die Worte: Catholici qui . . . revertuntur beziehen sich selbstverständlich nicht auf Apostaten, sondern auf Leute mit heidnisch-superstitiösen Praktiken. — Aurel. (a. 541) c. 15. 16 (IX p. 115); Elus. (a. 551) c. 3 (Hefele² III p. 9); Turon. (a. 567) c. 17: (IX p. 796), c. 22: Totenopfer ((p. 803); Autissiod. (a. 585 al. 578) c. 1; (IX p. 912) c. 3. 4 (p. 912).

[2]) Mansi VIII, 340. 363. 629. 631.

sache gesichert, daß in den mittlern und nördlichen Distrikten Galliens im fünften Jahrhundert das keltische Heidentum noch fortlebte, und der Kampf der Kirche in diesem sein Objekt fand.

Auch im Süden hatte die keltische Religion den Boden noch nicht ganz verloren. Im südlichen Aquitanien lebte die Erinnerung an den Bischof Orientius in Augusta Ausciorum, der im fünften Jahrhundert viele Heiden taufte und einen auf einem heiligen Berge stehenden Tempel zerstörte.[1]) In demselben Gebiete ließ der Metropolit von Elusa i. J. 551 durch seine Suffragane einen Beschluß gegen „Beschwörer" formulieren, welche über Trinkhörner Zaubersprüche sagen.[2]) Es war doch auch wohl ein mittelländischer Hafen, von welchem jenes Schiff ausfuhr, in welchem ein Christ unerwartet sich unter heidnischen Passagieren bäurischen Standes entdeckte, die in Sturmesgefahr ihre Götter anriefen.[3])

Demnach ist keltisches Heidentum, gesondert von der Kirche, noch im sechsten Jahrhundert in Gallien zu finden gewesen, häufiger freilich in der Kirche selbst in der Form superstitiösen Glaubens und Thuns. Ob diese Gläubigen in Gruppen gemeindlich organisiert waren oder lose Haufen bildeten, darüber sind nicht einmal Andeutungen vorhanden. Nur das erkennen wir deutlich, daß Mittel- und

---

[1]) Acta S. S. ad 1. Maji I, 61. Die Vita ist im Allgem. zuverlässig, wie auch die zweite mitgeteilte, die p. 63 von der Wirksamkeit des Bischofs im Gebiete der Vasconen erzählt.

[2]) Hefele C. G.² III S. 9.

[3]) Greg. Tur. Vitae Patrum c. 17, 5. Ich verzichte darauf, weiteres Material anzuführen. Manches Einschlägige noch bei Le Blant, Inscript. II p. XLIII Anm. 1 u. 2. Das Material ist noch weit umfangreicher.

Nordgallien der Hauptschauplatz des Fortwirkens der alten Religion war, und daß die Landbevölkerung sie aufrecht erhielt.

In welcher Lage befand sich das klassische Heidentum, welches mit der antiken Kultur nach Gallien gekommen war und die gebildete Gesellschaft gewonnen hatte?

Das gallische Pantheon war weit und mannigfaltig. Das bedingte die geschichtliche Entwickelung. Die römische Kultur verdrängte die einheimischen Götter aus dem Bewußtsein der Gebildeten oder zog sie an sich und gab ihnen römische Namen und römisches Wesen. Aber sie brachte auch ihre eigenen Gottheiten. Götter, Tempel und Kulte waren in der Narbonensis in Fülle vorhanden, die reich gegliederte Priesterschaft zahlreich und angesehen, mit Ehrengaben bedacht.[1]) Der Kaiserkult blühte, denn es lag im politischen Interesse, in der Provinz ihn zu fördern. Die orientalischen Kulte der Isis, der Magna Mater und des Mithras zählten eifrige Gläubige. Nicht nur Einzelne, sondern auch Korporationen und Städte ließen das Taurobolium vollziehen. Die Hauptstadt Narbo übernahm das Sühneopfer für die ganze Provinz.[2]) Von den Centren, wie Massilia, Arelate, Nemausus, Vienna hatte sich der orientalische Dienst auch in die kleinen Städte verbreitet. Von Tolosa bis Forum Julii und nördlich bis zum Genfer See traten seine Spuren hervor. Die Inschriften bezeugen den Eifer der Gläubigen.

Der Schwerpunkt der religiösen Organisation lag in Lugdunum, der Hauptstadt der „drei Gallien," Aquitania,

---

[1]) Die folgenden Angaben beruhen auf dem Material des Corpus Inscript. latinarum XII: Inscriptiones Galliae Narbonensis lat ed. Otto Hirschfeld Berol. 1888.

[2]) C. J. L. a. a. O. n. 4323: Imperio D (eae) M (agnae) Tauropolium — n. 4329: Tauropolium Provinciae . . .

Lugdunensis, Belgica, seit seiner Gründung eine römische Stadt. Im Jahre 12 vor Christus errichtete hier Drusus, nachdem schon vorher Augustus die Stadt zum politischen Mittelpunkte der drei Provinzen gemacht hatte, der Göttin Roma und dem Genius des Kaisers einen Altar außerhalb der Stadt am Zusammenflusse der Rhone und der Saone. Der Oberpriester dieses Heiligtums war zugleich der Präsident des Landtags, der seine Sitzungen mit feierlichen Opfern an diesem Altar begann. Die vornehmsten Männer des Landes bekleideten diese Würde, die politisch und religiös zugleich war. Reich entfaltete sich in Lyon der Kaiserkultus.[1]) Doch fanden daneben in dieser echt römischen Kolonie die übrigen Götter gebührende Berücksichtigung. Auch die östlichen Kulte fehlten nicht. Wie Narbo so vollzog auch Lugdunum das Taurobolium. So verrichtete i. J. 184 unserer Zeitrechnung am Rhoneufer zwischen Valentia und Vienna, wie die Inschrift des Altars uns belehrt, im Auftrage der Stadt der „ständige Priester" Aquius Antonianus vom 20.—23. April die heilige Sühnung.[2]) Männer und Frauen übernahmen das geheimnisvolle Opfer. Das priesterliche Amt stand im Ansehen. Dem Haruspex Oppius Placidus machte der Magistrat die Grabstätte zum Geschenk; der Landtag errichtete Priestern am Roma=Altar Ehrendenkmäler.[3])

Diese Thatsachen bestätigen was ein feiner Beobachter gallischen Wesens, Cäsar, längst, ehe diese Denkmäler entstanden,

---

[1]) Vgl. hierzu und zu dem Folg. Alph. de Boissieu, Inscriptions antiques de Lyon, Lyon 1854.
[2]) Boissieu a. a. O. S. 28 ff. C. J. L. XII n. 1782.
[3]) Boiss. S. 80, 86, 88, 114.

geurteilt hat: er bezeichnet die „ganze Nation" als „äußerst[1]) gewissenhaft in religiösen Verrichtungen." Diese Religiosität, welche auch in der übermächtigen Stellung des Druidentums zum Vorschein kommt, fand indeß ihre Schranke in der Unbeständigkeit und Beweglichkeit des gallischen Volkscharakters. Die „stetige Neuerungssucht," die man ihnen nachsagte, beherrschte auch das Gebiet des Glaubens und religiösen Thuns. Dieselben Gallier, denen Cäsar das angeführte Zeugnis ausstellt, waren ein Jahrhundert nachher zum großen Teil römische Gläubige und wetteiferten in Bezeugung ihrer Devotion vor den fremdländischen Göttern. Die Gewalt, welche die fremde Kultur mit ihrem blendenden Scheine und wirklichen Vorzügen über sie gewann, übte auch die mit dieser Kultur gekommene Götterwelt. Dieser Sieg war zu leicht, als daß er, dazu noch bei einem unruhigen Volke, von Dauer sein konnte. Möglich, daß schon die auffallend intensiv betriebene Übung der orientischen Kulte auf einer gewissen Emanzipation beruhte. Jedenfalls hat Gallien mit derselben Leichtigkeit, mit welcher es seine heimatliche Religion aufgab und die fremde annahm, diese dann beseitigt und sich den götterlosen Glauben angeeignet.

Noch spärlicher als über den Rückgang des keltischen Heidentums fließen die Quellen, welche die Frage nach dem Wie und Wann dieses Prozesses zu beantworten geeignet wären. Die antike Religion ist in Gallien verschwunden, ohne daß die Geschichte Notiz davon genommen hat; hier und dort verstreute Andeutungen sind Alles, worin sich das Gedächtnis an jene Vorgänge erhalten hat.

---

[1]) De b. gall. VI, 16: natio est omnis Gallorum admodum dedita religionibus.

Gegen Ende des fünften Jahrhunderts sind fast sämtliche Städte des eigentlichen Galliens Bischofssitze. Nach den Städten weisen die Inschriften und Bildwerke christlicher Herkunft. In der Narbonensis treten uns in Vienna, Arelate, Massilia und Narbo anspruchsvolle Bistümer entgegen. Es besteht kein Zweifel, daß das Christentum in den Städten Galliens zuerst Boden gewonnen hat. Der internationale Verkehr, die religiöse Duldsamkeit, welche im Wesen eines buntschichtigen Pantheon liegt, und der lebhafte, dem Neuen zugewandte Sinn des Galliers lassen sich als fördernde Momente anführen. Die Synode von Arles 314 zeigt das Christentum tief eingegangen in die Gesellschaft; aber seitdem hört die synodale Auseinandersetzung mit der antiken Religion als solcher auf. Die spätern gallischen Konzilien rechnen nur mit heidnischer Sitte und Anschauung in der Gemeinde. Über diese Linie gehen andere Äußerungen nur selten hinaus. Wenn so der Bischof Avitus von Vienna in einer im Winter 517 gehaltenen Weiherede in einer auf den Trümmern eines heidnischen Tempels errichteten Basilika rühmt, daß „Seelen zu Gott wachsen," und sein Zeitgenosse Cäsarius von Arles wiederholt in seinen Predigten die Gemeinde auffordert, Altäre und Heiligtümer zu vernichten, wo immer sie sich finden, so darf daraus auf das Vorhandensein heidnischer Gläubigen im Süden geschlossen werden.[1]) Doch sie bedeuteten längst nichts mehr. Man darf somit sagen,

---

[1]) Avitus, Hom. XX (M. G. h. Auct. antiquiss. t. VI. p. 133 f.): Principis studio, sacerdotis adnisu crescunt animae Deo, orationibus loca, praemia construentibus, templa martyribus. — Caes. Arel. Homilia ubi populus admonetur (Caspari, Kirchenhist. Anecdota I S. 222). Ich teile die Annahme der Autorschaft mit dem gelehrten Herausgeber.

daß im vierten Jahrhundert in Gallien der Übergang von der heidnischen zur christlichen Religion in den Städten sich vollzogen hat und zwar in einer Entwickelung, deren schneller, geräuschloser Schritt vielleicht Seinesgleichen nicht hat in der Geschichte des untergehenden Heidentums. Nichts ist uns überliefert über die Auflösung der zahlreichen Augustalpriesterschaften oder die Vernichtung der Altäre und prächtigen Tempel. Wenn das bekannte Bauwerk in Nimes wirklich ein Tempel ist, was wohlbegründeten Zweifeln unterliegt,[1]) so wäre derselbe das einzige Beispiel eines erhaltenen antiken Heiligtums in Gallien. Spärliche Reste sacraler Bauten sind hier und dort hervorgetreten,[2]) aber ihre Beschaffenheit gestattet nicht eine Entscheidung darüber, ob gewaltsame Zerstörung durch christliche Hände oder allmählicher Verfall sie zu dem gemacht hat, was sie jetzt sind. Auch die nicht seltenen Ortsüberlieferungen, welche Kirchen an der Stätte umgestürzter Heiligtümer erstanden sein lassen, entziehen sich der historischen Prüfung und haben mehr gegen sich als für sich. Die Beobachtung führt nicht weiter, als daß antikes Material, Säulen insbesondere und Friese, in christlichen Bauten Verwendung gefunden haben. Der Zustand der Verstümmelung endlich, in welchem Götterbilder auf uns gekommen sind, hat seine Analogie in der ähnlichen Beschaffenheit altchristlicher Bildwerke. Schwere Verwüstungen kamen in den letzten Zeiten des römischen Reiches über das Land; Goten, Burgunder, Franken und Römer machten es zum friedelosen Schauplatz blutiger Er-

---

[1]) Dasselbe gilt bezüglich der Baptisterien von Aix und Riez.

[2]) Hierzu u. zu Folg. Millin, Voyage dans les departements du midi de la France, Paris 1807 ff. t. I—IV u. Atlas a. v. Oo. Stark, Städteleben, Kunst und Altertum in Frankreich, Jena 1855, u. die Lokalforschung, sowie Mitteil. der Revue archéol.

roberungskriege. Hin und her schoben sich im Süden und Norden die kämpfenden Massen, und Sieger wie Besiegte sogen die verzweifelte Bevölkerung aus. Brand und Plünderung nahmen den großen römischen Städten des Südens ihren Glanz und Reichtum. Es läßt sich erraten, wie viele Tempel damals mit den antiken Prachtbauten zu Grunde gegangen sind. Wären diese Katastrophen nicht gewesen, welche die antike Kultur niederschlugen[1]), und hätte nicht der Vandalismus der spätern Geschlechter bis in dieses Jahrhundert hinein rücksichtslos mit den Monumenten verfahren, so ließe sich ohne Zweifel an diesen Näheres über die Weise des Unterganges der antiken Religion feststellen.

An Aufforderungen, die Stätten des antiken Kultus zu vernichten, hat es, wie eben erwähnt, nicht gefehlt, aber man möchte vermuten, daß der gallische Episkopat, in dessen Reihen viele Männer aus altadeligen Häusern zu finden waren, die blinde Zerstörungswut orientalischer Mönche im Allgemeinen nicht geteilt hat. Wenn der bekannte Altar von Narbo mit seiner umständlichen Weihinschrift, die so scharf und wiederholt den Kaiserkultus ausdrückt,[2]) der Verwüstung entgangen ist, obwohl er selbstverständlich an einem öffent-

---

[1]) Orientius, Comm. II, 181 ff.:
Per vicos, villas, per rura et compita et omnes
  Per pagos, totis inde vel inde viis
Mors, dolor, excidium, strages, incendia, luctus
  Uno fumavit Gallia tota rogo.

[2]) C. J. L. XII n. 4333. — Wenn Sidonius Apollinaris den Reichtum Narbos an portis, porticibus, foro, u. s. w. und delubris rühmt (Carm. XXIII, 37 ff.), so sind unter delubra gewiß christliche Kirchen zu verstehen; vgl. Isid. Hisp. Orig. XV, 4: (delubra) ... ipsa nunc sunt aedes cum sacris fontibus, in quibus fideles regenerati purificantur.

lichen Orte Aufstellung gefunden hatte, so ist das schwerlich Zufall. Auch im Hinblick auf die große Zahl erhaltener Altäre möchte man urteilen, daß die Tempel zwar in der Mehrzahl geschlossen und die Altäre entfernt worden seien, aber eine planmäßige Zerstörung nicht stattgefunden habe. Was Avitus von Vienna einmal in Beziehung auf die gottesdienstlichen Gebäude der Häretiker, die an die Katholiken zurückgefallen sind, als Grundsatz ausgesprochen hat: man solle sie nicht etwa verändern und in Gebrauch nehmen, sondern ungebraucht verkommen lassen,[1]) dürfte auch hier die Regel gewesen sein. Wohl aber werden die Götterstatuen, soweit sie im Hause und in den Kultstätten religiöse Verehrung genossen, vernichtet worden sein. Die Zahl der Fragmente ist verhältnismäßig eine äußerst geringe.

Die zeitgenössischen Schriftsteller gehen schweigend über diese Ereignisse hinweg. Sie haben dieselben nicht als große empfunden, weil sie offenbar keine großen waren. Es fehlt ebenso an Verteidigern der alten wie an Polemikern der neuen Religion. Rascher als der keltische ist der römische Glaube erlegen.[2])

Im dritten Jahrhundert tritt das Christentum noch wenig hervor. Von den etwa 500 christlichen Inschriften des eigentlichen Gallien gehört nicht einmal ein halbes Dutzend der vorkonstantinischen Zeit an, von den Sarkophagen kein einziger. Das inschriftliche Material ist gewiß nur unvollständig auf uns gekommen, aber auch bei dieser Annahme bleibt die Dürftigkeit bestehen. Daraus ist zu

---

[1]) Avitus, Epist. VII.
[2]) Mommsen Bd. V S. 96: „Wohl rascher noch als die (keltische) Landessprache ging die Landesreligion zurück und das eindringende Christentum hat kaum noch an dieser Widerspruch gefunden." Letzteres gilt in noch höherm Grade von der antiken Religion.

entnehmen, daß in den geltenden Kreisen der gallischen Städte das Christentum nur in geringem Umfange Eingang gefunden hatte. Denn die niedern Klassen hinterlassen nur ausnahmsweise inschriftliches Material. Freilich der Niedergang der städtischen Verwaltung, der im dritten Jahrhundert wie überall im Reiche, so auch in Gallien hervortritt, würde das Gegenteil lehren, wenn wirklich der Verzicht der Christen auf die öffentlichen Ämter dahinter läge.[1]) Doch wirkten hier rein wirtschaftliche Vorgänge, die mit der allgemeinen Staatsverwaltung zusammenhingen. Im fünften Jahrhundert steigt die Zahl auf eine bedeutende Höhe. Dementsprechend beginnt in Gallien die Sarkophagskulptur im vierten Jahrhundert, um im folgenden Jahrhundert ihre eigentliche Blüte zu entfalten. Sie ist der sicherste Beweis, daß die vornehme Gesellschaft oder wenigstens die Vermögenden sich der neuen Religion angeschlossen haben. Daher leben in diesen Reliefs die antiken Reminiscenzen viel mehr als etwa in Rom, wo eine längere Kunstentwickelung schon vorangegangen war.

Nicht die Stadt, sondern der Großgrundbesitz gab den wirtschaftlichen Verhältnissen Galliens, wie auch sonst in den Provinzen, ihre Physiognomie.[2]) Zwar hatte das Eindringen römischer Sitte und römischen Rechts die umfangreichen Majorate des keltischen Adels zersprengt, aber der Durchschnittsfundus der spätern Kaiserzeit entfiel immer noch in

---

[1]) Fustel de Coulanges, Histoire des Instit. pol. de l'ancienne France, Paris 1875 I S. 144 ff. Ebensowenig hat die mäßige Hebung des Decurionats im 4. Jahrh. mit dem Christentum etwas zu thun.

[2]) Fustel de Coulanges, La domaine chez les Romains (Revue des deux Mondes 1886 t. 77 S. 318 ff.) bes. n. 3: Le domaine rurale en Gaule; dazu dess. Verf. Hist. des Instit. pol. etc.

die Kategorie der Latifundien. Die Bewirtschaftung vollzog sich durch Sklaven, Freigelassene, Colonen, von Mittelgliedern abgesehen. Diese Klassen unterstanden, obwohl in verschiedenem Grade, der Auctorität des Besitzers. Auch wo ein rechtlicher Anspruch auf eine gewisse Unabhängigkeit bestand, mußte es schwer sein, ihn gegebenen Falles glatt durchzuführen. Selbständig organisierte Landgemeinden besaß Gallien nicht; die Vici waren entweder Annexe zu dem Großgrundbesitz oder zu den Städten. Unter diesen Umständen war die religiöse Eroberung des Landes zunächst auf die Gewinnung des Adels und der städtischen Bevölkerung angewiesen. Sie ist auch diesen Weg gegangen. Bereits wurde erwähnt, daß die Civitates zu Bischofssitzen gemacht wurden. Der bischöfliche Sprengel hat sich mit dem politischen Stadtbezirk identifiziert. Damit war das Missionsgebiet gegeben. Auch minder energische Bischöfe wurden durch die Situation, in der sie sich fanden, darauf gewiesen, den nominellen Besitz der Diözese zu einem thatsächlichen zu machen. Neben den politischen Provinzialstädten mit ihrem, sei es communalen, sei es persönlichen Landbesitze wurde für die ältere Geschichte des Christentums nicht minder bedeutungsvoll der landsässige Adel. Das thatsächliche Verhältnis seiner unfreien oder halbfreien Unterthanen zu ihm gewährte die Möglichkeit einer durchgreifenden religiösen und kirchlichen Einwirkung auf dieselben durch ihn. Der Satz cujus regio, ejus religio ließ sich durchführen und ist durchgeführt worden. So brachte der reiche Grundbesitzer Ruricius seine Sklaven zum Taufwasser.[1]) Der nationalreligiösen Erziehung durch die Priesterschulen der Druiden

---

[1]) Epist Fausti ad Ruric. I, 2 (M. G. h. Auct. antiquiss. t. VIII).

schon längst vordem entnommen und in griechisch-römische Bildung eingegangen, besaß dieser Adel, wie der civilisierte Gallier überhaupt, nicht diejenige feste Religiosität, die etwa die altrömischen Adelsfamilien als ein heiliges Erbe festhielten. Es ging ihm ebenso die Begeisterung für die neue, wie die Anhänglichkeit an die alte Religion ab. So erlag er leicht dem kraftvollen Andringen des Christentums. Zahlreich finden wir ihn im Episkopat, dessen Ansehen ihm einen Ersatz für die aufgegebene Stellung in der Welt bieten konnte. Wenn die Biographen sich so sehr gewissenhaft darin zeigen, die edele Herkunft der Kirchenfürsten zu registrieren, so bezeugt das ihren Respekt davor.[1]

Sidonius Apollinaris hat das Landleben des gallischen Adels anmutig geschildert. In den Bibliotheken der vornehmen Landhäuser begegnen sich antike und christliche Autoren. Sogar der, wie man meinen möchte, längst vergessene Origenes findet noch Leser, die ernsthaft verhandeln, warum die „alten Mysten" ihn incorrekt und gefährlich gescholten haben. Auch an erbaulicher Literatur fehlt es nicht, die, wie es den Anschein hat, vorzüglich den Frauen diente.[2] Die heilige Geschichte war Gegenstand malerischer Darstellungen in den Villen.[3] Figuren wie der puritanische Landedelmann Vectius, der inmitten seines großen Besitzes an Land, Sklaven und Bauern wie ein halber Mönch lebte,[4] sind in dem bunten Bilde des damaligen Adels seltener ge-

---

[1] Einige Angaben bei Fustel de Coulanges, Hist. I p. 252 f.; Le Blant, n. 425.

[2] Sidon. Apoll. Ep. II, 9.

[3] Ebend. Carm. XXII, 201.

[4] Ebend. IV, 9. Schlußurteil des Schreibers: plus ego admiror sacerdotalem virum quam sacerdotem.

wesen als der nicht alternde Lebemann Germanicus, an
welchem fromme Kreise Heiligkeit darum vermißten, weil er
eines Bischofs Sohn und eines Priesters Vater war.¹) Indeß
läßt Sidonius nicht einmal zwischen den Zeilen lesen, daß
in der Aristokratie seiner Zeit der Götterglaube noch Be=
deutung gehabt habe. Er rechnet überhaupt nicht mehr mit
dem Heidentume als einer religiösen Erscheinung, so sehr er
in der mythologischen Gedankenwelt heimisch ist. Als der
mönchische Presbyter Salvianus in Massilia, beherrscht von
weltverachtender Stimmung, gegen die Mitte des fünften Jahr=
hundert in einer Schrift „Über die göttliche Weltregierung"
es unternahm, die lebende Generation und in ihr vor Allen
die Reichen und Mächtigen in einem Pfuhl von Sünde und
Verkommenheit zu zeigen, fand er keine Veranlassung, etwa
noch vorhandene Übung oder Duldung heidnischen Glaubens
aufzuführen. Sein eigenes Leben — er heiratete eine Heidin
— bezeugt, wie manches Andere ²), das Vorhandensein
heidnischer Gläubigen im Lande, doch kann es damals in der
höhern Gesellschaft in auffallendem Satze heidnisches Be=
kenntnis nicht mehr gegeben haben. Eine so eingehende
Schilderung der Sünden der höhern Stände hätte davon
nicht schweigen können. Andererseits hat dieser christliche Cato
seinen eigenen Glaubensgenossen, wie hart er sie auch aus=
gescholten, die Anerkennung nicht versagt, daß „nach seiner
Meinung" Niemand, der getauft sei, sein Christentum der
Öffentlichkeit verberge.³) Nicht heidnischer Glaube, sondern
heidnische Sitte und Sittenlosigkeit rufen seine Klagetöne
hervor. Die blutigen Circusspiele, wo die Menschen „kaum

---

¹) Ebend. IV, 13.
²) Z. B. De gubernatione Dei III, 1, 5 (Ende).
³) A. a. O.

weniger von den Augen der Menschen als von dem Rachen der Thiere verschlungen werden," haben noch nicht gänzlich aufgehört, wenn sie auch selten geworden sind. Keine Mühe wird gespart, um der Bestien in den Schluchten und Gebirgen habhaft zu werden.[1]) Die entartete Bühne fesselt noch so sehr das Publikum, daß im Zusammentreffen der Vorstellung mit dem Gottesdienst dieser den Nachteil hat. Das gilt überhaupt von der Anziehungskraft der öffentlichen Schau= stücke. Athleten, Äquilibristen, Pantomimiker sind die Lieblinge des Volkes geblieben.[2]) Kurzum „zu den Spielen rennt, zur Tollkühnheit stürmt, in das Theater ergießt sich das Volk; im Cirkus rasen sie allesamt."[3]) Einem fingierten Einwande gegenüber macht der eifrige Tadler die Ein= schränkung, daß in der Mehrzahl der gallischen Städte das Circus= und Theaterspiel allerdings aufgehört habe, aber doch nur unter dem Drucke des allgemeinen Elendes; die „Heimstätten der Schändlichkeiten" sind noch da.[4]) Auch von dem, was Salvianus sonst noch an der zeitgenössischen Gesellschaft zu tadeln findet, wie die auf antiker Anschauung ruhende moralische Ungebundenheit des Ehegatten, die Härte gegen die Sklaven, die in derselben Geringschätzung und Rechtlosigkeit stehen wie im Altertum, erweist, auch wenn die übertreibende Phraseologie des Weltverächters die not= wendigen Abzüge erfährt, die fortwirkende Kraft der alten Lebensgewohnheiten und des antiken Bewußtseins in der Nobilität.

Die gallische Kirche war nicht in der Lage, diese

---

[1]) VI, 2, 10; 11.
[2]) VI, 3, 15 ff.; 7, 35 ff.
[3]) VI, 18, 95.
[4]) VI, 8, 41 ff.

Schranken zu durchbrechen. Ihr fehlte das rechte Lebensideal und die sittliche Kraft. Ihre thatsächliche Erscheinung, in der sie den Völkern entgegentrat, ging in eine schrille Dissonanz auseinander. Auf der einen Seite Großgrundbesitzerin nach dem Satze: „was Du an die Kirche verschwendest, erfparst Du Dir,"[1]) mit Bischöfen, die ihre Liegenschaften durch Geistliche und Mönche bewirtschaften ließen, mit Klerikern, die Bankgeschäfte betrieben und über eine Sklavenschaft verfügten, aber auch kriegerischen Unternehmungen nicht auswichen, in ihren Bemühungen auf Ansehen und Einfluß im öffentlichen Leben gerichtet und dadurch in die übeln Praktiken städtischer und staatlicher Politik und in die Leichtfertigkeit der höhern Gesellschaft verstrickt,[2]) auf der andern Seite die aus dem Ekel vor der Verkommenheit eines untergehenden Geschlechts und aus der Weltanschauung der altchristlichen Askese gleicherweise erwachsene Weltverachtung, welche der Bischof Eucherius von Lyon in einem geschickten Buche in der Überzeugung predigte, daß die „wahre Glückseligkeit darin bestehe, die Glückseligkeit der Welt zu verachten, das Irdische von sich zu werfen und für das

---

[1]) Sidon. Apoll. VIII, 4, 4.
[2]) Das wichtigste und zuverlässigste Material darüber bieten die gallischen Synoden des 5. Jahrh. (Concilia antiqua Galliae ed. Sirmond. t. I Paris. 1629). Ich führe an: Conc. Araus. (441) c. 10; Arelat. II (443 ob. 452) c. 36; Aurel. (511) c. 23; Araus. c. 6; Arelat. II c. 32; c. 14; Turon. (461) c. 13; Andegav. (453) c. 4; Turon. c. 2; Venet. (465) c. 13; dazu die Klagen über clerici und monachi vagantes (Andeg. c. 8; Venet. c. 6; Turon. c. 11) und über Übertretung der Gelübde und Unbotmäßigkeit der Kleriker wie der Mönche (Agath. c. 9; Aurel. c. 21; 22). Die übrige Litteratur ergänzt und erweitert diese Bilder genügend. Wir haben in jener Zeit nirgends einen so deutlichen Einblick in diese Verhältnisse als in Gallien.

Himmlische zu entbrennen."[1]) Das Ideal lag nicht dort, sondern hier; in der Kirche verwirklichte es sich kompromißartig in den mönchischen Bischöfen, die in Martin von Tours ihr Ideal fanden. In ihnen ruhte die Lebensfähigkeit der gallischen Kirche. Sie zogen ihre Kraft aus dem Mönchtum, dessen Jünger sie einst zum großen Teile gewesen waren, und das im fünften Jahrhundert im rechten Augenblicke Verbreitung und Auctorität im Lande gewann. Bei dem Begräbnis Martins von Tours, des Mönchsvaters Galliens, sollen sich an zweitausend Mönche eingestellt haben; in den Zellen bei Tours sammelte er allein deren achtzig.[2]) Die Saat ist unter ihm und durch seine thätigen Bemühungen üppig aufgegangen. Die Siedeleien der Mönche lagen zumeist auf dem Lande; sie wurden wie im Orient Stationen des vordringenden Christentums. In Lugdunum, in unmittelbarer Nähe der Stätte, wo der Altar der Roma und des Augustus stand, erhoben sich jetzt zwei Klöster. Auch Massilia sah die ungewohnte Erscheinung mönchischer Niederlassungen. Ja, gerade von hier aus empfing durch den Abt Johannes Cassianus das gallische Mönchtum Anregungen zu einer humanistischen Richtung.[3])

Die Mitwirkung des Mönchtums an der Beseitigung des Heidentums darf nicht zu hoch veranschlagt werden, so wenig sie gefehlt hat. Denn die gallischen Klöster und Einsiedeleien waren auf das Prinzip strengster Zurückgezogenheit von der Welt gegründet. Auch fehlte es, wie in der Kirche

---

[1]) Eucherius, De contemptu mundi (Migne t. 50 p. 726).
[2]) Sulp. Sev. Epist. III, 18; Vita Mart. XI, 5.
[3]) Vgl. über das älteste gallische Mönchtum Mabillon, Annal. ord. S. Bened. I p. 10 ff.; Hauck, Kirchengesch. Deutschlands I S. 68 f.

nicht an Mißständen. Was das Mönchtum im fünften Jahrhundert im christlichen Gallien bedeutete, fiel der Kirche unmittelbar zu, nämlich in dem Sinne, daß die klösterliche Zucht und das mönchische Ideal in die Weltgeistlichkeit sich Eingang verschafften und hier gegen die aus der weltlichen Gesellschaft einströmende sittliche Verkommenheit kräftig reagierten.

In seiner leidenschaftlichen Anklageschrift gegen seine Volks- und Glaubensgenossen weist Salvianus auf die Barbaren als bessere Menschen hin. Diese Barbaren haben jedenfalls die Wirksamkeit der Kirche in Südgallien wenig beschwert. In dem großen westgotisch-tolosanischen Reiche, welches Eurich bis über die Rhone ausdehnte, hat die Kirche wesentliche Störungen nicht erfahren, obwohl Ursachen, zu klagen, nicht fehlten.[1]) Nirgends auch erfahren wir, daß der Götterglaube die Hilfe der arianischen Sieger gegen seine katholischen Bedrücker gesucht habe. Andererseits verlor unter dem Drucke der barbarischen Invasion die Antike ihre Kraft und Einheit; sie wurde widerstandsunfähiger als in ihrer ungebrochenen Frische, erlag also leichter der auf sie eindringenden christlichen Weltanschauung und Religiosität. Indem das Barbarentum die antike Welt erschütterte, brach es dem Christentum und der Kirche Bahn, denn diese vermochte der allgemeinen Auflösung eine feste Geschlossenheit entgegenzustellen. Auch das soziale Elend wurde ihr insofern förderlich, als es ihr Gelegenheit bot, eine umfassende Liebesthätigkeit zu organisieren. Was in dieser Beziehung geschah, davon geben uns literarische und monumentale Quellen ausreichende Kunde. Dadurch gewann das Ansehen der Kirche,

---

[1]) Sidon. Apoll. VII, 6.

und ihr Einfluß mußte auch auf solche Kreise hinauswachsen, die ihr noch fern standen.

Indeß große Schwierigkeiten lagen ihr jedenfalls gegenüber. Eine niedergetretene, ausgesogene, tyrannisch regierte, in ihren obern Ständen sittlich verkommene Bevölkerung, deren Zuständlichkeit die Erwartung des nahen Weltendes hervorrufen konnte,[1]) ist ein schwieriger Boden für eine religiöse Gemeinschaft, die nicht nur dort fußen, sondern daher auch ihre Organe nehmen soll. Unter diesen Umständen sind die nachdrücklichen Bemühungen der Kirche, ungeordnete Zustände zu ordnen und in der Gemeinde wie im Klerus die kirchliche Disciplin aufrecht zu erhalten, welche die gallischen Synoden bezeugen, geschichtlich zu würdigen.

Von den Anstrengungen dieser Kirche, das Volksleben religiös zu erobern, ist, wie sich gezeigt hat, verhältnismäßig dürftige Kunde auf uns gekommen, und diese Kunde erzählt fast nur von Bekämpfung des keltischen Heidentums.

Ist Ermüdung des alten Glaubens oder Gleichgültigkeit der Kirche die Ursache? Gegen letzteres spricht die Empfindlichkeit, mit welcher geringfügige superstitiöse Akte innerhalb der Gemeinden aufgefaßt und geahndet wurden. So bezeichnet das Conzil von Narbonne (589) das Aussetzen der Arbeit am Jupitertage als „fluchwürdigen Ritus."[2]) Die Beschwörung ist „Teufelsgift,"[3]) heidnische Sitten beim Begräbnis sind eine Erfindung des Teufels.[4]) Excommunication, öffentliche Auspeitschung, ja Verkauf zum Besten der

---

[1]) Eucherius, De contemptu mundi p. 722: Postrema mundi aetas referta est malis tamquam morbis senectus.
[2]) Can. 15.
[3]) Caes. Arel. a. a. O.
[4]) Mansi VIII, 629.

Armen werden auf abergläubische Verrichtungen gesetzt. In der Form des „Aberglaubens" hat die antike Religion fortgelebt, als sie als organisierter Kultus längst zerschlagen und aufgelöst war, und hat in dieser Form die alte Kulturwelt überbauert. Die letzte Geschichte der antiken Religionsgemeinde verschließt sich uns, ehe sie aufgehört hat. Wir erkennen nur ihre Ausstrahlungen in dem verworrenen Gebiete der Superstition.

II.

Britannien.

Der leichten militärischen Eroberung Britanniens durch die Römer entsprachen nicht Gang und Erfolg der Romanisierung. Die rasche und mühelose Okkupation unter Claudius zog zwar Kaufleute und Unternehmer in großer Anzahl herein, und die Besatzung, die im zweiten Jahrhundert eine bedeutende Höhe erreichte, brachte römisches Wesen ins Land, dennoch ist, abgesehen von den durch die Eroberer militärisch und politisch fixierten Plätzen, die fremde Kultur eine fremde Erscheinung geblieben. Ja auch dort entwickelte sie sich nicht in voller Intensivität. Britannien ist verhältnismäßig arm an Inschriften, und diese selbst sind vorwiegend militärischen Inhaltes. Es war nur ein „Firniß römischer Gesittung, der außer in den Festungen und Kastellen nirgends tief eingedrungen war noch fest haftete."[1)]

Die Monumente zeigen die religiöse Mannigfaltigkeit, die auch sonst in Standlagern und Militärkolonien anzutreffen ist.[2)] Orientalischer, römischer und barbarischer Glaube begegneten sich. Neben echt klassischen Gottheiten

---

[1)] Hübner, Röm. Herrschaft in Westeuropa, Berlin 1890 S. 55 ff.; Mommsen V, S. 176.
[2)] Quelle: C. J. L. VII. Inscript. Britanniae latinae ed. Em. Hübner, Berol. 1873.

hatten Mithras und Kybele, ja sogar der tyrische Herkules und die phönizische Astarte ihre Gläubigen. In Eburacum, dem ersten militärischen Platze, errichtete ein Legionar „dem heiligen Gotte Serapis" einen Tempel.[1]) Am Hadrianswall erhoben sich Heiligtümer des Mithras. Hier stand eine Kohorte, die sich ursprünglich aus einem syrischen Volksstamme rekrutierte. Auch an den berühmten Heilquellen in Aquä Sulis waren mehrere Tempel zu finden. In Isca stellte im dritten Jahrhundert der Legat Postumius Varus den Dianatempel wieder her.

Unter den ältern Inschriften ist keine einzige christliche. Im Gegenteil, die christlichen Inschriften, welche ohne Zusammenhang mit dieser Gruppe etwa seit der Mitte des fünften Jahrhunderts auftreten, liegen von dem Schauplatz römischen Lebens durchaus abseits. Ihre Gebiete sind hauptsächlich Yorkshire, Wales und Cornwall, in welchen antike Inschriften fast ganz fehlen, und hier wiederum sind es, mit wenigen Ausnahmen, nicht die Städte, an denen sie, wie die antiken Monumente, haften, sondern das flache Land, auf welches die römische Kultur Einfluß nicht gewonnen hat. Der Zusammenhang mit der Antike ist dem entsprechend ein loser. Schriftform, Sprache und Inhalt verraten ihn noch, aber zugleich in starker Ausprägung lokaler Eigenart und Weiterbildung.[2])

Die Frage, welche diese Beobachtung wachruft, beantwortet die Geschichte Britanniens. Britannien ist stets vorwiegend eine militärische Provinz gewesen. Municipales Leben hat sich dort nur in beschränktem Umfange entwickelt; die

---

[1]) C. J. L. VII n. 240.
[2]) Inscript. Britanniae christ. ed. Hübner, Berol. 1876.

Inschriften reden selten davon. Die infolge der Okkupation entstandenen Städte behaupteten einen militärischen Charakter, wie sie von vornherein als militärische Stationen gedacht waren. Das römische Element war also ein bewegliches. Die Truppenkörper verschoben sich oder rekrutierten sich neu.

Diese Verhältnisse waren ein ungünstiger Boden für die Bildung christlicher Gemeinden. Der rühmende Hinweis Tertullians auf Christen in Britannien[1]) ist schwerlich bloße Rhetorik; einzelne Christen haben in dem Insellande schon im zweiten Jahrhundert nicht gefehlt, ebensowenig wie sonst, wo die römische Eroberung vordrang. In einer Besatzung von 30,000 Mann, einem umfangreichen Beamtenpersonal und in der gewiß nicht geringen Zahl von Personen, welche dieses und jenes Motiv nach Britannien zog, sind selbstverständlich auch Christen zu finden gewesen. Auf der Synode zu Arles 314 stellten sich drei britische Bischöfe ein, ein Beweis des Vorhandenseins geschlossener Gemeinden. Indeß das vollständige Fehlen christlicher Inschriften, zusammengefaßt mit der Thatsache, daß auf dem Unionsconzil zu Ariminum i. J. 359 drei britische Bischöfe in ärmlichem Aufzuge erschienen,[2]) begründet die Vermutung, daß in jenem Jahrhundert die christliche Kirche im Geburtslande Konstantins d. Gr. eine untergeordnete Stellung einnahm. Die pelagianische Kontroverse offenbart auch ihre wissenschaftliche Unfähigkeit, denn sie muß sich von auswärts theologische Kräfte zur Bekämpfung der Häresie erbitten.[3]) Der Milita-

---

[1]) Tertull. Adv. Iud. c. 7.
[2]) Sulp. Sev. Chron. II, 41.
[3]) Vgl. Schöll in P. R. E.² Art. Keltische Kirche Bd. VIII S. 337. Die Berichte sind verworren, und die geschichtliche Wahrheit läßt sich nicht mehr völlig feststellen.

rismus, welcher der römischen Bevölkerung ihr Gepräge gab, hinderte eine freiere Entwickelung. Die fortwährende Beunruhigung der Bevölkerung durch die Angriffe der Picten, Scoten und Sachsen, Militäraufstände und Usurpationen erschwerten die Lage noch mehr. Es muß schon im vierten Jahrhundert ein bedeutender Rückgang der römischen Zuzügler stattgefunden haben. Die Abnahme der Inschriften läßt sich dafür anführen. Dadurch verlor das Christentum noch mehr an Boden im Umfange des Römertums, und soweit es auf dieses beschränkt war, ist es mit diesem im fünften Jahrhundert untergegangen. Die britische Überlieferung weiß nur einige Namen von Märtyrern der diokletianischen Zeit anzuführen. Die Möglichkeit der geschichtlichen Wahrheit dieser Legenden wird nicht durch die Thatsache aufgehoben, daß damals Konstantius Chlorus die Regierung führte, denn jene Exekutionen können lokale tumultuarische Vorgänge gewesen sein. Sonst ist keine Kunde von dem geschichtlichen Verhältnis der christlichen und der antiken Religion zu einander in Britannien auf uns gekommen. Es wird im Allgemeinen ein neutrales gewesen sein. Der Kirche fehlte in ihrer dürftigen Lage die Unternehmungslust des Stärkern; sie begnügte sich mit der durch den Staat ihr geschaffenen freien Bewegung. Andererseits besaß die antike Religion in dieser Provinz nicht mächtige Priesterschaften, die einen Angriff oder Widerstand organisieren konnten, im Gegenteil die Verschiedenheit der Kulte machte sie gleichgültig. Wenn Beda noch im achten Jahrhundert ohne ein Wort der Unzufriedenheit zu äußern, unter den Bauten, welche die Römer als Erinnerungszeichen hinterließen, auch die Tempel erwähnt,[1])

---

[1]) Winkelmann, Geschichte d. Angelsachsen bis zum Tode König Aelfreds, Berl. 1883 S. 22.

so fügt sich diese Beobachtung durchaus der Situation ein, welche aus den Quellen sich zeichnen läßt und die in einer römischen Villa an der Südküste in der Weise charakteristisch zum Ausdruck gekommen ist, daß das Monogramm Christi die Nachbarschaft antiker Götterbilder vertrug.¹) Ein Kampf der beiden Religionen war hüben wie drüben fast eine Unmöglichkeit. Sie sind beide untergegangen mit dem Boden, auf welchem sie standen, ohne daß sich sagen läßt, wo das Übergewicht lag.

Was indeß von der politischen Macht des Römertums gilt, daß sie, anders wie in Gallien und Spanien, in den vierhundert Jahren ihrer Dauer eine Fremdherrschaft geblieben ist und als Fremdherrschaft endlich das Land aufgegeben hat, gilt nicht von dem mit ihr gekommenen Christentum. Dieses lebte fort in der einheimischen keltischen Bevölkerung, wo der neue Glaube — wir wissen nicht, wie oder wann, sondern sehen nur das Ergebnis — im Laufe der Zeit sich gefestigt hatte. Die der Entfaltung des Gemeindelebens hinderlichen Verhältnisse in der römischen oder romanisierten Bevölkerung mußten die keltischen Einwohner näher in den Gesichtskreis der Kirche rücken. Unter den drei britischen Bischöfen, welche die Beschlüsse von Arles unterschrieben, haben zwei — Restitutus und Adelphius — antike, einer — Eborius, eigent. Ivor — einen einheimischen Namen.²) In dem Maaße als die römische Herrschaft und mit ihr das römische Wesen sich reduzierten, lenkte sich die Mission der britischen Kirche, die jetzt eine Lebensfrage für sie wurde, auf die Kelten, die

---

¹) Inscript. Brit. christ. n. 31. (Frampton in Dorset.) Über die Inschrift Studemund in Hermes 1874 Bd. IX S. 503.
²) Bright, Chapters of Early English Church History, Oxford 1878 S. 9 Anm. 2.

das flache Land innehatten, und während in den römischen Gebieten die Gemeinden verkümmerten, erwuchsen neue in den von der Eroberung gar nicht oder nur wenig berührten Gebieten, vorzüglich in Cambria (Wales). Das Urteil eines britischen Schriftstellers des fünften Jahrhunderts, daß „fast alle Menschen" sich zum Christentum bekennen,[1]) gestattet demnach recht wohl auch auf diese Verhältnisse Anwendung. Die angelsächsische Eroberung, welche die römischen Distrikte besetzte und die Spuren des Römertums so gut wie vernichtete, machte diese Bildungen noch kompakter und selbständiger. So entstand die altbritisch-keltische Kirche, über welche uns eigenartige Grabdenkmäler und Inschriften Kunde geben und zugleich feststellen, daß der Ausgang ihrer Entstehung auf römischem Gebiete lag, daß aber das römische Kulturchristentum sich der volkstümlichen Art anfügte. An diese Herkunft erinnern u. A. Formeln, die in der christlichen Epigraphik des vierten und der folgenden Jahrhunderte gebräuchlicher geworden sind,[2]) das Monogramm Christi, Alpha und Omega, ja, auch ein in altchristliche Inschriften eingebürgerter antiker Gedanke.[3]) Aber das Fehlen beliebter Symbole altchristlicher Grabsteine, wie Taube und Palme, die Abweisung des umständlichen sepulcralen Formulars,

---

[1]) Vgl. den anonymen Tractat De divitiis bei Caspari, Briefe, Abhandlungen, Predigten aus d. zwei letzten Jahrh. d. kirchl. Altert. u. s. w. (Christiania 1890) X, 4.

[2]) Z. B. hic jacet, requiescit in pace, in hoc tumulo jacet, fieri praecepit, u. a.

[3]) Hübner 134, woselbst domus mea sepulchrum auf einem Grabsteine (darauf ein Vers aus Martial II, 59, 4). Jene Worte sind nicht, wie Wordsworth vermutete und Winkelmann S. 20 als feststehend annimmt, eine Reminiscenz an Hiob 17, 13, sondern wiederholen eine echt antike Vorstellung (vgl. meine Katal. S. 11 f.).

welches im fünften und sechsten Jahrhundert maaßgebend geworden war und endlich die Bildung des Grabdenkmals bezeugen die weite Entfernung von der Mutterkirche. Zur Zeit des Gildas, im sechsten Jahrhundert, war die altbritische Kirche, wie es scheint, völlig im Besitz des Keltentums, aber auch von schweren Mängeln behaftet. Sie erlag hernach der zweiten, geistlich-römischen Eroberung, welche von dem Papsttum klug und zäh eingeleitet und durchgeführt wurde.

III.

Spanien.

Die spanische Kirche, einst von dem Apostel Paulus ersehnt und vielleicht durch historische Bande mit ihm verknüpft, tritt zum erstenmal in dem letzten großen Kampfe der Staatsgewalt gegen das Christentum in deutlichern Umrissen hervor. Im Jahre 305 oder 306 — nach größter Wahrscheinlichkeit — vereinigten sich in der Stadt Illiberis am Bätus, welche bis auf dürftige Reste, die von dem einst dort betriebenen Kaiserkultus Kunde geben,[1]) verschwunden ist, so daß sich ihre genaue Lage nicht mit voller Gewißheit bestimmen läßt, 19 Bischöfe und 24 Presbyter vornehmlich der Bätica zu einer Synode, um sowohl hinsichtlich des innern Lebens ihrer Gemeinden als auch in Beziehung auf deren Verhalten und Verhältnis zur nichtchristlichen Gesellschaft und deren Sitte eine einheitliche Ordnung herbeizuführen.[2]) Die von der Synode getroffenen Festsetzungen zeigen die spanische Kirche im Besitz von künstlerisch ausgestatteten Basiliken; Großgrundbesitzer mit Sklavenpersonal, ausgediente Flamines und städtische Magistrate zählten zu ihr. Aus dem Priesterstande fanden Übertritte

---

[1]) C. J. L. II n. 2071. 2074.
[2]) Die Kanones Hefele, C. G.² I, 155 ff.

statt oder Priester knüpften durch die Ehe verwandtschaftliche
Bande mit christlichen Familien. Im Circus und auf der
Bühne regte sich das Verlangen, der christlichen Gemeinschaft
eingegliedert zu werden.[1]) Tiefe sittliche Schäden in den
Gemeinden selbst[2]) ergeben den Schluß auf ein längeres
Eingelebtsein; in seiner Weise führt auch darauf der zügel-
lose Eifer, in welchem Einzelne zur Zerstörung der Götterbilder sich verleiten ließen, insofern darin das Selbstbewußtsein einer anspruchsvoll gewordenen Generation sich ausspricht.[3])

Die Synode dekretierte nach Außen wie nach Innen eine
straffe Handhabung der Disciplin. Mit welchem Erfolge,
ist unbekannt. Was in der Folgezeit über die religiös-sitt-
lichen und kirchlichen Verhältnisse sich erkennen läßt, unterscheidet sich nicht von den zeitgenössischen Zuständen in der
abendländischen Kirche überhaupt. Die großen dogmatischen
Kämpfe dagegen, welche den Osten und einen Teil des
Westens im vierten Jahrhundert aufregend beschäftigten,
haben in der entlegenen Provinz sich in kleinen, aber doch
tiefgehenden Konflikten abgespielt. Der einflußreiche Berater
Konstantins in der Zeit seiner nicänischen Kirchenpolitik, der
Bischof Hosius war ein Spanier. Sein Anschluß an die
Unionstheologie des Konstantius erweckte ihm in seiner Heimat
eine erbitterte Gegnerschaft. Der Luciferianer Gregor von
Illiberis trat ihm im Angesicht des kaiserlichen Vicarius
Clementinus, eines Heiden, in Corduba kühn gegenüber und

---

[1]) Kan. 36. 41 (vgl. 40). 2. 3. 4. 56. 55. 17. 62.
[2]) Kan. 5—9. 12—14. 18. 27. 35 u. f.
[3]) Kan. 60. Vielleicht hat dieser Kanon Anlaß gegeben zu der
gefälschten Inschrift bei Hübner, Inscript. Hisp. christ. (Berol.
1871) p. 95 n. 19.

schleuderte ihm den Vorwurf des Abfalls entgegen. Seine Faktion hält die Opposition aufrecht. Doch ihre Kirche, die sie sich auf dem Lande erbauten, wird von dem aufsässig gemachten Pöbel gestürmt; derselbe bemächtigt sich sogar des Altars, schleppt ihn in einen heidnischen Tempel und stellt ihn hier zu den Füßen des Idols auf.[1] Diese letztere Mitteilung, deren Glaubwürdigkeit sich nicht in Zweifel ziehen läßt, stellt nach d. J. 360 für Spanien nicht nur noch antike Heiligtümer, sondern in denselben auch Götterstatuen als vorhanden fest.[2] Legt sich hier schon die Mutmaaßung nahe, daß in diesen Tempeln ein öffentlicher Kult nicht gefehlt habe, so wird sie zur Gewißheit erhoben durch eine der neuentdeckten Schriften Priscillians. In seiner „Schutzschrift" verwendet derselbe einen größern Raum zu einer heftigen Polemik gegen die antike Superstition und ihre Anhänger.[3] Im Namen seiner Sekte spricht der, wie bekannt, der begüterten und vornehmen Gesellschaft angehörige und in geistlicher wie weltlicher Wissenschaft wohl erfahrene Mann das Verdammungsurteil über die heidnischen Götter

---

[1] Faustinus u. Marcellinus: Libellus precum (383 ob. 384) c. 10. 20 (Migne t. 13).

[2] Das Jahr 359 als terminus a quo wird dadurch gewonnen, daß im Libellus precum der Bischof Hyginus als einer der Anstifter dieser Gewalttate bezeichnet wird. Hyginus war der Nachfolger des um 359 gestorbenen Hosius. Die Verfasser spielen weiterhin auf die Formel von Rimini (359) an, welche Hyginus unterschrieben hatte. Die berichteten Thatsachen können also frühestens 360 stattgefunden haben; aber alle Wahrscheinlichkeit spricht dafür, daß sie später anzusetzen sind. Hyginus lebte noch 387 (Gams, Kirchengesch. Spaniens II, 1 S. 274).

[3] Priscilliani quae supersunt ed. G. Schepss (Corp. Script. eccl. lat. vol. XVIII). Tract. I. Liber apologeticus.

und ihre Gläubigen aus. Noch halten sich diese an jene, rufen sie in ihren Nöten an und erweisen ihnen einen Kultus. „Zu Grunde gehen mögen sie samt ihren Göttern." Und sie werden zu Grunde gehen. „Gleich ihren Göttern wird das Schwert des Herrn sie schlagen." In der heiligen Schrift ist ihr Untergang drohend vorgezeigt.[1]) Dieser heftige Ton, der an die Sprache des Firmicus Maternus erinnert, findet zunächst seine Erklärung in der von Priscillian empfundenen Notwendigkeit einer energischen Absage an das Heidentum, mit welchem verläumberische Gerüchte seine Sache in Verbindung gebracht haben müssen, dann aber auch in der noch andauernden Machtstellung der antiken Religion. Einzelheiten weisen deutlich auf die besitzenden, vornehmen und handeltreibenden Kreise als solche, in denen der alte Glaube noch haftete. Hier fand derselbe einen Schutz, den die erstarkende Kirche um so widerwärtiger empfinden mußte, als sie ihn nicht leichtlich zu beseitigen vermochte.

Anderswo[2]) redet Priscillian von der Übung des Auguriums durch „heidnische Seelen." Auch hier sind die Akte als Handlungen solcher gedacht, die einer fremden Kultgenossenschaft angehören.

Die Anziehungskraft der alten Religion war im letzten Jahrzehnt des vierten Jahrhunderts noch so groß, daß Christen, die ihr abgeschworen hatten, zu ihr zurückkehrten und das ausgesetzte Götteropfer wieder vollzogen. Der römische Bischof Siricius nahm mit dem Ausdruck des Ent-

---

[1]) Lib. apol. 15—19 (p. 14 ff.).
[2]) Tract. III, 70 Ende u. 71 Anfang.

setzens Kenntnis davon.¹) Hinter solchen Apostasieen stand in jener Zeit, wo immer sie vorkommen, eine geschlossene religiöse Gemeinschaft. So bestätigen diese Vorkommnisse, was oben sich ergeben hatte.

Die Thatsache, daß gegen Ende des vierten Jahrhunderts in Spanien inmitten einer blühenden Kirche noch der antike Kultus andauerte, hat ihren geschichtlichen Untergrund in der intensiven Religiosität, welche diese Provinz auszeichnete. Wenn die Aneignung der römischen Kultur nicht schneller sich vollzogen hat als in Gallien, so war doch der Prozeß in Spanien schon ziemlich vollendet, als er in Gallien anfing. Was an dem Werke der Republik zu thun noch übrig blieb, vollzog die Politik der Kaiserzeit.²) Spanien galt als ein durch und durch romanisiertes Land mit Ausnahme einiger nördlicher und nordwestlicher Distrikte. Unter Vespasian zählte die Bätica, die am tiefsten römisches Wesen in sich aufgenommen hatte, nicht weniger als 175 Städte, die Tarraconensis 179, Lusitania 45. Diese Städte trugen durchaus römisches Gepräge und waren zum größten Teil römische Gründungen. In dieser neuen Kultur, die nur in den nördlichern und nordwestlichen Gebieten spärlicher wurde, waren die einheimischen Götter untergegangen. Allein in Lusitanien, Galläcien und Asturien haben sich in den Städten die iberischen Gottheiten behauptet. „Eine gleich energische sacrale Romanisierung weist keine andere Provinz auf."³) Inschriften, Statuen und Tempelbauten übermitteln uns, daß die neuen Sacra von der Bevölkerung intensiv erfaßt

---

¹) Schreiben an Himerius von Tarraco Migne t. 13 p. 1136.
²) Mommsen V S. 61 f.
³) Mommsen V S. 68 u. dazu C. J. L. II.

wurden.¹) Daraus vor Allem erklärt sich, daß Spanien in der Religionsgeschichte in der Ausbildung und Verbreitung eines Kultus die Führung übernommen hat, welcher die Kaiserzeit eigentümlich charakterisiert, des Kaiserkultus. Bereits 12 v. Chr. erhob sich in Tarraco ein Altar des Augustus; drei Jahre nachher erstand der Tempel auf der Höhe, welche heute die Kathedrale einnimmt. Eine angesehene Priesterschaft versah hier für die Provinz den Kaiserkult, aber daneben bestanden in der Stadt ein munizipaler und ein privater Kultus des kaiserlichen Numen.²) Für Lusitania übernahm Emerita, für Bätica Corduba die Aufgabe. Der neue Kult überzog das ganze Land. In zahlreichen Inschriften hat er Ausdruck gefunden. Noch nach dem Jahre 323 errichtete Jemand, achtlos auf das, was inzwischen im Reiche vor sich gegangen war dem Numen Konstantins d. Gr. einen Altar.³)

An diesem Punkte und überhaupt an der priesterlichen Organisation muß das Christentum auf starken Widerstand getroffen sein, den es nur allmählich überwand. Erst indem die Kultur erschüttert wurde, in der als ein Stück die römische Religion und ihre Institutionen lagen, wurden diese machtlos und verschwanden. Diese Entscheidung führten die germanischen Stämme herbei, welche seit dem Beginne des fünften Jahrhunderts das von Rom, wenn auch nicht ausdrücklich,

---

¹) C. J. L. II ed. Em. Hübner Berol. 1869. Derselbe im Bullettino di corrispond. archeol. 1860. 61. 62 u.: „Antike Bildwerke in Madrid. Nebst einem Anhang, enthaltend die übrigen antiken Bildwerke in Spanien u. Portugal." Berl. 1862.

²) Hübner, Römische Herrschaft in Westeuropa, Berl. 1890 S. 167 ff.: „Tarragona."

³) C. J. L. II n. 4106.

so doch thatsächlich aufgegebene Land zu ihrer Beute machten. Auf die Alanen, Sueben und Vandalen, die im Jahre 409 die Pyrenäenpässe durchfluteten, folgte die westgotische Herrschaft, welche erst nach verheerenden Eroberungskämpfen geordnete Zustände schuf. In diese Zustände, welche die Zeitgenossen als Anzeichen des jüngsten Tages gemahnten,[1]) ragte das Römertum als eine Ruine hinein. Ganze Städte sind in jenen Umwälzungen spurlos verschwunden. Der klägliche Bestand des modernen Spanien an antiken Bauten und Bildwerken schreibt sich im Grunde von jenem Jahrhundert her, wie sehr auch hernach die maurische Okkupation und der Vandalismus der Spanier selbst das Ihrige dazu gethan haben.[2]) Die Beschaffenheit des Überkommenen verwehrt jeden Schluß auf die religiösen Geschicke des Heidentums im fünften Jahrhundert. Die wohlerhaltenen Reste eines Tempels in Merida und das kleine Heiligtum an einer Brücke in der Nähe, das nunmehr als christliche Kapelle dient,[3]) könnten z. B. im Sinne eines friedlichen Überganges verwertet werden, wenn nicht doch die Möglichkeit bestände, daß diese Kultstätten gewaltsam ihren Eignern entzogen worden seien, ohne selbst der Zerstörung anheimzufallen. Auf letztere deutet ziemlich verständlich die Thatsache, daß christliche Gotteshäuser an Stätten sich erheben, welche einst

---

[1]) Idatius, Chron. XVI (Migne t. 51 p. 877).

[2]) Das gilt auch von den antiken wie christlichen Inschriften. Daß keine einzige dieser letztern der Zeit vor der Mitte des 4. Jahrh. angehört, die Mehrzahl aber ins 5. und 6. Jahrh. entfällt (von den mittelalterlichen sehe ich ganz ab) hat seinen besondern Grund darin, daß bis heute die unterirdischen Cömeterien Spaniens, auf welche z. B. Kan. 34 u. 35 der Synode von Elvira hinweisen, nicht aufgedeckt sind.

[3]) Bull. di corr. archeol. 1862 S. 171 f. 177. — Dazu Jung, Die roman. Landschaften S. 21 Anm. 4 (Ebora).

Tempel einnahmen, wie in Tarraco und Cartagena,¹) während
andererseits die Verwertung antiken Tempelmaterials beim
Bau christlicher Kirchen keine brauchbare Kunde übermittelt.
Auch darf nicht außer Anschlag bleiben, daß ein spanischer
Dichter — Prudentius — es war, der in Symmachus den
Götterglauben bekämpfte, und daß Spanien nicht nur die
Heimat Theodosius d. Gr. war, sondern auch des Mannes,
der als kaiserlicher Kommissar bis tief in den Orient hinein
die Kultstätten und Götterbilder zerstörte, des Präfekten
Cynegius, den gerade um solchen Thuns willen ein spanischer
Annalist mit Stolz als Volksgenossen nennt.²) Doch wie
sich die Dinge im Einzelnen gestaltet haben mögen, jedenfalls
ist im fünften Jahrhundert die antike Religion in dem Grade
in das Chaos der geschichtlichen Ereignisse, welche den Unter=
gang der römischen Kultur herbeiführten, hineingerissen worden,
daß sie seitdem aufhörte oder wenigstens bedeutungslos war.

Auch der römische Bischof Damasus, der in einem ent=
scheidungsvollen Augenblicke des Ringens zwischen Heidentum
und Christentum eine Rolle spielte, und Orosius, der Ver=
fasser einer antiheidnischen Weltgeschichte, stammten aus
Spanien. So wird es im Lande an Solchen nicht gefehlt
haben, welche aus dem kaiserlichen Gesetze und der neuen
Lage ein gewaltthätiges Verfahren herleiteten. Daher haben
die Verfasser der lex Romana Visigothorum (506) das
Bedürfnis nicht empfunden, ihren Exzerpta aus dem Theodo=
sianischen Codex auch die Verordnungen gegen das Heidentum
einzureihen. Denn die scharfe Novelle gegen Juden, Häretiker

---

¹) Bull. di corr. archeol. 1861 S. 29. Vgl. 1860 S. 153
die Mitteilungen über Barcelona.

²) Idatius, Chron. X (p. 875). Vgl. Bd. I S. 258 ff.

und Heiden¹) verdankt ihre Aufnahme dem auf das Judentum bezüglichen Inhalte. In der durch Rekkared veranstalteten lex Visigothorum fehlen Beziehungen auf das Heidentum ganz; dagegen wird die Kirche gerühmt als welche „die Verschiedenheit der Nationen wie der Menschen mit einem unsterblichen Gewande überkleidete und mit den Banden der heiligen Religion an sich fesselte."²)

In der That stellte die Kirche in dem Zusammensturz des Alten die unerschütterte Macht dar. Wie viel sie auch in der allgemeinen Zerstörung an materiellem Besitz verlor, ihre Organisation und der darin ruhende oder davon unabhängige Einfluß behaupteten sich. In ihr lebte der römische Name noch fort, nicht etwa als bloßes Wort, sondern in der Weise, daß die antike Kultur, welche die Barbaren verwüsteten und zugleich mit heiliger Scheu betrachteten, in der Kirche die letzte Zuflucht fand. Ihre Wissenschaft und Kunst trug römisch=provinzielle Art. Wie Aurelius Prudentius die poetischen Formen des Altertums in den Dienst der geistlich=kirchlichen Lyrik stellte, so setzte sich die Technik und Auffassung der antiken Sarkophagbildnerei fort in dem Bilderschmuck der christlichen Steinsärge. In den Inschriften kommt der Zusammenhang darin zum Vorschein, daß die provinzielle Verteilung genau der Statistik der römischen Inschriften entspricht.³) Der konfessionelle Gegensatz des Arianismus und

---

¹) Ausgabe der Lex Rom. Visig. von Hänel p. 256 f.

²) Lex Visig. XII, 2. 1 (Corp. jur. Germ. ant. ed. Walter vol. I p. 630). Am Schlusse ist die Rede von einer concordia religiosae pacis, zu welcher die infideles geführt werden sollen. Unter infideles sind aber haeretici und Judaei verstanden.

³) Die Karten zu C. J. L. II u. Inscript. Hisp. christ. zeigen es. In letzterer Sammlung (vgl. p. IV d. Vorw.) entfallen 44 Inschriften auf Lusitania, an 60 auf Tarraconensis und 90 auf Bätica.

Katholicismus, welcher Eroberer und Romanen schied, hat die eindrucksvolle Stellung des letztern nicht verringert. Noch ehe das westgotische Königshaus den arianischen Glauben ab= schwur, wurde die katholische Kirche Spaniens von den Siegern als eine gewichtige Größe behandelt, und nichts bezeugt besser die Bedeutung der Kirche im fünften Jahrhundert als die Beobachtung, daß sie, kaum bereichert durch die Schaaren der Westgoten, im öffentlichen Leben die entscheidende Stimme gewann. In den Staatsconzilien kam ihre Machtstellung glänzend zur Erscheinung.¹) Wenn also vordem die antike Kultur wohl die Altgläubigen von dem Christentum zurück= zuhalten vermochte, so ging ihre Anziehungskraft jetzt auf die Kirche über und bewährte sich in entgegengesetzter Richtung.

Die noch vorhandene Superstition zu bekämpfen, über= ließ der Staat der Kirche, indeß ihre darauf gerichteten Be= mühungen treten so vereinzelt auf, daß dieses Thun ihr nicht als in hohem Grade notwendig gegolten haben kann. Außer= dem ist das Heidentum, welches gelegentlich ein Einschreiten hervorrief, in der Hauptmasse einheimisches oder germanisches; die antike Religion besteht nur noch in undeutlichen Trümmern.²) Lehrreich sind in dieser Hinsicht Vorgänge, die sich im letzten Viertel des sechsten Jahrhunderts in Galläcien abspielten.

In diesem, von den ursprünglich arianischen Sueben behaupteten Gebirgslande verordnete eine bald nach der

---

¹) Dahn, Die Könige der Germanen VI (Würzb. 1871) S. 369 ff.; bes. S. 430 ff.

²) So glaube ich auf germanisches Heidentum beziehen zu müssen, was der Erzbischof Montanus von Toledo in der ersten Hälfte des 6. Jahrh. zu den Ruhmestiteln des Thuribius rechnet: . . . cujus sollertia vel instantia et idolatriae error abscessit et Priscillia- norum u. s. w. (Migne 65 p. 55).

Katholisierung der Bevölkerung im Jahre 572 in Bracara gehaltene Synode unter Vorsitz des angesehenen Bischofs Martinus dieser Stadt, daß die Bischöfe in öffentlicher Versammlung in der Kirche die Gemeinde ermahnen sollen, den „Irrtum der Idole" zu fliehen.[1]) Um diese Anweisung erfolgreich durchzuführen, erbat sich der Bischof Polemius von Asturica von Martinus „zur Belehrung der Bauern, welche noch in dem alten heidnischen Aberglauben befangen sind und ihre religiöse Verehrung mehr den Dämonen als Gott zuwenden," eine schriftliche Darlegung des „Ursprungs der Idole und ihrer Schändlichkeiten." Sie sollte im Sinne des Bittstellers als Predigt bei der oben genannten Gelegenheit dienen. Der Metropolit von Bracara kam diesem Wunsche nach, mit der Vorbemerkung, daß er den „ungeheuern Stoff" knapp zusammenfasse und eine dem Verständnis der Bauern zugängliche Ausdrucksweise gebrauche.[2]) Mag letzteres gelungen sein, so hat der Bischof die Wirkung seiner Bauernpredigt jedenfalls dadurch erschwert, daß er das in seinem Besitze befindliche Material in griechisch-römische Anschauung und Praxis hineingezogen und auf diese Weise fremdartig und unverständlich gemacht hat. So selbstverständlich die Fortdauer antiker und keltischer Superstition neben der germanischen in Galläcien ist, so ist eine genaue Scheidung der Teile ausgeschlossen, weil diese zu einem verworrenen Bilde mit antikem Colorit zusammengeschlossen sind.[3]) Wert=

---

[1]) Syn. Bracar. (a. 572) c. 1: ... episcopi ... convocata plebe ipsius ecclesiae doceant illos, ut errores fugiant idolorum u. s. w. (Mansi IX, 838).

[2]) Martin von Bracara: de correctione rusticorum, herausgeg. von Caspari, Christiania 1883. Vgl. I, 403 ff.

[3]) S. die gründlichen Nachweisungen von Caspari a. a. O. p. XCII Anm. 2 u. in den Erläuterungen zum Texte.

voller sind daher die der Polemik vorhergehenden Aus=
führungen, in welchen die Verehrung der Götter seitens der
Bauern als der Vergangenheit angehörig bezeichnet wird.
Was davon noch vorhanden ist, ist superstitiöse Übung inner=
halb der Kirche. Dieselbe muß damals auch sonst in Spanien
lästig empfunden worden sein, denn das bedeutungsvolle Kon=
zil von Toledo v. J. 589, vor welchem der westgotische König
Rekkared sein katholisches Glaubensbekenntnis ablegte, be=
schäftigte sich gleichfalls damit. Es stellt fest, daß durch
ganz Hispanien und Gallien (gemeint ist der dem Westgoten=
reich eingegliederte Teil Südgalliens) das Sacrileg der Jdolo=
latrie fest gewurzelt sei, und ordnet energische Maaßregeln
dagegen an. Geistliche und weltliche Organe sollen dabei
zusammenwirken. Namentlich wird das Land als infiziert
bezeichnet.[1]) Aber gerade dadurch wird auch hier germanisch=
keltisches Heidentum angezeigt. Es liegt im Wahrscheinlichen,
daß in Spanien der zugleich germanisch=nationale Arianis=
mus dem heidnischen Volksglauben gegenüber eine große
Duldsamkeit bewies. Von einem Gesandten des Königs
Leovigild, der an den fränkischen Hof reiste, mußte Gregor
von Tours am Schlusse einer theologischen Disputation zu
seinem Ärgernis hören, daß bei den Westgoten der Spruch
gehe: „es schadet nichts, wenn du an Altären der Heiden
und an Kirchen Gottes vorüberschreitend vor beiden dein
Haupt entblößest."[2]) Diese Rücksicht fiel für die romanischen
Katholiken weg. Daher trat im suebischen Galläcien wie

---

[1]) Concil. Tolet. (a. 589) c. 16: quoniam per omnem
Hispaniam sive Galliam (die Var. Gallaeciam ist unzulässig)
idololatriae sacrilegium inolevit u. s. w. (Mansi IX, 996).

[2]) Gregor. Turon. H. F. V, 44.

im Westgotenreiche eine Reaktion ein, in jenem bald, in diesem sofort nach der Katholisierung.

Dieses Vorgehen traf in seiner Konsequenz auch die antike Superstition. Sie lebte noch fort, wenn auch nicht in der Kraft und dem Umfange des volkstümlichen Aberglaubens. Noch im siebenten Jahrhundert muß den Klerikern — darunter auch Bischöfe — unter Androhung ewiger Klostereinsperrung der Gebrauch römischer Divinationsformen untersagt werden.[1]) Doch nirgends läßt sich seit der Überschwemmung des Landes durch die germanischen Eroberer auch nur eine Spur der Fortdauer antiker Kultgemeinschaften erkennen. Was die Verwüstung von der alten Religion übrig ließ, amalgamierte sich mit christlichen und kirchlichen Anschauungen und behauptete dadurch seine Existenz.

---

[1]) Concil. Tolet. (a. 633) c. 29 (Mansi X, 627); vgl. Conc. Tolet. a. 693 c. 2.

IV.

Die nordafrikanischen Provinzen.

Als die Kirche in den Besitz des konstantinischen Friedens kam, waren die nordafrikanischen Provinzen durch einen innerkirchlichen Zwist zerrissen. Die sog. donatistische Bewegung, in welcher alte schwarmgeistige Ideen an neuen Vorgängen sich belebten, hatte Klerus und Gemeinden in zwei Heerlager geschieden, die mit dem Kampfesrufe Deo gratias oder Deo laudes sich anspornten. Dabei kommt zum erstenmale in deutlichen Umrissen das Bild einer weitverzweigten, fest organisierten und kräftigen Kirche vor das Auge. Bereits i. J. 330 vermochte die donatistische Partei 270 Bischöfe zu einer Synode zusammenzubringen. Noch etwa achtzig Jahre nachher, nachdem der Druck der kaiserlichen Politik sie beschwert und gehemmt hatte, stellten sie in einer öffentlichen Disputation den 286 katholischen Bischöfen dennoch noch 279 der Ihrigen entgegen. Die Majorität, welche hier die Großkirche aufweist, ist schwerlich weit vor dem Ende des vierten Jahrhunderts gewonnen worden. Aber auch in der Blütezeit des Donatismus werden die katholischen Bischöfe an Zahl nicht viel hinter ihnen zurückgestanden haben. Das weist auf eine weite Ausspannung der bischöflichen Organisation in diesen Provinzen.

Über die landschaftliche Verteilung der Episkopate giebt ein Verzeichnis der orthodoxen Bischöfe[1]) Auskunft, die an einem durch den Vandalenkönig Hunerich veranstalteten Religionsgespräch sich beteiligten (484). Die größte Gruppe entfällt auf das prokonsularische Afrika, das politische und kulturelle Centrum des gesamten römischen Besitzes. Daneben steht in geringer Abstufung Numidia; in größerer Mauretania. Die altchristlichen Inschriften[2]) bezeugen dieselbe Situation. Schwerlich ist sie hundert Jahre früher eine andere gewesen. Denn sie ist nicht das Ergebnis eines bestimmten Willens oder eines Systems kirchlicher Art, sondern wurzelt in den allgemeinen Verhältnissen der Landschaften. Aus dem erwähnten Verzeichnis und nicht minder aus den kirchlichen Monumenten läßt sich ersehen, wie die bischöflichen Sitze in die römischen Städte gelegt sind. Daher besteht zwischen den Städten und den Episkopaten ein bestimmtes numerisches Verhältnis, und in den Städten ist die letzte Entscheidung gefallen. Hier fand das Christentum länger als in der Bevölkerung an den angesehenen Priestertümern Widerstand, die zum Teil mit städtischen Ämtern kombiniert waren. Wenn ein Magistratsalbum von Thamugabi in Numidien aus den letzten Jahren des Constantius oder bald nachher unter 72 Personen allein 47 Priester nennt,[3]) so sind damit, sei es auch durch ein außergewöhnliches Beispiel, diese eigentümlichen Zustände treffend

---

[1]) Sog. Notitia provinciarum et civitatum Africae (Vict. Vit. Hist. persecut. ed. Petschenig Vind. 1881 p. 117 ff.).

[2]) C. J. L. VIII: Inscriptiones Africae lat ed. Wilmanns. Berol. 1881 a. v. Do.

[3]) C. J. L. VIII n. 2403. Dazu Ephem. epigr. III S. 77 ff. die Bemerkungen von Mommsen.

beleuchtet. Darin wurzelte die Dauerhaftigkeit und der Einfluß dieser Priestertümer. Noch unter den christlichen Kaisern nach Julian traten ihre Titel ungescheut in die Öffentlichkeit.[1]) Noch am Anfange des fünften Jahrhunderts wurde eine kaiserliche Verfügung für notwendig erachtet, um dem Einflusse der Priestertümer auf die religiöse Lage entgegenzutreten.[2]) Auch der Kaiserkult setzte vorläufig nicht aus. Die Magistrate von Furni und von Sicca errichteten dem Valentinian je einen Altar. Auch Private bezeichneten sich noch öffentlich als Verehrer des kaiserlichen Numen.[3])

Deutlicher werden diese Verhältnisse durch die Äußerungen und Handlungen eines Mannes, der in seine umfassende wissenschaftliche und praktische Thätigkeit auch die Vernichtung des Heidentums als eine wichtige Aufgabe hineingenommen hatte,[4]) des Bischofs Augustinus von Hippo Regius in Numidien. Von Geburt Afrikaner, in Madaura und Karthago gebildet und hernach in der genannten Stadt nach einem kurzen Presbyterate 34 Jahre lang bis zu seinem Tode (430) Bischof, wäre er wohl in der Lage, ein gewichtiger Zeuge zu sein, auch wenn sein Interesse nicht über seine nächste Umgebung hinausgegangen wäre. In Wirklichkeit aber überspannte es die gesamte afrikanische Kirche, die ihrerseits in ihm ihre höchste geistliche Auctorität und den zuverlässigsten Berater wußte. Auch Einzelheiten, die fern

---

[1]) C. J. L. VIII n. 5335. 5337. 1636. Vgl. auch die Inschrift des Prokonsuls Festus Hymetius (etwa 368), in welcher dieser gerühmt wird, quod studium sacerdotii provinciae restituerit, C. J. L. VI, 1 n. 1736.

[2]) Cod. Theod. XVI, 10, 20 (a. 415); vgl. XII, 1, 60 (s. auch Bd. 1, 374 f.).

[3]) C. J. L. VIII n. 10609. 1636. 10489. 8324 u. s.

[4]) Possidius, Vita August. c. 18.

von seinem Bischofssitze sich abspielten, hat Augustin auf diese Weise miterlebt, und seine Schriften sind die wichtigste Quelle afrikanischer Kirchengeschichte.

Der Gesamteindruck Augustins war, daß die alte Religion nur noch in Trümmern da sei; ja, das ist nach seiner Versicherung auch die Überzeugung der Heiden. „Die Herrschaft der Idole, die Herrschaft der Dämonen ist gebrochen." Früher konnte man den Ruf der Heiden hören: „weg mit dem Christennamen von der Erde." Jetzt aber „ist ein Teil gläubig geworden, ein Teil zu Grunde gegangen und nur wenige Furchtsame sind übrig geblieben." Denn Furcht ist die Grundstimmung der Altgläubigen, so daß auch Stolze dieser Welt gleich den Vögeln unter dem Himmel im Schatten des Baumes Schutz suchen, der aus dem Senfkorn emporgewachsen ist.[1]) Aber auch die Bauern vom Lande kommen, Andere aus den Wäldern, der Wüste, den fernen Gebirgen und begehren Taufe und Kleriker. Täglich kommen sie. In den Städten und Castellen, in den Dörfern und Villen geht die Bekehrung vor sich.[2]) Darin erfüllt sich der Wille Gottes, der die Vernichtung jeglichen Götzendienstes fordert und „zum großen Teil bereits vollzogen hat." In diesem Sinne schritten die christlichen Kaiser ein, und der Erfolg dieser Maaßnahmen ist, „daß fast auf der ganzen Erde die Tempel zerstört, die Idole gemindert und die Opfer gehemmt werden." Der Götzendienst verwirkt Strafe. Es kostet schon Mühe, zu

---

[1]) De catech. rud. c. 48: . . . dolent eo nomine (christiano) occupatum esse orbem terrarum; Enarr. in Ps. 98 c. 14; in Ps. 137 c. 14; Sermo 62 c. 9: paganos reliquos colligi volumus; (reliquiae, reliqui finden sich auch sonst bei Aug. auf die Heiden angewandt). [Die Citate nach Migne.]

[2]) Enarr. in Ps. 134 c. 22; De vera rel. c. 5.

opfern und Statuen aufzurichten, da Verborgenheit dazu nötig ist. Und wenn das Vergehen entdeckt wird, sind die Thäter eifrig zu läugnen aus Furcht vor Ahndung. „Solche Diener hatte der Teufel."¹) Neben der Furcht wirkten egoistische Motive niederer Art, die bei Massenbekehrungen nie fehlen. Auch außergewöhnliche Ereignisse, welche abergläubische Gemüter zu erschrecken geeignet waren, führten der Kirche Katechumenen zu, wie ein heftiges Erdbeben im Jahre 419, infolge dessen im mauretanischen Sitifis an Zweitausend, von Schrecken erfaßt, die Taufe begehrt haben sollen.²)

Es war unzweifelhaft, daß die Geschichte zu Gunsten des Christentums entschieden hatte. Von dieser Erfahrung aus erhob sich Augustin zu einer höhnenden Apostrophe an die Besiegten. Mehr als Juno vermag eine schwache christliche Alte, mehr als Herkules ein an allen Gliedern zitternder Christengreis. Herkules überwand den Cacus, den Löwen, den Cerberus, aber der heilige Fructuosus überwand die ganze Welt.³) Anderswo freilich gesteht der Bischof, daß es Christen giebt, die Gott fahren lassen und Merkur, Jupiter oder die Cälestis anrufen, wenn sie in Nahrungsnot geraten.⁴)

---

¹) Sermo 24 c. 6; Epist. 97 c. 26; Contra epist. Parmen. I, 15: ut paene toto orbe terrarum eorum templa evertantur, idola comminuantur, sacrificia subtrahantur. Sermo 163 c. 2; De cons. Evang. I c. 42: nunc certe quaerunt, ubi se abscondant, cum sacrificare volunt vel ubi deos ipsos suos retrudant, ne a Christianis inveniantur et frangantur; En. in. Ps. 140 c. 20.

²) De catech. rud. c. 26; Sermo 19 de versu 5. Ps. 50 c. 6: vgl. zu letzterm Marcell. comes Chron. a. 419.

³) Sermo 273 c. 6.

⁴) Enarr. in Ps. 62 c. 7. Auf einer Inschrift in Mascula (Numidien) werden Cälestis, Saturnus, Merkur und Fortuna als dii juvantes bezeichnet (C. J. L. VIII n. 2226).

Indeß sein Urteil geht auf die allgemeine Lage, nicht auf Einzelheiten. Doch mehr als er sich vielleicht bewußt war, läßt sich aus seinen Worten erschließen, daß die Massen in der Kirche noch nicht der Einwirkung des alten Glaubens sich entzogen hatten. Totenopfer und Bilderdienst dauern unter ihnen noch fort. Augurn und Haruspices erfreuen sich gleicher Beliebtheit wie die Mimen. Voll sind die christlichen Versammlungen von solchen, denen Zukunftserfragung und Tagewählerei feste Gepflogenheit ist. Die Götzenopfermahle zählen auch christliche Gäste. Leute, welche an christlichen Feiertagen die Kirche besuchen, stellen sich bei heidnischen Festlichkeiten im Theater ein. Unter dem Titel Totsünde steht auch der Götzendienst.[1]

Solche Zustände wären nicht denkbar, wenn nicht in und neben den Gemeinden die väterliche Religion mit vollem oder abgeschwächtem Gehalte gestanden hätte, von welcher jene Dauer und Anregung empfingen. Augustin bestätigt dies und läßt die Existenz einer zwar aus verschiedenartigen Elementen gemischten, aber in der Grundtendenz einigen Gruppe erkennen, welche die neue Religion hartnäckig ablehnte. In der gebildeten Gesellschaft hatte sie ihren eigentlichen Halt; durch die städtische Aristokratie gewann sie den Glanz der Vornehmheit, durch das Gelehrtentum den Ruhm der Wissenschaft. So versteht man, daß Augustin Dankeshymnen anstimmen zu müssen meinte, als aus dieser Sphäre zwei Übertritte erfolgten,[2] und er hat seine Propaganda gern dorthin gerichtet. Dahinter stand je nach den örtlichen

---

[1] De morib. eccl. cath. I, 75; De catech. rud. c. 48; Sermo 9 c. 17; Ad Galat. c. 4 n. 35; Sermo 62 c. 9; De catech. rud. c. 48; De fide et oper. c. 34.

[2] Epist. 227.

Verhältnissen ein größerer oder geringerer Teil der Bürger=
schaft bis herab zu den untersten Schichten, ein Ausschnitt
aus der allgemeinen Bevölkerung, der in manchen Städten
sich stark und geschlossen genug fühlte, um als eine eigene
Gruppe aufzutreten.[1])

In diesen Kreisen lebten die alten Verdächtigungen und
Anklagen gegen das Christentum und Zweifel und Spott da=
rüber noch fort: es sei eine Religion, in der Alles auf vagen
Glauben hinauslaufe; kein Staatswesen könne bei der Moral
des Christentums bestehen, Christus verrichtete seine Wunder
mit magischen Kräften, der Ruin des Reiches habe in dem
Aufkommen der neuen Religion seine Ursache, wie auch die
christlichen Kaiser den Staat zum Unheil regierten. Ein
angebliches Orakel, welches den Untergang des Christentums
nach Ablauf von 365 Jahren fixierte, fand gläubige Zu=
stimmung.[2]) Die alten Götter behaupteten noch ihren Platz
im religiösen Leben, sei es in idealisierter Auffassung, sei es
in der populären Vorstellung. Statuen, Tempel, Altäre,
Inschriften bezeugten ihre Fortdauer, obwohl die von Dona=
tisten wie Katholiken mit gleichem Eifer betriebene Ver=
nichtungsarbeit in vollem Gange ist.[3]) An einzelnen Vor=
gängen traten diese Konflikte deutlich hervor.

---

[1]) Sermo 197 u. 198 de calend. Januar.; Sermo 361 c. 19: festos illos . . . quos pagani celebrant. Die Belege lassen sich in großer Zahl beibringen.

[2]) Enarr. in Ps. 30 III c. 5 das allgemeine Urteil: quotidie clamant contra Christianos, maxime humiles, quotidie blasphemant, quotidie latrant. — De fide rerum, q. n. vid. An= fangsworte; Epist. 102. 136; Sermo 43 c. 5; Enarr. in Ps. 80 c. 1; De civitate II, 3 (dasselbe Thema auch sonst bei August. be= handelt); De civitate XVIII, 53.

[3]) Epist. 47 c. 3 (Wende des 4. und 5. Jahrh.); Contra epist. Parmen. I, 9, 16.

Vielleicht die Hauptgottheit des Landes auch in römischer Zeit war die Dea Cälestis, die phönikische Astarte, welche die Punier dorthin gebracht hatten samt dem ihr zustehenden ausschweifenden Kultus. Sie besaß in großer Anzahl Priesterschaften, Tempel und Altäre. In Sitifis wurde im Jahre 236 ein Altar „auf Befehl der heiligen Himmelsgöttin" errichtet.[1]) In Safar im cäsariensischen Mauretanien stellten Ritter den Tempel der „großen jungfräulichen Göttin" her.[2]) Auch in Madaura hatte sie ein Heiligtum.[3]) Die Inschriften erwähnen sie häufig.[4]) Ihr berühmtester Tempel stand in Karthago, wo auch eine prächtige Straße ihren Namen führte. Der große Umfang dieses heiligen Bezirkes und die Pracht seiner Bauten hatten weithin einen Namen. Daher mußte die in den Besitz der Macht gelangte Kirche hier zuerst einen Vorstoß versuchen. Es scheint, daß sie schon früh die Schließung des Heiligtums erreichte. Gegen Ende des vierten Jahrhunderts war es bereits mit Gebüsch bewachsen. Mit ängstlichen und begehrlichen Blicken sahen die beiderseitigen Religionsangehörigen auf das berühmte Werk. Noch hatten die Heiden nicht die Hoffnung aufgegeben, es dereinst wieder für den alten Kult zu gewinnen, da ließ — die besondere Veranlassung ist unbekannt — der Tribun Ursus die Gebäude niederlegen; aus dem heiligen Bezirke wurde eine Begräbnisstätte. Die Via Cälestis verwüsteten hernach die Vandalen.[5]) Augustin weiß die Zerstörung des Tempels

---

[1]) C. J. L. VIII n. 8433.

[2]) Ebend. n. 9796.

[3]) Ebend. n. 4673. 4674.

[4]) Z. B. n. 859. 993. 1318. 999. 1360. 2226. 2592. 4286. 6939. 6943. 8239. 8241.

[5]) Pseudo-Prosper Aquit. De promiss. et praed. III, 38 (vgl. Bd. I, 351 f.). Der Erzähler berichtet als Augenzeuge. Merk=

als einen längst vollzogenen Akt. Ja, er kann höhnend fragen:¹) „Wo ist jetzt die Herrschaft der Cälestis?" Indeß weiß er doch auch von solchen, welche, obwohl Christen, noch einen halben Glauben an die Dea Cälestis haben und es auf die Probe ankommen lassen, ob sie oder der Christengott hülfbereiter sei.²) Darin liegt nichts Außergewöhnliches, wohl aber in dem, was der gallische Bußprediger Salvian über das Fortleben der himmlischen Göttin zu berichten weiß. Mit Entrüstung teilt er mit, daß die afrikanischen Christen fortgefahren hätten, der Cälestis religiöse Verehrung zu erweisen. Jene im Herzen kamen sie zum Altare Christi und befleckten sich mit der Schmach des Sacrilegs. Zwei Herren dienten sie. „Sehet das war der Glaube der Afrikaner, insonderheit der Vornehmen, das war ihre Religion, ihr Christentum."³) Wie Salvian diesen Götzendienst, den er vorzüglich in aristokratischen Kreisen voraussetzt, meinte, ist nicht klar. Wahrscheinlich war es die Teilnahme an Götzenopfermahlzeiten, die ihn zu diesem erregten und arg übertreibenden Urteile veranlaßte.⁴) Andererseits könnte man sich kaum vorstellen, daß die durch alte Tradition geheiligte, mit den

---

würdigerweise ist die Dea Caelestis nur auf einer einzigen karthagischen Inschrift erwähnt (C. J. L. a. a. O. n. 999).

¹) Sermo 105 c. 12: Karthago bleibt in nomine Christi et olim eversa est Caelestis. — In Ps. 98 c. 14: Regnum Caelestis quale erat Carthagini! Ubi nunc est regnum Caelestis?
²) In Ps. 62 c. 7.
³) Salvian. De guber. dei VIII. 2.
⁴) Der eine Satz (a. a. O. §. 11): quis enim non eorum, qui Christiani appellabantur, Caelestem illam aut post Christum adoravit aut, quod est pejus multo, ante quam Christum? — genügt, um zur Vorsicht zu mahnen in der Verwertung dieser Aussagen. Der Abschnitt ist voll Übertreibungen.

Geschicken des Landes auf das engste verbundene und als spezifisch afrikanische Gottheit hochangesehene himmlische Jungfrau so schnell dem Glauben und der Erinnerung hätte entschwinden können. Man könnte vermuten, daß der Marienkultus in diesen Provinzen von dorther Züge und Vorstellungen genommen habe.

Die Thatsache, daß das berühmteste Heiligtum in Nordafrika geschlossen und dann zerstört werden konnte, läßt erkennen, daß in der Hauptstadt die Altgläubigen schon lange in die Minderzahl gekommen waren. Zu Augustins Zeit haben sich beide Parteien noch einmal um einen Herkules und seinen Bart erhitzt,[1]), doch war es längst außer Frage, daß Karthago als eine christliche Stadt anzusehen sei.[2])

In den übrigen Städten entwickelten sich nicht überall die Verhältnisse gleich günstig. Aus dem südlich von Hippo Regius hart an der Grenze des prokonsularischen Numidien gelegenen Madaura, von deren einstigen Bedeutung heute noch ansehnliche Trümmer zeugen,[3]) kam ein Schreiben des Grammatikers Maximus, vielleicht in den neunziger Jahren, an Augustin, den an diesen seinen einstigen Studienort feste Bande der Erinnerung knüpften,[4]) worin im verächtlichen Tone eines über den ordinären Götterglauben erhabenen Weisen über das Christentum abgeurteilt und die hehren

---

[1]) Sermo 24 c. 6.
[2]) Sermo 105 c. 12.
[3]) Archives des missions scientifiques et littéraires IIIième Série tome 2 S. 471.
[4]) Epist. 232 c. 7 redet er heidnische Madaurenser an: fratres mei et parentes mei Madaurenses. Der ganze Brief bezeugt bei aller Schärfe seines Inhaltes diese Anhänglichkeit.

Göttergestalten des Altertums mit den barbarische Namen tragenden christlichen Märtyrern in Vergleich gestellt werden. Der Briefschreiber vermag rühmend auf das mit zahlreichen Götterstatuen besetzte Forum hinzuweisen. Er hebt die Öffentlichkeit des den Göttern gewidmeten Gebets- und Opferdienstes hervor. Jedermann sieht es und billigt es.[1]) Auch Augustin kennt diese Öffentlichkeit, aber er weiß auch in seiner Erinnerung von einem geheimen Kultus des Liber und von bacchischen Aufzügen, an denen sogar Decurionen und Primaten sich beteiligen.[2]) Um so mehr mußte es das Erstaunen des Bischofs erregen, daß in der Angelegenheit eines gewissen Florentinus ein Magistratsschreiben von Madaura an ihn kam, welches mit einem christlichen Gruß anhub. Und doch wußte der Empfänger, daß die Absender wie zuvor Götzendiener waren und in der Stadt in den Tempeln wie in den Herzen die Götter noch ihren Platz behaupteten.[3]) Allerdings gab es dort auch, wie aus dem ersten Briefe Augustins hervorgeht, eine christliche Gemeinde. Der Bischof derselben wird um die Mitte des vierten Jahrhunderts genannt.[4]) Wann das Heidentum hier gebrochen wurde, wissen wir nicht.

---

[1]) Epist. 16 c. 1: At vero nostrae urbis forum salutarium numinum frequentia possessum nos cernimus et probamus. — c. 3: Nos etenim deos nostros luce palam ante oculos atque aures omnium mortalium piis precibus adoramus et per suaves hostias propitios nobis efficimus et a cunctis haec cerni et probari contendimus.

[2]) Epist. 17. Diesen Kult des Liber bezeugt die Inschrift C. J. L. VIII n. 4681 (Lenaei pat [ris] cultor fel [ixque?] sac [erdos]); ebenso n. 4682 (sacerdos Liberi patris). Auch in dem benachbarten Thuburficum hatte der Gott Priester (n. 4887. 4883).

[3]) Epist. 232. Der Gruß lautete: Patri Augustino in Domino aeternam salutem.

[4]) Concil. Carth. a. 345—348 (Mansi III, 148).

Ähnliche Verhältnisse treten uns in Calama im prokonsularischen Numidien entgegen, wo noch unter Valentinian I der Curatur der Colonie Basilius Flaccianus sich in öffentlichen Inschriften als Augur bezeichnete.[1]) Die von einem Bischofe geleitete christliche Gemeinde stand in der Colonie so sehr im Hintergrunde, daß das in der städtischen Beamtenschaft und in der Aristokratie geschützte Heidentum entgegen den staatlichen Verordnungen mit öffentlichen Aufzügen hervortreten konnte. Bei einer solchen Gelegenheit kam es in der Nähe der christlichen Basilika zu einem Konflikte, in welchem die Kirche demoliert und ein Christ getötet wurde. Kaum entging der Bischof der Wut des heidnischen Pöbels. Die Bemühungen der schuldigen Partei, die Angelegenheit in einem gütlichen Vergleich zu erledigen, entsprangen der Besorgnis vor einem strengen Einschreiten der Regierung.[2]) Die abweisende Haltung des als Vermittler aufgerufenen Augustin läßt vermuten, daß diese Vorgänge als Veranlassung genommen wurden, die Macht des Götterglaubens in Calama definitiv zu brechen.

Mit größerer Gewißheit läßt sich dies von einer blutigen Episode in der Stadt Sufes in der Byzacena annehmen, die als einzigartiges Ereignis in der Geschichte des Unterganges des Heidentums in diesen Provinzen steht. Die Christen vergriffen sich an einer Herkulesstatue, an die sich eine besondere Verehrung geknüpft haben muß. Daraus entspann

---

[1]) C. J. L. VIII n. 5335. 5337
[2]) Epist. 90. 91. Die Inschriften C. J. L. VIII p. 522 ff. Diese nennen neben Pontifices, Augurn und Flamines, Priester des Neptun, vielleicht auch des Herkules und der Tellus. Ein Bischof von Calama wird zuerst genannt i. J. 305 (Mansi I, 1248). Später hatte Possidius, der Biograph Augustins, das Bistum inne.

sich ein wilder Kampf, in welchem sechzig Christen das Leben verloren. Wie viel Heiden getötet sind, verschweigt Augustinus in seinem kurzen Briefe an den Magistrat von Sufes,¹) doch er drückt sich so aus, daß man eine gewisse Verschuldung der Christen an dieser Katastrophe leicht errät. Auch hier werden Magistrat und Aristokratie in der Gegnerschaft des Christentums vorausgesetzt; leider läßt sich nicht erkennen, welche der beiden Religionen die meisten Anhänger zählte. Wahrscheinlich ist die numerische Differenz nicht groß gewesen. Die Anklage des einflußreichen Bischofs: „Bei Euch sind die römischen Gesetze begraben, und der Schrecken gerechten Gerichts ist zum Spott gemacht," läßt einigermaaßen auf das, was als Strafe erfolgt sein mag, schließen. Die Vernichtung der Tempel und Götterbilder dürfte damals erfolgt sein.²) Mit dieser Drohung verbindet er das höhnische Anerbieten, ihnen einen andern Herkules meißeln zu lassen. „Metall ist da, auch an Stein fehlt es nicht."

Was hier im Rahmen der engern Geschichte einiger Städte sich vollzieht, ist nur ein Ausschnitt aus der Gesamtgeschichte des untergehenden Heidentums. In scharfer Spannung standen die Gemüter dieses leidenschaftlichen Volkes einander gegenüber. Die alte Religion ist hier nicht widerstandslos abgestorben, sondern in heftigem Ringen überwunden worden, denn sie war auch im vierten Jahrhundert auf diesem heißen Boden nicht bloß eine äußere Form, sondern wurzelte in

---

¹) Epist. 50. In der überlieferten Überschrift ist coloniae Suftectanae zu verbessern in col. Sufetanae nach C. J. L. VIII n. 262. 258.

²) August. a. a. O. berichtet, daß Blut geflossen sei in plateis ac delubris vestris; demnach standen in Sufes die Tempel noch, und der Kampf hat sich zum Teil in ihnen abgespielt.

den Gemütern.¹) „Gott will es," war die Selbstrechtfertigung der Christen. Der Einwand, daß Christus Gewaltthaten nicht gefordert habe, ließ sich mit Sprüchen des Alten Testaments niederschlagen.²) Indeß trotz dieses erbitterten Krieges sind in den Städten und auf dem Lande, wie die Christen selber sich gestanden, Götterbilder und Altäre noch zahlreich anzutreffen. Sogar fremdländische Göttergestalten mit Hund- und Stierkopf sind oder waren wenigstens vor nicht langer Zeit in Tempeln noch zu finden.³) Ein ängstlicher Christ sieht sich noch häufig vor ernste Bedenken gestellt. Auf dem Markte kann ihm Götzenopferfleisch vorgelegt werden oder er kauft Früchte, die in einem Priester- oder Tempelgarten gewachsen sind. Soll er davon genießen? In den Bädern trifft er Anzeichen vollzogenen Opfers oder es kann der Fall eintreten, daß in dem Wasser, welches er benutzt, kurz vorher eine heilige Waschung stattgefunden hat. Man kann auf der Reise Tempel antreffen, in denen der alte Kult ungestört weiter sich vollzieht, heilige Quellen, in die ein Opfer gesenkt ist, geweihte Haine — kurzum es bietet sich leicht und oft Gelegenheit, die proscribierte Religion noch in voller Funktion zu beobachten.⁴) Nur unter zähem Widerstande ließ sich die Bevölkerung die alten religiös-volkstümlichen Feste entreißen oder umformen; Staatshilfe mußte dazu aufgeboten werden.⁵) Augustin war selbst in seiner

---

¹) Die Inschriften stellen dies hinreichend fest. Vgl. auch Annali dell'Instituto di corrisp. archeol. 1860 S. 80 ff. u. 1866 S. 28 ff.

²) De cons. Evang. I c. 47.

³) Sermo 62 c. 17; 197 c. 1.

⁴) Epist. 46. Vgl. dazu die Beschlüsse der karthag. Junisynode v. J. 401 (Mansi III, 766) c. 2.

⁵) Cod. Theod. XV, 6, 1; Mansi III, 766 f.; (vgl. Bd. I, 348 ff.).

Jugend Zeuge gewesen, wie Göttern und Göttinnen zu Ehren in Karthago öffentliche Spiele gefeiert wurden; und als er einstmals als junger Gelehrter zu einem Wettstreite ging, bot ihm ein Haruspex gegen Honorar die Hilfe eines Thieropfers an.[1]) Auch in Krankheitsfällen erweist sich das verbotene Opfer den Christen verführerisch.[2])

Dieselbe Sachlage ergiebt sich aus den Warnungen vor Götzendienst und der Bekämpfung desselben. Das Buch über den Gottesstaat ist nicht zu verstehen ohne die Voraussetzung einer Fortdauer der alten Religion im Glauben der Gebildeten. Das Hinsterben des Götterglaubens war mit den Händen zu greifen, aber die sich auflösende Masse erschien den Christen in dem Maaße groß, als ihre Ungeduld und ihr Selbstbewußtsein wuchsen. Sonst bleibt unverständlich die eindringliche Bitte Augustins an den eben zu einflußreicher Stellung erhobenen kaiserlichen Günstling Olympus, für schleunige und gründliche Ausführung der auf die Vernichtung der Götterbilder bezüglichen Gesetze Sorge zu tragen.[3]) Aber er hat ein andermal den Feuereifer der Seinen mit der Mahnung zurückgehalten, daß die Idole erst in den Herzen umgestürzt werden müßten.[4]) Diese doppelte Methode bestimmte sich nach den Objekten, auf die sie anzuwenden war. Wo in den Städten der Magistrat und die tonangebenden Familien ihren ganzen Einfluß zur Erhaltung

---

[1]) De civit. II, 4; Confess. IV, 2.

[2]) Sermo 318 c. 3: aegrotat fidelis et ibi est tentator. Promittitur illi pro salute illicitum sacrificium, noxia et sacrilega ligatura, nefanda incantatio, magica consecratio promittitur.

[3]) Bd. I, 364 f.

[4]) Sermo 62 c. 17.

des alten Kultus aufboten, meinte man die Staatshülfe in Bewegung setzen zu müssen. Wo jener Hinterhalt fehlte, glaubte man allein fertig werden zu können.

Mit allen Mitteln, welche die Leidenschaftlichkeit der afrikanischen Christen, die feste bischöfliche Organisation und die staatliche Gesetzgebung boten, scheint die Kirche bald nach Beginn des fünften Jahrhunderts den Kampf in großem Umfange organisiert zu haben. Konstantinische Erinnerungen wurden darin wieder lebendig. Die bedeutsamen Worte: „In diesem Zeichen wirst Du immer siegen" waren wieder zu lesen,[1]) also auch wohl zu hören, und Psalmworte, welche auf dieses Ringen sich beziehen ließen, wurden zu Kampfesrufen.[2]) Im Jahre 401 haben zweimal karthagische Synoden den Beschluß gefaßt, wegen Durchführung der heidenfeindlichen Edikte bei dem Herrscher vorstellig zu werden, ein Beweis, daß man entschlossen war, den Kampf zu Ende zu führen.[3]) Seitdem ist, soweit unsere Kunde reicht, auf afrikanischen Conzilien über diesen Gegenstand nicht mehr verhandelt worden; die Frage der Vernichtung der alten Religion ist nicht mehr auf die Tagesordnung gekommen, ohne Zweifel darum, weil der Verlauf des Religionskampfes sich günstig anließ. Damals mögen in Mauretanien die

---

[1]) C. J. L. VIII n. 1106. 1767.

[2]) C. J. L. VIII n. 8621: Exsurge | domine | Deus ex | altetur manus tua (Pf. 10, 12) — n. 8623: Exalta | te do ne | quia sus | cepisti me — n. 8624: Et non ju | cundasti | inimicos | meos sup | er me (Pf. 29, 2) — n. 10656: Adferte dom(ino) | mundum sa | crificium | ad ferte d̄m | patriae | gentium (Pf. 95, 8) — n. 2218: Si deus pro nobis, quis adversus nos (Röm. 8, 31). Ich glaube, daß ein Recht besteht, diese Inschriften im obigen Zusammenhange zu verwerten.

[3]) I, 349 ff.

Götterbilder in Höhlen und Grotten verborgen worden sein, die später, als das Heidentum gänzlich aus der Öffentlichkeit gedrängt war, zufällig entdeckt wurden.¹) Als die Vandalen (seit 429) das Land in Besitz nahmen, wird die alte Religion, soweit von ihr noch etwas da war, nur noch in der Verborgenheit sich gefristet haben. Aber auch dann hat sie unter der Verwüstung des Landes mitgelitten und mitverloren wie ihre katholischen Gegner. Der Geschichtschreiber der vandalischen Katholikenverfolgung, Victor von Vita, geht schweigend über die alte Religion hinweg.²) So darf es nicht überraschen, daß auch ein Corippus nur von heidnischen Mauren in Nordafrika weiß.

Die religiösen Bauten und Memorien des Landes sind von dem jähen Untergange der Antike und den spätern wechselnden Schicksalen desselben in einem Grade betroffen, daß nur noch dürftige Ruinen an ihre einstige Existenz erinnern. Von den Tempeln ist fast alle Spur verschwunden. Zerstört ist gewiß nur ein Teil; die übrigen wurden in andern Gebrauch genommen.³) Die Altäre mit Weihinschriften haben sich dauerhafter gezeigt, aber nur eine Minderzahl ist auf uns gekommen, und der Gedanke drängt sich auf, daß in und nach dem entscheidenden Kampfe das Werk der Zerstörung an sie getreten ist. Denn an ihnen vollzogen sich die verhaßten Opfer und waren die Namen der Götter und Göttinnen zu lesen. So mag man auch die geringe Zahl

---

¹) Pseudo-Prosper a. a. O. c. 45.

²) Hist. persec. ed. Petschenig I, 35. 36 ist von heidnischen Mauren die Rede.

³) August. Epist. 232 c. 3; Sermo 163 c. 2.

von Götterstatuen, die den Trümmern entrissen sind, sich begreiflich machen.¹)

In jedem Falle ist das nordafrikanische Heidentum gewaltsam vernichtet worden. Die mächtige Kirche dort konnte im fünften Jahrhundert das langsame Hinsterben des Götterglaubens nicht mehr ertragen. Sie führte den ungleichen Kampf mit Einsetzung ihrer Übermacht zu Ende. In den Städten erhoben sich Basiliken, auf dem Lande Kapellen. Der Märtyrerkult, dieser willkommene Vermittler zwischen Heidentum und Kirche, riß die Ansprüche der Lokalgötter an sich.²) So sicher fühlte man sich im Besitz des eroberten Landes, daß man keinen Anstoß nahm, heidnische Priesternamen zu christianisieren. Ein christliches Flaminat und christliche Sacerdotalen rangierten in der neuen Ordnung der Dinge. Die antik-religiöse Seite war abgeworfen und die bürgerliche, die im Altertum damit verbunden war, zur ausschließlichen gemacht.³) Immerhin bleibt die Metamor-

---

¹) Vgl. die Mitteilungen in den Archives des missions scientifiques et litt. t. II. (1871) S. 377 ff.; t. IX (1882) S. 61 ff. und die lokalgeschichtlichen Einleitungen zu den Inschriftengruppen im C. J. L. VIII, wo auch die spezielle Literatur verzeichnet ist.

²) Über altchristliche monumentale Funde in Nordafrika in Revue archéol.; Bullettino di archeol. crist.; Revue de l'art chrét. a. v. Do. — Über die Inschriften handelt, jedoch nicht in zureichender Weise, Künstle i. d. Theol. Quartalschrift 1885 S. 58 ff. Die Zahl der Märtyrerinschriften (5. u. 6. Jahrh.) ist eine außerordentlich große.

³) Die betreff. Inschriften C. J. L. VIII n. 450: Astius Vindicianus | v. c. (= vir clarissimus) fl. pp. (= flamen perpetuus), darüber das von einem Kreise umschlossene Monogramm Christi (in einer Basilika in Ammädara in Byzacena); n. 10516, gleichfalls unter dem Monogramm: Astius Muste | lus fl. pp. cristi | anus vixit u. s. w. (a. 525/26 an demselben Orte). n. 8348: Tulius | Adeoda | tus sacer | dotalis vo | tum comp (levit), im Mosaik einer Basilika

phose eine merkwürdige. Ein schlimmes Erbe der afrikanischen Christenheit aus klassischer Zeit war die Sittenlosigkeit, von welcher Salvian, allerdings mit der ihm eigenen Übertreibung, ein düsteres Bild entwirft.[1]) Das christliche Karthago scheint darnach die Laster, die das heidnische Karthago berüchtigt machten, festgehalten zu haben.

---

zu Cuicul in Numidien. Vgl. O. Hirschfeld, I sacerdozi dei municipj romani nell'Africa (Annali dell'Instituto di corrisp. archeol. 1866 S. 28 ff.) u. de Rossi, Nuove scoperte africane (Bull. di archeol. crist. 1878 S. 25 ff.).

[1]) Salvian. De gubern. dei VIII, 16 ff.

V.

Italien und die Inseln.

In den klassischen Gebieten der abendländischen Kultur, in denen zugleich das Reich seinen politischen Mittelpunkt hatte, in Italien und Sizilien trug die Geschichte des absterbenden Heidentums eine wesentlich andere Physiognomie. In dem Götterglauben lagen hier lebendige patriotische Empfindungen, eine ruhmvolle Vergangenheit und die Triebkräfte eines vielgestaltigen Kunstlebens. Daher hielten die vaterländischen Erinnerungen und die Erzeugnisse der heiligen Kunst den Paganismus kräftiger aufrecht als die in ihm ruhenden religiösen Momente. Tempel und Götterbilder standen noch, als längst die Herrschaft der neuen Religion sich entschieden hatte. Die Sieger teilten bis zu einer gewissen Linie diese romantische Gesinnung und waren unbefangen genug, in alten Heiligtümern ihren Kult einzurichten oder diese sonstwie, verwertet oder nicht verwertet, fortdauern zu lassen.

Sizilien und Rom beleuchten am deutlichsten diesen Thatbestand. Die Fortdauer des Götterglaubens in Sizilien hat nur einmal unter Gregor d. Gr. zu Verhandlungen und Maaßnahmen Veranlassung gegeben.¹) Im Übrigen ist dieses Stück Geschichte dunkel. Indeß die Tempelruinen, die bis auf diesen Tag sich behauptet haben, lassen vermuten, daß der Übergang ohne leidenschaftliche Kämpfe sich vollzogen hat. In Girgenti verrät keiner der herrlichen Tempelreste gewaltsame Zerstörung. Dieselben Menschen, welche den sog. Tempel der Concordia vor der jetzigen Stadt und das uralte Heiligtum des Zeus Polieus in Kirchen verwandelten, hatten keine Ursache, die übrigen Bauten gleicher Bestimmung zu vernichten. Sie verkamen im Laufe der Zeit, ohne daß religiöser Fanatismus sich an ihnen ereiferte. Noch im siebenten Jahrhundert stand auch in Syrakus der Athenatempel auf Ortygia, als der Bischof Zosimus ihn in eine Kirche umsetzte; als solcher Bastard ist er auf uns gekommen.²) Ebenso hat sich in Taormina die Cella eines griechischen Tempels in ein christliches Gotteshaus (S. Pancrazio) umwandeln müssen. Von den sechs Tempeln, deren Trümmer das Stadtterrain von Selinunt bedecken, ist nach neuern Beobachtungen nur ein einziger durch Menschenhand zerstört worden; die übrigen haben Erdbeben umgestürzt.

---

¹) Gregor. M. Lib. III ep. 62. M. Gerichtet an den Bischof Eutychius von Tyndaris. Der Bischof hatte gemeldet, daß sich in seinem Bezirke noch einige idolorum cultores atque Angelliorum (?) dogmatis fänden. Ein Teil sei bekehrt, Andere behaupteten sich noch potentum nomine und locorum qualitate. Gregor teilt in seiner Antwort mit, daß er den Praetor Siciliae ersucht habe, mit dem Bischofe zusammenzuwirken. Die Situation tritt nur in ganz allgemeinen Umrissen hervor. Ganz dunkel ist die Bezeichnung Angelliorum oder wie sie eigentlich lauten mag. — Lib. XI ep. 53 belobt Gregor den Notarius von Sizilien, Hadrian, weil er incantatores atque sortilegos gerichtlich verfolgt habe.
²) Lupus, Die Stadt Syrakus im Altertume. Straßb. 1887 S. 289.

Und doch haben sich in dem verödeten Gebiete Christen angesiedelt[1]), und die mittelalterliche Bezeichnung der Ruinenstätte als „Dorf der Idole" sagt, daß man wußte, welcher Vergangenheit diese Bauten angehörten.[2]) Auch der allerdings nie ganz vollendete mächtige dorische Tempel westlich von Segesta hat keinerlei religiöse Unbill zu erfahren gehabt. Andererseits ist mit Gewißheit anzunehmen, daß Heiligtümer, deren Kult sittlich anrüchig war, wie der weitbekannte Tempel der Astarte-Venus auf dem Eryx, gefallen sind. Doch darf aus der nicht seltenen Beobachtung, daß antikes Tempelmaterial, vor Allem Marmorsäulen, beim Neubau von Kirchen verwendet sind, z. B. im Dom zu Messina, nicht ohne Weiteres auf eine gewaltsame Zerstörung aus religiösem Beweggrund geschlossen werden. Ein solches Verfahren hat schon die antike Religion geübt; in christlicher Zeit legte der zunehmende Mangel an Marmor es besonders nahe.[3])

Die Aneignung antiker Bauten und Anlagen durch die

---

[1]) Eine Inschrift des 5. Jahrh., welche einen Diaconus Ausanius nennt, und einen Ring mit dem Kreuzeszeichen teilte zuerst Salinas im Arch. Stor. Sic. N. S. I S. 63 ff. mit; einige Lampen aus dem 4. u. 5. Jahrh. ebend. in der Schrift Gli acquidotti di Selinunte, Rom 1885. Vgl. dess. Verf. Ricordi di Selinunte cristiana Palermo 1883. Über die in einem Tempel der Akropolis gefundene schöne Bronzelampe mit der Inschrift Deo gratias habe ich berichtet im Christl. Kunstblatt 1888 S. 137 ff.

[2]) Vgl. Bull. della Commissione di antichità e belle arti in Sicilia 1871 S. 2 ff. u. verschiedentlich in den folg. Jahrgängen.

[3]) Serradifalco, Le antichità di Sicilia, Palermo 1832 bis 42. 5 Bde. a. v. Do., die Berichte in dem oben genannten Bullettino della Comm. di ant. di Sicilia u. eigene Beobachtungen. Die Angaben des Octavius Cajetanus in s. Isagoge ad hist. sacram Siculam (bei Burmann: Thes. antiqu. et hist. Sic. Vol. II) c. 31 über Zerstörung bezw. Umwandlung antiker Tempel in christlicher Zeit sind unzuverlässig.

Christen in Sizilien bereits im vierten Jahrhundert läßt sich auch sonst beobachten. So sind im Val d' Ispica an der Südküste in der Nähe von Modica und in Palazzuolo= Acrä westlich von Syrakus christliche Grabkammern in heid= nische Nekropolen eingesetzt oder aus heidnischen zu christ= lichen gemacht. In Girgenti ist das Terrain um den Tempel der Juno Lacinia mit oberirdischen Grabanlagen des fünften und sechsten Jahrhunderts bedeckt.[1]) Diese Thatsachen be= stätigen lediglich, was ihrerseits die Tempelreste bezeugen, daß nämlich der Übergang von der alten zur neuen Religion nicht in erschütternden Vorgängen, sondern in ruhiger Weise sich vollzogen hat. So auch dürfte das fast gänzliche Aus= setzen der Quellen über diesen Punkt sich erklären. Wenn es gegen Ende des sechsten Jahrhunderts in Sizilien noch Göttergläubige in größerer Zahl gegeben hätte, wären ein= gehende Anordnungen Gregors d. Gr., der sich über die Angelegenheiten der Insel genau unterrichten ließ und außerdem mit den sizilianischen Bischöfen regelmäßig con= ferierte,[2]) nicht ausgeblieben.

Nicht anders war der Verlauf der Dinge in Rom. Über die große Zahl antiker Tempel und Kapellen, welche die Welthauptstadt auszeichnete, geben zwei auf offiziellen Feststellungen beruhende Verzeichnisse des vierten Jahrhunderts Auskunft.[3]) Keine Kunde ist auf uns gelangt, daß eines dieser Heiligtümer vor dem siegenden Christentume in jenem

---

[1]) Eigene Beobachtungen und Untersuchungen; vgl. dazu meine Katak. S. 291 ff.

[2]) Lib. VII, ep. 22.

[3]) Die sog. Notitia und das Curiosum (über d. Zeit der Ent= stehung s. Jordan, Top. d. Stadt Rom im Altert. Berl. 1871 2. Bd. S. 1 ff.)

Säculum gefallen wäre, denn die Beseitigung einer Mithras= grotte und ihrer Bildwerke durch den Stadtpräfekten Gracchus[1]) gehört nicht in diesen Zusammenhang. Noch im folgenden Jahrhundert wird der äußere Glanz Roms vor Allem in den Tempeln geschaut.[2]) Als die Vandalen Rom nahmen, stand das berühmte Heiligtum des kapitolinischen Jupiter noch unversehrt.[3]) Wenn der Dichter Ausonius in seinem Städtelobe Rom das „goldene" und „Haus der Götter" nennt,[4]) so galt das auch noch lange nach ihm.[4]) Allerdings der öffentliche Kultus hatte in Gemäßheit der kaiserlichen Verordnungen aufgehört, wenn auch gewiß nicht in demselben Moment in allen Kultstätten und später als anderswo. Die Äußerungen des Symmachus im letzten Kampfe um den Altar der Victoria stehen in dieser Beziehung in vollem Ein= klang mit den Aussagen christlicher Schriftsteller. Zwar wenn ein Hieronymus im Anfange des fünften Jahrhunderts die Tempel schon „halbeingestürzt" und mit Ruß und Spinn= geweben überdeckt sein läßt,[5]) so wollen diese Worte aus dem ihm eigenen Pathos verstanden sein; indeß ist selbstver= ständlich, daß, seitdem der Zugang zu den Tempeln ver= schlossen war, diese der Verwahrlosung anheimfielen und, da

---

[1]) Hieron. Ep. 107; Gracchus war Stadtpräfekt 376—377 (Cod. Theod. II, 2, 1; IX, 35, 3).

[2]) Claudius Claudianus, De VI cons. Honorii Aug. panegyr. v. 35 ff. — De consul. Stilich. II v. 225 ff. (Opera ed. Jeep, Lpz. 1876. 79). — Claud. Rutil. Namat. De reditu suo I, 50; 95.

[3]) Procop. De bello Vand. I, 5.

[4]) Auson. Ordo nobilium urbium v. 1. Dazu Rutil. Namat. De reditu suo I, 49: Non procul a caelo per tua templa sumus.

[5]) Hieron. Ep. 107 (ad Laetam) a. 403.

auch Reparaturen nicht ausgeführt wurden, zum Teil allmählich ruinenhaft wurden. Hundert Jahre nachher konnte in Rom die Schrift eines Rhetorikers verlesen werden, in welcher die Stadt sich berühmen mußte, die Heiligtümer verachten gelernt zu haben.[1]) Der Verfasser hätte größere Wirkung erzielen können, wenn er von einer gewaltsamen Zerstörung der heidnischen Kultstätten durch die gläubige Roma hätte reden können. Wenn er es nicht gethan hat, so lag offenbar nur der Thatbestand vor, den er zeichnet.

Nur wenig später gab der Bischof Felix IV (526 bis 536) das erste zuverlässig beglaubigte Beispiel der Umwandlung eines antiken Heiligtums. Das Templum Sacrae Urbis, in welchem das Stadtarchiv ruhte, und das Templum Romuli, welches Maxentius seinem Sohne Romulus errichtete, verband er zu einer Kirche, die er den heiligen Ärzten Cosmas und Damianus weihte. In nicht geringem Umfange hat dieser gewiß nicht erstmalige Vorgang Nachahmung geweckt. Das bedeutendste Beispiel ist die Christianisierung des Pantheon durch Bonifazius IV (in den Jahren 604 bis 610) mit dem neuen Namen S. Maria ad Martyres. Es fehlt in vielen Fällen die Möglichkeit, chronologische Daten zu gewinnen, aber die Thatsache, auf die es zunächst ankommt, steht fest, daß in Rom sowohl in altchristlicher wie in mittelalterlicher Zeit antike Heiligtümer zu christlichen Gotteshäusern eingerichtet sind. So wurde aus dem Templum divi Antonini am Forum S. Lorenzo in Miranda, aus dem Tempel der Ceres und Proserpina wahrscheinlich schon im sechsten Jahrhundert S. Maria in Cosmedin; S. Maria Egiziaca

---

[1]) Ennodius, Lib. pro synodo p. 320. 327. (ed. Hartel im C. Scr. eccl. lat.).

benannte sich ein ursprünglich jonischer Pseudoperipteros, den man neuerdings als Templum Fortunae virilis bezeichnet. Andere Kirchen, wie S. Maria sopra Minerva, S. Nicola in Carcere, erhoben sich auf den Trümmern früherer Tempel.[1] Nicht als ob die bestehenden Bauten vorher aus Fanatismus vernichtet worden wären, sondern weil das noch vorhandene Material die Baulust weckte. Es ist ein festes Ergebnis sicherer Forschung, daß die Tempel der Stadt Rom nicht in irgendwelchem religiösen Konflikte, sondern in der Reihe verheerender Verwüstungen, welche Rom vor und nach dem Untergange des Reiches heimsuchten, zu Ruinen geworden oder gänzlich vernichtet sind. Ihre Zahl minderte sich fortwährend im Mittelalter, aber sie war in der Karolingerzeit noch groß. Denn wenn der transalpinische Pilger, welcher im achten Jahrhundert heidnische und altchristliche Monumente verzeichnete,[2] die Tempel übergeht, so veranlaßte ihn seine subjektive Stimmung dazu, nicht die thatsächliche Lage.

Nur wenig anders gestaltete sich das Geschick der Götterbilder in Rom. Wenn eine rohe Zeichnung in einer Katakombe des vierten Jahrhunderts die Scene vorführt, wie ein Christ eine Statue des Mars, wie es scheint, an einem Stricke von ihrer Basis herabzuziehen sich bemüht, während ein Genosse einen Stein gegen den Gott schleudert,[3] so ergiebt sich daraus mit Bestimmtheit die Thatsächlichkeit von Gewaltthätigkeiten gegen Götterstatuen. Indeß noch deutlicher

---

[1] Das fleißige, aber vielfach durch die Tradition beeinflußte Buch von Armellini: Le chiese di Roma dalle loro origini sino al secolo XVI (Rom 1887) geht leider auf diese Frage gar nicht oder nur flüchtig ein.

[2] Anonymus Einsiedlensis; vgl. Jordan S. 329 ff.

[3] Abb. im Bull. di arch. crist. 1865 S. 4.

erweist der Komplex monumentaler und literarischer Zeugnisse, daß bei den römischen Christen die Achtung vor der Kunst und die Pietät gegen die geschichtliche Vergangenheit ihrer Stadt größer und stärker waren als die Abneigung gegen das Heidentum. Ein Teil der Statuen ist in den Tempeln nach Verschließung derselben belassen worden, der größere Teil dagegen den Kultstätten entnommen und den öffentlichen Plätzen, den Basiliken, Thermen und sonstigen profanen Baulichkeiten als Schmuck überwiesen worden. Gerade diese letztere Verwendung wurde systematisch betrieben.[1]) Wie sich der Dichter Prudentius die künftige Situation der Statuen dachte und wahrscheinlich zum Teil auch schon verwirklicht sah, daß sie nämlich „rein" und entnommen „unziemlichem Gebrauche" als „schöner Schmuck" der Vaterstadt dienen,[2]) war im fünften Jahrhundert fast im ganzen Umfange Wirklichkeit geworden. Als die Vandalen durch Wegschleppen wertvoller Statuen diesen Schmuck empfindlich reduziert hatten, beeilte sich der Präfekt Castalius Innocentius Audax durch Aufstellung neuer Statuen den Schaden auszugleichen.[3]) Einer seiner Nachfolger ließ sich die Restaurierung einer bei einem Brande durch das herabfallende Dach zerschlagenen Statue der Minerva angelegen sein. Das Verfahren wird inschriftlich häufig erwähnt.[4]) Nirgends aber tritt diese

---

[1]) Vgl. de Rossi im Bull. di archeol. crist. 1865 S. 5 ff.: Delle statue pagane in Roma sotto gli imperatori cristiani. Dazu Fea im 3. Bd. S. 267 ff. seiner italienischen Übersetzung der Kunstgeschichte Winckelmanns.

[2]) Prudent. In Symm. I, 502 ff.

[3]) C. J. L. VI, 1 n. 1663: ... barbarica incursione | sublata restituit.

[4]) Annali dell' Inst. archeol. 1849 S. 342; C. J. L. VI, 1 n. 1664. 1658. 3864.

rücksichtsvolle Haltung so eigenartig und nachdrucksvoll hervor als darin, daß noch im fünften Jahrhundert die in den Tempeln verbliebenen Götterbilder den kostbaren Schmuck trugen, den die Frömmigkeit der Vorfahren ihnen gespendet hatte. Die Magna Mater trug noch zur Zeit des Stilicho ihr kostbares Halsband.[1]) Nur eine anders nicht zu überwindende Notlage, nämlich die Tributforderung Alarichs, konnte die Römer bewegen, die Götterbilder der Preziosen zu berauben und solche von wertvollem Metall einzuschmelzen, um den anspruchsvollen Sieger zu befriedigen.[2]) Dem ersten Versuch dieses Schmelzprozesses scheinen die Bedrängnisse der folgenden Zeiten und die Erkenntnis des praktischen Nutzens eine dauernde Nachfolge gegeben zu haben. Ein Jahrhundert später wird darüber gewitzelt, daß der „alte Donnerer" gute Gefäße ergiebt und daß die Bildwerke wieder in den Schmelzofen zurückkehren mußten.[3]) Indeß gründete sich diese Aufräumung weder auf religiöse Motive noch war sie eine radikale. Denn zahlreiche eherne Statuen sind auf uns gekommen. Das eine Beispiel ferner des vergoldeten Bronce-Herkules, der mit dem großen Altare, den er einnahm, niedergesunken ist,[4]), sagt, daß, wie Marmorstatuen, so auch Erzfiguren in den geschlossenen, außer Gebrauch gesetzten Tempeln zurückblieben. Der Wortlaut der staatlichen Verordnungen läßt allerdings ein anderes Bild erwarten,[5]) indeß auch hier be-

---

[1]) Zosim. V, 38.
[2]) I, 371 ff.
[3]) Ennodius, Lib. p. syn. S. 320 (a. a. O.).
[4]) Annali dell' Instit. archeol. 1854 S. 28 ff.
[5]) Cod. Theod. XVI, 10, 19 §. 1: Simulacra, si qua etiam nunc in templis fanisque consistunt et quae alicubi ritum vel acceperunt vel accipiunt paganorum, suis sedibus evellantur, cum hoc repetita sciamus saepius sanctione

steht wie sonst ein Widerspruch zwischen dem öffentlich kund=
gegebenen Willen des Staates und der Wirklichkeit.

Diese Rücksicht hat sich gelegentlich sogar auf Inventar=
stücke eines Tempelbezirks erstreckt, die weder die Prärogative
künstlerischer Gestaltung noch patriotischer Erinnerungen be=
saßen. Die auf Marmortafeln geschriebenen Acta nämlich
der im britten Jahrhundert entweder erloschenen oder in
Mißcredit gekommenen Arvalbrüderschaft an der Via Cam=
pana vor Rom sind das ganze vierte Jahrhundert hindurch
an ihrem Platze verblieben, obwohl die Christen in unmittel=
barer Nähe eine Grabstätte anlegten und dadurch in die
Versuchung geführt wurden, die Marmortafeln als Epitaphien
zu verwerten. Wenn die nicht unwahrscheinliche Vermutung
richtig sein sollte, daß Gratian oder einer seiner Nachfolger
der römischen Kirche das Gebiet überwiesen habe, gewinnt
die Thatsache noch an Bedeutung. Erst im folgenden Jahr=
hundert haben die allgemeinen Calamitäten dem heiligen Haine
und seinen Denkmälern, darunter der Tempel der Dea Dia,
Einbuße gebracht.[1])

Noch lehrreicher sind die letzten Schicksale des Vesta=
kultus und Vestaheiligtums, wie sie neuere monumentale
Funde und Untersuchungen deutlicher gemacht haben.[2]) Die
hohe Achtung, welche die Hüterinnen des heiligen Feuers im
römischen Volke besaßen, gewährte ihrem Collegium einen
Schutz gegenüber der heidenfeindlichen Gesetzgebung, den eine

---

decretum (408). Genau gefaßt, unterscheidet die Constitution zwischen
solchen Bildwerken, an die sich ein Kultus heftet, und solchen, die den=
selben entbehren.

[1]) De Rossi, Roma sott. III S. 689 ff.
[2]) C. J. L. VI n. 2131 ff.; Lanciani in d. Notizie degli
scavi di antichità 1883 S. 434—514.

andere Priesterschaft nicht gefunden hat. Zwar entzog Gratian
den „heiligen Jungfrauen" die regelmäßigen Einkünfte, und
schon eine frühere Zeit hatte ihnen die sacralen Verrichtungen
genommen, aber in der Zeit des Symmachus war ihr Ansehen noch ein großes, und in ihrem, einem Männerauge ver-
schlossenen Heiligtum an der Via Sacra wurden noch immer
die Palladien der römischen Herrschaft aufbewahrt.[1]) Auch
über reichliche Mittel verfügten sie, die ihnen durch Geschenke
zuflossen, so daß ihre Pontifices einer andern Kultgenossenschaft aushelfen konnten.[2]) Auf einem Taurobol-Altar v. J.
377 nennt sich ein Rufius Cäjonius Oberpriester der Vesta,
und zehn Jahre nachher bezeichnete sich der bekannte Stadtpräfekt Vettius Agorius Prätextatus ebenso.[3]) Die letzte
Vestal-Oberin, deren Name auf uns gekommen ist, und wahrscheinlich die letzte überhaupt ist Cölia Concordia um 380,
welcher die Gattin des genannten Präfekten „wegen ihres
unbefleckten Gottesdienstes" eine Ehrenbildsäule errichtete.[4])
Der Name ihrer Vorgängerin ist in der ihr gewidmeten
Inschrift vernichtet, und diese Auslöschung des Andenkens
läßt sich nicht unwahrscheinlich mit einem Abfall zum

---

[1]) I, 221; Symm. Ep. lib. II, 36 (a. 385); IX, 108 (ed.
Seeck) u. f.

[2]) Symm. Rel. III S. 282 (über Legate); C. J. L. VI, 1
n. 2158: mansiones Saliorum palatinorum — — — repara-
verunt Pontifices Vestae u. f. w. Als Promagistri nennt die Inschrift Plotius Acilius Lucillus und Vitrasius Prätextatus.

[3]) C. J. L. a. a. O. n. 511; 1778; 1779.

[4]) C. J. L. a. a. O. n. 2145, eine in mehrfacher Hinsicht wertvolle Urkunde. Die Motivierung: cum propter egregiam ejus
pudicitiam insignemque circa cultum divinum sanctitatem tum
u. f. w. Am Schlusse werden neben den Virgines auch die Pontifices Vestae genannt.

Christentume in Verbindung bringen, ein Ereignis, welches
dem strenggläubigen Collegium als ein besonderer Frevel
erscheinen mußte. Denn eine Verletzung des Keuschheits=
gelübdes, welche sich der Erwägung zunächst darbietet, würde
i. J. 364 in der christlichen Literatur gewiß nicht unver=
zeichnet geblieben sein.[1])

Die Restauration des Heidentums in Rom unter dem
Usurpator Eugenius stellte den Vestakultus ohne Zweifel in
seinem vollen Umfange wieder her, der Sieg des Theodosius
über seinen Gegner bei Aquileja (394) mußte daher wie für
die alte Religion, die sich mit dem politischen Feinde ver=
bündet hatte, so auch für das Vestaheiligtum um so folgen=
schwerer sich gestalten. Damals ist es ohne Zweifel für
immer geschlossen worden. Noch einmal erscheint eine alte
verstoßene Vestalin, um die Gemahlin Stilichos, als diese
von einer Statue der Magna Mater den kostbaren Hals=
schmuck nahm, öffentlich zu verfluchen.[2])

Es ist anzunehmen, daß die Vestalinnen, als die Ka=
tastrophe, die Jedermann in Rom kommen sah, herannahte,
das heilige Inventar zerstörten oder sonstwie bei Seite
schafften, vor Allem die Palladien. Das kleine Penus=
Sanctuarium, in welchem die heiligsten Gegenstände sich be=
fanden, wurde, wie neuere Nachforschungen festgestellt haben,
von den Vestalinnen selbst noch vernichtet. Im Übrigen
haben die Sieger dem Tempel und seinen Anbauten volle

---

[1]) Lanciani S. 454: Ob meritum castitatis pudicitiae adque in sacris religionibusque doctrinae mirabilis (hier folgt der ausgelöschte Name) u. s. w.). Die Dedication fand statt i. J. 364. Vgl. zu der oben ausgesprochenen Vermutung Prudent. Perist. hymn. 2 de S. Laurentio v. 511 f.

[2]) Zosim. V, 38.

Pietät erwiesen. Nicht nur die Gebäude selbst, welche der Fiskus an sich nahm, sondern auch die Statuen, Büsten, Piedestale und Inschriften blieben intakt. Nur ist die ehrwürdige Statue der Göttin wohl damals entfernt worden. Ohne Zweifel kamen die Gebäude in weltlichen Gebrauch. Einritzungen in den Marmorboden des Atriums weisen darauf hin. Nicht Gewalt, sondern die Zeit hat über diese Stätte allmählich Verödung geführt, bis jüngst wiederum sie sich uns als wertvolle Ruine aufgethan hat.[1]

Nicht mit derselben Deutlichkeit läßt sich die Fortdauer des Götterglaubens in der Bevölkerung erkennen. Die zweite Hälfte des vierten Jahrhunderts bietet Vorgänge genug, welche eine starke, vorzüglich in der Aristokratie wurzelnde heidnische Partei zeigen, aber bereits unter Gratian im Senat wie in der Gesellschaft in der Minderheit. Denn der Dichter Prudentius betont in seinem Streitgedicht gegen Symmachus diese Thatsache so entschieden, daß sie nicht bezweifelt werden darf.[2] Im Senat überwiegen die christlichen Mitglieder und überhaupt in der Aristokratie. Die Annii, Probi, Anicii, Olybrii, Paulini, Bassi, Gracchi bekennen sich zu Christo.

Sexcentas numerare domos de sanguine prisco
Nobilium licet ad Christi signacula versas
Turpis ab idolii vasto emersisse profundo.

Unter den Trägern illusterer Namen und hoher Würden ist nur noch ein „ganz dürftiger Teil" im alten Glauben verblieben. Auch im Volke giebt es nur Wenige, die „nicht

---

[1] Lanciani S. 480 ff.
[2] Prudent. Contra Symm. I, 544 ff. Ähnliche Urteile auch sonst, z. B. Perist. hymn. II de s. Laurentio, Eingang.

ausspeien vor dem mit verfaulendem Blute befleckten Altare des Jupiter." Man kann sagen, daß Rom in den Gesetzes= gehorsam Christi sich begeben.

Das Publikum, an welches dieses Gedicht sich wendet, und der Umstand, daß es an der angeführten Stelle eine Frage behandelt, an welche sich damals gerade ein hohes öffentliches Interesse knüpfte, verbieten, an dem Inhalte wesentliche Abzüge vorzunehmen. Auch von anderer Seite ist bald darauf in einem nach Rom gerichteten Schreiben die Situation in derselben Weise skizziert und von einer „Verein= samung" der Göttergläubigen gesprochen worden.[1]) Ja, der Verfasser dieses Schreibens, Hieronymus, hat in der römischen Aristokratie, vorzüglich unter dem weiblichen Teile derselben, eine zudringliche und nicht erfolglose Propaganda betrieben.[2]) Insbesondere bezeugen die Denkmäler ein weites Vordringen des Christentums in der römischen Aristokratie. Nur von dieser Voraussetzung aus erklärt sich nämlich das Aufkommen und die Blüte einer tüchtigen Sarkophagskulptur, welche der alt= christlichen Kunst des vierten Jahrhunderts ein anziehendes Gepräge verleiht. Die luxuriöse Art dieser Sarkophage und ihres Schmuckes und die in das Relief eingefaßten Portrait= köpfe weisen mit aller Deutlichkeit auf vornehme Kreise. Dem schönen Marmorsarkophage des i. J. 359 gestorbenen Stadt= präfekten Junius Bassus stehen in großer Zahl gleichwertige oder noch höherwertige Monumente zur Seite.[3]) Damals

---

[1]) Hieron. Ep. 107. Daselbst n. 2 der Satz: Solitudinem patitur et in Urbe gentilitas.

[2]) Ein Meisterstück ist in dieser Beziehung Ep. 107, wo es auf die Bekehrung des alten Albinus abgesehen ist.

[3]) Der Sarkophag des Junius Bassus Garr. V, 322, 2; sonst führe ich noch als besonders hervortretend an: 358, 3; 367, 2; 309, 3; 314, 5; 350, 1.

schied sich zum erstenmal in so scharfer Weise in der christlichen Sitte die Begräbnisart der mittlern und niedern Klassen von derjenigen der Vornehmern. Denn der Sarkophag entfällt mit ganz wenigen Ausnahmen in diese Sphäre. Auch die Goldgläser, obwohl dieselben in weitere Kreise greifen, zeigen ein starkes Contingent der höhern Gesellschaft in der römischen Gemeinde an.[1]) Dazu kommen endlich die Inschriften, so daß ein Komplex von Zeugnissen entsteht, welche die Aussagen des Prudentius bestätigen und erläutern.

Die natürliche Folge dieser Entwickelung war, daß die heidnische Gruppe innerhalb der Aristokratie sich enger zusammenschloß und mit einer gewissen Absichtlichkeit ihr religiöses Bekenntnis in den Vordergrund schob. So zählt die Grabschrift des 384 oder im folgenden Jahre gestorbenen einstigen Prokonsuls von Achaja und prätorischen Präfekten Vettius Agorius Prätextatus die lange Reihe seiner Priestertümer und religiösen Weihen auf.[2]) Seine Gattin, deren Epitaph gleichfalls mit solchen Angaben durchsetzt ist,[3]) redet den Toten unter Anderm an:[4]

    Tu me, marite, disciplinarum bono
    Puram ac pudicam sorte mortis eximens,
    In templa ducis ac famulam divis dicas.
    Te teste cunctis imbuor mysteriis.

---

[1]) Ich habe dabei Exemplare im Auge wie Garr. III, 197, 1, 4, 5, 6; 198, 1—5; 200, 3; 201, 1, 2.

[2]) C. J. L. a. a. O. n. 1779, nämlich augur, pontifex Vestae, pontifex Solis, quindecemvir curialis Herculis, sacratus Libero et Eleusinis, Hierophanta, Neocorus, Tauroboliatus, Pater patrum. Vgl. auch n. 1739—1741.

[3]) n. 1780; vgl. auch 1779 Schluß.

[4]) n. 1779 d (p. 398).

> Tu Dindymenes Atteosque antistitem
> Teletis honoras taureis consors pius.
> Hecates ministram trina secreta edoces
> Cererisque Graiae tu sacris dignam paras.

Andererseits wird die Gattin gerühmt als

> Dicata templis atque amica numinum.¹)

Es erscheint wie eine bewußte Beziehung auf diese Gruppe, in der Adelsstolz und alte Gläubigkeit sich verbanden, wenn die Grabschrift des christlichen Präfekten und Consuls Sextus Petronius Probus das Urteil ausspricht:²)

> Has mundi phaleras, hos procerum titulos
> Transcendis senior donatus munere Christi.
> Hic est verus honos, haec tua nobilitas.

Und doch konnte nur ein geringer Teil dieser aristokratischen Altgläubigen als Träger der römischen Religion gelten. Denn eine ganze Reihe angesehener Namen tritt in Verbindung mit dem ausländischen Mithrasdienst auf. Die religiösen Weihen und Würden nehmen für die Inhaber ein großes Interesse in Anspruch. Der alte Glaube hat sich vermengt mit fremden und fremdartigen Bestandteilen. Die große Bedeutung des Mithraskultus in der späten griechisch-römischen Religionsgeschichte ist bekannt, wenn auch noch nicht in allen Einzelheiten dargelegt.³) In Rom erhob sich in der Nähe der Via Flaminia das Heiligtum des Gottes, als dessen Gründer eine Inschrift Nonius Victor Olympius

---

¹) n. 1779 b (p. 397).
²) n. 1756 p. 389 b. Sext. Petronius Probus war prätorischer Präfekt 368, Consul 371.
³) J. Réville, La religion à Rome sous les Sévères, Paris 1886 (S. 74 ff. der deutsch. Ausg. Leipz. 1888).

nennt. Diesen Bau vernichtete der Präfekt Gracchus i. J. 377, aber den Mithrasdienern stellte der Enkel Aurelius Victor Augentius auf eigene Kosten eine Grotte zu ihren heiligen Verrichtungen her, da „den Frommen Ausgaben mehr wert sind als Gewinne."[1]) Gerade diese Familie zeichnete sich durch großen Eifer im Dienste des Sonnengottes aus.[2]) Aber auch ein Memmius Vitrasius Orfitus, der hohe Ämter bekleidete, gehörte diesem Kreise an und der nicht minder angesehene Vettius Agorius Prätextatus.[3]) Diesen Namen lassen sich noch andere hinzufügen, welche keinen Zweifel darüber lassen, daß die altrömische Religion in der damaligen Aristokratie sich in fremden Kulten zersetzt hatte. Darin lag das unbewußte Eingeständnis ihrer Unzulänglichkeit. Indem sie ferner auf diese Stufe gezogen wurde, mußte sie naturgemäß ihre Kraft und Widerstandsfähigkeit verlieren.[4]) In den großen Aktionen, die sie noch wagte, erlag sie von vornherein oder nach kurzdauerndem Erfolg; so im Kampfe um den Altar der Victoria, in der Usurpation ferner des Eugenius, als Nicomachus Flavianus Ungeahntes in Rom verwirklichte, und bei der Erhebung des Attalus durch Alarich.[5]) An der festgeschlossenen, auf klare Ziele gerichteten Opposition brachen diese vereinzelten Vorstöße, die mehr in Enthusiasmus, als mit sicherer Kraft erfolgten.

---

[1]) C. J. L. VI, 1 n. 754. In der Inschrift klingt christlicher Einfluß durch.

[2]) Die Inschriften n. n. 749—754.

[3]) N n. 1739—41; 1778 (a. 387), 1779. Der erstere bekleidete dreimal die städtische Präfektur und war Proconsul in Afrika.

[4]) Als letztes datiertes Mithrasmonument gilt die Inschrift n. 736 (a. 391), doch unterliegt ihre Datierung und Fassung begründeten Bedenken.

[5]) I, 223 ff.; 286 ff. 372 f.

Einen schweren Schlag erlitt mit der Stadtbevölkerung die römische Aristokratie durch die Eroberung und Plünderung der Stadt durch Alarich, ein Ereignis, das weithin, unter Christen wie Heiden, eine tiefe Erschütterung hervorrief.[1] Die entferntesten Länder, Afrika nicht minder als Palästina, sahen zahlreiche Flüchtlinge.[2] Dieser vernichtende Schlag scheint die heidnische Partei in Rom für immer zertrümmert zu haben; in der allgemeinen Verwüstung ist ihre Geschlossenheit zersprengt worden, nur in dürftigen Resten kann sie noch fortgedauert haben. In den fast hundert Predigten Leos I (440—461) wird der alten Religion nur einigemal und flüchtig gedacht,[3] was darum besonders ins Gewicht fällt, weil diesen Bischof ein hohes Maaß von Thatkraft und ein unermüdlicher Eifer für die Hoheitsrechte und dogmatische Reinheit der Kirche auszeichneten. Roma, einst „Lehrmeisterin des Irrtums," ist ihm jetzt „Jüngerin der Wahrheit." Gott hat sie dazu geführt, daß sie, ein heiliges, auserwähltes Volk, eine priesterliche und königliche Stadt, durch die göttliche Religion eine umfassendere Herrschaft besitzt als durch ihre weltliche Macht.[4] Man darf voraussetzen, daß der selbstbewußte Episkopat in dieser Stadt schon frühzeitig sein Be-

---

[1] Hieron. Ep. 127, 12: Haeret vox et singultus intercipiunt verba dictantis. Capitur Urbs, quae totum cepit orbem. — Ep. 128, 4: Orbis terrarum ruit. — August. Sermo de Urbis excidio, bes. n. 3.

[2] Hieron. Ep. 128, 4: Nulla est regio, quae non exules Romanos habet. Übrigens nicht das einzige Zeugnis dieser Art; vgl. z. B. August. De civit. I, 32 f.

[3] Z. B. Sermo 27, 4; 56, 1; 79, 2.

[4] Leo I (M. t. 54) Sermo 56, 1; 79, 2; 82, 1 (— quae eras magistra erroris, facta es discipula veritatis); vgl. auch Sermo 89.

mühen auf Beseitigung der alten Religion gerichtet und
Mittel gefunden hat, diese Arbeit mit Erfolg zu thun. Was
in der zweiten Hälfte des fünften Jahrhunderts von An=
hängern des antiken Kultus noch da war, gehörte fast aus=
schließlich den untersten Volksschichten an, und auch in dieser
Sphäre war diese Anhänglichkeit zumeist mit Zugehörigkeit
zur Kirche verbunden. Die letzten Schicksale der Lupercalia
stellen diesen Thatbestand fest.[1]) Gregor d. Gr. weiß nichts
mehr von einem Heidentume in Rom. Sein auch nach dieser
Seite hin aufmerksamer Blick entdeckte auch in Unter= und
Mittelitalien nur ganz vereinzelt Derartiges, so in Luna in
Etrurien, in Terracina in Latium und in Rhegium in Cala=
brien.[2]) Doch nicht seit langer Zeit lagen die Verhältnisse
so. Der weltflüchtige Benedict von Nursia fand um 528
in einem heiligen Haine auf der Höhe des Castrum Casinum
einen Apollotempel mit Bild und Altar und eine Kultge=
meinde, die hier ihre Opfer darbrachte. Doch konnte er die
Statue und den Altar umwerfen und den Hain nieder=
brennen, ja das Heiligtum in ein Oratorium umwandeln,[3])
ein Wagnis, das nur darum gelang, weil ihm kein eifer=
voller Glaube entgegenstand. Etwas später machte auch in
Fundi in Latium der Bischof Andreas einen verlassenen
Apollotempel, in welchem böse Geister hausten, zu einer
Kirche.[4]) Bei Spoletium in Umbrien ist dasselbe Verfahren
vielleicht schon früher befolgt worden.[5]) In der Nähe von

---

[1]) I, 415 ff.
[2]) Greg. M. Lib. IX ep. 34; lib. VIII, 18; X, 4.
[3]) Greg. M. Dial. II, 8.
[4]) Greg. M. Dial. III, 7.
[5]) Bull. di archeol. crist. 1871 S. 132 ff.; Mothes, Die
Baukunst d. M. A.'s in Italien I Bd. Jena 1884 S. 74 ff.

Rom an der Straße nach Marino stand noch im sechzehnten
Jahrhundert ein Rundtempel.¹) Nach diesen Thatsachen, nicht
nach seinem nackten Wortlaut will daher eine kaiserliche Constitution v. J. 435 ausgelegt sein, welche die Niederreißung
der Tempel und die Errichtung des Kreuzes auf der Ruinenstätte befiehlt.²) Außerhalb Roms waren die antiken Heiligtümer eher der Gefahr ausgesetzt, gänzlich zu verschwinden
oder in Kirchen überzugehen, weil sie nicht oder doch nur
ausnahmsweise von der Pietät gegen eine große Geschichte
geschützt wurden. Auch zog der materielle Ruin großer
Gebiete und ihre Schutzlosigkeit in Kriegszeiten diese Bauten
in ganz anderem Maaße in ihre Wirkung als in der Hauptstadt. Auch darin lag eine große Versuchung, daß die
liegenden Güter und heiligen Haine vielfach in den Besitz
der Kirche kamen und damit ohne Zweifel in den meisten
Fällen die Heiligtümer selbst.³) Andererseits konnte die zunehmende Verödung des Landes den Kapellen und Götterbildern einen Schutz bieten, da die Verstörer fehlten. So
sah ein Reisender noch am Anfange des fünften Jahrhunderts
neben der in Ruinen gesunkenen etrurischen Stadt Castrum
Novum vom Schiffe aus eine mächtige Panstatue sich erheben,
und eine Bildsäule bei Rhegium galt als wirksamer Zauber.⁴)
Wie sich indeß der Übergang von der einen Religion zu der

---

¹) Die Abb. nach Bramantino bei Dehio u. Bezold, Die kirchl.
Baukunst d. Abendl. Lief. I Taf. 7 Fig. 2.

²) Cod. Theod. XVI, 10, 25.

³) Vgl. die Bemerkung des Aggenus Urbicus (5. Jahrh.), De
limitibus agrorum: In Italia multi crescente religione sacra-
tissima christiana lucos profanos sive templorum loca occu-
paverunt et serunt.

⁴) Rutil. Namat. De reditu suo I, 227 ff. (geschrieben 416).
Olympiod. bei Müller, Script. graec. IV, 66.

andern in Mittel- und Unteritalien vollzogen hat, darüber sind nicht einmal Allgemeinheiten bekannt. Der im vierten und fünften Jahrhundert rasch vorschreitenden bischöflichen Organisation muß der alte Glaube ziemlich leicht und geräuschlos erlegen sein. Deutlicher sehen wir in Oberitalien.

In und um Turin zählte um die Mitte des fünften Jahrhunderts die antike Superstition nicht nur im ländlichen Colonat noch zahlreiche Anhänger, welche, ohne Rücksicht auf ihre christlichen Herrn, Altäre und Bilder hatten, sondern auch unter den Gebildeten lebte der Götterglaube noch fort und äußerte sich in öffentlich dargebrachten Opfern. Ungescheut wurden die kaiserlichen Gesetze übertreten, und die Beamten zeigten sich lässig einzugreifen. Von der Kanzel konnte man Predigten hören, die sich ausschließlich mit der Bekämpfung des Götzendienstes beschäftigten.[1]

In Brixia bewiesen die christlichen Großgrundbesitzer ihren heidnischen Colonen gegenüber dieselbe Indifferenz. Auch in der Stadt gab es noch Götterstatuen und Opfermahlzeiten.[2] In Ravenna hatte sich trotz der kaiserlichen Residenz ein gutes Stück heidnischer Einwohnerschaft behauptet, deren Religion und abergläubische Manipulationen, wie Auguration, Losung, Totenopfer auf die Christen versucherisch wirkten. Dagegen sind die Faschingsaufzüge in Masken von Götter und Göttinnen, die von jenem Kreise aus, aber unter Mitwirkung von Christen, betrieben wurden,[3]

---

[1] Maxim. Taur. Sermo 82. 101. 104; Tract. IV contra paganos u. f.

[2] Gaudentius, Sermo 4. 8. 13. Vgl. auch das I, 313 f. über Philaster Gesagte.

[3] Petrus Chrysol. Sermo 5. 6. 13. 69. 155 (de Kalendis Januariis) u. f.

nichts Lokales. Sie haben auch sonst die Polemik der Prediger gereizt. In der angesehensten Stadt Oberitaliens, welche längere Zeit Sitz des kaiserlichen Hofes war und in kirchlicher Beziehung vorübergehend Rom überflügeln zu wollen schien, in Mailand scheint Ambrosius die Kraft des Heidentums gebrochen zu haben. Die Legende, daß die nach ihm benannte Basilika auf den Trümmern eines Bacchus=tempels stehe, mag als eine geschichtlich wahre Charakteristik seiner dahin gerichteten Thätigkeit angesehen werden. Es war selbstverständlich, daß der Mann, der nicht einmal in Rom den Götterfreunden eine Konzession gegeben sehen wollte, da, wo seine machtvolle Persönlichkeit kaum Hinder=nisse fand, sie auch eingesetzt habe. Sein Verhältnis zu Gratian erleichterte ihm das Unternehmen. Von Mailand aus erging am 24. Februar 391 ein äußerst scharfes Edikt gegen den Götterglauben an den Präfekten Albinus.[1]) Die „Tempel," welche der Dichter Ausonius zum Schmuck der Stadt zählt und unter welchen er namentlich das Heiligtum der Juno Moneta erwähnt,[2]) sind ebenso wie die Thermen des Herkules außerhalb jeder praktischen Beziehung zu der antiken Religion gesetzt. In dieser zweiten Kaiserstadt standen die religiösen Kunstbauten im Schutze derselben Pietät wie in Rom. Es gab keinen Unterschied des Grundsatzes. Welches immer indeß die besondern Motive waren, denen die Tempel ihre Erhaltung verdankten, in jedem Falle läßt sich daraus ein Schluß sowohl auf eine Auseinandersetzung mit der alten Religion als auf das Gefühl der Sicherheit seitens der sieg=reichen Religion ziehen. Auf letzteres weist noch deutlicher der

---

[1]) Cod. Theod. XVI, 10, 10.
[2]) Auson. Ordo nob. urb. v. 35 ff.

Umstand, daß Götterstatuen, die in der beginnenden Auseinandersetzung den Tempeln seitens der Behörde genommen und der Öffentlichkeit entzogen oder durch ihre eigenen Gläubigen, um sie vor der Konfiskation zu schützen, bei Seite geschafft worden waren, aus dem Versteck hervorgeholt und öffentlich aufgestellt wurden. Das geschah z. B. in Benevent unter Theodosius II und Valentinian III durch den Consular Ämilius Rufinus.[1]) In Kapua und Verona melden Inschriften ein Gleiches.[2]) In größerem Umfange übte man, wie erwähnt, in Rom dieses Verfahren. Es ist überall nur verständlich aus der Voraussetzung, daß die alte Religion keine ernstliche Versuchung mehr sei, auch wo sie noch nicht gänzlich abgestorben war. Die religiöse Betrachtung ist hinter der künstlerischen geschwunden.

Der triumphierende Ton, welcher eine Weihrede des Bischofs Honoratus von Brixen bei Gelegenheit der Umwandlung eines Tempels in eine Kirche durchzieht,[3]) will rhetorisch genommen sein wie viele christliche Aussagen hinsichtlich des überwundenen Heidentums, aber dieser Enthusiasmus der Worte hat stets als Unterlage die Erfahrung der Gegenwart. Wenn Cassiodorius einmal ausspricht, daß jetzt

---

[1]) C. J. L. IX n. 1563: ... statuam presentem in abditis locis repertam ad ornatum publicum loco celeberrimo constituendam curabit [= vit]. (Die Ergänzungen nach Mommsen). Vgl. auch n. 1588: ... ex locis abditis usui adque splendori thermarum dedit (scl. statuam).

[2]) Mommsen, J. R. N. n. 3612; C. J. L. V, 1 n. 3332. In Verona handelt es sich nicht um eine der Öffentlichkeit entnommene, sondern um eine seit langem umgestürzt auf dem Forum liegende Statue. Der Consular läßt sie in celeberrimo fori loco aufstellen.

[3]) Ennodius — denn er war der Verfasser — Dictio II (S. 430 ff.).

im römischen Reiche Christsein ein Ehrentitel sei,[1]) daneben aber noch von Heiden weiß, welche Götter verehren, so ist damit die Lage in der ersten Hälfte des sechsten Jahrhunderts nicht nur in Italien, sondern im ganzen Abendlande richtig gezeichnet.

Nicht ganz in derselben Weise wie in Sizilien und auf dem Festlande gestaltete sich die Christianisierung in Sardinien und Corsika.

Die Insel Sardinien, welche die Römer nach dem ersten punischen Kriege den Karthagern entrissen, ohne sie je völlig zu überwältigen, wird in der ältesten Geschichte der Kirche als Aufenthaltsort deportierter Christen genannt. Auch der römische Bischof Kallistus verbrachte hier eine kurze Zeit seines romanhaften Lebens, und einer seiner Nachfolger, Pontianus, starb daselbst im Exil. Auch sonst hat das wegen seines Klimas verrufene Eiland lästig gewordene Volkselemente aufnehmen müssen, so einmal 4000 Juden.

Man darf annehmen, daß die ersten Gemeindebildungen aus den zur Zwangsarbeit verurteilten Christen hervorgingen. Im vierten Jahrhundert traten die beiden Bistümer Calaris und Phausania hervor, bald nachher auch andere.[2]) Sie liegen in den römischen Städten, in denen römische Sitte und römische Religion sich heimisch gemacht hatten.[3]) Der leidenschaftliche Bischof Lucifer von Calaris, der für die

---

[1]) Cassiod. Exp. in Psl. 59 v. 7; Psl. 114 v. 16.

[2]) In der Notitia provinciarum et civit. Africae werden genannt: Calaris, Forum, Trajani, Sanafer (?), Sulci, Turres. Dann werden noch in diese Gruppe gefaßt Minorca, Majorca und Ebusus.

[3]) Vgl. C. J. L. X, 2 n. 7514 ff. In dem ansehnlichen Sulci z. B. gab es einen Tempel der Isis und des Serapis.

verhaßten Arianer keine schmählichere Bezeichnung als Heiden wußte, giebt nicht die Signatur des sardinischen Episkopats. Eine gewisse Lässigkeit scheint hier gewaltet zu haben. Phausania ging wieder ein,[1]) die ganze Kirche trat in ein Halbdunkel oder Dunkel zurück. Zwar scheint ihr die Gewinnung der romanisierten Landesgebiete leicht geworden zu sein,[2]) am Ende des sechsten Jahrhunderts sind Adel und Großgrundbesitz ihr eingegliedert, aber die Masse der Landesbewohner verharrt noch im Götterglauben, und so gering ist in Beziehung auf sie das Missionsinteresse, daß die auf den kirchlichen Liegenschaften als Colonen beschäftigten Bauern in ihrer alten Religion ungehindert weiter leben dürfen. Sie haben ihre väterlichen Idole aus Holz und Stein. Die Bischöfe duldeten auch, daß der kaiserliche Judex gegen Erlegung einer Steuer Dispens von den staatlichen Opferverboten gewährte, ja, von denen, mit welchen er diesen Handel trieb, auch noch diese Leistung forderte, nachdem sie die Taufe erhalten.

Mit großem Ärgernis nahm Gregor d. Gr. von diesen Vorgängen Kenntnis. Es blieb ihm indeß kein anderes Mittel als persönlich die Aufgabe in die Hand zu nehmen, welche die sardinischen Bischöfe zu vollziehen unterließen. Er trat in Briefwechsel mit angesehenen Häuptlingen und sandte zwei Missionare, darunter einen Bischof aus, um das Werk der Bekehrung energisch zu führen. In der That entsprachen sie den von ihrem Mandatar in sie gesetzten Erwartungen;

---

[1]) Greg. M. Lib. IV ep. 29.

[2]) Die von dem Kanonikus Spano mit unermüdlichem Eifer gesammelten christlichen Altertümer (vgl. C. J. L. X, 2 p. 781 f u. de Rossi im Bull. di archeol. crist. 1873 S. 173 ff.) stellen diesen Zusammenhang zwischen der antiken Kultur und dem Christentume fest.

sowohl Barbaren wie Provinzialen wurden in großer Anzahl gewonnen.[1]) Vielleicht kam Gregor durch dieses unmittelbare Eingreifen in die religiösen Verhältnisse der Insel zu der Kenntnis des trefflichen Sklavenmaterials, welches sie aufwies. Jedenfalls sandte er seinen Notarius Bonifazius nach Sardinien, um für seinen, des Bischofs Gebrauch Sklaven zu erwerben, und ersuchte den kaiserlichen Defensor brieflich um Mitwirkung, damit er in den Besitz guter Exemplare gelange.

Es mag noch Jahrhunderte gebraucht haben, bis die Insel vollständig der Kirche sich unterwarf. Soweit dagegen die antike Religion Boden gewonnen hatte, war der Sieg des Christentums zur Zeit Gregors längst entschieden. Der Bischof rechnete nur noch mit den heidnischen Ureinwohnern und der barbarischen Religion. Seine Bemühungen hätten das klassische Heidentum nicht übergangen, wenn es noch dem Auge sich dargeboten hätte.

Gregor verdanken wir auch eine allerdings nicht umfangreiche Kunde über das Heidentum auf Korsika. In einem Schreiben an den Bischof Petrus von Aleria belobt er diesen wegen seiner Bemühungen um Ausbreitung des Christentums, giebt ihm Anweisungen und verspricht materielle Unterstützung. Der Wortlaut des Schriftstückes weist auf landestümlichen Götzendienst und bäuerliche Kreise. Neben Aleria bestanden in Adjacium und Tainates (?) Bistümer. An dem Klerus sowohl wie an dem Adel vermißte der römische Bischof

---

[1]) Gregor. M. Lib. IV ep. 23 (Schreiben an den Hospito, den dux Barbaricinorum): IV, 24 (Schr. an den Dux Zabarda); IV, 25 (Ad nobiles ac possessores in Sardinia); 26; lib. V, 41; IX, 64; XI, 22; 23 (vgl. auch lib. IV, 9).

das wünschenswerte kirchliche Interesse.¹) Dann mußte die Beseitigung des Götterglaubens noch in weiter Ferne liegen, besonders wenn die ungebändigte Sinnesart der Korsen in Rücksicht gezogen wird. Wenn dieses der Stand der Dinge gegen Ausgang des sechsten Jahrhunderts war, wird das Martyrium der hl. Julia in das Bereich der geschichtlichen Möglichkeit gerückt, und die in der Erzählung berichtete Thatsache, daß am Nordkap der Insel die Korsen ein heidnisches Opferfest feierten, bietet der Fixierung in das fünfte Jahrhundert kein Hindernis.²)

¹) Greg. M. Lib. VIII ep. 1; XI, 77; I, 79; I, 80.
²) Die Akten in den Acta S. S. 22. Mai p. 168 f. Angeknüpft ist die Erzählung an die Eroberung Karthagos durch die Vandalen.

VI.

Die Rhein- und Donauländer.

Als Rheinländer sind in Folgendem die in der spätern Provinzialteilung unter die Titel Belgica I, Germania I, Germania II zusammengefaßte Gebiete verstanden, deren wichtigste Städte Trier, Mainz und Köln waren. Das Gesamtbild dieser Provinzen mag eher den Verhältnissen in Britannien als in Gallien entsprochen haben. Die Städte trugen vorwiegend das Gepräge des Römertums, welches mit der politischen Eroberung bezw. Gründung derselben seine Kultur dorthin getragen hatte, während die Landschaft gar nicht oder nur in geringem Maaße fremden Einflüssen sich aufgethan hatte. Aus dem Römertum erwuchs, wie fast überall in den eroberten westlichen Provinzen, das Christentum. Indeß nicht nur seine älteste Geschichte im Rheingebiete entzieht sich dem Wissen, sondern auch noch im vierten Jahrhundert lassen sich nur Fragmente von ihr entdecken. Im Vordergrunde stand ohne Zweifel Trier, das „gallische Rom," wo die antike Kultur am breitesten sich entfaltete. Hier verbrachte Athanasius sein abendländisches Exil, und es ist selbstverständlich, daß die christliche Gemeinde aus dem anderthalbjährigen Aufenthalte des großen, eindrucksvollen Mannes einen wertvollen Gewinn zog. Als im

Jahre 385 der hl. Martinus die Stadt betrat, müssen Bekenner des alten Glaubens nur noch ganz vereinzelt vorhanden gewesen sein; diesen Eindruck erweckt wenigstens der vorliegende Bericht.¹) Wenn bald nach Beginn des fünften Jahrhunderts vollends die Marktbasilika der Stadt in eine Kirche umgewandelt wurde,²) so ist dies ein noch deutlicheres Zeugnis desselben Inhaltes. Als einige Zeit hernach Salvian Gelegenheit nahm, die Sittenlosigkeit und Verkommenheit der durch wiederholte Eroberungen der Stadt schwer heimgesuchten Bevölkerung in düstern Farben zu malen, erwähnt er, obwohl über die Verhältnisse gut unterrichtet, dennoch keine Gepflogenheit, die ihre Wurzel im Götterglauben hatte, ein zuverlässiger Beweis, daß derselbe aus dem Gesichtskreis der damals Lebenden getreten war. Was vom Heidentum übrig geblieben war, waren heidnische Laster, nicht heidnischer Glaube. Trier ist ihm eine christliche Stadt.³) Gerade die schweren materiellen Einbußen Triers infolge der Kriegsunfälle mögen mit dem Untergange des alten Römertums das Ende des Heidentums beschleunigt haben. Im fünften Jahrhundert hörte das alte Trier überhaupt auf.

In die verödeten Gebiete drang hier wie auch anderwärts das germanische Heidentum ein, und an ihm scheinen sich die keltischen Kulte der Landschaft neu belebt zu haben.

---

¹) Sulp. Sev. Vita Mart. c. 16—18. Ein vornehmer Beamter namens Tätrabius wird als eo tempore adhuc gentilitatis errore implicitus herausgehoben. Wenn c. 16 und Dial. II, 11 die allgemeine Bezeichnung ecclesia sich findet, so folgt daraus nicht, daß Trier damals nur eine Kirche besaß (Hauck, Kirchengesch. Deutschlands I S. 27), sondern es ist die bischöfliche Hauptkirche gemeint, wie auch sonst im Sprachgebrauche jener Zeit.

²) Dehio u. Bezold, Die kirchl. Bauk. d. Abendl. 1 S. 466 f.
³) Salvian. De gub. VI, 13.

Als nämlich um die Mitte des sechsten Jahrhunderts Wulflach in das Triersche Territorium kam, fand er in der Landbevölkerung einen eifrigen Bilderdienst, der sich besonders an die mächtige Statue einer weiblichen, von Gregor von Tours Diana genannten Göttin knüpfte. Dem Styliten gelang es endlich nach längern Bemühungen, mit Hülfe einiger Bekehrter diese Statue zu zermalmen und auch andere Bildwerke zu zerstören.[1]

In Beziehung auf Mainz ist die Nachricht von Wert, daß ein Überfall auf die Stadt durch den Alamannenfürsten Rando 368 dadurch gelang, weil gerade ein christliches Fest die Bewohner in Anspruch nahm. Daraus ergiebt sich nicht nur die Vorherrschaft des Christentums überhaupt in jener Zeit, sondern auch weiterhin die Thatsache, daß die militärischen und politischen Gewalten in der Mehrheit innerhalb der neuen Religion standen. Über dieselben Verhältnisse in Köln, Tongern, Metz und andern Städten sind nicht einmal Allgemeinheiten überliefert. Die Inschriften[2] und Kunstgegenstände christlicher Herkunft bezeugen wohl den Zusammenhang mit der römischen Kultur und stellen einige topographische Einzelheiten fest, geben aber über unsern Gegenstand keine Auskunft. Die Wirkungen der Völkerwanderung auf diese Gebiete waren derartig, daß nur geringe Reste des antik-römischen Christentums übrig blieben. Ein

---

[1] Gregor. Tur. H. Fr. VIII, 15. Der Bericht läßt keinen Zweifel darüber, daß dieses Heidentum entweder rein keltisch oder keltisch-römisch war.

[2] Die christlichen Inschriften der Rheinlande, her. von F. X. Kraus, I. Die altchristl. Inschriften. Freib. 1890 (die Bistümer Chur, Basel, Speier, Worms, Mainz, Trier, Köln).

neues Heidentum, das germanische, entfaltete sich da, wo das klassische eben überwunden war.

Unter den römischen Donaulandschaften, Rätia, Noricum, Pannonia, welche die vorschauende Defensivpolitik der Römer seit Augustus rasch gewonnen und vorwiegend militärisch organisiert hatte, blieb die erstgenannte Provinz, zum größten Teil wildes, unzugängliches Bergland, dem römischen Einflusse am meisten verschlossen. Auch in dem von den keltischen Vindelikern bewohnten nördlichen Flachlande hielt sich die Romanisierung in engen Schranken. Außer der blühenden Kolonie Augusta Vindelicorum (Augsburg), die bis zu Beginn des vierten Jahrhunderts Hauptstadt der ungeteilten Provinz und hernach Vorort des zweiten Rätien war, erlangten in dieser Provinz nur wenige Städte einige Bedeutung. Daneben lagen an der Donau und an den Verkehrsstraßen kleine, zum Teil militärische Niederlassungen, in denen sich römisches und einheimisches Wesen mischten oder ersteres ausschließlich waltete.[1] Dem entspricht die dürftige Verbreitung des Christentums. Daß es in einem von Soldaten verschiedener Nationalitäten besetzten und von römischen Beamten und Kaufleuten durchzogenem Gebiete bereits im dritten Jahrhundert ansässig war, muß angenommen werden, auch wenn man den rätischen Legenden keinen Glauben schenken will. Indeß von den im fünften und sechsten Jahrhundert nachweisbaren Bistümern[2] läßt sich nur eines, das tridentinische, mit Bestimmtheit in das

---

[1] C. J. L. III, 2 die Inschriften und die Ausführungen Mommsens ebend. a. v. Oo.

[2] Vgl. die immer noch wertvollen Darlegungen von Rettberg, Kirchengesch. Teutschlands. Gött. 1846 ff. Bd. I.

vierte Jahrhundert setzen, und dieses gehört zudem einem
Distrikte an, der schon frühzeitig von Rätien losgelöst und
an Gallia cisalpina angeschlossen wurde. Der zweite historisch
beglaubigte Inhaber dieses Sitzes, Vigilius, ein Zeitgenosse
des Ambrosius, fand nicht nur in seinem bischöflichen Terri=
torium noch ein starkes Heidentum, sondern auch das ganze
Thal südlich bis Verona und nördlich bis Brixen im Besitz
der einheimischen Religion, die ihr Dasein an heiligen Stätten
und in feierlichen Umgängen kund machte. Ein von dem
Bischof eingeleiteter Versuch, diese geschlossene Macht zu
brechen, endete mit der Ermordung dreier Kleriker. Vigilius
selbst wurde nachher von Bauern erschlagen, welche er durch
Zerstörung eines auf schroffer Felshöhe sich erhebenden Idols
aufgebracht hatte.[1]) Beides ging von dem rätischen Heiden=
tume aus; das Landvolk, dessen Gläubigkeit auch die römische
Eroberung nicht zu erweichen vermocht hatte, trat darin
handelnd hervor. Wenn dagegen Ambrosius in dem In=
struktionsschreiben an Vigilius bei der Übernahme des Bis=
tums eine umständliche biblische Beweisführung aufwendet,
um das Unziemliche christlich=heidnischer Mischehen darzu=
thun,[2]) so darf hierbei eher an Beziehungen zu dem heid=
nischen Römertum in Tridentum gedacht werden.

Die rätische Überlieferung nennt neben Vigilius einen

---

[1]) Über das Martyrium der Erstgenannten (vgl. auch I, 332.) —
Sisinnius, Martyrius, Alexander — berichten zwei Schreiben des
Vigilius und im Ganzen zuverlässige Akten (Acta S. S. ad 29. Maii
p. 388 ff.); Venant. Fortun. I, 2 v. 19 ff.; über Vigilius Acta
S. S. ad 26. Junii p. 165 ff. u. Venant. Fortun. a. a. O. Ab=
gesehen von den wenigen Worten des Dichters, eröffnen diese Berichte
einen anschaulichen Einblick in das religiöse Leben und kultische
Handeln der Landbevölkerung.

[2]) Ambros. Ep. XIX n. 2. 7 ff

Bischof Valentinus, der in der ersten Hälfte des fünften Jahrhunderts von Passau bis zu dem Hochgebirge als Heidenbekehrer wirkte.¹) Indeß auch dieses Mannes Absehen war, soweit den ziemlich späten Quellen Glauben zu schenken ist, auf die Gewinnung der einheimischen Bevölkerung gerichtet. Der Ausgang des Heidentums in den beiden Rätien ist völlig dunkel. Der Abzug der Romanen und die Überflutung der Gebiete durch heidnische und arianische Völkerschaften hat in der zweiten Hälfte des fünften Jahrhunderts bis auf wenige Reste mit der antiken Kultur und Religion, so viel von dieser letztern noch vorhanden sein mochte, die christlichen Pflanzungen so sehr vernichtet, daß in der Karolingerzeit in weitem Umfange die Bekehrung von vorn anfangen mußte.

Ähnlich gestalteten sich die Geschicke des durch die römische Kultur tiefer erfaßten Noricum. Von den beiden Bistümern Lauriacum und Tiburnia, die allein in römischer Zeit sich nachweisen lassen, ohne daß über ihren Ursprung etwas bekannt wäre, verschwand ersteres, und mit ihm ohne Zweifel die Gemeinden im ganzen Usernoricum, als auf Befehl Odavakers die Provinzialen das Gebiet vor den Barbaren räumten und nach Italien übersiedelten. Die einzige Quelle, welche in die kirchlichen und religiösen Zustände kurz vor dieser

---

¹) Das zuverlässig Historische über ihn ist die kurze Notiz in Eugippius' Vita S. Severini c. 41, wo ein Schüler Valentins, der Presbyter Lucillus dem Heiligen mitteilt, die Totenfeier abbatis sui, sancti Valentini, Raetiarum scilicet quondam episcopi anrichten zu wollen. Venant. Fortun. V. Mart. IV, 647 wird eine über seinem Grabe errichtete Kirche erwähnt. Als den Ort derselben bezeichnete nachher die Überlieferung wohl mit Grund Maia in Tirol. Die spätere Vita (Act. S. S. ad. 7. Jan. p. 369 u. 1094) scheint mir glaubwürdige Angaben zu enthalten.

Auswanderung blicken läßt, die Lebensgeschichte des hl. Severinus von Eugippius, setzt das Land als christianisiert und kirchlich organisiert voraus. Dieses Ergebnis mag der engen Verbindung mit dem mächtig aufstrebenden Aquileja, welche ein reger und bequemer Verkehr mannigfacher Art knüpfte und festhielt, zu danken sein. Nur einmal geschieht götzendienerischer Handlungen, aber getaufter Leute in Cucullis im Salzachthal Erwähnung.[1]) Das schließt nicht aus, daß im mittlern Noricum in den Alpenthälern die alte Religion noch in Trümmern vorhanden war, während die Städte bis zum Ende des sechsten Jahrhunderts, wo die slavische Invasion auch hier die antike Kultur gründlich vernichtete, das Christentum behaupteten.

Pannonien, in der Kaiserzeit eines der militärisch wichtigsten Länder und mehrmals der Schauplatz entscheidender Schlachten, hatte in einem allmählichen, aber stetigen Prozesse, hauptsächlich unter dem Einflusse der Lager, sich romanisiert. Doch entzogen sich vermöge ihrer natürlichen Beschaffenheit größere Länderstrecken dieser Entwickelung und blieben somit der ansässigen Bevölkerung erhalten. In den Städten, unter denen in Ober-Pannonien Soravia, Carnuntum, Pötovio (Pettau) und Siscia, in Unter-Pannonien Sirmium, Mursa und Aquincum hervorragten, hatten sich die Kulte angesiedelt, die wir auch sonst in barbarischen Ländern im Gefolge der Legionen und Ansiedler antreffen.[2]) Die vorkonstantinische Geschichte des Christentums liegt, von einigen diokletianischen Martyrien abgesehen, fast ganz im Dunkeln. Die Legende

---

[1]) Vita S. Severini c. 11: pars plebis in quodam loco nefandis sacrificiis inhaerebat. Näheres über die Art dieser Opfer fehlt in dem Berichte.

[2]) Die Inschriften C. J. L. III, 1.

der Quatuor Coronati zeigt uns Christen als Verurteilte in den pannonischen Bergwerken, darunter einen griechischen Bischof;[1] dagegen treten christliche Gemeinden nirgends in den Gesichtskreis, was vielleicht in der Art der Ereignisse seine hinreichende Erklärung findet. Dagegen läßt eine nicht nur lokalgeschichtlich wertvolle Inschrift von Jasä (Töplitz), die den Wiederaufbau der durch Feuer zerstörten Baulichkeiten des vielbesuchten Badeortes und die Gewährung eines am Sonntage abzuhaltenden Marktes durch Konstantin d. Gr. meldet,[2] das Vorhandensein einer christlichen Bevölkerung in der Umgegend vermuten. Schon länger bestand in dem nahe gelegenen Pötovio ein Bistum.[3] In Soravia, woselbst Martin von Tours von heidnischen Eltern angesehenen Standes geboren wurde, hat derselbe um die Mitte des vierten Jahrhunderts einige Heiden bekehrt. Auch die Mutter ließ sich gewinnen, dagegen der Vater, ein Militärtribun, blieb standhaft.[4] Fast gewinnt man aus diesen Vorgängen den Eindruck, daß Soravia damals noch vorwiegend eine heidnische Stadt war. Einige Jahrzehnte später erschienen in derjenigen Stadt, welche den italienischen Verkehr zunächst vermittelte, in Amona (Laibach) bei dem Einzuge des

---

[1] Passio sanctorum quatuor Coronatorum c. 2 ed. Wattenbach (Wien 1870).

[2] C. J. L. III, 1 n. 4121: — — — aquas Jasas olim vi ignis consumptas cum porticibus | et omnib(us) ornamentis ad pristinam faciem restituit | provisione etiam pietatis sue nundinas | die solis perpeti anno constituit | curante Val. Catulino u. s. w.

[3] Hieron. De vir. illustr. c. 74: Victorinus, Petabionensis episcopus — die erste Erwähnung dieses Bistums.

[4] Sulp. Sev. Vita Martini c. 2. 6; Venant. Fort. V. Mart. I, 104 ff.

siegreichen Theodosius nach der Niederwerfung des Maximus neben den zur Begrüßung aufziehenden Senatoren und Flamines auch heidnische Priester in hohem Kopfschmucke.¹) Aber diese Sacerdotes sind nicht als Träger religiöser Ämter zu denken, sondern als Standespersonen wie die mit dem Abzeichen ihrer städtischen Würde mit ihnen auftretenden Flamines. Ferner eine jetzt in Graz befindliche Inschrift aus Pötovio, in welcher man die Errichtung eines Jupiteraltars durch einen Tribunen wunderlich genug „auf Befehl des Konstantius angemerkt fand, verdankt diesen Inhalt einer falschen Lesung, welcher Gruter Verbreitung verschaffte.²)

In den christologischen Kämpfen des vierten Jahrhunderts trat der pannonische Episkopat fast geschlossen als Hauptstütze des Arianismus im Abendlande hervor. Der Bischof Valens von Mursa besaß das Ohr des Kaisers Konstantius und stand in dem Verdachte, seine theologische Politik zu beeinflussen. In Sirmium, der Hauptstadt des untern Pannonien, tagten in den Jahren 351 und 357 bischöfliche Versammlungen zu dem Zwecke, ein Unionsbekenntnis herzustellen. Die einzige altchristliche Katakombe

---

¹) Panegyr. Pacati Theodosio dictus (Migne XIII) c. 37: — — — conspicuos veste nivea senatores, reverendos municipali purpura flamines, insignes apicibus sacerdotes. Die Rede wurde 389 in Rom im Senate gehalten. Pacatus war Anhänger eines farblosen Monotheismus (Teuffel §. 426).

²) C. J. L. III, 1 n. 4037. Die entscheidenden Worte sind — — profic | iscens ad opprimen | dam factionem | Gallicanam jussu | principis sui aram | istam posuit. Statt Gallicanam las man Galli und bezog die Inschrift (z. B. auch Rettberg, Kirchengesch. Deutschl. I, 237) auf ein Unternehmen gegen den Cäsar Gallus.

diesseits der Alpen mit Malereien, wie wir sie in Rom beobachten, gehört diesem Lande an und ist um die Mitte des vierten Jahrhunderts entstanden.¹) Geendet hat auch in Pannonien das klassische Heidentum im Chaos der Völkerwanderung.

---

¹) Meine Kat. S. 334—336. Die sehr wenigen Inschriften und sonstigen altchristlichen Denkmäler entfallen an das Ende des 4. und in das 5. Jahrh.

VII.

Griechenland.

Das Hellenentum war schon im Absterben begriffen, als der furchtbare Bürgerkrieg, der im Augusteischen Kaisertum endete, Griechenland in seine verwüstenden Wirkungen hineinzog. Die schon seit der römischen Eroberung vorgeschrittene Verödung des Landes nahm einen erschreckenden Umfang an. Zahlreiche Städte lagen in Ruinen, ganze Landschaften waren fast entvölkert. Das Wohlwollen einzelner Kaiser, wie besonders Hadrians, führte wohl an einzelnen Punkten bessere Verhältnisse herbei, aber die schlechte Beamtenwirtschaft, verheerende Naturereignisse und der degenerierte Geist der Bevölkerung schoben das Schwergewicht auf die entgegengesetzte Seite. Das Griechenland der Kaiserzeit war und blieb eine verkommene Provinz, die sich nur noch als die einstige Heimat des idealen Hellenentums in der Erinnerung erhielt.

Auf diesem Boden waren schon in apostolischer Zeit christliche Gemeinden entstanden, unter denen Korinth die Führung gewann. Ihr Umfang läßt sich nicht übersehen. Sie müssen indeß schon im zweiten Jahrhundert beachtenswert hervorgetreten sein, da die Regierung Veranlassung fand, sich mit ihnen zu beschäftigen.¹) Gegen Ende dieses Jahrhunderts nahm der Bischof Dionysius von Korinth eine angesehene Stellung in Griechenland ein. Er richtete, wie an viele andere Gemeinden, so auch nach Lakebaimon (Sparta) und Athen Schreiben, welche noch in späterer Zeit geschätzt wurden.²)

Im vierten Jahrhundert gewähren Synodalunterschriften die Mittel, mehrere Bistümer festzustellen.³) Wenn auch angenommen werden muß, daß diese Städtenamen die Zahl der griechischen Bischofssitze nur zum Teil angeben, so bleibt doch eine große Dürftigkeit als Thatsache bestehen. Die Begründung derselben aus einer festern Anhänglichkeit an den Götterglauben ergiebt sich als Nächstes, doch darf auch der reduzierte Zustand des Landes nicht außer Rechnung bleiben. Schon die spätern Geschicke des griechischen Orakelwesens verbieten, auf den ersten Umstand alles Gewicht zu legen, insofern daran eine starke Ermattung des religiösen Lebens sich beobachten läßt.

Plutarch hat in einer eigenen Schrift über die sinkende Auttorität der Orakel gehandelt.⁴) Einst, so läßt er sich darin vernehmen, war Böotien berühmt wegen seiner Orakel, jetzt sind sie wie Bäche versiegt, und eine große Weissagungsdürre ist über das Land gekommen. Nur noch in Lebadia hat Böotien ein Orakel; die übrigen schweigen oder liegen

---

¹) Euseb. H. E. IV, 26, 10.
²) Euseb. IV, 23, 1, 2.
³) Sparta, Megalopolis, Elis, Paträ, Korinth, Megara, Athen, Marathon, Elatea, Chalkis auf Euböa und in den nördlichen Landschaften u. A. Nikopolis, Larissa, Thessalonich (Mansi II, 696; 700; III, 42; 44 ff.). Nicht Alles ist hier indeß sicher.
⁴) De defectu oraculorum (opera ed. Lips. Tauchn. vol. 3).

gänzlich wüst.¹) Delphi behauptet zwar nicht mehr sein altes Ansehen, aber es steht noch in Ruf; Barbaren und Hellenen suchen es auf, indeß nur mit kleinen und spießbürgerlichen Fragen wird die Pythia bemüht.²)

So war es kein religionspolitisches Wagnis, wenn Konstantin die Befragung der Orakel verbot.³) Eine strenge Durchführung des Verbots war außerdem nicht möglich; es bedeutete nicht eine allgemeine Hemmung der Orakel, sondern eine weitere empfindliche Schädigung derselben. Auf Delphi indeß fand, wegen seines alten Weltruhmes, die kaiserliche Verordnung Anwendung. Der Dreifuß und die Statue des Apollo wurden dem heiligen Orte entnommen und nach der neuen Residenz am Bosporus geschafft, und zwar gewiß nicht als die einzigen Beutestücke. Auch aus Dodona wurde ein Zeusbild entführt.⁴) Nun konnte man von den „einst berühmten, jetzt aber nicht mehr existierenden Orakeln" sprechen und dies mit der triumphierenden Frage erläutern: „Wo ist der Pythios? Der Klarios? Wo ferner der Dodonäer?"⁵) Wohl hat etwa ein Jahrhundert später noch ein gelehrter Bischof sich mit dem Orakeltum der Alten beschäftigt und ihm die alttestamentliche Weissagung als das wahre Orakel Gottes entgegengestellt, aber doch nur akademisch. Denn auch hier hören wir die zuversichtliche Behauptung, daß die Orakel schweigen, weil ihnen Schweigen auferlegt

---

¹) A. a. O. c. 5.
²) Plut. De Pythiae or. (ebend.).
³) Euseb. V. C. IV, 25.
⁴) Zosim. V, 24; Cedren. De origine Const. S. 16 (ed. Bonn.).
⁵) Euseb. Praep. ev. IV, 2. vgl. Athan. De incarn. verbi c. 47. — Vita Antonii c. 33.

ist. Namentlich aufgeführt werden in Griechenland Dodona, Delphi, Delos, Lebadia und Oropos.¹) Schon vorher hatte auch im Abendlande Prudentius den Untergang der Orakel — darunter Delphi und Dodona — dichterisch gefeiert.²) Die Aussagen der kirchlichen Schriftsteller ruhen sämtlich auf der Annahme, daß die Abnahme des Orakelwesens mit der Ankunft Christi zusammenhänge. Eine richtige Beobachtung wird hier also in falsche Ursächlichkeit gestellt, aber über die geschichtliche Thatsache des Verfalls der Orakel besteht zwischen christlichen und heidnischen Quellen keine Differenz. Trotzdem läßt, wie schon angedeutet, ein plötzliches Aufhören der Mantik in dieser Form sich nicht vorstellen. Die berühmten Orakelstätten sind natürlich zuerst dem Ansturme erlegen, die obscuren und die in abgeschiedenen Örtlichkeiten befindlichen haben ihre Existenz noch länger behauptet.

Den religiösen wie wirtschaftlichen Zustand des antiken Griechenlands im vierten Jahrhundert charakterisiert nicht minder das in der Kultus- und Religionsgeschichte Attikas so bedeutsame Eleusis. Ein Redner, der unter dem Kaiser Julian eine Konsulatsrede hielt, nannte es in einem kurzen Satze „in elenden Ruin" verfallen.³) Ein Hierophant, der sich zu dem Eumolpidengeschlecht rechnete, war noch da; Julian, der sich sehr um Belebung des Götterglaubens in Hellas bemühte, berief ihn nach Gallien und ehrte ihn hoch.

---

¹) Theodor., Graec. aff. cur. X: περὶ χρησμῶν ἀληθινῶν τε καὶ ψευδῶν. Vgl. auch Cyrill. Al., Contra Julian. lib. VI (M. 76 S. 804).

²) Prudent. Apoth. v. v. 438 ff.

³) Mamert. Grat actio Julian. Aug. pro cons. c. 9: In miserandam ruinam conciderat Eleusina.

Der Geehrte selbst freilich teilte nicht die freudigen Hoffnungen seines kaiserlichen Gönners auf die Zukunft; er erwartete, selbst noch die Verwüstung der ehrwürdigen Heiligtümer zu erleben, die auf des Kaisers Befehl sich wieder erhoben.[1]) Die Wendung der Religionspolitik nach Julians Tode traf in ihrer Anwendung auch die wieder belebten Eleusinia; der Prokonsul von Achaja, Prätextatus, selbst ein Göttergläubiger, hielt indeß seine schützende Hand darüber,[2]) so daß sich ihre Dauer noch längere Zeit verfolgen läßt. Die Hierophantenliste kann bis zum Jahre 376 festgestellt werden, wenn auch lückenhaft.[3]) Doch lagen in dieser öffentlichen Duldung selbstverständlich gewisse Abzüge als Bedingung. Auch ertrug die Art des Festes leicht die Reduzierung auf ein opferloses und tempelloses Volksfest. Es scheint, daß erst der Einbruch Alarichs in Griechenland im Jahre 395 Eleusis für immer vernichtet habe.[4])

Das höchste Interesse in der Geschichte des untergehenden Hellenismus auf diesem Boden knüpft sich an Athen. Was Griechenland überhaupt der gebildeten Welt war, fand seine Zusammenfassung in dieser Stadt. Der materielle und geistige Niedergang des Landes prägte sich auch in der Physiognomie Athens aus. Bereits Horaz nannte es leer.[5]) Mit noch größerm Rechte konnte, freilich nicht ohne Übertreibung, der oben angeführte Redner von ihm

---

[1]) Mamert. a. a. O.
[2]) Bd. I, 198.
[3]) Lenormant, Recherches archéol. à Éleusis. Paris 1862 S. 144.
[4]) Eunap. Vita Maximi.
[5]) Horat. Ep. II, 2. 81: vacuas Athenas.

sagen, daß es allen öffentlichen und privaten Schmuckes baar sei.¹) Ein alexandrinisch-partikularistischer Philosoph konnte sogar spotten über dieses Athen, das gar nichts Ehrwürdiges mehr besitze; nur berühmte Namen hört man dort noch. Einst durch seine Weisheit gefeiert, hat es jetzt seine Berühmtheit in seinem Honig.²) Diese bissige Rede entsprach nur zum Teil der Wahrheit. Die Romantik einer großen Vergangenheit, welche auf dieser Stadt ruhte, hielt sie hoch über Alexandrien und Konstantinopel, wie sehr diese auch sonst ihr vorausgeeilt waren. Der Zauber einer einzigartigen politischen, geistigen und künstlerischen Geschichte trug auch eine starke religiöse Anziehungskraft in sich. Noch im vierten Jahrhundert zur Zeit der Konstantiner galt es ernsten Christen als seelengefährlich, und manche Studierende in Athen ließen sich durch die heidnische Philosophie zur heidnischen Religion leiten. Sich christlich halten in der Umgebung einer halb oder ganz heidnischen Bevölkerung kostete einiges Opfer. Zwischen Hellenismus und Christentum gestellt, nannte daher ein gleichzeitig mit Julian dort studierender Kappadozier Athen eine inhaltlose Seeligkeit.³) Julian hat ohne Zweifel die Stadt, in welcher seine Ideale lagen, nach Kräften gehoben und ihr vorübergehend das Aussehen eines antik gläubigen Gemeinwesens verschafft. Dieses Übergewicht der alten Religion ist nicht sobald verschwunden. Noch lange

---

[1] Mamert. a. a. O.: ... Athenae omnem cultum publice privatimque perdiderunt.

[2] Synesius, Ep. 135.

[3] Ich entnehme diese Angaben aus der Orat. 43 des Gregor v. Nazianz, die sich mit Basilius beschäftigt. Das Urteil der Basilius: κενὴν μακαρίαν τὰς Ἀθήνας ὠνόμαζεν.

nach seinem Tode war der Magistrat heidnisch, mußte aber mit den neuen Verhältnissen vorsichtig rechnen.[1]

Dieser Zustand konnte nicht von langer Dauer sein. Die Gegenwirkung der mächtigen Kirche, die am Staate einen Hinterhalt hatte und bald nachher in Theodosius auf dem Throne einen eifrigen Gönner und harten Heidenfeind gewann, mußte endlich auch die traditionelle Schonung Athens zurückschieben. Die Verwüstung Griechenlands durch Alarich leistete dieser Tendenz erfolgreichen Vorschub, nicht sowohl darum, weil der arianische Fürst gewiß gelegentlich auch die antiken Kultstätten, in denen die Göttergläubigen sich noch sammelten, vernichtete, sondern hauptsächlich deshalb, weil die wilde Zerstörung die Reste antiken Lebens und antiker Kultur, an denen die Fortdauer des Götterglaubens fast absolut hing, auf das empfindlichste traf. Ein ganzes Jahr lang dauerte die Schreckensherrschaft.[2]

In die religiöse Lage Athens im fünften Jahrhundert läßt uns Marinus, der Biograph des Neuplatonikers Proklus, hineinblicken. Die Tempel stehen noch, aber der Zutritt zu ihnen ist verboten. Es werden namentlich angeführt das Asklepieion, der Parthenon, der Tempel des Dionysos, das

---

[1] Ich ziehe diesen Schluß aus Zosim. IV, 18, wonach der Hierophant Nestorius bei dem Magistrat (οἱ ἐν τέλει) den Antrag stellte, den öffentlichen Kultus des Heros Achilleus anzuordnen, um Unheil von Athen abzuwenden. Der Magistrat wies den Antrag als eines kindischen Greises ab.

[2] Vgl. Gregorovius: „Hat Alarich die Nationalgötter Griechenlands zerstört?" (Kleine Schriften zur Gesch. u. Kultur, Lpz. 1887 S. 50 ff.) Der Verf. geht m. E. in der berechtigten Abweisung einer herkömmlichen Meinung zu weit in der entgegengesetzten Richtung. — Vgl. auch Bd. I, 435 f.

Sokrateion. Indeß fehlte es nicht an heimlichen Betern. Der Hierophant Nestorius konnte neben der berühmten Athenestatue ein kleines Götterbild aufstellen und davor seine Andacht verrichten.¹) Doch bald nachher wurde die Athenestatue von denen, „die das Unmögliche möglich machen," entführt und das Asklepiosheiligtum zerstört.²) Diese „Zerstörung" darf als Umwandlung in eine Kirche oder in ein anderes Gebäude mit großer Wahrscheinlichkeit verstanden werden. Denn in diesem Jahrhundert hat die hernach fortgesetzte Arbeit, in den antiken Heiligtümern christliche Kirchen einzurichten, begonnen. So wurde der Parthenon selbst unter Aufwendung großer architektonischer Kraftanstrengungen in ein Gotteshaus verwandelt, das nicht unwahrscheinlich zuerst der Ἁγία Σοφία, im Gegensatz zu der in Athen heimischen Weltweisheit, später der Maria geweiht war.³) Die berühmten Skulpturen wurden geschont. Auch das Erechtheion ging in den Dienst der Maria über, ebenso der Tempel der Persephone, letzterer mit noch geringern Modifikationen als jenes, während das Theseion ein Heiligtum des hl. Georg wurde.⁴) Auch sonst hat in Athen die Kirche mit den

---

¹) Marin. V. Procli c. 29. 10. — Zosim. IV, 18.
²) Marin. c. 30. 29. Über das Asklepieion heißt es an letzterer Stelle: ἔτι ἀπόρθητον τὸ τοῦ σωτῆρος ἱερόν. „Zerstört" hat sowohl in der privaten wie in der Gesetzessprache oft die Bedeutung von „umgebaut," „verwandelt."
³) Die genauere Beschreibung dieser jedenfalls mehrere Bauperioden umspannenden Umbauten bei Michaelis, Der Parthenon. Lpz. 1871 S. 45 ff.
⁴) Aug. Mommsen, Athenae christianae, Lpz. 1868; Petit de Juleville, Recherches sur l'emplacement et le vocable des églises chrét. en Grèce (Archives des Missions scientifiques 1869 2ᵉ série t. 5 S. 470 ff.). Über neuere Ent-

Schöpfungen des Altertums souverän geschaltet, doch ist es in fast allen Fällen unmöglich, auch nur annähernde Zeitansätze zu geben. Einzelne Bauten, wie das mächtige Olympicion in der sog. Hadriansstadt, sind durch Naturgewalten vernichtet worden. Die Verschleppung beweglicher Kunstwerke dauerte fort. Nach Konstantin werden noch Theodosius II und Justinian als solche genannt, welche Konstantinopel mit athenischem Raube schmückten; aber auch Beamte, wie jener Prokonsul, der die noch im vierten Jahrhundert mit Stolz gezeigten Gemälde des Polygnot aus der Stoa Poikile entfernte,[1]) nutzten ihre Machtstellung in dieser Richtung aus. Endlich war eine immer mehr in materiellen und geistigen Ruin versinkende Stadt nicht in der Lage, ihren Kunstwerken diejenige Pflege zu gewähren, welche ihre Erhaltung erfordert. Ein gewaltthätiges Vorgehen der Christen gegen die Heiligtümer und Götterbilder läßt sich, den einen, aber nicht klaren Fall des Asklepieion ausgenommen, nicht entdecken. Die Kargheit der Denkmäler, welche die neuere archäologische Forschung in Athen angetroffen hat, findet ihre hinreichende Erklärung in den schweren Schicksalen, welche die Stadt bis zur vollendeten Befreiung Griechenlands zu erdulden gehabt hat.

Das Ende der platonischen Akademie unter Justinian, in welcher Form immer es sich vollzogen haben mag, mußte den Götterglauben in Athen empfindlich treffen. Denn er verlor in dieser Katastrophe gewiß das bedeutungsvolle Band, welches ihn mit der geistigen Aristokratie der Gegenwart und

---

deckungen am Abhange der Akropolis in der Umgebung und an der Stelle des Asklepieion vgl. Girard, L'asclépieion d'Athènes, Paris 1882.

[1]) Synes. Ep. 135.

zugleich der Vergangenheit verknüpfte. Der Hellenismus degenerierte zum Paganismus. Die im vierten Jahrhundert bezeugte religiöse Verehrung der Athene Parthenos,[1] welche ursprünglich kein Kultbild, sondern ein Weihegeschenk war, kündet diese absteigende Richtung schon an. Wie fast überall, sank auch hier die Religion auf die Stufe der Superstition herab und erhielt sich in dieser Verschlechterung im Volkstum vereinzelt bis zur Gegenwart. Eine athenische Inschrift des fünften Jahrhunderts des Inhaltes: „Christus hat gesiegt. Amen. Es geschehe,"[2] lädt ein, sie in diese Geschichte einzuflechten, doch entbehrt sie einer genügend deutlichen Beziehung.

Nicht anders sind die Ausgänge des Heidentums im übrigen Hellas zu denken. Die Einrichtung christlicher Kirchen in den verödeten Heiligtümern darf im Allgemeinen als Beweis gelten, daß die neue Religion kampflos das Erbe der alten an sich genommen hat. Kein Land bietet so zahlreiche Beispiele einer solchen Usurpation als Hellas. Mit den Kirchen konkurrieren die Klöster. Die Vermutung, daß die Heiligen, denen die neuen Kirchengründungen zugeteilt wurden, nicht selten in bewußter Anknüpfung an den antiken Gott oder Heros ausgewählt sind, hat Recht, aber doch nur in der Einschränkung auf Ausnahmen. Ein Beweis dafür ist überhaupt nicht zu führen. In jedem Falle ist die Naivetät erstaunlich, mit welcher die Göttersitze der neuen Religion dienstbar gemacht wurden. In Eleusis richtete ein gewisser Artemisios samt seiner Familie in dem Tempel des Tripto-

---

[1] Zosim. IV, 18.
[2] Bayet, De titulis Atticae christ. antiquiss. Par. 1878 n. 92 (S. 105).

lemos eine Kirche ein;[1]) Marmorstücke verfallener Bauten mußten christliche Grabinschriften aufnehmen.[2]) In dem Tempel des Zeus Hypatos am Messapion in Böotien bauten sich Mönche an. Die Mauern der Kapelle des heiligen Elias bei Thespiä bildeten wahrscheinlich einst den Peribolos des Altars des helikonischen Zeus, der auf der Bergeshöhe sich erhob. Das Heiligtum des Trophonios in Lebadia wandelte sich in eine Kirche der Panagia.[3]) In dieser Aneignung antiker Kultstätten ruht als Voraussetzung die Empfindung voller Souveränetät der alten Religion gegenüber. Sie gilt nicht mehr als dämonisch, sondern als eine tote Größe, deren Erbe zu Jedermanns Besitz und Gebrauch liegt.

Zu dem Jahre 394 notiert ein byzantinischer Historiker: „Damals erloschen die olympischen Spiele."[4]) Gewiß hat ein kaiserlicher Akt das Ende derselben dekretiert, aber diese berühmte Festfeier befand sich gegen Ausgang des Jahrhunderts in der kümmerlichsten Lage. Das Vordringen des Christentums, noch mehr aber die materielle und geistige Erschöpfung Griechenlands hatten sie auf das äußerste reduziert. Sie war nur ein elender Schatten. Ihre Aufhebung ist daher schwerlich als eine Gewaltthat von der Bevölkerung empfunden worden. Die Verwüstung, welche hernach der an herrlichen Bauten einst so reiche Bezirk zeigte, ist nicht durch religiösen Übereifer hervorgerufen, sondern durch Naturer-

---

[1]) Die Weiheinschrift Lenorm. a. a. O. n. 125.

[2]) Lenorm. n. 127 ff.

[3]) Bursian, Geographie von Griechenland. Lpz. 1862 ff. I S. 216. 239. 207. 210. II, 31. 48. 52 u. s. Vgl. auch Petit de Juleville a. a. O.

[4]) Cedren. Hist. I p. 573 ed. Bonn.

eignisse und Terrainumbildungen. Ein gewaltiges Erdbeben i. J. 551 warf die Tempelstadt in Trümmer, nachdem bereits vorher bei Aufrichtung einer Verteidigungsmauer im Süden der Altis aus antiken Bauten Material entnommen war. Denn, wie verschiedene Fundstücke, Gräber und ein älterer Kirchenbau sicher stellen, bestand an der einst gefeiertesten Stätte des Hellenentums schon vor jener Katastrophe eine christliche Gemeinde.[1]) Das berühmte Zeusbild hatte wohl schon damals in Konstantinopel einen neuen Standort gefunden.[2]) Im achten Jahrhundert erscheint Griechenland, besonders der Peloponnes, mit slavischen Colonien überzogen. In welcher Weise sich die Einwanderung vollzogen und wie weit sie sich erstreckt hat,[3]) kann nicht mit Sicherheit festgestellt werden. Doch ist anzunehmen, daß diese Überflutung des Landes mit Barbaren den Überbleibseln antiken Lebens und antiker Kultur in Griechenland höchst nachteilig geworden ist, obgleich sie im Allgemeinen die Städte nicht berührte. Es entstand ein anders geartetes Heidentum neben der Kirche, das aber seinem Wesen nach in keine Beziehungen zu dem Hellenismus treten konnte, ja, so wie die Dinge lagen, eine neue Last für ihn werden und seinen definitiven Untergang beschleunigen mußte. Nur einmal noch ist seitdem in der Geschichte Griechenlands die Rede von göttergläubigen Hellenen. Als nämlich im neunten Jahrhundert Kaiser Basilius der Mazedonier die slavischen

---

[1]) Holtzinger, Kunsthist. Studien. Tüb. 1886 S. 69 ff. — Dazu Bötticher, Olympia. 2. A. Berl. 1886 S. 30 ff.

[2]) Cedren. I, 564. 566 f.

[3]) Vgl. Gregorovius, Gesch. d. Stadt Athen im Mittelalter. Stuttg. 1891 f I S. 112 ff.

Stämme im Peloponnes seinem Szepter und dem Kreuze unterwarf, stießen die Sieger auf der südlichen, von dem Tänarus gebildeten schmalen Halbinsel auf eine Bevölkerung, die, durch ein schwer zugängliches Gebirgsland geschützt, den väterlichen Götterkult pflegte. Sie erlag und gab ihre Freiheit und ihren Glauben auf.[1]) Diese Bezwingung der Maïnoten, wie sie nach ihrer Hauptstadt Maïna genannt werden, schließt indeß schwerlich die Geschichte des Hellenismus in Griechenland ab; nur entzieht er sich anderswo unserer Kenntnis. Denn es ist nicht glaublich, daß nicht auch sonst unter gleichen Bedingungen gleiche Verhältnisse bestanden haben sollten. Das Fortleben des „alten" Griechenlands im „neuen," welches aufmerksame Beobachter leicht entdecken, giebt zu solchen Schlüssen zuverlässige Handhaben.

Von den mazedonischen Städten aus scheint sich vornehmlich die christliche Propaganda nach Thrazien ausgedehnt zu haben. Die kirchliche Überlieferung läßt in und um Tiberiopolis zur Zeit Julians drei Männer wirken, deren einer, Timotheus in der genannten Stadt ein Bistum gründete.[2]) Besser beglaubigt ist die Wirksamkeit des Bischofs Nicetas, eines Zeitgenossen des Paulinus von Nola, der von Philippi aus in das Gebirgsland der wilden, durch Brigantaggio berüchtigten Bessi eindrang und sie erfolgreich evangelisierte. Die harten Nacken beugten sich dem Joche Christi; die unzugänglichen Gebirge bargen jetzt in Einsiedler verwandelte Räuber, wie Paulinus von Nola dichterisch uns schildert:

---

[1]) Const. Porphyr. De administr. regni c. 50. Vgl. auch I, 449.

[2]) Theophyl. Hist. martyrii XV mart. p. 175 ff. (Migne t. 126).

Mos ubi quondam fuerat ferarum,
   Nunc ibi ritus viget angelorum
  Et latet justus, quibus ipse latro
   Vixit in antris.¹)

Über den weitern Fortgang der Christianisierung ist nichts bekannt. Sie wird sich rasch weiter entwickelt haben, da die Bessi als treffliches Soldatenmaterial in der Armee gern verwertet, also im Zusammenhang mit dem christlichen Staatswesen gehalten wurden.

Über den Verlauf der Christianisierung auf den Griechenland benachbarten Inseln ist nichts bekannt; nur eine corchräische Inschrift läßt den Kaiser Jovian sich berühmen, daß er die Tempel und Altäre der Hellenen zerstört und „diesen heiligen Tempel" — gemeint ist die Hauptkirche in der Stadt Corcyra selbst — gebaut habe.²) Doch ist diese Inschrift schwerlich gleichzeitig, sondern blickt auf eine ferner liegende Vergangenheit zurück. In Kreta und Euböa ist um die Mitte des fünften Jahrhunderts die bischöfliche Organisation abgeschlossen; auf Melos bestand schon in vorkonstantinischer Zeit eine Grabstätte, die auf eine ansehnliche Gemeinde weist.³)

Zu dem oben erwähnten Aufsatze von Petit de Julleville über die Lokalisierung und Benennung der christlichen Kirchen in Griechenland seien noch einige Bemerkungen hier angefügt, die darauf abzielen, einer beliebten Praxis auf

---

¹) Paul. Nol. Poema XVII (al. XXX) v. 225 ff. Dazu Acta S. S. 22. Jun. p. 243 f.
²) C. J. G. IV n. 8608 (in porta ecclesiae christianae — di nostra Signora di Paleopoli).
³) Meine Katal. S. 275 ff.

diesem Gebiete zu begegnen. Unter den von dem Genannten aufgeführten Kirchen ist ohne Zweifel ein sehr großer Teil auf den Trümmern einstiger Tempel und sonstiger Heiligtümer errichtet. In den übrigen Fällen dagegen sind die Vermutungen so schlecht gestützt, daß sie kein Recht haben, auch nur ausgesprochen zu werden. Noch unumschränkter aber waltet die haltlose Hypothese in dem zweiten Kapitel der Abhandlung: Recherches sur l'origine et la signification de plusieurs vocables chrétiens. Es mag richtig sein, daß die heiligen Ärzte Cosmas und Damianus dem Heilgotte Äskulap entgegengestellt wurden (S. 501 f.), obwohl ein Beweis nicht zu erbringen ist, oder auch, daß z. B. der christliche heilige Merkurius gegen den heidnischen sich ausspielte (S. 508 f.) oder daß Maria Göttinnen verdrängte, aber es liegt andererseits eine starke Zumutung darin, zu glauben, daß eine Zwölfapostelkirche in Athen den Zwölfgötteraltar verdecke, daß in Hagios Basilios der Name Helios in corrumpierter Form sich verberge, oder in Hagios Demetrios nach derselben Analogie Demeter ruhe. Andere Verbindungen und Vermischungen dieser Art sollen sein: Hagios Dionysios = Dionysos; Hagios Helias ($Ἠλίας$) = Helios; Hagios Soter = $Ζεὺς\ μειλίχιος$ u. s. w. Diese bizarren Schlußfolgerungen sind durchaus der Ausfluß der populären, nicht etwa auf Laienkreise beschränkten Auffassung der Entwickelung dieser Dinge, die ihr Schlagwort in der Phrase von der „Hellenisierung des Christentums" gefunden hat.

VIII.

Ägypten.

Eine pessimistische Stimme aus neuplatonischem Kreise stellte schon im dritten Jahrhundert den nahen Untergang des Götterglaubens in Ägypten in Aussicht: die Himmlischen werden das Land verlassen, ihr Dienst lebt nur in Sagen fort, die den kommenden Geschlechtern unglaublich dünken.[1]) Doch nicht nur damals, sondern noch unter dem zweiten christlichen Kaiser blühte der Götterkult und rauchten die Altäre. Priester, Haruspices, Tempeldiener waren in großen Schaaren da, und ihnen entsprach die Zahl eifriger Gläubigen. Mit Recht konnte man es wegen seiner Frömmigkeit das „göttliche Ägypten" nennen.[2])

Trotzdem war der neuplatonische Prophet im Rechte. Zu dem Zwiespalte, welchen Hellenisierung und Romanisierung in ihrer scharfen Gegensätzlichkeit zu der uralten einheimischen Götterverehrung der Ägypter in das religiöse Leben des Landes getragen hatten, war schon früh auch das Christentum gekommen. In Alexandrien gewann es bereits

---

[1]) Der hermetische Dialog Asclepius (Bernays, Ges. Abh. I S. 327 ff.; dazu August. De civit. VIII, 26).

[2]) Descriptio totius orbis n. 36 (Müller: Geographi graeci min. II p. 520).

im zweiten Jahrhundert einen wissenschaftlichen Mittelpunkt und hat wohl von dort aus zunächst im Deltagebiet, dann in Mittel- und Oberägypten sich gefestigt. Die diokletianische Verfolgung stieß bereits in Oberägypten auf zahlreiche Christen.[1]) Die arianischen Kämpfe lassen nicht nur in Alexandrien eine Gemeinde sehen, deren gewaltthätiger Fanatismus für die Regierung ein Gegenstand der Sorge und der Furcht war, sondern stellen auch zahlreiche episkopale und mönchische Stationen auch im Innern in den Gesichtskreis. Die leidenschaftlichen Controversen über die Zweinaturenlehre, die nirgends einen lautern Wiederhall als in Ägypten fanden, vervollständigen dieses Bild. In diesem Ausschnitt der Geschichte Ägyptens sind indeß zwei Gebiete scharf auseinanderzuhalten: die beiden griechischen Städte Alexandrien in Unter- und Ptolemais in Oberägypten und auf der andern Seite das Landgebiet, jene im Besitz und Übung der Herrschaft, diese im Stand der Unterordnung. Auch außerhalb dieser Gegenüberstellung trat die Ungleichheit zwischen ägyptischer und hellenischer Bevölkerung scharf hervor. Sie scheidet auch die kirchliche Geschichte des Landes.

In der ersten Hälfte des fünften Jahrhunderts glaubte der Patriarch von Alexandrien in einer Predigt rühmen zu dürfen: einst war Ägypten voll von Tempelbezirken und Altären. Libationen und Opfer wurden allerwärts dargebracht; sogar Tiere genossen religiöse Verehrung. Jetzt ist Alles dahin. Die Ägypter sind gläubig geworden an Christus.[2])

---

[1]) Euseb. H. E. VIII, 9. Nach diesem Berichte dauerte die Verfolgung mehrere Jahre ohne Unterbrechung und forderte Hunderte von Opfern.

[2]) Cyrill Alex. In Jes. 19, 19 (M. 70 S. 469). So auch schon Hieron. zu ebenders. Stelle.

Dieses Urteil verliert an Wert, wenn man berücksichtigt, daß seine Genesis in dem Texte Jesaia 19, 19 liegt, der als Weissagung diese Bestätigung durch den Prediger gewissermaßen forderte. Aber es ist auch nicht blos Rhetorik. Denn der Patriarch weiß bei anderer Gelegenheit, wo ein solcher Zwang nicht vorlag, die kirchliche und religiöse Blüte des Landes zu rühmen. Kirchen, Altäre, Mönchs- und Nonnenklöster, Asketen sind „überall" zu finden; und nicht genug, daß diese letztern die Last erwählter Übungen tragen, machen sie die Botschaft von Christus auch andern zugänglich.[1]) Von diesen Allgemeinheiten führt auf sicherern Boden die Betrachtung der bischöflichen Organisation etwa um die Mitte dieses Jahrhunderts. Die Centralisierung der einzelnen Landdistrikte, der Nomen, um eine Metropolis, die den politischen und religiösen Mittelpunkt abgab und zugleich im Besitz eines Central-Heiligtums war,[2]) wies der kirchlichen Organisation deutlich den geeignetsten Weg zur Gewinnung des Landes. Sie hat diesen Weg beschritten. Die Nomen-Metropolen erscheinen mit wenigen Ausnahmen im fünften Jahrhundert als kirchliche Metropolen, als Bischofssitze.[3]) Wie sonst, so schloß sich auch in Ägypten die Kirche in das Schema der gemeindlichen Gliederung ein. Von den politisch-

---

[1]) Cyrill. a. a. O. S. 972; vgl. Chrysost. In Matth. hom. VIII n. 4.

[2]) Vgl. die interessanten Nachweise über diese religiöse Organisation bei Letronnne, Recueil des inscript. grecques et latines de l'Égypte t. I.

[3]) Vgl. das Verzeichnis der Namen Plin. V, 9, 9 (dazu Dümichen, Gesch. d. alt. Ägypt. [Oncken, Allgem. Gesch. in Einzeldarst.] Berlin 1879 S. 24 ff.) und auf der andern Seite die allerdings nicht überall genauen Nachweise bei Wiltsch, Handb. d. kirchl. Geogr. u. Statistik I Brl. 1846 a. versch. Oo.

episkopalen Metropolen aus erfolgte die kirchliche Eroberung. Wie weit sie schon unter Konstantin vorgeschritten war, erhellt aus der Geschichte des meletianischen Schisma, wo auf Seiten des Meletius von Lykopolis nahe an 30 Bischöfe, meistens des mittlern und obern Ägypten, standen.[1]) In demselben Jahrhundert bereits tritt in der obern Thebais eine umfangreiche bischöfliche Organisation hervor; auch im übrigen Lande ist sie damals nahe an den Abschluß geführt worden. Am Ende des folgenden Jahrhunderts ist schwerlich noch eine namhafte Stadt ohne Bistum gewesen. Eine solche rasche und planmäßige Entwickelung weist auf ein bestimmtes Aktionscentrum, und dieses kann nur Alexandrien gewesen sein. Denn obwohl die Patriarchalgewalt der alexandrinischen Bischöfe erst im Verlaufe des vierten und eines Teils des fünften Jahrhunderts klar und fest sich geordnet hat, so stand die ideale Hegemonie dieses Bistums über Ägypten längst fest. Von dieser Stelle aus, wo die politische Regierung des Landes ihren Sitz hatte und eine starke Christengemeinde heimisch war und zugleich der Ruhm der angesehensten theologischen Bildungsanstalt ruhte, mußte auch ein mittelbar und unmittelbar bestimmender Einfluß auf das Land ausgehen. Der ganze Eindruck, den man aus der Geschichte des christlichen Alexandriens im dritten und vierten Jahrhundert empfängt, ist ein so bedeutender, daß ihm die wichtigste Aufgabe in der kirchlichen Eroberung Ägyptens zuerkannt werden kann. Es mag noch auf die bezeichnende Thatsache hingewiesen werden, daß die Gegner des Athanasius diesen unter Anderm damit in Ungnade bei dem Kaiser zu bringen suchten, daß sie die Anklage auf Behinderung der üblichen Getreidezufuhr

---

[1]) Athan. Apologia contra Arian. c. 71.

nach Konstantinopel durch ihn erhoben.¹) Ein solcher Einfluß muß also nicht außerhalb der Möglichkeit gelegen haben. Es braucht nicht gesagt zu werden, daß die Dinge sich im Einzelnen nach den örtlichen Verhältnissen verschieden entwickelten. Hier trat die Entscheidung schneller ein als dort. Noch in der zweiten Hälfte des vierten Jahrhunderts brachte bei Hermopolis in der Thebais das Landvolk unter Führung seiner Priester im Umzuge mit einem Götterbilde das althergebrachte Nilopfer, welches Konstantin d. Gr. unter Verbot gestellt hatte.²) Man konnte noch auf Tempel stoßen, in denen geopfert wurde. Zwischen christlichen und heidnischen Bauern, deren Ackergebiete aneinandergrenzten, kam es zu Zwistigkeiten. Sogar in dem an die nitrische Wüste angrenzenden Territorium gab es noch ägyptische Kultgemeinschaften. Dagegen lebte in der sketischen Wüste das Heidentum um diese Zeit nur noch in der Mönchslegende.³)

Diese Legende, wie gering auch ihr geschichtlicher Wert im Allgemeinen sein mag, überliefert manche Einzelheiten, deren Wahrheit sich nicht beanstanden läßt. So stellt sie das Vorhandensein dichtbevölkerter Mönchskolonieen und zahlreicher Einsiedelein fest.⁴) Diese Asketen sind allerdings zum

---

¹) Athan. Apol. c. 9.
²) Euseb. V. C. IV, 25.
³) Palladius, Hist. Laus. LII (Vita abbatis Apollos); LIV (Vita abb. Copre); Macarius Aegypt. Apophtheg. 38; 39. — Bekanntlich hat Palladius seinen Stoff z. T. mit Rufin gemeinsam.
⁴) Vgl. auch Cod. Theod. XII, 1, 63. (Editt des Kaisers Valens v. J. 365). Weingarten (Der Ursprung d. Mönchtums im nachconstant. Zeitalter, Gotha 1877 S. 49) zieht daraus sonderbar genug den entgegengesetzten Schluß. Nicht ist hier „das Mönchtum überhaupt" gemeint, sondern quidam ignaviae sectatores, welche

Teil für die Geschichte des untergehenden Götterglaubens völlig bedeutungslos gewesen, da ihre Interessen in ganz anderer Richtung gingen. Aber erfolgreiche Bemühungen, die alte Religion zurückzudrängen, haben unter ihnen nicht gefehlt.¹) Der Eifer um die Orthodoxie, den die ägyptischen Mönche in tumultuarischen Auftritten in Alexandrien und auch außer Landes gelegentlich entfalteten, läßt die Stimmung erschließen, welche sie dem antiken Kultus entgegentrugen, wo er ihnen unter die Augen trat. Sie selbst, die ehelosen Männer waren darauf angewiesen, ihre Zahl fortwährend aus der Landbevölkerung zu ergänzen, und diese mußte in dem wirtschaftlichen Drucke, der auf ihr lastete, leicht Motive finden, sich dem bürgerlichen Leben zu entziehen. So konnte es geschehen, daß Rinder- und Ziegenhirten und entlaufene Sklaven zu Mönchsgemeinschaften zusammentraten. Aber auch aus den Städten Ägyptens ging schon im vierten Jahrhundert ein so starker Zug nach der Wüste, daß die Regierung in die Lage kam, Maaßregeln dagegen zu treffen.²) Es läßt sich vorstellen, daß in diesem an Dichtigkeit der Bevölkerung allen andern römischen Provinzen voranstehenden Lande, wo auf der Quadratmeile mehr als 11 000 Menschen saßen, sich soziale Zustände entwickelten, denen gegenüber der Mönchsstand als besonders begehrenswert, ja, als das einzige Mittel, aus bedrängter Lage zu kommen, erschien. Die Zahl der Mönche im fünften Jahrhundert läßt sich nicht einmal annähernd

---

um ihren municipalen Verpflichtungen zu entgehen (desertis civitatum muneribus) die Einöde aufsuchen und sich zusammenthun cum coetibus monazonton d. h. in die bereits vorhandenen Mönchskolonieen unterschlüpfen.

¹) Z. B. Pallad. Hist. Laus. LIV.
²) Cod. Theod. a. a. O.

abschätzen, aber durch alle Übertreibungen hindurch blickt doch die Thatsache, daß diese Colonieen und Einsiedeleien nicht Hunderte, sondern viele Tausende begriffen, und, was nicht minder wichtig ist, das ganze Gebiet des Nils von dem Wüstensaum bis zu den Wassern des heiligen Stroms war von ihnen, wenn auch ungleichmäßig, durchsetzt. Diese Tausende besaßen aber nicht nur einen religiösen Eifer, sondern auch die Volkstümlichkeit, welche die erste Bedingung des Zuganges zu der altägyptischen Landbevölkerung darstellte. Beziehungen äußerlicher Art waren von vornherein gegeben. Zwar betrieben viele Mönchsniederlassungen Ackerbau und Gewerbe, aber doch schwerlich in dem Umfange, daß der geschäftliche Verkehr mit der Welt damit gänzlich überflüssig gemacht worden wäre, vollends die kleinen Gruppen und die Einsiedler waren durchaus auf diesen Weg gewiesen. Leider wenden die Mönchshistoriker ihr Interesse fast ausschließlich den Heroen des Asketentums zu, aber flüchtige Zeichnungen, welche obige Schlüsse begründen, fehlen doch nicht bei ihnen. Die positive Arbeit teilte sich zwischen Kirche und Mönchtum derart, daß jene in den Städten, diese hauptsächlich in der Landbevölkerung einsetzte. In der bischöflichen Nomenorganisation trafen beide zusammen.

Neben diesen landestümlichen normalen Bemühungen kamen gelegentlich auch außergewöhnliche Vorgänge in derselben Richtung zur Wirkung. In den kirchlichen Kämpfen nämlich des vierten und fünften Jahrhunderts dekretierte die Regierung häufig Relegationen unbequemer geistlicher Personen nach abgelegenen Orten der Provinz Ägypten. Die Oasen der libyschen Wüste und die obere Thebais wurden zu diesem Zwecke mit Vorliebe gewählt, und gerade in der Abgeschiedenheit dieser Gegenden hatte sich die kirchliche

Organisation noch gar nicht oder nur unvollkommen eingerichtet. Das lebendige kirchliche und religiöse Bewußtsein dieser zu unfreiwilliger Muße gezwungenen Verbannten mußte sie naturgemäß auf die Bekehrung der vorgefundenen Heiden als ein gottgefälliges Werk weisen. So wurden unter Valens zwei edessenische Priester nach Antinoopolis in der Thebais exiliert, wo sie zwar einen Bischof und eine kleine Gemeinde antrafen, aber die große Masse der Stadtbevölkerung götterglaubig fanden. Der Eine, Protogenes, ein wissenschaftlich gebildeter Mann, richtete sofort eine Privatschule ein und unterwies die Knaben in weltlichem Wissen, z. B. in der Stenographie, gleicherweise wie in religiösem. Er ließ sie Psalmen schreiben und Stücke des Neuen Testaments auswendig lernen. Eine Krankenheilung durch Gebet gab seiner Arbeit den ersten gesuchten Erfolg. In großer Anzahl begehrten die heidnischen Bewohner jetzt die Taufe von ihm.[1]) Unter derselben Regierung wurden der „ägyptische" und der „alexandrinische" Makarius nebst Andern auf eine Nilinsel verbannt, wo sich noch keine Christenseele, wohl aber ein heidnischer Tempel befand. Es gelang ihnen in kurzer Zeit die Bewohner zu bekehren, welche nun das Götterheiligtum in eine Kirche verwandelten.[2])

Endlich ließ sich der Umstand, daß in Ägypten ein ausgedehnter kaiserlicher Domanialbesitz lag, im Sinne der Christianisierung verwerten und ist ohne Zweifel auch in dieser Richtung verwertet worden. Die große Zahl der da-

---

[1]) Die durchaus glaubwürdige Erzählung bei Theodor. H. E. IV, 18.
[2]) Sokrat. H. E, IV, 24 (Sozom. VI, 20; Theodor. IV, 21).

durch geschaffenen Kleinpächter befand sich in einer unmittelbaren sozialen Abhängigkeit von der kaiserlichen Verwaltung, welche religiösem Druck einen verführerischen Weg zeigte. Ein unmittelbarer Eingriff des Staates von größerer Bedeutung ist nur einmal unter Theodosius d. Gr. durch den Präfekten Cynegius in den achtziger Jahren des vierten Jahrhunderts erfolgt.[1]) Es handelte sich dabei hauptsächlich um Schließung der Heiligtümer. Ob die Liegenschaften der Tempel dem Staat oder der Kirche zugefallen sind, läßt sich nicht feststellen; das Wahrscheinlichere ist, daß beide Gewinn von der Konfiskation gehabt haben. Die Lebensbeschreibung des Patriarchen Johannes Eleemosynarius (gest. 616) von Leontius[2]) teilt Züge genug mit, welche auf einen großen Grundbesitz und sonstige reiche Einnahmequellen des alexandrinischen Bistums zurückweisen, die mit der Einziehung des Tempelguts in geschichtlichem Zusammenhang stehen mögen. In jedem Falle kamen die Bewirtschafter dieser Güter in eine ungünstigere Stellung hinsichtlich ihrer religiösen Freiheit.

So lagen für die Betrachtung der Kirche die Dinge in Ägypten günstig, und die weitere Entwickelung hat die darauf ruhenden Erwartungen nicht getäuscht. Zur Zeit Justinians werden noch einmal an zwei Punkten der Grenze ein dürftiger und ein voller Götterkult festgestellt und beseitigt, beide Fälle lehrreich in ihrer Art.

Als nämlich Justinian in Libyen und in der Cyrenaica Befestigungen gegen die Mauren anlegen ließ, wurde in der auf einer Oase der libyschen Wüste gelegenen Stadt Augila eine heidnische Bevölkerung gleichsam entdeckt, die in einem

---

[1]) Bd. I, 259.
[2]) Ausg. von Gelzer 1889.

dem Jupiter Ammon und Alexander d. Gr. geweihten Tempel nach alter Sitte ihren kultischen Mittelpunkt hatte, wo sie ihre Opfer darbrachte. Ein Haufe von Hierodulen besorgte den Tempeldienst. Der Kaiser beseitigte den Kultus, führte die Einwohnerschaft zum Christentum und gab ihr in einer der Gottesgebärerin geweihten Kirche ein neues Heiligtum. So werden diese Thatsachen kurz berichtet mit der eingeflochtenen Bemerkung, daß Justinian als Kaiser eine Verpflichtung nicht nur für das leibliche, sondern auch für das geistliche Wohlbefinden seiner Unterthanen gefühlt habe.[1] Es ist bekannt, daß der Ammonkult, von Ägypten ausgehend, gerade in den Oasen der libyschen Wüste sich festsetzte und hier als berühmteste Stätte die von den Griechen Ammonion genannte Oase von Siwa gewann. Doch weiß schon Strabon mitzuteilen, daß der Kultus in Siwa, welchem Alexander d. Gr. vordem seine Huldigung bezeigte, ganz darniederliege; aus Plutarch gar empfängt man den Eindruck, daß der Orakelgott stumm geworden sei.[2] In der That scheint damals die Ammonsoase für die hellenische Welt ihre frühere Bedeutung längst verloren gehabt zu haben, jedoch machten noch im sechsten Jahrhundert die heidnischen Mauren in einem Kriege Gebrauch von dem Orakel unter Darbringung der üblichen Opfer.[3] Wenn demnach der Tempel und das Bild noch da waren, so haben schwerlich Priester und Gläubige gefehlt. Über das Aufhören des Kultus ist nichts bekannt.

---

[1] Prokop. De aedif. VI, 2.
[2] Strab. XVII, 1, 43; Plut. De defectu orac. 2. 3. Dazu Athan. De incarn. Verbi c. 47; Vita Antonii c. 33; Prudent. Apoth. 438 ff.: Nec responsa refert Libycis in Syrtibus Ammon. Auch Cyrill. Contra Jul. lib. VI (M. 76 S. 804).
[3] Corippus. Johann. VI, 145 ff.: III, 80 ff. (Ausg. d. M. G. H.).

Auch die Tempelreste geben keine Auskunft. Die örtliche Lage gewährte diesen Stätten eine bessere Dauer als der Glaube an die daselbst verehrten Gottheiten.

In einer ähnlichen Situation befanden sich die hochangesehenen Heiligtümer auf der Insel Philä am ersten Nilkatarakt, wo der ägyptische Götterglaube die Gräber von Isis und Osiris suchte. Weither kamen die Waller, Hellenen und Barbaren, Civilisten und Militärpersonen und legten vor der „Herrin" ihre Opfer und Gelübde zu ihrem oder ihrer Angehörigen Wohlergehen nieder.[1]) Im vierten und fünften Jahrhundert richteten sich in der zweiten Thebais mehrere Bistümer in den Nomenhauptstädten ein, auch in Ombos in kurzer Entfernung von Philä. Dennoch dauerte hier der alte Kult noch um die Mitte des fünften Jahrhunderts fort; seine Priester nennen sich öffentlich in Inschriften.[2]) Ja gerade damals erzwangen sich die heidnischen Blemmyer in einem Friedensvertrage von dem römischen General Maximinus das Zugeständnis, daß ihnen der Zutritt zu dem Heiligtum ungehindert sei. Es sollte ihnen frei stehen, nach alter Gewohnheit das Bild der Göttin auf einem Fahrzeuge zu ihrem Volke zu bringen, es zu befragen und dann wieder zurückzuschaffen. In dem Tempel zu Philä wurde der Pakt abgeschlossen und die Tafel mit dem Wortlaut des Vertrags

---

[1]) Vgl. die Inschriften C. J. G. III, 4896 ff. Diese Berühmtheit als Wallfahrtsort scheint auch in die christliche Periode des Heiligtums übergegangen sein; wenigstens liest man Namen christlicher Pilger an den Wänden des christianisierten Isistempels (C. J. G. IV, 8948).

[2]) Letronne, Observations sur l'époque où le paganisme a été définitivement aboli à Philes dans la haute Égypte u. s. w. (Oeuvres choisies I Série t. I Paris 1881 S. 55 ff.).

aufgehängt.¹) Da diese Bedingung von dem kaiserlichen General gewährt wurde, so ergiebt sich, daß die heilige Insel damals nicht nur rechtlich, wie bisher, sondern auch thatsächlich in römischem Besitz war, aber ebenso wird durch eine andere Quelle festgestellt, daß schon Diokletian den unruhigen Blemmyern ein religiöses Mitrecht auf das Heiligtum gewährte.²) Seitdem ist dieser Grenzstrich aus einer unklaren, also unsichern Lage nicht herausgekommen. Die Stämme jenseits der Grenze hielten das Gebiet in fortwährender Beunruhigung. Dieser Umstand und die religiöse Anhänglichkeit der Blemmyer an den dort gefestigten Isiskult verhinderten, daß die bischöfliche Organisation auch Philä in ihren Kreis zog. Die ägyptischen Namen der fungierenden Priester lassen vermuten, daß die Anhängerschaft der Göttin sich nicht auf Barbaren beschränkte.

Dieser Kultus war in Ägypten etwas Notorisches.³) Seine Duldung war eine politische Notwendigkeit. Es scheint sogar, daß die Blemmyer die Insel völlig in ihre Gewalt brachten. Erst ein Waffenerfolg des kaiserlichen Feldherrn Narses vertrieb die Eindringlinge und führte zugleich das Ende des Isiskultus herbei. Der siegreiche General ließ die Priester gefangen nehmen und schickte die Götterbilder nach Byzanz.⁴) Gleich damals oder bald nachher erhielt Philä in der Person des Abtes Theodorus einen Bischof, der das „gute Werk" der Umwandlung des Pronaos des Isistempels

---

¹) Priscus, Hist. a. 453. (Bonner Ausg. I S. 153 f.)
²) Prokop. De bello pers. I, 19.
³) Marinus, Vita Procli c. 19: . . . καὶ ᾿Ισιν τὴν κατὰ τὰς Φίλας ἔτι τιμωμένην.
⁴) Prokop. a. a. O.

in eine christliche Kirche „in der Kraft Christi" vollzog.¹) So ist erst nach der Mitte des sechsten Jahrhunderts in Ägypten das letzte lebendige Isisheiligtum gefallen. Denn die Verhältnisse, welche seine Dauer begründeten, waren einzigartig und hatten keine Parallele.

Bei der Usurpation des Isisheiligtums wurden die altägyptischen Bildwerke in demjenigen Teile der Anlage, welcher sich dem christlichen Kultus anpassen mußte, mit Nilschlamm überdeckt, um sie dem Auge zu entziehen. Auch sonst ist durch die archäologische Forschung dieses Verfahren erwiesen worden. Eine weiße Überschicht gab die Unterlage für christliche Malereien ab. So fand sich in Theben in der Nische einer alten Cella eine Darstellung des Petrus, aus dessen Heiligenschein die Kuhhörner der Göttin Hathor, der ägyptischen Venus, hervorschauten.²) Gewaltsame Zerstörung religiöser Denkmäler hat ebenso wie in Alexandrien im Lande stattgefunden, indeß nur in geringem Umfange. Sonst wäre nicht diese Fülle von Gemälden, Reliefs und Statuen auf uns gekommen. Diese Thatsache hat hier darum ein. besonderes Gewicht, weil die Kirche nicht in der Lage war, die ägyptischen Tempelbauten zu verwerten, demnach die Versuchung ihr sich um so stärker nahe legte, die in ihnen vorhandenen Monumente des alten Glaubens zu vernichten.

---

¹) Die Inschriften bei Letronne a. a. O. S. 78 f. (dazu Piper in d. Jahrbb. f. d. Theol. 1876 S. 73 n. 20). Die vierte Inschrift (D) ist datiert auf 577 und gleichzeitig dem Bischof und Abt Theodorus, aber sie setzt das Bistum als bereits vorhanden voraus. Letronne scheint Recht zu haben, daß in dem Schreiben des Athanasius an die Einwohner von Antiochien betreff. die Synode zu Alexandrien statt $\Phi\iota\lambda\tilde{\omega}\nu$ zu lesen ist $\Sigma\iota\lambda\tilde{\omega}\nu$ (a. a. O. S. 41 Anm. 2).

²) Lepsius, Briefe aus Ägypten, Äthiopien u. d. Halbinsel Sinai. Brl. 1852 S. 294 ff.

Allerdings sind Vorbauten und Anbauten von Heiligtümern in christliche Kultstätten umgewandelt worden. So im Tempel von Medînet Habu auf dem Gebiet von Theben und zwar nach Beseitigung eines Pfeilers, um Platz für die Chornische zu gewinnen; ebenso im Tempel von Alt=Kurna und, wie erwähnt, in Philä. Auch Klöster haben sich in solchen Räumen angesiedelt. Das Heiligtum der Königin Numt=Amen und der ptolemäische Tempel in Theben wurden in diesem Sinne verwertet. Indeß immer ergab sich die Notwendigkeit einer nicht unbedeutenden architektonischen Leistung, da diese Räume auf ganz andere Zwecke zielten als auf eine Kirche. Vollends der eigentliche Tempelbau erwies sich durchaus unbrauchbar. Durch mächtige Säulen in kleine Gelasse zerlegt, fast finster, von vornherein angelegt auf den Zutritt nur weniger Personen, nicht aber einer Gemeinde, hätte er nur durch einen Umbau, der an Wert einem Neubau gleich kam, zu einem im Allgemeinen erträglichen christlichen Gotteshause gemacht werden können. Der ägyptische Tempel ist nach der trefflichen Charakteristik Mariettes ein Denkmal der Frömmigkeit des Königs und bestimmt, diesen in seiner persönlichen Beziehung zu der Gottheit zu verherrlichen. Die Malereien und Skulpturen sind Königsgeschichte, gefaßt unter dem Gesichtspunkte persönlicher Religiosität. Diese enge Verbindung des Religiösen mit der politischen Vergangenheit des Landes hat ohne Zweifel diesen Denkmälern die wunderbare Dauer verliehen, die ihresgleichen in der Geschichte des untergehenden Heidentums nicht hat und ähnliche Vorgänge in Rom weit überholt.

In einer ungünstigern Lage befanden sich die kleinern unterirdischen Tempelanlagen, an welchen besonders Oberägypten reich war. Sie besaßen nicht den Vorzug, Er=

innerungen einer ruhmvollen Vergangenheit in sich zu tragen, und sind daher fremdem Gebrauch anheimgefallen. Den christlichen Bauern und den Asketen mußten sie als Wohnstätten oder als Vorratsräume einladend erscheinen. Doch haben jenem wie diesem Zwecke auch die Gräber gedient, ohne Unterschied, ob sie Königen oder Privaten angehörten.

Im Allgemeinen darf angenommen werden, daß in dem baukundigen Lande, wo das Bedürfnis sich herausstellte, Kirchen neu aufgeführt sind. Es ist auch beispiellos, daß eine christliche Bevölkerung anders als in Ausnahmefällen heidnische Kultstätten sich aneignete. Das Rühmen des Patriarchen Cyrill: „angefüllt ist das Land der Ägypter mit ehrwürdigen und heiligen Kirchen"[1]) bestätigt jene Annahme Der Weg ist ohne Zweifel in der Regel der gewesen, daß in der Nomen-Hauptstadt das alte Heiligtum in Gemäßheit der kaiserlichen Verordnungen geschlossen und für die sich bildende christliche Gemeinde, ihrer Größe und Leistungsfähigkeit entsprechend, eine Kultstätte hergerichtet wurde. Der entscheidende Schritt war damit gethan. Die weitere Aufgabe bestand darin, die von dem altverehrten Heiligtume losgerissene Landbevölkerung, die damit ihre religiöse Einheit und Organisation verloren hatte, in die neuen Verhältnisse überzuführen. Über das Wie würden sich nur dann Vermutungen aussprechen lassen, wenn die Beschaffenheit der ägyptischen Religion in der spätern Zeit deutlich wäre.

Der Gottesbegriff, wie die höhere Gnosis der Erleuchteten ihn auffaßte,[2]) bot in seiner Benennung und Entfaltung

---

[1]) S. S. 220 Anm. 1.
[2]) Brugsch, Religion und Mythologie d. alten Ägypter. Lpz. 1884 S. 90 ff. — Brugsch führt aus d. Quellen u. A. folgende Aussagen an: Gott ist: der Eine — der Eine, der Alles gemacht hat —

so verführerische Anklänge an die in Wirklichkeit freilich ganz
anders geartete christliche Gottesvorstellung, daß der christ=
liche Unterricht hier angeknüpft hätte, wenn nicht das eigent=
liche Volk in völliger Unwissenheit darüber sich befunden
hätte. Doch kann, wie die orphische und die hermetische
Literatur in diesem Sinne verwertet ist, in Auseinander=
setzung mit Gebildeten diese angebliche Verwandtschaft beider
Religionen zur Verwendung gekommen sein. Bequemer lag
zu diesem Zwecke der ägyptische Unsterblichkeitsglaube, der,
wenn auch mit Modifikationen, immer Volksbesitz geblieben
ist. Einen andern Weg zeigt die Mitteilung, daß nach der
Zerstörung des Serapeion in Alexandrien die Christen staunend
Zeichen entdeckten, in welchen sie das christliche Kreuzeszeichen
vorgebildet fanden, gleichsam als Weissagung auf Zukünftiges.[1])
Dem entspricht eine eigentümliche Form des Kreuzes, die nur
in Ägypten sich findet und auffallend an vorchristliche Zeichen
sich anlehnt.[2]) Sollte hier eine bewußte Annäherung vor=
liegen? Die Frage läßt sich mit größerm Rechte bejahen als
verneinen. Gewiß kamen, sobald einmal die Überlegung auf
diesen Punkt sich richtete, noch weitere Beziehungen zum Vor=
schein. Die Christianisierung eines Volkes, dem die Religion

Gott ist ein Geist — der göttliche Geist — Gott ist von Anfang, von
Anbeginn an gewesen — er war, als noch nichts war, und schuf das,
was da ist, nachdem er war — Gott ist die Wahrheit — Gott ist das
Leben, und man lebt nur durch ihn — er spendet das Leben den
Menschen — er bläst den Odem des Lebens in die Nase ein — Gott
hat das All gemacht — der Schöpfer des Himmels und der Erde —
Gott ist barmherzig gegen seine Verehrer — er erhört den, welcher
ihn anruft (S. 96 ff.).

[1]) Sozom. H. E. VII, 15.
[2]) Letronne a. a. O. S. 83 f.

alles war,¹) konnte sich nicht ohne Abzüge des neuen Glaubens vollziehen. Eine wunderliche Stelle in einem Briefe des vierten Jahrhunderts deutet bei aller Konfusion und Verzerrung Solches an.²) Die kirchliche Eroberung deckte sich nicht mit der religiösen. Ägypten trug im fünften Jahrhundert die Physiognomie eines christlichen Landes, aber die, welche damals rühmen zu können meinten, daß der Hellenismus verschwunden und das Evangelium auch den „Ungebildeten, Armen und Geringen" zu Teil geworden sei,³) redeten mehr die Sprache der Rhetorik als der vollen Wahrheit.

Unter den Eigentümlichkeiten der Praxis, welche das Festhalten an der väterlichen Sitte bezeugen, fiel schon damals die Gepflogenheit auf, die Leichname einzubalsamieren und so im Hause aufzubewahren. Nicht gegen Ersteres, sondern gegen Letzteres erstand schon früh eine Opposition, die allmählich den Brauch verdrängt zu haben scheint.

---

¹) Hieron. In Jes. XIII, 45, 14 ff.: nulla gens ita idololatriae dedita fuit et tam innumerabilia portenta venerata est quam Aegyptus. Genau so urteilen heidnische Schriftsteller.

²) Ich meine den angeblichen Brief Hadrians an Servianus (Vopiscus, Vita Saturnini c. 8), welchen Mommsen (R. G. V S. 585 A. 1) von „kundiger Hand" unter Constantius geschrieben sein läßt. Die fraglichen Worte lauten: illic, qui Serapem colunt, Christiani sunt et devoti sunt Serapi, qui se Christi episcopos dicunt. Nemo illic archisynagogus Judaeorum, nemo Samarites, nemo Christianorum presbyter non mathematicus, non haruspex, non aliptes. Ipse ille patriarcha cum Aegyptum venerit, ab aliis Serapidem adorare, ab aliis cogitur Christum. — Unus illis deus nullus est. Hunc Christiani, hunc Judaei, hunc omnes venerantur et gentes. Ein Anklang Theod. IV, 22.

³) Isid. Pelus. Ep. I, 270, vgl. auch Cyrill. Alex. oben S. 219 A. 2.

Wenigstens wird später nur die Einbalsamierung als Eigenart der ägyptischen Christen erwähnt.¹) Auch das einzige größere unterirdische Cömeterium, welcher bisher im Lande — bei Alexandrien, in der Nähe der Pompejussäule — entdeckt worden ist, entfernt sich dadurch von der abendländischen Sitte, daß die Loculi mit der Schmalseite in die Gallerie eintreten, eine Constructionsweise, die zwar in der christlichen sepulcralen Architektur nicht ganz fehlt, aber die übliche Form jüdischer Grabanlagen ist. Die Malereien endlich offenbaren in viel höherm Grade den Einfluß antiker Tradition und zeigen auch in der Komposition eine Auffassung, die sich von dem abendländischen Typus entfernt.²) Die ägyptischen Lampen endlich zeichnen sich vor den übrigen altchristlichen dadurch aus, daß sie häufig auf dem Diskus Inschriften, entweder plastisch oder geschrieben bezw. gemalt, tragen.³)

In andern Bahnen verläuft die kirchliche Geschichte Alexandriens. In dieser griechischen Stadt bildete den Gegensatz zum Christentum nicht die Volksreligion, sondern der Hellenismus, und zwar als Religion wie als Philosophie. In blutigen Straßenkämpfen rangen mehrmals der christliche und der heidnische Teil der streitsüchtigen, unbotmäßigen Bevölkerung miteinander. Unter schweren Opfern an Menschenleben maßen sich die beiden Parteien. Die Verwüstung des Serapeion gab den Christen ein Übergewicht, welches endlich die Gegner gänzlich niederdrückte. In den wilden Scenen,

---

¹) Athan. Vita Ant. c. 90; August. Sermo 351 de resurr. 12.

²) De Rossi, Bull. di archeol. crist. 1865 S. 57 ff.; 73 ff.; Taf. — Meine Kataf. S. 280 ff., wo auch über andere Gräberfunde in Alexandrien berichtet ist.

³) Meine Kataf. S. 208.

welche sich an die Ermordung der Hypatia knüpfen, tritt die Schreckensherrschaft des christlichen Pöbels unbesieglich hervor.[1]) Von dem damaligen, im Jahre 412 gewählten Patriarchen Cyrill sind eine Reihe von Osterpredigten erhalten. Sie athmen volle Siegesfreudigkeit. Es fehlt nicht an Warnungen vor religiöser Heuchelei und vor Abfall zu falschem Glauben,[2]) aber eine ernsthafte Bestreitung des Hellenismus fehlt. Die Polemik des Predigers macht sich vielmehr mit den Juden zu schaffen. Und doch hat er selbst noch einst die in Alexandrien heimische glänzende Feier der Adonia erlebt,[3]) von deren Weise unter Ptolemäus Philadelphus Theokrit in einem seiner Idylle eine berühmte Beschreibung gegeben hat. Das Fest überdauerte indeß schwerlich die Katastrophe des Serapeion, die überhaupt als eine entschiedene Wendung in der Richtung auf Unterdrückung des heidnischen Kultus zu denken ist. Allerdings erheischte der tumultuarische, reizbare Charakter der Alexandriner fortwährend eine schonende Behandlung der religiösen Gegensätze, aber nachdem einmal die Majorität sich so stark verschoben hatte, mußte das eingeengte Terrain unter der natürlichen Wirkung der Verhältnisse immer mehr zusammenschrumpfen und endlich ganz verschwinden.

Nur schwache Fäden verknüpften die göttergläubige Gemeinde mit den in Alexandrien hochgeachteten Vertretern einer religiösen Philosophie, welche auf eine Restauration

---

[1]) Vgl. Bd. I, 205 ff.; 259 Anm. 3; 260; 261 ff.; 279 f.
[2]) Hom. IX. XII. in Pascha.
[3]) In Jes. II t. 3 (M. 70 S. 441): μέχρι τῶν καϑ' ἡμᾶς καιρῶν ἐν τοῖς κατ' Ἀλεξάνδρειαν ἱεροῖς ἐτελεῖτο τὸ παίγνιον τοῦτο.

des alten Glaubens abzielte, den Neuplatonikern. Einig in Allgemeinheiten, stießen sich die populäre Religion und die aristokratische Philosophie in konkreter Berührung von einander ab oder wichen sich von vornherein aus. Dem volkstümlichen Götterglauben gewährte der Neuplatonismus nicht den geringsten Halt in den Zeiten der Bedrängnis, wohl aber nahmen die Gebildeten, die weder im populären Glauben noch in rein philosophischer Weltanschauung ein Genüge fanden, seine Hülfe in Anspruch, und in diesen Kreisen hat er vielfach einen zähen Widerstand gegen das Christentum geschaffen. Hier erbten sich die alten Anklagen gegen das Christentum und die Zweifelsfragen fort, mit denen sich noch im fünften Jahrhundert die Theologen behelligt fanden.[1]) Hier lebte noch und wurde geflissentlich lebendig erhalten die Erinnerung an die Wunder des Apollonius von Thana, des neuplatonischen Christus.[2]) Der Gelehrtenruhm des Museion, welches auch in christlicher Zeit den heidnischen Philosophen offen stand, kam den neuplatonischen Göttergläubigen zu Gute. Einzelne, wie Ammonius und Olympiodor, sammelten noch eine große Jüngerschaft um sich. Die abweisende Haltung dem Christentum gegenüber äußerte sich hauptsächlich in der Form wissenschaftlicher Darlegung, und auch hier wiederum trat der direkte Angriff hinter der positiven Lehre zurück. Doch fehlten auch nicht Solche, welche in den Straßenkämpfen blutige Waffen gegen die Christen schwangen, und im Zusammenhang mit derartigen Vorgängen ist es geschehen, daß auch die Philosophie unter den Druck der Verfolgung kam. Doch zu keiner Zeit wurden ihr in

---

[1]) Isid. Pelus. IV, 27; 28.
[2]) Isid. Pelus. I, 398.

Alexandrien Lehrfreiheit und Hausrecht bestritten. Sie ging im Verlaufe des fünften Jahrhunderts unter aus Gründen, die in ihr selbst lagen. „Wenn man den Stand der neuplatonischen Wissenschaft in der Schule des Proklus und die innere Unmöglichkeit ihrer weitern Fortbildung beachtet, so wird man darüber nicht im Zweifel sein können, daß diese Schule untergehen mußte, auch wenn ihre Lage günstiger gewesen wäre, als sie seit dem Siege des Christentums sein konnte." [1])

Eine kräftigere Stütze als im Neuplatonismus fand die heidnische Bevölkerung Alexandriens ohne Zweifel in der zahlreichen Judenschaft der Stadt, die, wie auch sonst, ihren Widerwillen gegen das Christentum durch Bundesgenossenschaft mit dem Hellenismus wirkungsvoll machte.

Über die Religionsverhältnisse der in wichtiger strategischer Position an der Straße nach Osten gelegenen Stadt Pelusium, die wahrscheinlich schon im dritten Jahrhundert ein Bistum hatte,[2]) läßt sich aus Äußerungen des unter Theodosius II in einem Kloster bei Pelusium lebenden Abtes Isidor Einiges entnehmen. Darin wird fast ausschließlich auf das gebildete Heidentum irgend eine Beziehung genommen, und auch auf dieses in durchaus nebensächlicher Weise. Die etwa zweitausend Briefe des vielinteressierten und welterfahrenen Abtes behandeln die mannigfachsten seelsorgerischen, disciplinaren, religiösen und wissenschaftlichen Fragen, angeregt durch Anfragen oder seiner eigenen Initiative entsprungen, doch nur einigemal ist das Heidentum in irgend einer Form Gegenstand der Korrespondenz. Die ver-

---

[1]) Zeller, Die Philosophie der Griechen. 3. Aufl. III, 2 S. 849.
[2]) Ein Bischof von Pelusium wird zum erstenmal auf dem Conzil zu Nicäa (325) genannt (Mansi III, 639).

loren gegangene Schrift Isidors Πρὸς Ἕλληνας hebt das Gewicht des daraus sich ergebenden Schlusses nicht auf, denn, soweit wir urteilen können,[1]) war ein gebildetes Publikum, man kann noch genauer sagen, die neuplatonische Anhängerschaft als Leserkreis dieses Buches gedacht. Wenn in einer umfangreichen, eminent zeitgeschichtlichen Korrespondenz wie die vorliegende der antike Kultus in seiner populären Gestaltung gänzlich dem Horizonte entrückt ist, so kann er in den Kreisen, die sich in diesem Briefwechsel zusammenfinden, im Allgemeinen nur noch von ganz untergeordneter Bedeutung gewesen sein.

Wie in der zweiten Hauptstadt Ägyptens, in Ptolemais in der Thebais, wo zuerst im fünften Jahrhundert ein Bistum erwähnt wird, der Übergang von der alten zur neuen Religion sich vollzogen hat, darüber ist nichts bekannt. Dasselbe gilt von den übrigen kleinen Griechenstädten im Lande, höchstens liegen unbestimmte Andeutungen vor.[2]) Über den Nachweis des Vorhandenseins von Bistümern kann meistens nicht hinausgeschritten werden. Die Zahl der Monumente ist eine äußerst geringe, was die arabische Invasion und die daher rührende geistige wie materielle Verkommenheit der Christengemeinden allzu begreiflich macht.

---

[1]) Isid. Pel. II, 137; II, 228.
[2]) Über Ptolemais in der Pentapolis könnte auf Synesius Ep. 58 (Ad episcopos) verwiesen werden, wo von ἑτερόδοξοι in der Stadt die Rede ist. Sonst läßt der Bischof nirgends etwas durchblicken von der Fortdauer der alten Religion in seiner Diözese. — Über Kanopus s. I, 266 ff.

IX.

Syrien.

Unter dem allgemeinen Namen Syria begriff die römische Provinzialteilung eine Gruppe von Ländern, die zwischen Euphrat und Mittelmeer mit dem Taurus im Norden und mit Ägypten und Arabien im Süden als Grenze sich erstreckte und in der Kaiserzeit in drei, später in sieben Gebiete zerlegt war. Das natürliche Durchgangsland für kriegerischen und friedlichen Verkehr, erfuhr es unter der Seleukidenherrschaft eine durchgreifende Hellenisierung, aus welcher sich eine Mischkultur entwickelte, die in ihrer äußern Erscheinung und in der Hauptsache griechisch war, indeß durch zähes Nachwirken semitischer Eigenart in bestimmter Sonderheit gehalten wurde. Auch Phönizien und die philistäische Küste hatten sich, in Folge ihrer Stellung im Welthandel, dem Griechentum aufgeschlossen. Nur Palästina hielt sich zurück. In siegreichen Kämpfen mit den Seleukiden behauptete es seine Religion und den darin gegründeten Partikularismus. Doch wenig später schlossen seine eigenen Dynasten, die Herodianer, vorsichtig oder offenkundig, das Land dem Fremdtum auf, und nicht nur die moderne Lebensweise und ihre Voraussetzungen hielten ihren Einzug, sondern auch die Götter des verhaßten Heidentums kamen. In Sebaste

(Samaria) und Cäsarea Philippi machte sich das ausländische Wesen breit auf einem Boden, den erst Herodes geebnet hatte. Die römische Herrschaft ging, nicht aufzuhalten durch blutige Revolten, auf diesem Wege weiter. Ansehnliche Städte, darunter die heilige Stadt selbst, mußten römische Kolonieen aufnehmen. Der letzte furchtbare Aufstand unter Bar Kochba (132—135) brach die letzte Kraft dieses Volkes. Palästina war ein verödetes Land, seine Bewohner bis auf einen geringen Rest getötet oder in die Sklaverei geschleppt, in Jerusalem erhoben sich heidnische Tempel.[1]) Der Jupiter Capitolinus nahm den Thron Jahves ein, und in seinem Gefolge erschienen auf Münzen, also auch wohl in der Verehrung, Bacchus, Astarte-Venus, Serapis.

Diese Katastrophe hat der christlichen Propaganda in Palästina vielleicht ein Jahrhundert erspart. Das Land stand ihr offen, der erbittertste Gegner lag am Boden. Der Tempel und die Hierarchie des Judentums waren vernichtet, aber die christliche Bischofsreihe, die mit Jakobus dem Gerechten, dem Bruder Jesu, anhebt, wurde nicht unterbrochen. Die religiöse Gewinnung des heiligen Landes, welches der Offenbarungsgeschichte beider Religionen als Schauplatz gedient hat, mußte diesen Männern auf dem Stuhle des Jakobus, auch als die judenchristliche Succession abbrach, als festes Ziel vor Augen stehen. Indes können die Erfolge nicht große gewesen sein. Über die hellenistischen Städte sind sie kaum hinausgegangen, wie die Ortsnamen zeigen, welche in der auch nach Palästina übergreifenden diokletianischen Verfolgung angeführt werden.[2])

---

[1]) Hieron. In Dan. c. 9: Hierosolyma omnino subversa est et Judaeorum gens catervatim caesa.
[2]) Euseb. De mart. Pal. a. v. Do.

Die Bistümer des vierten Jahrhunderts weisen ebendahin; sie liegen in den Griechenstädten oder römischen Kolonieen Älia Capitolina, Sebaste, Nikopolis (Emmaus) Neapolis (Sichem), Hiericus (Jericho), Diospolis (Lydda), Skythopolis, Cäsarea u. a. und halten sich von dem südlichen Gebiete von Jerusalem ab, welches von dem Hellenismus so gut wie nicht berührt war, mit Ausnahme der Griechenstadt Eleutheropolis, fern. Im fünften Jahrhundert ist diese Lage trotz der Vermehrung der Episkopate dieselbe geblieben. Dennoch hat im vierten Jahrhundert die Christianisierung des Landes die entscheidende Wendung erreicht. Konstantin ließ sich dafür interessieren, in noch höherm Grade seine Mutter Helena. In Jerusalem, Bethlehem und Mamre erstanden Kirchen. Die Einweihung der Grabeskirche mußte auf Befehl des Kaisers als ein großes kirchliches Fest unter Teilnahme einer gerade damals in Thyrus versammelten bischöflichen Synode begangen werden.[1]) Das Bistum von Cäsarea erhielt Eusebius, der Vertraute und Historiograph Konstantins, und wenn derselbe gern die Vernichtung der Tempel durch den Kaiser hervorhebt, so ist zwar diese Aussage in ihrer Allgemeinheit falsch, doch darf angenommen werden, daß Derartiges in der nähern und weitern Umgebung des Bischofs, also wohl auch in Palästina, stattgefunden hat. In Beziehung auf ein Heiligtum in Mamre läßt sich dies auch feststellen.[2]) Jetzt begannen die Pilgerzüge zu den heiligen Stätten, und, was noch erfolgreicher war, das Mönchtum setzte sich im Lande fest. Die Religionspolitik Julians und andere Anlässe riefen

---

[1]) Euseb. V. C. III, 25 ff. 41. 51. IV, 43 ff.
[2]) Euseb. V. C. III, 53; Hieron. Onomast. S. 55. 173 (ed. Larsow et Parthey, Berol. 1862).

in der Folgezeit wohl einzelne Vergewaltigungen hervor, Zerstörung von Kirchen, Ermordung von Christen oder Angriffe auf Mönche.[1] doch hielten diese Störungen die völlige Eroberung des Landes nicht auf. Die Wallfahrt der Silvia nach den heiligen Orten in den achtziger Jahren des vierten Jahrhunderts gewährt einen anschaulichen Einblick in die kirchlichen und religiösen Zustände Palästinas.[2] Die Legende ist eilig gewesen, für die uralte wie die spätere Geschichte Israels und nicht minder für die christliche Geschichte, die auf diesem Boden sich abgespielt hat, die Örtlichkeiten festzustellen und Reliquien nachzuweisen. Diese Memorien waren gesuchte Stätten für Kirchenbauten und Mönchsniederlassungen. So sah die Pilgerin in Sedima (?) die Trümmer des Palatiums Melchisedeks, auf welchen die Christen eine Kirche erbaut hatten. Auf dem Berge Nebo zeigten ihr die Mönche im Innenraum der Kirche die Stelle, an welcher die Engel den Leichnam Moses niedergelegt hatten.[3] Andere Berichte ergänzen und bestätigen diesen Gesamteindruck.[4] Auch darin besteht eine Übereinstimmung, daß sie eigentliche Gemeinden nur selten hervortreten lassen.[5] Sie werden, von den nördlichern und überhaupt größern Städten abge-

---

[1] Ambros. Ep. cl. I ep. 40 n. 15.; Pallad. Hist. Laus. c. 110; Assemani, Bibl. orient. II p. 89.

[2] S. Hilarii tractatus de myst. etc. et Silviae Aquitanae peregrinatio ad loca sancta, her. v. Gamurrini, Rom 1887.

[3] S. 58 f.; S. 53 f. a. a. O.

[4] Z. B. das eusebianisch-hieronymianische Onomasticon.

[5] Im Onomasticon wird nur von zwei Orten bemerkt, daß ihre Einwohner sämtlich Christen seien (S. 42 Anim, S. 232 Jether). Diese Quelle ist indes mit Vorsicht zu benutzen: so hat Hieronymus S. 29 in Beziehung auf Aenan die Worte: ... in quo stans idolum maxima illius regionis veneratione colitur, während seine Vorlage lautet: $\pi\eta\gamma\grave{\eta}$ $\delta\acute{\epsilon}$ $\dot{\epsilon}\sigma\tau\iota$ $\dot{\epsilon}\nu$ $\tau\tilde{\omega}$ $A\dot{\iota}\nu\grave{\alpha}\nu$ $\lambda\epsilon\gamma o\mu\acute{\epsilon}\nu\omega$ $\tau\acute{o}\pi\omega$,

sehen, nur in geringer Zahl vorhanden gewesen sein. Der dürftige Rest der Landbevölkerung war jüdisch, Zuwanderung hat nicht stattgefunden, demnach besaß das Christentum wohl das Land, aber nur einen Teil der Bewohner. Kleriker, Mönche und Kirchen waren überall zu finden, aber nur an vereinzelten Punkten wirkliche Gemeinden.

Zum Teil daraus, zum Teil aus Anschluß an die jüdische Sitte erklärt es sich, daß altchristliche Katakomben in Palästina fehlen. Die Grabstätten sind Anlagen geringen Umfangs, bestimmt entweder für eine Familie oder irgend eine andere kleinere Gruppe oder für eine Einzelperson. Das ist die Anwendung des jüdischen Systems auf dortigem Boden, denn die Diaspora-Judenschaft hat gelegentlich einen Schritt zur Bildung von Gemeindefriedhöfen gethan. Auch die Grabkonstruktion lehnt sich, was bereits in Alexandrien nachgewiesen werden konnte, an jüdische Vorbilder an.[1] Im allgemeinen ist die Zahl der altchristlichen Cömeterien in Palästina gering, weil das Christentum in einer Zeit dort zum Siege kam, als die Kirche zur Anlage oberirdischer Grabstätten übergegangen war, die der Zerstörung allzuleicht ausgesetzt sind. Auch die Kirchenbauten sind entweder ganz untergegangen oder mit argen Verlusten auf uns gekommen.[2]

παρ' ἧ εἴδωλον ἦν παρὰ τῶν ἐγχωρίων τιμώμενον. Eine ähnliche Flüchtigkeit scheint S. 16—17 (Hermon) vorzuliegen. Andererseits fragt sich, ob z. B. in Areopolis (S. 58 unten) die Verhältnisse zur Zeit des Hieronymus noch dieselben waren, als wie Eusebius sie fand.

[1] Mir ist wohl bekannt, daß am Ölberg jüngst eine katakombenartige Anlage entdeckt worden ist. Ist es eine ursprünglich christliche? Ich möchte vorläufig die Frage verneinen.

[2] Ich begnüge mich, auf de Vogüé, Les églises de la Terre sainte, Par. 1860 zu verweisen.

Die Inschriften — es ist eine kleine Zahl — zeichnen sich durch Besonderheiten nicht aus und beginnen erst mit dem fünften Jahrhundert.

In ganz andern Bahnen verlief die Überwindung des Heidentums in Philistäa und Phönizien. Eine ruhmvolle Geschichte, eine auch damals noch bedeutende politische Macht und der Fanatismus des Semitentums machten diese Handels= städte an der Küste zu festen Bollwerken der alten Religion, die erst allmählich und in heftigen, zum Teil blutigen Kämpfen gewonnen werden konnten. Die erste Stellung nahm unter diesen auf ihre Selbständigkeit stolzen und eifersüchtigen Ge= meinwesen Gaza ein. Seine Götterwelt zeigt das synkretistische Gepräge, welches überall hervortritt, wo orientalische und griechisch=römische Kulte ineinandergehen. Doch stand im Mittelpunkte der Verehrung der echt semitische Gott Marnas, dessen gewaltiges Heiligtum weithin gekannt und berühmt war. Auch die umliegenden Städte, wie Anthedon und Betheläa, teilten den religiösen Eifer der Gazäer und waren noch im vierten Jahrhundert ganz heidnisch. Letztere Stadt war durch einen als Pantheon bezeichneten großen Tempel ausgezeichnet.[1]) Trotzdem hat schon vor Konstantin die christliche Mission den gefährlichen Boden betreten. Um Gaza herum bildeten sich kleine christliche Gemeinschaften, deren Bischof in der diokletianischen Verfolgung festge= nommen und in einem palästinischen Bergwerke enthauptet

---

[1]) Sozom. V, 9. 15. Hieronymus nennt Vita Hilar. c. 14 Gaza urbs gentilium.

wurde.¹) Zu diesen Gemeinden zählte offenbar auch Majuma, die Hafenstadt von Gaza, wo, wir wissen nicht, in welchem Verlaufe, unter Konstantin die offizielle Annahme des Christentums seitens der ganzen Bevölkerung erfolgte. Die kaiserliche Belohnung dieser Entschließung richtete ihre Spitze direkt gegen das heidnisch-trotzige Gaza, denn sie dekretierte die Selbständigkeit von Constantia-Majuma.²) Dieser Vorgang ermutigte die in der Küstenlandschaft ansässigen Christen, während ihnen die Regierung der Konstantiner zugleich gesetzlichen Schutz gewährte. Mönche zogen zu. Um Gaza selbst in Gerar, Cades und Betheläa entstanden Eremitenstationen, die sich längs der Küste bis nach Ägypten fortsetzten.³) Da erhob sich, als Julian den Thron bestieg, der Groll der Altgläubigen offen gegen diese Einengung ihrer religiösen Freiheit. In Gaza wurde in stürmischer Volksversammlung Klage über die religionsfeindlichen Neuerer erhoben. Drei Christen fielen der allgemeinen Wut zum Opfer; die Basilika ging in Feuer auf. Auch in Askalon und in andern Städten kam es zu Tumulten, wobei Kirchen zerstört wurden.⁴) Doch scheint diese Aufwallung der Volksleidenschaft bald vorübergegangen zu sein. Sie hat den

---

¹) Euseb. H. E. VIII, 13, 5. Er wird bezeichnet als ἐπίσκοπος τῶν ἀμφὶ τὴν Γάζαν ἐκκλησιῶν, woraus jedenfalls hervorgeht, daß die Hauptgemeinde nicht in Gaza war. Vgl. auch De Mart. Pal. VII, 3; XIII, 14.

²) Euseb. V. C. IV, 38.

³) Sozom. VI, 31. 32. Hieron. Vita Hilar. a. v. Do. Theodor. Hist. rel. 30 u. A.

⁴) Sozom. V, 9. Ambr. Ep. 40 n. 15 (Cl. I). Wenn Ambrosius die Zerstörung der Basiliken in Gaza, Askalon, Berytos et illis fere locis omnibus auf die Juden zurückführt, so ist der Irrtum begreiflich.

Fortgang des Christentums wohl verzögert, aber nicht aufgehalten. Auch abgesehen davon, fand die neue Lehre in diesem Küstengebiete ganz besondere Schwierigkeiten. Denn die Religion dieser Bevölkerung war mit starken sinnlichen Elementen und Praktiken versetzt, die sich als alte Sitte der reinen Moral des Christentums auf das schärfste entgegenstellten. Die zahllosen, geheimem, unsittlichem Kultus dienenden Grotten, welche die neuere Forschung in jenen Gebieten fand,¹) geben ein konkretes Bild davon. Es war hier nicht nur eine festgewurzelte Religion, sondern auch eine darin fest gegründete, dem Volksleben seit alters vertraute Sittenlosigkeit zu überwinden. Daher ging sogar die Regierung des heidenfeindlichen Herrschers Theodosius d. Gr. vorüber, ohne daß ein entscheidender Schlag gegen Gaza, die Hauptveste des semitischen Hellenismus, auch nur versucht wurde. In Alexandrien fiel das Serapeion, aber noch fand sich kein Weg, das Marnasheiligtum in der Philisterstadt zu beseitigen. Noch im Jahre 400 besaß die Stadt acht Tempel, darunter einen Tempel des Sonnengottes, einen andern der Aphrodite und das eben genannte Marneion.²) In letzterm, das zugleich eine Orakelstätte war und die kostbarsten Weihgeschenke besaß, fand das religiöse Leben seinen Mittelpunkt. Bei einer Dürre sammelte sich hier die Bevölkerung, um

---

¹) Renan, Mission de Phénicie S. 204. 517 ff. u. s. Vgl. Euseb. V. C. III, 55. 58, wo die Zerstörung der Tempel zu Aphaka und Heliopolis aus dem ausschweifenden Kultus motiviert wird.

²) Hierzu und zu Folgendem: Marcus, Vita Porphyrii (d. griech. Text herausg. von Moritz Haupt, Brl. 1875). Dazu Stark, Gaza und die philistäische Küste, Jena 1852; Dräseke, Gesammelte patristische Untersuchungen (Altona, Lpz. 1889) S. 208 ff.: „Marcus Diaconus."

durch Bittgänge, Opfer und Hymnen vom Himmel Regen zu erflehen. Die Zahl der Christen belief sich auf noch nicht zweihundert. Der Magistrat war ein eifriger Wächter des alten Glaubens. Im Weichbilde der Stadt an einem Kreuzwege erhob sich auf einer Marmorbasis eine Aphrodite Anadyomene, welche besonders das weibliche Geschlecht mit brennenden Lampen und Weihrauch ehrte und als Orakel bei Heiraten benutzte. Die umliegenden Dörfer hielten nicht minder zäh die alte Religion fest; dem vorüberziehenden Bischofe Porphyrius machten sie sich lästig, und einen seiner Leute schlugen sie fast zu Tode. Nur durch Aufbietung einer starken Militärmacht aus einer auswärtigen Garnison konnte der auf Vernichtung der Tempel lautende kaiserliche Befehl endlich durchgeführt werden (401). Mit großen Kraftanstrengungen wurde das Marneion niedergebrannt und -gerissen und an der Stelle mit Benutzung der verschonten Säulenhallen eine prächtige Kirche erbaut, zu der auch die Kaiserin Eudoxia kostbares Material beisteuerte. Es ist bezeichnend für den Fanatismus des Bischofs Porphyrius, der mit Zähigkeit bei dem kaiserlichen Hofe auf dieses Ziel hingearbeitet hatte, daß er mit den „vorzüglich von den Frauen" als heilig angesehenen Marmorstücken des Adyton den Weg vor dem Tempel pflastern ließ, „damit jene nicht nur von Männern mit Füßen getreten würden, sondern auch von Frauen und Schweinen und andern Tieren." Darüber empfanden die Heiden einen noch größern Schmerz als über die Verbrennung des Tempels, bemerkt dazu der Berichterstatter, ein Augenzeuge dieser Vorgänge. Noch lange nachher vermieden sie, „vorzüglich die Weiber," diesen Weg zu betreten. Derselbe Erzähler notiert die Zahl der bei verschiedenen Gelegenheiten unter diesem Episkopate Übergetretenen; sie ist so gering, daß anzunehmen ist, daß Gaza noch lange in das fünfte Jahrhundert hinein eine vorwiegend heidnische Stadt geblieben sei. Zwar hatte auch eine Haussuchung nach Götterbildern stattgefunden, und die gefundenen waren ins Feuer oder in Schmutz geworfen, indes konnte sie den Vorrat nicht erschöpfen und, wo er gemindert war, fanden sich in der künstlerisch betriebsamen Stadt Kräfte genug, den Mangel auszugleichen. Trotzdem war der Sieg des Christentums nun entschieden, und wenn Porphyrius an tausend Mönche und zahlreiche Kleriker, darunter Bischöfe, und Laien zum Feste der Einweihung in Gaza versammelte, so spricht daraus die richtige Würdigung dieses Erfolges.

Die Vernichtung des Heidentums in Gaza gehört zu den abstoßendsten Scenen im Rahmen dieser Geschichte. Unter widerlichen Einzelheiten wirkt sich eine brutale Gewalt aus. Porphyrius, einst ein demütiger Asket in Jerusalem, spielt die Rolle eines blinden Fanatikers. Gerade in diesen Gebieten mögen solche Vorgänge, welche aus dem Volkscharakter und der Religiosität erklärlich werden, nicht vereinzelt gewesen sein.

Hundert Jahre nach der Zerstörung des Marneion beherrschte eine andere Glaubens- und Gedankenwelt Gaza. Die „christlichen Sophisten," als deren Typus der vielbeschäftigte, verkehrsbedürftige Prokopius zu gelten hat, zeigen nicht minder wie die unter Anastasius I blühende Dichterschule die göttergläubige Vergangenheit nur in mythologischen Bildern und auch diese nur unter dem starken Reflex und in der Gegenwirkung christlicher Ideen. In Athen wanderte die antike Bildung aus, als der Sieg der Götterfeinde entschieden war; in Gaza erblüht aus den Trümmern der Götterwelt eine neue, antik-christliche Bildung. Der Bischof

Marcianus vollends, ein Schüler des Prokopius, wußte dem städtischen Gemeinwesen einen Glanz zu verleihen, in welchem zum letztenmale die Erinnerungen an eine große Geschichte und eine gewichtige Machtstellung erwachten. In ihm findet die Unbill eines Porphyrius eine versöhnende Ausgleichung.[1])

Um dieselbe Zeit wurden auch andere feste Plätze des Heidentums im südlichen und mittlern Syrien durch kräftige Angriffe gewonnen. In Areopolis an der Ostküste des toten Meeres, in Petra in Arabien selbst, dann in Damaskus, in Heliopolis, wo schon Konstantin gewaltsam eingegriffen hatte, wo aber nach einem Ausdruck des Bischofs Petrus von Alexandrien die Einwohner den Namen Christus nicht einmal hören mochten, „weil sie alle Götzendiener sind," und in Apamea.[2]) Die auf beiden Seiten erregten Leidenschaften gaben dem Ringen die Weise eines wilden Kampfes, in welchem mit den Kultstätten die Werke antiker Kunst niedergeschlagen wurden. Wenn sogar ein Chrysostomus aus dem abgelegenen Orte seiner Verbannung sich für verpflichtet hielt, Phönizien vom Götzendienste loszumachen, so ist das ein Beweis, wie fest der alte Glaube gerade in diesen Gebieten gehaftet haben muß. Wenn er weiterhin Mönchsschaaren aus der Ferne aufbietet zu dem ausgesprochenen Zwecke, die Tempel zu zerstören, und sie mit privaten Mitteln und staatlichen Vollmachten ausstattet,[3]) so läßt sich ermessen, in welcher Härte und mit welchen Verwüstungen der Kampf

---

[1]) Chorikios, Orat. ed. Boiss. p. 37 ff.
[2]) Sozom. VII, 15; Ambros. Ep. cl. I ep. 40 n. 15; Theodor. H. E. IV, 22. Euseb. V. C. III, 58. Über Apamea und den Bischof Marcellus s. Bd. I, 268 ff.
[3]) Chrysost. Ep. 221; Theodor. V, 29.

hier verlaufen ist. Libanius berichtet klagend über dieses Treiben.¹) Ein syrischer Historiker, der den Ereignissen und dem Schauplatze nicht allzu fern stand, bemerkt, daß damals alle noch vorhandenen Heiligtümer von Grund aus vernichtet wären.²) Das mag der allgemeine Eindruck gewesen sein, dem aber nicht ganz die Wahrheit entsprach. Denn zur Zeit Justinans stand an der palästinischen Grenze ein Tempel mit einem Erzbilde, welches die Bürger in einer Pestnot aufsuchten, und ebenso wird gemeldet, daß in Heliopolis i. J. 554 eine hundertfünfzig Ellen hohe Götterstatue samt dem Heiligtume, in dem sie stand, durch den Blitz zerstört wurde.³) Der Bischof Johannes von Asien, der „Heidenvorsteher und Götzenstürmer," wie ihn seine Zeitgenossen nannten, fand in diesem Jahrhundert auch in diesen Gebieten eine ertragsreiche Arbeit.⁴) Ein Vorkommnis in dem genannten Heliopolis i. J. 579 eröffnet ganz unerwartet ein überraschendes Bild. Noch damals, so erfahren wir jetzt, stand die Mehrheit der Bevölkerung und in ihr die Besitzenden und Mächtigen zur alten Religion und benutzte ihren Einfluß, die christliche Minderzahl zu bedrängen. Dem Namen Christi wurde Schmach angethan. Der Kaiser Tiberius rief auf die Kunde davon einen gerade in Palästina mit blutiger Unterdrückung eines Aufruhrs beschäftigten höhern Beamten namens Theophilus nach Heliopolis, um die übermütigen Heiden zu züchtigen, der dann auch „an ihnen ihrer Frechheit gemäß

---

¹) Liban. Pro templ. c. 3.
²) Theodor. a. a. O.
³) Assem. Bibl. orient. II S. 86. 89.
⁴) Johannes v. Ephesus, Kirchengesch. II, 4 (S. 44 der deutsch. Ausg. von Schönfelder, Münch. 1862): II, 41 (S. 81).

Rache nahm, sie peinigte, kreuzigte und tötete." Durch Anwendung der Folter kam Theophilus auch in den Besitz weiterer Namen in der Stadt und in der Provinz.¹) Mit einemmale war damit die Illusion zerstört, welche schon länger als ein Jahrhundert unter dem Einflusse einer historischen Novelle in einem großen Kreise Bestand gewonnen hatte, daß nämlich in dieser Stadt, welche der Teufel vorher als „mein Heliopolis" mit Recht benennen durfte, die Einwohnerschaft christlich sei.²) Dieses harte Vorgehen der Regierung hat schwerlich noch mit heidnischen Heiligtümern zu rechnen gehabt. Den Haupttempel, dem Gotte Baal-Zeus geweiht, eine der mächtigsten sakralen Bauten der alten Welt, hatte bereits Theodosius d. G. den Gläubigen entzogen und zu einer Kirche gemacht.³) Der neue Kultus richtete sich indes nicht in dem eigentlichen Tempelhause ein, sondern in der geräumigen Vorhalle. Von jenem zeugen heute noch sechs gewaltige aufrechtstehende Säulen von mehr als zwei Meter Durchmesser. Schwerlich hat sich gewaltthätiger Fanatismus an diesem Bauwerk, soweit es nicht in christlichen Besitz überging, erprobt; die festen, schweren Massen spotteten leichter Arbeit. Erst Naturgewalten und vielhundertjährige Menschenarbeit haben den Tempel zu dem gemacht, was er jetzt ist. Ein kleines Heiligtum in der Nähe und ein anderes östlich von der Akropolis sind gut erhalten auf uns gekommen und zwar darum, weil sie zu Kirchen umgewandelt

---

¹) Joh. v. Ephesus III, 27 (S. 121).
²) Legenden d. hl. Pelagia herausg. von Usener S. 11 (Worte des Teufels an den Bischof Nonnos): οὐκ ἤρκεσέ σοι Ἡλιούπολις ἡ ἐμή, ὅτι πάντας τοὺς ἐν αὐτῇ προσήνεγκας τῷ θεῷ σου;
³) Chron. Pasch. Olymp. 289.

wurden. Wann, ist unbekannt. Man darf aber vermuten, daß es nicht viel später oder früher geschehen ist als die Konfiskation des Haupttempels. Obwohl tempellos, hat also der phönizisch-hellenische Glaube in wunderbarer Zähigkeit sich dennoch bis in das letzte Viertel des sechsten Jahrhunderts behauptet und ist schwerlich damals gänzlich untergegangen. Ein anschauliches Beispiel bietet Abra (jetzt Ezra) zwischen Bostra und Damaskus. Eine Inschrift[1]) der Kuppelkirche wahrscheinlich aus dem Jahre 515 — giebt darüber in Antithesen folgende Auskunft: „Ein Haus Gottes ist geworden die Herberge der Dämonen. Das heilsame Licht ist aufgeflammt, wo Finsternis lagerte. Wo einst Opfer der Idole, sind jetzt Chöre der Engel. Wo einst Gott erzürnt wurde, wird er jetzt versöhnt. Ein christusliebender Mann, der Vorsteher (ὁ πρωτεύων) Johannes, der Sohn des Diomedes, hat aus eigenen Mitteln als Geschenk Gott dargebracht den sehenswürdigen Bau, nachdem er niedergelegt darin eine kostbare Reliquie des herrlich siegreichen heiligen Märtyrers Georg, der ihm, Johannes, selbst erschienen war, nicht im Traume, sondern sichtbarlich." In der Inschrift verrät schon die Erwähnung der Kosten, daß die Kirche ein Neubau und nicht ein umgebauter Tempel sei. Die mit geringen Schädigungen auf uns gekommene Kirche, ein auf achteckigem Grundriß mit einer spitzen Kuppel konstruierter Bau, bestätigt diesen Schluß.[2]) Das Portal der Westseite trägt die genannte Inschrift. Es ist vermutet worden, daß in dem niedergerissenen Tempel ein Kult des in Abra

---

[1]) C. J. G. IV n. 8627. Waddington, Inscriptions grecques et latines de la Syrie, Paris 1870 n. 2498.
[2]) Abb. bei Vogüé, La Syrie centrale pl. 21. (dazu S. 61 f.).

verehrten Gottes Theandrites bestand. Es offenbart einen tiefen Fanatismus, daß das alte Heiligtum dem Boden gleichgemacht und die Kirche dann an derselben Stelle errichtet wurde und daß endlich eine höhnende Inschrift diese Thatsachen öffentlich verkündigte. Möglich war dies doch nur in einer Stadt, in welcher die neue Religion sich als die ausschlaggebende wußte.

Auch das dem Baalsamēn geweihte mächtige Heiligtum in Siah im Hauran liegt heute als eine wüste Trümmerstätte vor uns. Die zerschlagenen Architekturstücke, Altäre, Votive, Statuen, darunter eine Bildsäule Herodes d. Gr., reden eine deutliche Sprache von dem, was einst auf dieser Bergeshöhe vorgegangen ist.[1]) In Deir-el-Qal'a bei Beirut stürzten die Christen den Tempel des Baal-Markob um; auf den Trümmern erstand ein Kloster. In Emesa scheint der berühmte Sonnentempel Elgabals ebenfalls dem Boden gleichgemacht zu sein, um dann an seiner Stätte eine Kirche erstehen zu lassen.[2]) Diese Gebiete waren einst reich an Tempeln; zahlreiche Ruinen machen die Situation deutlich. Wenn nicht die Gesamtheit, so gehört doch die Mehrzahl jenen Zeiten wilden Kampfes an. Symptome und Zeugen sind auch die Siegesrufe auf Inschriften verschiedener Zweckbestimmungen. „Christus siegt" — „Es giebt nur einen Gott" — „Nur der eine Gott hilft" oder Psalmworte, wie: „Die Erde ist des Herrn und was darin ist und alle die darauf wohnen"[3]) sind Stimmen, die verständlich reden, denen aber von der

---

[1]) Vogüé pl. 2. 3. Text S. 31 ff.
[2]) Waddington, Inscript. n. 1855; 2570.
[3]) Waddington n. 2253. 2651. 2694. 2053b. 2262. 2562. 2678. 2665.

andern Seite entgegenklang: „Ammon siegt." [1]) Ohne Zweifel
aus diesem Gegensatz heraus sind auch die Worte in der (jetzt
in eine Moschee verwandelten) alten Kirche in Damaskus
geschrieben: „Dein Reich, Christus, ist ein Reich der Ewig=
keit und Deine Herrschaft von Geschlecht zu Geschlecht." [2])
Weiter im Norden bezeichnet ein Christ sein Haus mit der
Inschrift: „Herr, hilf diesem Hause und Allen, die darin
wohnen. Amen." „Ein Gott über Euch. Wer vermag
wider Euch? Ehre sei ihm allerorten." [3]) Gerade auf
syrischem Boden, wo die christlichen Inschriften mehr als
anderswo die lebhaften Interpreten der religiösen Empfin=
dungen und Vorgänge sind, läßt sich für diesen Zusammen=
hang mehr als eine Wahrscheinlichkeit in Anspruch nehmen.
Die außergewöhnliche Zähigkeit des Kultus an der phönizischen
Küste, der — Byblus im Mittelpunkte — in den ersten
Jahrhunderten unserer Zeitrechnung einen neuen Aufschwung
genommen und den Libanon mit zahlreichen Heiligtümern
bedeckt hatte, führt darauf, daß er in der Abgeschiedenheit
vereinzelt sich erhalten hat, nachdem sonst in Syrien alle
Spuren des Heidentums verschwunden waren. Ja, noch im
zwölften Jahrhundert fand ein Reisender in Byblos in
dem Tempel der Astarte das Idol in reichem Goldschmuck
auf seinem Throne sitzend und daneben zwei weibliche Figuren
stehend, ein Fall einzig in seiner Art. [4])

Der Denkmälerbefund bestätigt die aus der Literatur
zu gewinnende Erkenntnis, daß ein rücksichtsloser Vernichtungs=

---

[1]) n. 2313.
[2]) n. 2551ᶜ vgl. Pf. 145, 13.
[3]) n. 2666 (Dellouza im Gebiete von Apamea); vgl. n. 2683.
[4]) Revue archéol. t. 35 (1878) S. 16 Anm. 2.

kampf stattgefunden hat. Nicht nur die kleinen, widerstands=
unfähigen Sanktuarien sind bis auf unbedeutende Reste weg=
gefegt, sondern auch die aus gewaltigen Quadern gefügten
großen Heiligtümer sind mit wenigen Ausnahmen dem An=
sturme ihrer glaubenseifrigen Feinde erlegen. Äußerst dürftig
sind auch die Überbleibsel plastischer Werke, so daß nicht so=
wohl diese als die anderswo, in Karthago, Sardinien, Cypern,
Sizilien gefundenen, von Phönizien aber entweder exportierten
oder in der Auffassung bestimmten Bildwerke die Plastik dieses
Volkes uns beleuchten müssen. Und auch diese Produkte sind
in der Mehrzahl kleine Figuren aus Terrakotta und Bronze.
Diese Thatsache redet verständlich; noch verständlicher die
Auffindung von Statuen an Orten, wohin sie vor den Ver=
folgern geborgen oder von den Zerstörern geworfen waren,
wie jenes Zeusbild, das bei Gaza im Sande entdeckt, und
eine ganze Gruppe geköpfter Statuen, welche 1873 in Am=
rith in einem unterirdischen Gelasse aufgespürt wurde.[1]

Umwandlung heidnischer Tempel in Kirchen scheint nicht oft
vorgekommen zu sein. Heliopolis bietet, wie erwähnt, Beispiele.
Auch in Soueideh im Hauran wurde in christlicher Zeit ein
Tempel in eine Kirche verwandelt, und in Chaqqua weiter
nördlich eine „heilige Behausung," d. h. eine jener kleinen
Kapellen auf dem Lande von einfacher, aber eigenartiger Kon=
struktion, demselben Zwecke dienstbar gemacht. Vielleicht hat in
diesen und andern Fällen nicht religiöse Selbstbeherrschung,
sondern eine aus den zur Kirche strömenden Massen erwachsene

---

[1] Vgl. das Hauptwerk von Renan, Mission de Phénicie;
dazu Perrot et Chipiez, Histoire de l'art dans l'antiquité
t. III. Phénicie — Cypre. Paris 1885. Über die gazäische Statue
Zeitschr. d. deutsch. Pal.=Ver. Bd. II S. 183 ff.

Notlage entschieden. Auf eine solche Notlage in diesem Gebiete scheint doch die Thatsache zu weisen, daß im vierten Jahrhundert in Phäna (j. Mousmieh) das Prätorium und in dem genannten Chaqqua ein römisches Regierungsgebäude von der Kirche als Gotteshäuser übernommen wurden, nachdem am letzteren heidnischer plastischer Schmuck abgeschlagen und durch das Kreuzeszeichen ersetzt war.[1] Auch eine Entdeckung bei Tyrus i. J. 1860 bietet einen Beleg, daß nichtsakrale Baulichkeiten in christliche Kultstätten sich mußten umwandeln lassen. In diesem Falle ist sogar der klassische Mosaikfußboden herübergenommen, obgleich seine Darstellungen dem weltlichen Gebiete angehörten.[2]

Nicht anders haben sich die Geschicke des Heidentums vollendet in dem religiös und kulturgeschichtlich zu Phönizien gehörigen Cypern, der Insel der Aphrodite-Astarte. Rücksichtslos hat die siegreiche Religion die mit einem unsittlichen Kultus befleckten Heiligtümer und Götterbilder vernichtet. Zerschlagene Statuen, in einem Falle zwanzig Köpfe, fanden sich in Löcher vergraben. Vielfach sind sogar die Fundamente der Tempel aufgerissen worden; nur einige unbedeutende Bauten sind stehen geblieben, darunter eine unterirdische Anlage in Larnaca, die darum noch ein besonderes Interesse bietet, weil heute noch die Bevölkerung sich dort Orakel holt und in der an diesen Ort geknüpften Verehrung

---

[1] Vogüé pl. 4; S. 39; pl. 6; S. 41 ff.; pl. 7; S. 45 f.; S. 51. Vgl. ferner Waddington n. 2286. 2566.

[2] Abb. bei Renan pl. 48. Nach d. V. Meinung freilich fällt die Entstehung des Mosaiks in die justinianische Zeit, wogegen sich aber de Rossi, Allard, de Saulcy u. A. mit Recht erklärt haben.

die Jungfrau eine Rolle ähnlich der Astarte spielt.[1]) Doch war der Reichtum der fruchtbaren, trefflich kultivierten Insel an Kunstwerken so groß, daß aus den Trümmern, welche die Kirche darüber gebreitet, fortwährend wertvolle Stücke hervorgezogen werden.

Diese wohl hauptsächlich im vierten Jahrhundert vor sich gegangene Verwüstung ist nicht denkbar ohne eine bereits vorhandene feste kirchliche Organisation. In der That weist alles auf einen blühenden Zustand der cyprischen Kirche in jener Zeit welche am Anfange ihrer Geschichte den Apostel Paulus selbst verzeichnet (Apostelgesch. c. 13 ff.). Die sechsunddreißigjährige bischöfliche Wirksamkeit eines Mannes wie Epiphanius († 403) auf dem Metropolitensitze in Salamis, dessen eigenwilliger Geist und mönchische Befangenheit auch der Kirche beschwerlich wurden, ist nicht vorübergegangen ohne schwere Erschütterungen des Heidentums. Der Mann, der einst entrüstet in einer Kirche einen bemalten Vorhang zerriß, weil er darin eine Entweihung des Heiligen sah, mußte an den herrlichen Tempeln und ihren reichen Kunstschätzen noch viel mehr Ärgernis finden, und dazu noch dienten sie zum großen Teil der Verehrung und Verherrlichung einer schamlosen Göttin.

Abweichend von dem Verlaufe der Christianisierung, wie er bisher in der Provinz Syrien festgestellt werden konnte, vollzog sich diese Entwickelung in der Hauptstadt Antiochia, dem blühenden kulturellen und machtvollen politischen Mittelpunkte des Landes, ja weit über den Umfang desselben hinaus. Unter den Städten ersten Ranges im römischen Welt-

---

[1]) Revue archéol. t. VI (1862) S. 244 f.; Perrot et Chipiez a. a. O. S. 277 ff.

reiche hat keine einzige den Prozeß der Religionswandelung so rasch und so geräuschlos vollzogen als diese. Es müssen in diesem Vorgange Faktoren, seien es nun allgemeine Stimmungen, seien es kraftvolle, geschickte Menschen, wirksam gewesen sein, die wir nicht mehr feststellen, nicht einmal vermuten können. Scheinbar war gerade dieser Boden ein schwieriger. Die Bevölkerung galt auf der einen Seite als geistig beweglich, interessiert für die bildenden und die freien Künste, die in ihrer Mitte blühten, stolz auf die hohe Kultur und die Machtstellung der „dritten Stadt im Reiche," auf der andern Seite als unruhig und scharfzüngig; in ihr verbanden sich die Volksleidenschaften des Griechentums, wie Theater, Circusrennen, mit den sinnlich-religiösen Gepflogenheiten der Syrer. Das ausschweifende Majumafest war hier fest gewurzelt. Zahlreiche Tempel und Götterbilder schmückten die Stadt, zumeist allerdings Gaben der Seleukiden und römischen Herrscher, aber sie weisen doch auf eine religiöse Stimmung der Antiochener als Voraussetzung. Griechisch-römische, syrische und ägyptische Gottheiten und Göttertempel füllten die Stadt. Libanius konnte daher mit Recht „viele" Götter der Stadt als Mitstreiter dem Kaiser Julian in Aussicht stellen. Besonders zeichnete sich als ein heiliger Ort der Daphnehain aus, wo in dem weitberühmten Apollotempel die mächtige, bis an das Dach reichende Statue des Gottes sich erhob.[1]) Nichts ist uns überliefert über eine Abnahme der göttergläubigen Frömmigkeit in der vorkonstantinischen Zeit. Wir wissen nicht, wie das harte Material zerrieben worden ist.

---

[1]) Das Material gesammelt bei Otfried Müller, De antiquitatibus Antiochenis I. (Comment. acad. Goett. VIII p. 205 ff.). Auch „Kunstarchäol. Werke" Bd. V S. 1 ff. (Berlin 1873).

In der ersten christlichen Geschichte der Stadt treten große Namen hervor: Paulus, Petrus, Ignatius; die Bezeichnung der Gläubigen als Christen hatte hier ihren Ursprung (Apostelgesch. 11, 26). Auf Beides war man stolz und wies gern darauf hin. Eine „Herberge der Apostel," eine „Heimstätte der Gerechten" war Antiochia, und daß der Christenname, der „begehrenswerte und allen süße Name" hier ans Licht getreten ist, darin fand die Stadt ihren „Ehrenkranz." Und hauptsächlich wegen ihrer Vorfahren ist sie Christo angenehmer als andere Städte. Zu dem allgemeinen Ruhme, „Haupt und Mutter" aller orientalischen Städte zu sein, kommt als die Krone noch ihre kirchengeschichtliche Vergangenheit. Darum überholt sie an kirchlicher Würde sogar Rom.[1]) Einer ihrer Söhne, der damalige Presbyter Chrysostomus bezeichnet die Bevölkerung als ordentlich und gesittet und als lenkbar gleich einem folgsamen Rosse; ihr Ruhm liege nicht in der herrlichen Daphne-Vorstadt, nicht in der Menge hoher Cypressen oder den Wasserquellen, auch nicht in der Zahl der Bewohner und dem lebhaften Verkehr, sondern in der Gesinnung und Gottesfurcht der Bewohnerschaft, die nicht nach einzelnen Tumultuanten beurteilt sein will.[2]) So oft auch der lebhafte Prediger Anlaß findet, seine Zuhörer zu tadeln, daneben besteht doch bei ihm das Gefühl der Zufriedenheit über ihre religiöse Verfassung im allgemeinen.

In den theologischen Kämpfen der konstantinischen und nachkonstantinischen Zeit stand Antiochia im Vordergrunde.

---

[1]) Chrysost. De statuis hom. III, 1; 2; XVII, 2; ähnliche Urteile auch sonst.

[2]) De stat. hom. II, 1; XVII, 2. Anders die Urteile Julians und Anderer.

Bedeutsame Synoden sind hier gehalten worden, es war der Ausgangs- und Sammelpunkt einer theologischen Richtung, in der sich Scharfsinn, Ernst und Besonnenheit vereinten. Als die Synode von Nicäa (325) dem Bischofe von Antiochia die Jurisdiktion über ein Gebiet als zu Rechte bestehend anerkannte, welches sich ungefähr mit der politischen Diözese des Orients deckte, besaß jener diese Gewalt wahrscheinlich bereits in ihrem ganzen Umfange.[1]) Nur aus dieser Thatsache erklärt sich auch, daß Konstantin in Antiochia eine Kirche, und zwar in den Formen des Centralbaues, in so mächtigen Höhe- und Breitedimensionen errichten und in so kostbarer Weise ausstatten ließ, daß dieses Werk als einzigartig bewundert wurde. Sie — die goldene Kirche genannt — war ein neuer Schmuck neben den bürgerlichen und religiösen Prachtbauten und ohne Zweifel in Gegensatz dazu gedacht. Die feierliche Einweihung unter Konstantius i. J. 341 wurde durch eine von 97 Bischöfen besuchte Synode ausgezeichnet.[2])

Wahrscheinlich schon damals, jedenfalls bald nachher lagen Majorität und Macht in der Hand der Christen. Daher die Verschleppung der offiziellen Begrüßung des neuen Kaisers Julian durch die Stadtvertretung. Julian selbst bestätigt diese Vermutung in seinem „Misopogon." Zwar stehen noch in der Stadt so und so viele Tempel, und auch das Heiligtum des daphnischen Apollo ist noch da, aber die Bevölkerung hat sich zur „gottlosen Sekte" geschlagen; statt Zeus und Apollo hat sie sich Christum als

---

[1]) Conc. Nicaen. can. 6. Dazu Hefele C. G.² I S. 393 f.
[2]) Euseb. V. C. III, 50; D. L. C. c. 9.
[3]) Sozom. H. E. III, 5.

"Stadtkönig" erkoren. Deutlich läßt Julian durchblicken, daß der Einfluß der Frauen in dieser Wandelung sich bethätigt hat. Der Götterdienst ist noch nicht ausgestorben, aber er ist lau, und nur die Neugierde, den kaiserlichen Opferer zu sehen, führt größere Massen zum Tempel. Dem Bilde, welches diese wenig würdevolle Satire von der religiösen Situation entwirft, entspricht durchaus, daß die Kunde von dem Untergange Julians in demjelben Antiochia, in welchem ein Libanius Ansehen und Gönner hatte, mit lautem Jubel begrüßt wurde und sowohl in den Kirchen und Kapellen wie in den Theatern zu öffentlichen Freudeäußerungen Veranlassung gab.[1]) Gewiß verband sich hier eine persönliche Gereiztheit mit der Empfindung des religiösen Gegensatzes, aber diese stand als die stärkere im Vordergrunde. Die Rückkehr der Regierung zur frühern Religionspolitik mußte die bereits vorhandene Vorherrschaft des Christentums noch mehr stärken und erweitern. Wie sie in den letzten zwanzig Jahren des vierten Jahrhunderts sich gestaltet hatte, darüber giebt Johannes Chrysostomus Auskunft, der, selbst ein Antiochener, den größten Teil seines Lebens in Antiochia zubrachte und als Presbyter durch sein Predigtamt dazu geführt wurde, in seinen Homilieen auf die sittlichen und religiösen Verhältnisse der Bevölkerung sich zu beziehen.

Chrysostomus teilt mit den Christen seiner Zeit den Enthusiasmus, der aus der Betrachtung des Siegeslaufes des Christentums ihnen erwuchs. Die ganze Welt bezeugt den Segen des Christentums, auch die Wüste. Das Kreuz Christi hat seine Kraft bewiesen, indem es die Dämonen vertrieben, die Tempel zerstört und die Altäre umgeworfen

---

[1]) Theodor. H. E. III, 28.

hat. Der heidnische Irrtum ist in sich zusammengebrochen; es bedurfte nicht der Gewaltthaten, wie die Christenverfolger sie anwandten.[1]) In Antiochia zeigt sich dieser Sieg dementsprechend so, daß die Mehrzahl der Einwohner zum Christentum sich bekennt. Der Prediger erhebt sich einmal zu der Fiktion, daß die ganze Stadt im Gottesdienst gegenwärtig ist. Der großen Zahl von Armen und Hilflosen kommt die Liebesthätigkeit der Kirche in dem Maaße entgegen, daß in der Matrikel dieser als täglich zu versorgende nicht weniger als 3000 Wittwen und Jungfrauen verzeichnet stehen. Dazu kommt noch die weite und reiche Mannigfaltigkeit der männlichen Bedürftigen, der Kinder u. s. w.[2]) Mehr noch als diese Einzelheiten stellt der allgemeine Eindruck, den die zahlreichen Homilieen des Presbyters machen, die Thatsache fest, daß Antiochia als Ganzes genommen eine christliche Stadt ist,[3]) alle Schichten der Bevölkerung christliche Erkenntnis und christliche Sitte haben. Die sittliche Kraft und die

---

[1]) De laud. Pauli hom. IV. — Hom. in illud: Pater. si poss. est, transeat etc. c. 2. — Hom. de S. Babyla c. 3.

[2]) Adv. Jud. hom. I, 4: τὸ πλέον τῆς πόλεως Χριστιανικόν. — hom. XXI in ep. I ad Cor. c. 7; hom. LXVI (al. LXVII) c. 3 ($1/10$ ist reich, $1/10$ arm, der Rest in mittlerer Vermögenslage).

[3]) Hom. in S. Ignat. c. 4 giebt Chrysostomus die Zahl der Einwohner Antiochias auf 200,000 an, worin aber Kinder und Sklaven nicht eingerechnet zu denken sind. Hom. LXXXV (al. LXXXVI) c. 4 zählt er εἰς δέκα μυριάδων ἀριθμὸν οἶμαι τοὺς ἐνταῦθα συναγομένους. Damit ist nicht die Zahl der Christen in der Stadt überhaupt taxiert, wie fälschlich verstanden wird, sondern es ist in runder Zahl die Zuhörermenge angegeben, die sich in der Hauptkirche in Teilen zu versammeln pflegte. Diese Zuhörerschaft war in der Hauptsache eine vornehme, da mit dem Wachstum der Stadt die arme Bevölkerung in die Vorstädte gedrängt war.

sittlichen Normen dieses Gemeinwesens entstammen dem Christentum.¹) Zwar herrschen unter den Christen noch schlimme heidnische Gepflogenheiten wie Fluchen, Theaterleidenschaft; die Volksfeste heidnischer Herkunft und mit heidnischer Ausgelassenheit haben ihre Anziehungskraft behauptet, worunter vorzüglich das „Satansfest" der Januarkalenden, wo die ganze Stadt sich mit festlichem Gepränge umgab. Aber auch heidnische Superstition dauerte noch fort, Übung der Tagewählerei und Wahrsagekunst, Tragen heidnischer Amulette, auch solcher mit dem Kopfe Alexanders d. Gr. Christen riefen wahrsagende Weiber zu sich ins Haus und pflegten dies wohl damit zu entschuldigen, daß diese Weiber Christinnen seien, nicht heidnische Frauen.²) Das Äußerste in dieser Richtung liegt in der Gepflogenheit, in der sog. Matrone-Grotte in Daphne sich Inkubationen zu unterziehen, worin Chrysostomus kein geringeres Vergehen sieht als in dem Betreten des Apollotempels.³)

Neben dieser christlichen Bevölkerung beherbergte Antiochia eine anspruchsvolle, zahlreiche Judenschaft. Eine feindselige Stimmung schied beide Religionsgruppen, wie wir aus den heftigen Philippiken des Chrysostomus erfahren. Trotzdem übte die jüdische Religion auf einzelne Christen eine abergläubische Wirkung. Sie fanden sich in der Synagoge

---

¹) De stat. hom. I, 12: die Christen die $\sigma\omega\tau\tilde{\eta}\varrho\varepsilon\varsigma$, $\varkappa\eta\delta\varepsilon\mu\acute{o}\nu\varepsilon\varsigma$, $\pi\varrho o\sigma\tau\acute{a}\tau\alpha\iota$ $\varkappa\alpha\grave{\iota}$ $\delta\iota\delta\acute{a}\sigma\varkappa\alpha\lambda o\iota$.

²) De Lazaro hom. VII; I, 1. 11; hom. in Kalendas (u. s. häufig). — Ad illum. catech. hom. II, 5; hom. in Kalend. c. 3

³) Adv. Jud. hom. I, 6. Ich verzichte auf Hypothesen hinsichtlich des nähern Inhaltes und der Herkunft dieses Kultus, der jedenfalls dem heidnischen Gebiete, nicht der jüdischen Superstition angehört.

zu den gottesdienstlichen Versammlungen ein, hielten das jüdische Fasten und wandten zu besondern Zwecken jüdische Riten an, z. B. um einen Eid recht fest zu machen.[1]) Die antiochenische Kirche empfand diese Gegnerschaft viel lästiger als den noch vorhandenen Hellenismus. Dieser scheint seine Hauptstütze in der Rhetorenschule und seine Anhängerschaft besonders in den damit zusammenhängenden Kreisen gehabt zu haben. Die heidnischen Philosophen, kenntlich an Bart, Mantel und Stock, konnte man noch sehen, aber sie müssen sich verhöhnen lassen, daß jene drei Stücke das einzig Philosophische an ihnen seien, während die syrischen Bauern vom Lande sich besser auf die wahre Philosophie verstehen.[2]) Von hierher kam auch, so läßt sich annehmen, jene spottende Frage im Anblicke eines von ungebärdigen Klageweibern begleiteten christlichen Leichenzuges: sind das diejenigen, welche so viel über die Auferstehung philosophieren? Freilich auch sonst giebt das Benehmen der Christen Heiden und Juden Anlaß zum Gespött.[3]) Noch mehr: auch die Menschwerdung des Sohnes Gottes wird von den Heiden höhnisch und skeptisch behandelt, und schwache Christen lassen sich dadurch verwirren.[4]) So ist es erforderlich, in der gottesdienstlichen Rede diese Widersacher zu bekämpfen.[5]) Die hier und sonst vorausgesetzten Heiden haben in der Verborgenheit ihren Kultus geübt, wie zwar nicht aus Chrysostomus, aber aus einem spätern Vorgange sich entnehmen läßt. Bei der

---

[1]) Die Homilieen Adversus Judaeos.
[2]) De stat. hom. XVII, 2; XIX, 1.
[3]) De Lazaro hom. V, 2; VII, 1, 2.
[4]) In diem nat. J. Chr. hom. c. 6.
[5]) Z. B. De stat. hom. X, 3; XII, 4; Adv. Jud. hom. VII, 3.

Schilderung eines kirchlichen Ereignisses i. J. 415, welches getrennte Parteien zusammenführte, redet der Berichterstatter[1]) beiläufig von einem „ganz geringen Reste von Hellenen," gewiß mit Recht, doch hat dieses Überbleibsel eine große Zähigkeit bewiesen und tritt nach mehr als anderthalb Jahrhunderten plötzlich in einem weitgreifenden Prozesse wieder hervor. Vorher weisen nur allgemeine Andeutungen auf die Fortdauer eines zwar eingeschränkten, aber lebenskräftigen Hellenismus, der auch noch Christen anzog und die unwillige Frage hervorrief, warum Gott Ungläubige und Apostaten in der Welt dulde. Ein antiochenischer Presbyter nämlich namens Isaak beschäftigte sich um die Mitte des fünften Jahrhunderts mit dieser Thatsache und Frage.[2])

Über das Schicksal der zahlreichen Heiligtümer Antiochias ist nur Unvollständiges bekannt. Den berühmten Apollotempel in Daphne zerstörte unter Julian eine Feuersbrunst; das Tycheion, in welchem die antiochenische Tyche, ein Werk aus der Schule des Lysippus, stand, wies Theodosius II dem christlichen Kultus zu, als es sich darum handelte, den Gebeinen des Ignatius eine würdigere Ruhestätte zu geben.[3]) Was aus den zahlreichen übrigen Heiligtümern geworden ist, sagt uns keine Kunde, aber vielleicht darf aus den Klagen des Libanius in seiner Schutzschrift für die Tempel[4]) eine allgemeine Auskunft darüber entnommen werden. Sie werden geschlossen oder in profanen Gebrauch genommen sein. Unter

---

[1]) Theodor. H. E. V, 35.
[2]) Assem. Bibl. orient. I p. 225. Von ebendems. Verf. ist auch eine Homilie erhalten, welche sich mit denjenigen auseinandersetzt, welche die hl. Schrift zur Zukunftserforschung mißbrauchen (p. 218).
[3]) Evagrius H. E. I, 16.
[4]) Bd I, 273 ff.

den durch die Erdbeben des fünften und sechsten Jahrhunderts geschädigten Gebäuden, welche von den Schriftstellern, z. B. von Evagrius, aufgezählt werden, fehlen Tempelnamen und wahrscheinlich doch nur deshalb, weil die Gebäude damals andern Zwecken dienten und ihre alten Namen verloren hatten. Auch über das Schicksal der Statuen und sonstigen heiligen Bildwerke ist nichts überliefert. Die kunstliebende Stadt wird sie schwerlich zerschlagen, sondern sich zu ihnen ähnlich verhalten haben wie Rom. Die christlichen Kaiser ließen zu den alten Bauten neue erstehen, aber diese Bauthätigkeit vermochte doch nicht die schweren Schädigungen auszugleichen, welche die Erdbeben über die Stadt brachten. Unter Justinian war sie weit unter ihren frühern Umfang heruntergesunken, und damals traf sie noch der härteste Schlag, von welchem sie sich nicht wieder erholte, die Eroberung und Verwüstung durch den Perserkönig Chosroes (538).

Unter der syrischen Landbevölkerung in der Umgebung der Stadt hatte das Christentum eine große Anhängerschaft. Chrysostomus belobt ihren Eifer und empfiehlt ihn als vorbildlich.[1] Das war der Ertrag hauptsächlich der Arbeit des in Syrien weitverbreiteten Mönchtums. In der Nähe Antiochias trat als fördernd noch die Abhängigkeit der Bauern von der städtischen Obrigkeit hinzu. Schon i. J. 331 schrieb in einer syrischen Ortschaft nordöstlich von Antiochien ein Christ an die Thür seines Hauses: „Christus sei gnädig. Es giebt nur einen Gott."[2]

Dieselbe Bedeutung, welche für die Geschichte des Christentums Antiochia im Westen hatte, hatte im nordöstlichen Syrien

---

[1] Chrysost. De stat. hom. XIX, 1.
[2] Vogüé a. a. O. S. 9.

Edessa. Bereits in der ersten Hälfte des zweiten Jahrhunderts faßte hier das Christentum Wurzel und entwickelte sich kräftig.¹) Wie in der Hauptstadt der Provinz, so war auch in Edessa um die Mitte des vierten Jahrhunderts die alte Religion in die Minderheit gedrängt. Daher vermied Julian auf seinem Perserzuge die ihm unsympathische Stadt. Ein Vorkommnis unter Valens zeigt ebenso die Bevölkerung als christliche.²) Dem fügt sich ein, daß durch das vierte Jahrhundert eine eifrige kirchliche Bauthätigkeit sich hindurchzieht,³) die auch in der Folgezeit nicht abbricht. Selbstverständlich fehlten in und außer der Stadt Göttergläubige nicht. Der hl. Ephräm fand sich in der Lage, mit ihnen zu disputieren, ja, hatte sogar Unbill von ihnen zu erdulden.⁴) Im fünften Jahrhundert bewies der Bischof Rabulas einen großen Eifer in der Heidenbekehrung der Umgegend, indem er in der heidnischen Jugend einsetzte. In der Stadt selbst freilich bekleidete ein heidnischer Rhetoriker die Stelle eines Vorstehers des Archivs.⁵) Die Burg des Heidentums im Gebiet von Osroëne war die uralte Stadt Carrä, das biblische Haran. Ein intensiver, in semitischer Religion wurzelnder Kultus

---

¹) Ich verweise hinsichtlich der ältern Geschichte der Kürze halber auf die Artikel „Syrien" (Ryssel) u. „Syrische Bibelübersetzungen" (Nestle) in b. P. R. E.² Bd. 15, und Lipsius, Die edessenische Abgarsage, Braunschw. 1880.

²) Sozom. VI, 18.

³) Chron. Edess. (Assem. Bibl. orient. I, 388 ff.) c. c. 16. 18. 29. 34.

⁴) Theodor. IV, 29; Assem. Bibl. orient. I, 37.

⁵) Vgl. das in der griech. Vita S. Alexandri (Acta S. S. ad 15. Jan. p. 1020 ff.) über Rabulas Bemerkte. — Moses v. Chor. III, 53. In Widerspruch dazu steht Jakob v. Sarug bei Assem. I, 32, aber mit Unrecht.

der Dea Luna und ein Orakel hielten den Götterglauben in dem Grade aufrecht, daß die tempelreiche Stadt bei den christlichen Syrern die Bezeichnung Hellenopolis d. h. Stadt der Heiden gewann, und die Sage entstehen konnte, von hier aus habe sich die Verehrung der Idole über die ganze Erde verbreitet.¹) Dem gläubigen Edessa ausweichend, betrat Julian auf seinem Heeresmarsche gegen die Perser die Stadt und zeichnete den berühmten Mondtempel durch einen Besuch und ein Opfer aus.²) Welche Hoffnungen die Heiden dieser Stadt auf den göttergläubigen Kaiser setzten, sagt die Nachricht, daß sie in übermächtigem Schmerze über seinen Tod den diesen verkündenden Boten steinigten.³) Als die wallfahrende Silvia etwa zwanzig Jahre nachher, angezogen durch das Haus Abrahams und den Brunnen der Rebekka, hierherkam, fand sie „außer wenigen Klerikern und heiligen Mönchen fast keinen Christen." Vielmehr die Bewohner sind, so schreibt sie in ihrem Tagebuche, „ganz Heiden." Doch gab es auch einen Bischof dort.⁴) Das folgende Jahrhundert zeigt uns

---

¹) Assem. I, 201.
²) Theodor. III, 26; Amm. Marcell. XXIII, 3, 1; 2 u. andere Berichte.
³) Zosim. III, 12 f.
⁴) Silviae peregrinatio a. a. O. p. 70: in ipsa autem civitate extra paucos clericos et sanctos monachos, si qui tamen in civitate commorantur, penitus nullum christianum inveni, sed totum gentes sunt. Dazu p. 68. Das Chron. Edess. c. 25 (Assem. I, 396) nennt als ersten Bischof Barses unter Konstantius. Aus Sozom. VI, 34 erfährt man, daß dieser Barses vorher Mönch bei Edessa und auch nachher Bischof οὐ πόλεως τινός, ἀλλὰ τιμῆς ἕνεκεν war. Aus späterer Zeit führt ebenderselbe einen Bitos, der auch am zweiten ökumenischen Konzile sich beteiligte, und seinen Nachfolger Protogenes an (VI, 33; vgl. auch Theodor. V, 4).

dieselbe Situation. Ibas von Edessa wurde auf der Synode zu Chalcedon 451 verklagt, weil er einen unerfahrenen, unsittlichen Mann, seinen Brudersohn Daniel, zum Bischof von Carrä gemacht habe, wo wegen der Heiden gerade ein tüchtiger Mann nötig gewesen wäre, und, nicht genug, dieser Bischof übersieht die Opfer der Heiden, wenn sie ihm eine Abgabe entrichten.[1]) Auch in der Folgezeit setzen sich diese Mitteilungen fort. Als i. J. 457 die Araber Bet-Hûr in Mesopotamien in ihre Gewalt bekamen, fand ein Prediger darin ein göttliches Strafgericht wegen des dort geübten Götzendienstes und erwähnte in diesem Zusammenhange auch Nisibis und Carrä.[2]) Auch Justinian hat mit seinen scharflautenden Edikten hier nichts ausgerichtet, obwohl die Stadt in seinem Gesichtskreise lag, da er sie mit Befestigungen versah. Denn als der Perserkönig Chosroes gegen die Stadt heranzog und die Einwohner ihm eine große Kontribution anboten, wies er diese ab: er werde sie darum schonen, weil die Mehrzahl unter ihnen nicht Christen, sondern Anhänger der alten Lehre wären.[3]) Noch im achten Jahrhundert, ja, darüber hinaus bis in das Mittelalter hinein läßt sich die Fortdauer dieses mehr und mehr mit fremdartigen Elementen amalgamierten Heidentums verfolgen; syrische und arabische Schriftsteller reden davon.[4])

---

[1]) Mansi VII p. 224 ff. (n. 6. 17).
[2]) Assem. I p. 225.
[3]) Prokop. De bello persico II, 13: ... ὅτι δὴ οἱ πλεῖστοι οὐ Χριστιανοί, ἀλλὰ δόξης τῆς παλαιᾶς τυγχάνουσιν ὄντες.
[4]) Chwolsohn, Die Ssabier und der Ssabismus Bd. I. Petersb. 1856 S. 453 ff.

Aus dem Umstande, daß die religiösen Verhältnisse in Carrä in der Literatur so scharf bezeichnet werden, ist zu schließen, daß sie einzigartige waren. Doch wir wissen nichts über den Bestand der beiden Religionen im nördlichen Mesopotamien in der vormuhamedanischen Zeit. Die Beteiligung mesopotamischer Bischöfe an den kirchlichen Synoden ist im vierten Jahrhundert eine geringe, im fünften Jahrhundert aber eine große. Die Akten von Chalcedon (451) weisen z. B. vierzehn Namen auf.[1]) Andererseits zeigt ein i. J. 382 nach einer größern Stadt in Osroëne (Edessa? Carrä?) gerichteter Befehl Theodosius d. Gr., daß die vollzogene Sperrung eines durch seine Kunstwerke berühmten Tempels wieder rückgängig gemacht werde,[2]) daß damals wenigstens noch Rücksichten zu nehmen waren, die hier um so mehr bedeuteten, da ein so heidenfeindlicher Fürst sich ihnen fügte. Denn derselbe Theodosius gab zwei Jahre nachher dem Präfekten Cynegius das Spezialmandat, in Ägypten und Syrien den Hellenismus mit staatlichen Mitteln zu brechen. Doch scheint seine Thätigkeit sich auf das westliche Syrien beschränkt zu haben.[3]) Ein etwas ausgeschmücktes, aber im ganzen getreues Bild der auf Beseitigung des ostsyrischen Heidentums gerichteten Thätigkeit eines Mönches namens Alexander um die Wende des vierten und fünften Jahrhunderts giebt uns dessen Biographie.[4]) Dieser Mönch, der den Beruf empfand, das Evangelium zu verkündigen,

---

[1]) Mansi VI, 567 ff.

[2]) Bd. I S. 257 f. Ich neige jetzt mehr zu der Ansicht, daß dieser Tempel in Carrä oder in der nähern Umgebung zu suchen sei.

[3]) Bd. I S. 259 f.

[4]) Acta S. S. ad 15. Jan. p. 1020 ff.

erfuhr von einer Stadt, in welcher der Götterglaube noch bestand, die Götterfeste gefeiert wurden und unzüchtige Vorgänge damit sich verbanden.[1]) Er betrat die Stadt und „mit gleichsam göttlicher Kraft" setzte er das berühmte Heiligtum, um welches der Kultus sich konzentrierte, in Brand und vernichtete es. Es gelang ihm nicht nur den Zorn der Bewohner und des Stadthauptes Rabulas zu beschwichtigen, sondern auch die Bevölkerung für das Christentum zu gewinnen. Daß aber in Syrien der Hellenismus sich noch als religiöser Kultus behauptete, stellt ein großer Religionsprozeß ans Licht, durch welchem im zweiten Jahre der Regierung des Kaisers Tiberius (579) die Christenheit überrascht und in hohem Grade erregt wurde. Durch Denunziation nämlich gefolterter Heiden in Heliopolis (S. 251) wurde ein gewisser Rufinus als Oberpriester der heidnischen Kultgenossenschaft in Antiochia festgestellt. Als man zu seiner Verhaftung schreiten wollte, fand sich, daß er sich nach Edessa zum Besuche des Archon und Antieparchen Anatolius, eines aus niederm Stande emporgekommenen, gewandten Mannes, begeben habe. Sofort wurden Häscher nach Edessa beordert, die gerade eintrafen, als die edessenischen Altgläubigen unter Leitung des Rufinus ein Zeusfest begingen. Die Überfallenen flohen; Rufinus, dem die Flucht abgeschnitten war, stieß sich das Opfermesser in das Herz. Außer dem Sterbenden fanden sich am Thatorte nur ein gichtischer Greis und ein altes Weib. Diese, durch

---

[1]) Der Name läßt sich nicht feststellen, aber nicht nur der Zusammenhang der Erzählung, sondern auch der Umstand, daß Rabulas in diese Vorgänge verflochten ist, weist auf das östliche Syrien; Rabulas war hernach (411—435) Bischof von Edessa, womit sich die Zeit der in der Vita geschilderten Ereignisse bestimmen läßt.

Drohungen und Zusicherung von Straflosigkeit überwältigt, wurden zu Verrätern. Der Archon Anatolius und sein mitdenunzierter Notar wurden nach Antiochia gebracht; sie leugneten anfangs, bis die Anwendung der Folter den Notar zum Geständnis brachte. Dunkele aufregende Gerüchte verbreiteten sich in der Stadt über die Aussagen der Götzendiener: sie sollten unter anderem gestanden haben, daß sie in Gemeinschaft mit dem Bischofe Gregor und einem seiner Kleriker Eulogius, der hernach den bischöflichen Stuhl von Alexandrien bestieg, in Daphne nachts einen Knaben geopfert hätten. Auf die Kunde davon geriet das Volk in Verwirrung und Unruhe. Gregor wagte nicht den bischöflichen Palast zu verlassen. Er vollzog nicht einmal am Grünendonnerstage die übliche Konsekration des heiligen Salböls. Sein Leben schwebte in Gefahr, da sein nahes Verhältnis zu Anatolius bekannt war. Die Rufe: „Zum Feuer mit ihm! Einen christlichen Patriarchen für die Stadt!" erschollen. Die Unruhe wuchs, als die Nachricht kam, daß der Notar, welcher hauptsächlich die Denunziation gethan hatte, im Gefängnis gestorben sei, denn es stellte sich sofort die Vermutung ein, daß er getötet worden sei, um seine Aussagen aus der Welt zu schaffen. Anatolius suchte sich durch eine List als gläubigen Christen zu erweisen, doch sie mißlang, so daß seine eigenen Soldaten in Wut über ihn herfielen und ihn schwer mißhandelten. Eine krankhafte Aufregung erfaßte die Bevölkerung. Einzelne hatten Erscheinungen der Jungfrau Maria, die sie mit Zorn gegen die „Pest" des Götzendienstes erfüllte und sich über die Schmach beklagte, die ihrem Sohne durch Anatolius widerfahren sei. Es war auch der Volkswille, der die erfolgreiche Bestechung des Comes Orientis durch den Verklagten schließlich wirkungslos machte. Dennoch wurde manches unter der Hand vertuscht „wegen angesehener und vornehmer Personen."

Die Akten der Untersuchung wurden nebst einem Berichte nach Konstantinopel geschickt, worauf der Kaiser die Überführung der Schuldigen nach der Hauptstadt befahl, wo sie grausam hingerichtet wurden. Anatolius wurde gefoltert, dann den Bestien vorgeworfen und zerfleischt endlich ans Kreuz geschlagen. Die Untersuchung in Konstantinopel ergab weitere Indizien; so erfolgten denn neue Verhaftungen in Syrien und Kleinasien, so daß die Gefängnisse sich überfüllten. Die Schuldigen traf das Todesurteil, welches in Rücksicht auf die große Zahl der Inkriminierten in beschleunigtem Verfahren verhängt wurde. In Konstantinopel riefen diese Prozesse eine Erregung hervor, die sich in öffentlichen Tumulten Luft machte.[1]

Diese furchtbare Justiz, die sich nur aus der plötzlichen Wahrnehmung von Zuständen erklärt, die den damals Lebenden außer aller Möglichkeit lagen, mußte eine schwere Erschütterung des noch verbliebenen Hellenismus als Wirkung haben. Wertvoll ist für unsere Erkenntnis vor allem, daß diese Vorgänge eine enge Organisation des syrischen Hellenismus ans Licht stellen, in welcher die Städte Heliopolis, Antiochia und Edessa die Sammelpunkte gewesen sein mögen. Man wird an die Organisation der mittelalterlichen Katharer erinnert.

Bald nachher begab sich Gregor selbst nach Konstanti-

---

[1] Quellen: Evagrius, H. E. V, 18; Johann. v. Ephesus III, 27—34; V, 17; beide in der Hauptsache übereinstimmend und unverkennbar wohl informiert, da sie Zeitgenossen sind, Evagrius wahrscheinlich sogar Augenzeuge. Über die Vorgänge in Konstantinopel weiter unten.

nopel zum Kaiser, wohl versehen mit Gold und Silber und
prächtigen Gewändern und andern Dingen, die zu Ehrengeschenken paßten. Und als er angekommen war, "überhäufte
er mit seinen Geschenken den ganzen Senat, die Vornehmen
und deren Frauen, und alle Mitglieder der Kirche, die auf
ihn wegen des Gerüchtes des Heidentums erzürnt waren,
beruhigte und versöhnte er mit seinen Geschenken und nebst
diesen auch alle Verwandte des Patriarchen, der auf das
Gerücht seiner Reise hin beschlossen hatte, ihn nicht zu empfangen. Weil er aber ein Geschenk nicht annahm, so bat
und beredete ihn seine Umgebung, und er nahm ihn auf."
Auch der Kaiser war gnädig, ja, er gestattete dem Bischof
auf seine Bitte, den Antiochenern zur Besänftigung eine
"Kirche des Satans," d. i. einen Cirkus zu bauen. Es
wurde sogar behauptet, er habe in der Hauptstadt Mimen
gedungen. Die Einen spotteten darüber, Andern aber gereichte es zur Trauer und Betrübnis, indem sie sagten:
Siehe, an diesem erfüllt sich das Wort unsers Herrn: "wenn
das Salz dumm geworden ist, womit soll man salzen?"[1]

Unaufgeklärt bleibt das Verhältnis des Bischofs Gregor
zu der hellenischen Partei in Antiochia. Eine Beteiligung an
kultischen Handlungen liegt außerhalb des Bereichs berechtigter Vermutung. Dagegen ist es höchst wahrscheinlich,
daß der Verdächtigte durch irgendwelche superstitiöse Akte,
bei denen göttergläubige Männer behilflich waren, sich kompromittiert hat. Sein Benehmen weist klar auf irgend eine
Verschuldung dieser Art.

Völlig untergegangen ist in diesen Erschütterungen der
Hellenismus nicht, auch nicht in Antiochia. Denn der in

---

[1] Johann. v. Eph. V, 17.

dieſer Stadt lebende Kirchengeſchichtſchreiber Evagrius, der nach dieſen Ereigniſſen ſchrieb, unterbricht einmal ſeine Darſtellung mit heftigen Invektiven gegen den Götterglauben und die Göttergläubigen.[1]

Eine Ergänzung erhalten die gewonnenen Ergebniſſe aus dem Inhalte und Verlaufe der Geſchichte des Chriſtentums in Syrien. Sowenig die literariſchen Quellen, die hierüber Auskunft geben, zu entbehren ſind, ſo ſtehen ihre Mitteilungen im allgemeinen hinter der monumentalen Selbſtbezeugung der ſyriſchen Kirche zurück, die erſt in jüngſter Zeit genauer erkannt und feſtgeſtellt, aber nicht in demſelben Maaße verwertet iſt. Die Inſchriften übermitteln uns in überraſchend großer Anzahl und zwar meiſtens in beſtimmter Datierung die Kunde von Kirchengründungen im vierten und den folgenden Jahrhunderten. Sie bringen zu unſerer Kenntnis Gemeindebildungen und kirchliches Leben, wo bisher nichts Zuverläſſiges uns leitete. Die Bauten, nämlich Kirchen- und Kloſteranlagen, kirchliche Anſtalten, Grabdenkmäler, bürgerliche Gebäude haben uns, ſeitdem Vogüé ſie zuerſt in größerm Umfange bekannt machte, geradezu überraſchende Perſpektiven eröffnet und der bisherigen Beurteilung der altchriſtlichen Architektur ganz neue Momente zugeführt. Es iſt dadurch erwieſen worden, daß in Centralſyrien d. h. in demjenigen Gebiete, welches im Weſten durch die Küſtenlandſchaften, im Oſten durch die Wüſte begrenzt wird und ſich ſüdlich von Arabien bis nördlich nach Antiochia und Beröa hinzieht, bereits in der zweiten Hälfte des vierten Jahrhunderts eine blühende chriſtliche Kultur beſtand, die ſelbſtverſtändlich ihre feſten Zuſammenhänge mit der Antike

---

[1] Evagrius, H. E. I, 11.

hatte, aber auch ihr gegenüber eine Freiheit sich erobert hatte, die allein ein intelligentes, selbstbewußtes Volksganze gewinnen kann. Die Thatsache, daß aus dieser antiken hellenisch-syrischen Kultur eine eigenartige christliche sich herausarbeiten konnte, ist das zuverlässigste Zeugnis einer aufstrebenden, bewußten und starken christlichen Gemeinschaft. An ihrer Geschlossenheit und ihrem aus dem nationalen Temperament wie aus ihrem Machtbewußtsein hervorgewachsenen religiösen Eifer hat sich bereits im vierten Jahrhundert das Schicksal des syrischen Heidentums entschieden. Die Folgezeit hat nur vollendet, wozu damals der Grund gelegt war. Die muhamedanische Invasion hat schwerlich noch beträchtliche Reste des Hellenismus vorgefunden.

X.

Konstantinopel.

Als Konstantin das alte Byzanz zum Range einer zweiten Welthauptstadt erhob und eine Fülle von Mitteln aufbot, aus ihm ein anderes Rom zu machen, hatte die Stadt sich von der Verwüstung, welche der Kampf um den Kaiserthron zwischen Pescennius Niger und Septimius Severus über sie brachte, längst erholt. Der Eroberer selbst half ihr sich wieder aufzurichten. Sie war eine ansehnliche Stadt. Neben den alten Heiligtümern, welche die Überlieferung mit der Urgeschichte der Kolonie in Verbindung brachte, hatten sich neue erhoben. Wo die ersten Ankömmlinge landeten und sich den neuen Boden erkämpften, stand der Tempel der Athene Ekbasia. Auf Byzas führte sich der Hekatetempel zurück. Poseidon, Diana, Aphrodite, Pluto, Achilleus und andere Götter und Heroen besaßen hier Kultstätten. Nun wurden diese sämtlichen Tempel und Kapellen mit der göttergläubigen Bevölkerung, der sie zu eigen waren, in den großen neuen Stadtumring eingeschlossen, in welchem sich die Residenz des ersten christlichen Kaisers ausbreiten sollte. Zwar besaß Byzanz damals eine, wie es scheint, nicht kleine Christengemeinde,[1]) aber die Physiognomie der Stadt und die Masse

---

[1]) Tertull. Ad Scap. 14.

ihrer Einwohner waren heidnisch. Die Neugründung mußte eine Wendung herbeiführen. Zwar wirkten bei der Wahl des Ortes nicht religiöse, sondern sehr konkrete politische Erwägungen, indes es war selbstverständlich, daß der antike Kultus sofort gehemmt wurde, als Konstantin den ersten Schritt that, diese Stadt als seine eigene zu gestalten. In dem neuen Konstantinopel mußte das alte Byzanz seine Eigenart verlieren, und nicht zuletzt seine religiöse Freiheit. Denn i. J. 326 wäre eine Rücksicht Konstantins in dieser Richtung nicht mehr denkbar, um so mehr da auf der andern Seite kein Gewicht war, mit welchem zu rechnen die Vorsicht geboten hätte. Wenn ein dem Kaiser nahestehender und in diesem Falle ohne Zweifel wohl orientierter Zeuge berichtet, daß jener in der Stadt, die er durch Verleihung seines Namens ehrte, den heidnischen Kultus beseitigte, so daß Opfer und Feste aufhören mußten,[1]) so erscheint die berichtete Thatsache als etwas durchaus Selbstverständliches. Anders ist die Situation gar nicht vorzustellen. Um so verwunderlicher klingt die Notiz des am Ende des fünften Jahrhunderts lebenden heidnischen Geschichtsschreibers Zosimus, daß Konstantin in seiner neuen Stadt am Bosporus zwei Tempel erbaut habe.[2]) Sie erweist sich nach jeder Seite hin als ungeschichtlich.[3]) Wie der Kaiser seine Stadt

---

[1]) Euseb. V. C. III, 48. Das war in der Folgezeit feste Überliefernng; z. vgl. August. De civit. V, 25; Codin. De origin. Constantinopolis p. 16 (ed. Bonn.): τὰ τῶν Ἑλλήνων ἅπαντα καθεῖλε θρησκεύματα.

[2]) Zosim. II, 31.

[3]) In der Berichterstattung des Zosimus sind zwei Stücke genau auseinanderzuhalten. Zunächst die Worte: (Konstantin) καὶ τὸν ἱππόδρομον εἰς ἅπαν ἐξήσκησε κάλλος, τὸ τῶν Διοσ-

in religiöser Beziehung beurteilte und beurteilt wissen wollte, sagte die Inschrift an der mächtigen Porphyrsäule auf dem Forum, die sein eigenes Bildnis trug:[1])

Σὺ Χριστὲ κόσμου κοίρανος καὶ δεσπότης,
Σοὶ νῦν προσῆυξα τήνδε σὴν δούλην πόλιν
Καὶ σκῆπτρα τάδε καὶ τὸ τῆς Ῥωμῆς κράτος,
Φύλαττε ταύτην σῶζέ τ'ἐκ πάσης βλάβης,

Auch muß in Rücksicht gezogen werden, daß die Gründung nach Anweisung einer himmlischen Vision erfolgt ist, die dem Kaiser zu teil wurde.[2]) Christliche Bildwerke auf dem Forum und in dem Prunksaale des Palastes ein in Opus musivum ausgeführtes Kreuz sprachen die Intention des Kaisers deutlich aus.[3])

κούρων ἱερὸν μέρος αὐτοῦ ποιησάμενος, ὧν καὶ τὰ δείκηλα μέχρι νῦν ἔστιν ἐπὶ τῶν τοῦ ἱπποδρόμου στοῶν ἑστῶτα ἰδεῖν (II, 31). Der Sinn ist hier kein anderer, als daß Konstantin eine architektonische Verbindung zwischen dem Tempel der Dioskuren und dem Hippodrom herstellte. Hernach aber heißt es weiter: ναοὺς ᾠκοδομήσατο δύο. In dem einen Tempel habe er dann ein Erzbild der Magna Mater, in dem andern eine Statue der Tyche Romana aufgestellt. In diesem Falle hätte also Konstantin in demselben Jahre, in welchem er Restauration und Wiederaufbau verfallener Tempel verbot (Cod. Theod. XV, 1, 3), selbst heidnische Heiligtümer errichtet! Eine solche Annahme leidet so sehr an innerer Unmöglichkeit, daß sie keiner Widerlegung bedarf. Dazu kommen noch Widersprüche bei Zosimus selbst, worüber zu vergl. meine „Untersuchungen zur Geschichte Konstantins d. Gr." II S. 352 ff. (Zeitschr. f. Kirchengesch. VII, 3).

[1]) Cedren. I, 564.
[2]) Cod. Theod. XIII, 5, 7; Sozom. II, 3; Zonar. XIII, 3 u. A. Die Thatsächlichkeit dieser Vision läßt sich nicht bestreiten. Solche innere Vorgänge spielen auch sonst im Leben Konstantins eine Rolle.
[3]) Euseb. V. C. III, 49.

Es muß angenommen werden, daß eine allgemeine Schließung der Tempel stattfand. Die Einkünfte und Tempelschätze nahm der Staat an sich; die Gebäude selbst gingen in profanen Gebrauch über oder verwandelten sich in Kirchen. So wurde drei Heiligtümern auf der Akropolis ihr Vermögen entzogen, die Bauten aber wurden in ihrem Bestande belassen.[1] Den Dioskurentempel zog Konstantin zum Hippodrom des Severus als Prachtbau; der Tempel der Rhea wurde ein öffentliches Monument und zwar christlichen Gepräges, indem der ehrwürdigen Statue der Göttermutter die begleitenden Löwen, die sie zügelte, genommen und die Hände aufwärts gen Himmel gerichtet wurden, so daß sie den Anblick einer Betenden gewährte. In einem andern Heiligtum fand die Tyche Romana Aufstellung, die Personifikation des Glückes der Stadt.[2] Wie sehr auch diese Tyche dem heidnisch-religiösen Vorstellungskreise entnommen war, ist daraus ersichtlich, daß Konstantin in einem andern Falle einer Tyche das Kreuzeszeichen auf die Stirn ritzen ließ.[3] An halb oder ganz superstitiösen Riten, die der Tyche galten, hat es in der Folgezeit allerdings nicht gefehlt,[4] aber sie entfallen in das Gebiet des Aberglaubens und haben nur einen ganz losen Zusammenhang mit der antiken Religion.[5]

---

[1] Malal. Chronogr. XIII p. 324 (ed. Bonn.): Κωνσταντῖνος τοὺς ὄντας ἐν Κωνσταντινουπόλει τρεῖς ναοὺς ... ἐκέλευσεν ἀχρηματίστους τοῦ λοιποῦ διαμεῖναι.

[2] Zosim. II, 31. Dazu meine Untersuchungen zur Gesch. Konst. d. Gr. a. a. O.

[3] Codin. De signis p. 40; Anon. Band. p. 13.

[4] Chron. Pasch. Olymp. 277; Anon. Band. p. 3; Codin. De orig. Const. p. 17.

[5] Daher dauerte sie auch noch in das 6. Jahrh. fort (Malal. lXII p. 322: καὶ πεφύλακται τοῦτο τὸ ἔθος ἕως τοῦ νῦν).

Die von Konstantin geübte Schonung der Tempel erhielt sich in der Folgezeit nicht. Hinsichtlich der drei genannten Akropolis-Tempel traf Theodosius d. Gr. eine einschneidende Maaßregel.¹) Den Heliostempel ließ er in ein Wohnhaus umwandeln und überwies dieses an die Hauptkirche; er diente also jetzt kirchlichen Bedürfnissen oder Zwecken christlicher Liebesthätigkeit.²) Doch haftete noch Jahrhunderte lang die Bezeichnung Helios an dem Gebäude. Aus dem Artemistempel wurde ein Spielhaus, aus dem Aphroditetempel eine Wagenremise zum Gebrauche des Eparchen, und um die Beschimpfung voll zu machen, ließ der Kaiser ringsum Wohnräume aufführen als Unterkunft für arme Buhlerinnen. Ob diese harten Verfügungen durch irgend ein lästig empfundenes Hervortreten des Hellenismus hervorgerufen sind? Es ist möglich. In jedem Falle darf angenommen werden, daß diese drei Tempel die einzigen noch unbenutzten in Konstantinopel waren. Ein Teil mag schon früher in profane Bestimmung gegeben worden sein, andere wurden zu gottesdienstlichen Gebäuden umgewandelt. Die ansehnliche Kirche des hl. Mokios erhob sich auf der Stätte eines alten Tempels, den die spätere Überlieferung als Jupitertempel bezeichnete; der niedergerissene Bau lieferte das Material dazu.³) Wahrscheinlich aus dem Poseidontempel wurde die Kirche des Märtyrers Menas, die ebenfalls auf Konstantin sich zurück-

---

¹) Malal. XIII p. 345.
²) Der Ausdruck: ἐποίησε τὸν τοῦ Ἡλίου ναὸν αὐλὴν οἰκημάτων ist nicht ganz deutlich. Ich möchte am ehesten an ein Xenodocheion denken. Über diesen Tempel vgl. auch Evagrius II, 13, wo er als παλαιὸν Ἀπόλλωνος ἱερόν bezeichnet wird.
³) Codin. De aedif. p. 61. 72. u. A. Übereinstimmend sind die Nachrichten nicht.

führte. In diesem Falle fand nicht eine Zerstörung, sondern nur eine Umwandlung des heidnischen Heiligtums statt.¹)

In dem Maaße wie die Stätten des antiken Kultus in fremdem Gebrauch untergingen, erstanden christliche Gotteshäuser. Ein zur Zeit des jüngern Theodosius oder bald nachher verfaßtes Regionenverzeichnis²) zählt in der zusammenfassenden Übersicht vierzehn Kirchen auf, nennt dagegen weder hier noch in der Detaillierung einen Tempel. Dieselben sind offenbar nicht ausgelassen, sondern dort summiert, wo ihre jetzige Bestimmung sie hinwies, da sie für die offizielle Betrachtung nicht mehr als Tempel existierten. Alles zusammengefaßt ergiebt demnach, daß in Konstantinopel sofort mit der Neuordnung der Dinge die heidnischen Kultstätten der alten Religion entzogen wurden.

Ganz anders verhielt sich Konstantin den antiken Bildwerken gegenüber. Aus der Nähe und Ferne ließ er aus verschiedenen Orten Statuen und Reliefs herbeischaffen, um seine Stadt damit zu schmücken. Griechenland, Kleinasien, Syrien, Rom und andere Länder und Städte wurden wertvoller Kunstwerke beraubt. Nicht nur öffentlichen Plätzen und bürgerlichen Bauten entzog der Kaiser Statuen, auch den Tempeln entnahm er Götterbilder. Der ganze olympische Götterkreis fand sich in der neuen Stadt des christlichen Herrschers zusammen. Die Aphrodite von Knidos, die samische Hera, die lindische Athene wurden nebst andern berühmten und ehrwürdigen Götterstatuen in Konstantinopel heimisch

---

¹) Z. B. Codin. a. a. O. p. 72.
²) Bei Seeck in b. Ausgabe der Notitia dignitatum, Berol. 1876 S. 227 ff.

gemacht.¹) Eine solche Beraubung der Tempel ist zwar nicht beispiellos in der römischen Kaisergeschichte vor Konstantin, aber in dieser Ausdehnung und Rücksichtslosigkeit hat sie sich weder vorher noch nachher vollzogen. Sie weist deutlich auf eine verächtliche Stimmung dem Götterglauben gegenüber, nicht minder auf eine völlige Emanzipation des Urhebers von irgend einer, sei es auch nur abergläubischen Scheu vor diesen Darstellungen der Götterwelt. In derselben Zeit, wo in Konstantinopel die Tempel dem Kultus verschlossen wurden, sammelten sich in den Arkaden, Bädern, Basiliken und auf den öffentlichen Plätzen die Statuen der Götter. Sogar die Weihinschriften wurden zum Teil belassen. Abgesehen von der persönlichen Stellung des Kaisers ist ein solcher Vorgang nur denkbar in der Voraussetzung, daß durch die zuziehende Bevölkerung die Majorität auf die Seite der christlichen Religion geschoben wurde. Wenn schon in dieser Thatsache die Souveränetät des Kaisers in Beziehung auf den Götterglauben zum Ausdruck kam, so in noch schärferer, ja verletzender Weise in einzelnen Akten. Es wurde bereits erwähnt, daß eine Figur der Magna Mater sich eine eigentümliche Christianisierung gefallen lassen mußte, und einer Tyche ein Kreuz auf die Stirn gezeichnet wurde. Eine Apollostatue machte Konstantin zu seinem eigenen Bilde. Der Gott hielt jetzt in der Rechten den goldenen, mit einem Kreuze ausgezeichneten Reichsapfel; eine Inschrift bekräftigte diese Metamorphose.²) Auch mischten sich christliche Bild=

---

¹) Vgl. Codin. De signis p. 52 f.; Cedren. I, 566; 616; Nicet. Chon. III p. 738; 855 u. A.

²) Cedren. I, 564; Zonar. XIII, 3; Glyc. IV, 464; Niceph. Call. VII, 49.

werke unter die heidnischen. Dennoch, wie sehr auch auf diesem Wege die religiöse Wirkung der Götterbilder illusorisch gemacht wurde, behaupteten einzelne Bildwerke eine superstitiöse Kraft, die in der Mehrzal der Fälle nichts anderes als eine Abschwächung und Degeneration der frühern kultischen Bedeutung war. Eine solche abergläubische Bedeutung knüpfte sich z. B. an eine dreiköpfige Statue am Hippodrom.[1] Auch in den der Tyche der Stadt erwiesenen Huldigungen liegen Trümmerstücke alter sakraler Sitte.[2] Diese und ähnliche Erscheinungen sind allzubegreiflich, so daß man sich wundern müßte, wenn sie nicht da wären. Faßt man die Situation als Ganzes ins Auge, so erscheint sie darum bedeutsam, weil in ihr zum erstenmal die freie Aneignung antiker Kunstwerke und zwar auch kultischer Exemplare mit der Bestimmung für eine christliche Bevölkerung hervortritt. Diese Thatsache gewinnt noch dadurch an Wert, daß diese Aneignung nicht nur in ihrer ersten Bethätigung bereits eine umfassende war, sondern auch in der Folgezeit fortgesetzt worden ist. Konstantinopel erscheint seit dem vierten Jahrhundert als das große Museum klassisch-antiker Kunst. Eine Betrachtung der noch im fünfzehnten Jahrhundert durch Georgios Kodinos aufgeführten Bildwerke giebt eine ungefähre Vorstellung davon, was im Laufe der Zeit dort zusammengeflossen ist. Ja, man kann vielleicht die Vermutung aussprechen, daß systematisch bei Schließung der Tempel wertvolle Götterbilder nach der Hauptstadt geschafft wurden. Philä bietet ein Beispiel.[3] So kam in dieser christlichen

---

[1] Cedren. II, 144 f.
[2] S. oben S. 281 Anm. 4.
[3] Vgl. S. 229.

Kaiserstadt der Sieg der alten Religion noch in eigenartiger Form zur Erscheinung.

Die byzantinische Kunst verdankt dieser Praxis ungemein viel. Denn sie stand unter dem unmittelbaren Einfluß der Formenschönheit der Antike noch in einer Zeit, wo im Abendlande die Zusammenhänge mit dem klassischen Altertume zerrissen waren. Nicht einmal die Erschütterungen und Verwüstungen des Bilderstreites konnten diese Schulung und Tradition vernichten. Im Gegenteil, nach Überwindung dieses Druckes erhob sich die byzantinische Kunst zu ganz bedeutender Leistungsfähigkeit, und deutlich lassen sich hierin die Nachwirkungen der Antike erkennen. In überraschender Weise zeugt davon ein jetzt in Paris befindlicher illustrierter Psalter, wahrscheinlich des zehnten Jahrhunderts.[1]) Die Eleganz und der Geschmack der pompejanischen Wandmalerei vereinen sich darin mit der Gemessenheit des Byzantinismus. Eines der Bilder, wohl das vollendetste, feiert David als den gottbegeisterten Sänger. Eine Taube läßt sich auf sein von einem Nimbus umrahmtes Haupt nieder; neben ihm stehen zwei echt antike weibliche Gestalten von edelster Erscheinung, inschriftlich bezeichnet als Σοφία und Προφητεία, die im Entwurfe und in der Einzelausführung nur denkbar sind aus der Voraussetzung antiker Statuen. Auf einem andern Blatte desselben Manuscriptes, welches den Propheten Jesaia zwischen Nacht und Morgenröte, die Hände und das Antlitz dem aus den Wolken redenden Gotte zugewendet, darstellt, ist alles antik: die herrliche weibliche Gestalt mit dem ernsten

---

[1]) Bibliothèque nationale n. 139; vgl. Bordier, Description des peintures et des autres ornements dans les manuscrits grecs de la Bibl. nat., Paris 1883 S. 108 ff.

Antlitz (Νύξ), der fröhlich herbeieilende Knabe mit der aufgerichteten Fackel (Ὄρθρος) und der Prophet selbst, der die Erscheinung eines antiken Rhetors hat. Endlich sei noch auf ein Miniatur des neunten Jahrhunderts hingewiesen, welches das Weib Hiobs in einer Auffassung und Umgebung vorführt, die so ganz antik sind, daß man an eine mechanische Reproduktion denken möchte.[1]) Dieses Verhältnis besteht auch in den folgenden Jahrhunderten, indem es sich bald zu Gunsten der Antike, bald im Übergewicht der spezifisch christlichen Kunst auswirkt. Im allgemeinen hat die byzantinische Kunst die übernommenen Formen frei sich assimiliert. Sie beherrscht sie, aber sie lebt von ihnen und verdankt demnach ihre Klassizität den Wirkungen der antiken Kunst, die Konstantin und seine Nachfolger in Konstantinopel konzentriert und heimisch gemacht haben.

Nur auf diesem Boden konnte auch die bedeutungsvolle Architektur entstehen, die in der durch Justinian erbauten Hagia Sophia ein kühnes Problem in großartiger Weise löste. Schon im vierten Jahrhundert konnte Konstantinopel apostrophiert werden:[2])

Κάλλεσι δαιδάλεοις ἡ βασίλεια πόλις
Νηοῖς οὐρανίοισιν ἀγάλλεται ἔξοχον ἄλλων.

Das fünfte und sechste Jahrhundert haben diese Situation nur noch glänzender gestaltet.

Es ist nicht bekannt, in welcher Weise der Zuzug der Bevölkerung zu der neuen Stadt hervorgerufen und geregelt worden ist. Das christliche Bekenntnis als Bedingung der

---

[1]) Bibliothèque nationale n. 510.
[2]) Gregor. Naz. Carm. de se ipso v. 55 f. (Migne 37 p. 1255).

Ansiedelung liegt gänzlich außerhalb aller Wahrscheinlichkeit. Dann müßten Aussagen christlicher Schriftsteller darüber vorhanden sein, vorzüglich des Bischofs Eusebius. Wenn im Folgenden der fast ausschließlich christliche Charakter der Einwohnerschaft erwiesen wird, so hat man darin vielmehr nur eine weitere Thatsache, welche das mächtige numerische und geistige Vordringen des christlichen Elementes in den umliegenden Landschaften schon am Beginne des vierten Jahrhunderts sicher stellt. Selbstverständlich umschlossen die neuen Mauern auch Heiden, mögen es nun Bewohner des alten Byzanz oder Zuzügler gewesen sein, doch immer traten sie nur vereinzelt auf. Die Regierung Konstantins bietet die ersten Beispiele.

Unter den Bildwerken nämlich, mit welchen dieser Kaiser das nach ihm benannte Forum schmückte, befand sich auch eine eherne Uhr, die aus Cyzikus gekommen war. Der Centurio Balmasa, „ein eifriger Götterfreund," zerbrach sie, um sie zu beschauen, wie er sagte; in Wahrheit aber stahl er eine silberne Statue der Pallas. Ergriffen, leugnete er und schwur bei seinen Göttern, doch ließ ihn Konstantin enthaupten.[1] Ferner wurde die Entdeckung gemacht, daß in einem Gewölbe am Forum einem Bilde des Maxentius (?) göttliche Ehre erwiesen wurde; der Kaiser befahl die Zerstörung des Bildes und die Hinrichtung der Schuldigen.[2] Ist diese letztere Nachricht richtig, so müssen in der Dekretierung der Exekution noch Umstände mitgewirkt haben, deren Kenntnis verloren gegangen ist, da eine Verhängung

---

[1] Incerti auctoris breves ennarr. chronogr. (nach Codin. in d. angef. Ausg. p. 169).

[2] Ebendas. Der Bericht ist nicht ganz verständlich.

der Todesstrafe durch Konstantin wegen Ausübung der Idololatrie ausgeschlossen ist. Möglicherweise lag eine politische Kompromittierung vor. In dem andern Falle wird ein bürgerliches Moment namhaft gemacht; ein religiöses mag als erschwerend hinzugetreten sein.

An den religiösen und theologischen Kämpfen des vierten Jahrhunderts nahm die Stadtbevölkerung einen sehr lebhaften Anteil. Bis in die untersten Schichten hinein drangen die Bewegungen, welche zunächst die Bischöfe und Theologen beschäftigten. Der Arianismus gewann sich unter dem Einflusse des Hofes Konstantinopel als eine seiner wichtigsten Domänen. Aber auch die kleinern Parteien, welche zwischen den beiden Hauptgruppen lagen, hatten Boden daselbst. Juden fehlten nicht in der verkehrsreichen, aufblühenden Stadt. Die Stimmung gegen das Heidentum war eine bewußte und scharfe. Als der von der kleinen orthodoxen Gemeinde herbeigerufene Gregor von Nazianz einzog (379), erhob sich gegen ihn, den Athanasianer, stürmisch der Volksunwille, „als ob ich, statt eines Gottes, mehrere Götter einführen wollte," erzählt Gregor selbst.[1]) Polytheismus war demnach in dem Urteil der Konstantinopolitaner, wie auch anderwärts in jener Zeit, der schwerste Makel am Dogma der Nicäner. Daran regten sich die Massen auf. Andererseits nannte derselbe Bischof in seiner Abschiedspredigt Konstantinopel eine christusliebende Stadt, wo auch Philosophen im Gottesdienste sich einfinden.[2]) Aber er weiß auch von altgläubigen oder ungläubigen Philosophen, kenntlich, wie in Antiochia, an ihrem

---

[1]) Greg. Naz. Carm. de vita sua v. 655 (Migne t. 37).
[2]) Oratio XLII Supremum vale c. 11. 27.

Gewande und ihrem Barte, von Sophisten und Grammatikern, die den Beifall der Menge suchen, ja, es scheint, daß er auch unter den mit städtischen oder staatlichen Ämtern bekleideten Männern Heiden voraussetzt.¹) Doch dies sind Einzelheiten, die in ihrer Gegensätzlichkeit wenig oder gar nicht hervortreten. Eine auch geistig interessierte Stadt mit ansehnlichen Bildungsanstalten hatte selbstverständlich auch Gelehrte und Gebildete alten Glaubens aufzuweisen. In den mittlern und untern Schichten der Bevölkerung dagegen scheinen diese Elemente, so viel oder so wenig davon vorhanden war, in keiner Weise notorisch gewesen zu sein. Gregor nahm einmal Veranlassung, in einer Predigt ausführlicher über den Götzendienst zu handeln,²) aber die Art, wie er sich seiner Aufgabe entledigte, bestätigt das Gesagte; was er giebt, sind allgemeine theoretische Ausführungen. Genau so zeichnet wenige Jahre nachher der Bischof Johannes Chrysostomus die Situation. Nach seiner Schätzung birgt Konstantinopel 100,000 Christen; der Rest setzt sich aus Juden und Heiden zusammen. In jener Zahl befinden sich an 50,000 Hilfsbedürftige. Sie haben den ersten Anspruch auf Wohlthätigkeit, aber auch auf die Heiden muß sich diese beziehen. Denn durch gesteigerte Wohlthätigkeit läßt sich erreichen, daß der letzte Heide aus der Welt verschwindet.³) So erfahren wir, daß auch das

---

¹) Oratio XXXVI de se ipso c. 11; XXII de pace c. 6.
²) Oratio XXVIII c. 13 ff.
³) Chrysost. In acta Apost. hom. XI, 3. Diese Schätzung ist zweifelsohne viel zu niedrig; Konstantinopel war nach zuverlässigen Berichten weit übervölkert. Richtiger dürfte die Abschätzung der Hilfsbedürftigen sein, über deren Zahl die kirchliche Matrikel Auskunft geben konnte. Die soziale Mißwirtschaft hinsichtlich des Proletariats im alten Rom ist in das neue Rom durchaus übernommen worden (Codin. De orig. p. 16; Malal. XIII p. 322 f.; gehässig Eunap. Vitae Sophist. ed. Boisson. p. 22).

Proletariat Heiden umfaßte. Aber auch die Philosophen, die mit ihrem wilden Bart- und Haupthaar eher wie Löwen denn als Menschen aussehen, stehen vor dem Auge des Bischofs, doch als Gegenstand des Spottes. Er wünscht einmal bei einer besondern Gelegenheit, daß „Hellenen" dem Gottesdienste beiwohnten, um die Macht des Glaubens und die Ohnmacht des Irrtums zu erkennen. Denn der Zeltweber hat Hellas und das ganze Barbarenland vernichtet. „Wo ist jetzt der Dünkel Griechenlands? Wo das Geschwätz der Philosophen?" Ein Petrus war mehr.[1] Im Grunde nur insofern ist die Heidenschaft in der Stadt unbequem, als sie sich bereit zeigt, den Widerspruch zwischen christlicher Lehre und christlichem Leben gegebenen Falles festzustellen.[2]

Im fünften Jahrhundert erhielten in Ostrom die Maaßregeln gegen den Hellenismus eine schärfere Fassung. Die Wirkung derselben traf naturgemäß am unmittelbarsten die Altgläubigen am Sitze der Regierung. Nur die neuplatonischen Gelehrten erfreuten sich einer gewissen Duldung, indem, wie auch anderwärts, ihre religiöse Philosophie als ein Mittleres zwischen dem Christentum und dem ordinären Götterglauben sich abschätzen ließ. Die harten Spezialverfügungen Justinians führten schwere Bedrängnisse und Verluste herbei, aber einzelne Prozesse wiesen immer wieder auf eine heidnische Gruppe in der höhern Gesellschaft hin. Ohne Zweifel hat die Regierung damals geglaubt, den letzten, entscheidenden Schlag thun zu können.[3] Doch das hat sogar

---

[1] In epist. ad Hebr. hom. VIII, 1; In epist. ad Rom. hom. II, 5; In acta Apost. hom. IV, 3.

[2] In epist. ad Hebr. c. II hom IV, 5.

[3] Bd. I, 437—446.

in der Hauptstadt getäuscht, die mit Klerikern und Mönchen angefüllt war. Im Juni nämlich des Jahres 559 sah das christliche Konstantinopel das überraschende Schauspiel, daß abgefaßte Götzendiener öffentlich durch die Stadt geführt und dann ihre Bücher samt den Götterbildern auf dem Kynegion verbrannt wurden.[1]) Die wunderliche Ehrenbezeugung ferner, welche unter dem Kaiser Justin II im Triumph aufgeführte Elephanten den Kirchen erwiesen, konnte angesehen werden als geschehen „zum Schimpfe und zur Beschämung der Heiden, Juden und übrigen Irrenden."[2]) Wie sehr aber die Erbitterung des Volkes sich dorthin richtete, ersieht man aus dem Rufe, mit welchem bei seiner Krönung der Kaiser Tiberius empfangen wurde: „Die Gebeine der Arianer sollen umgekehrt werden! Umkehren soll man die Gebeine aller Häretiker und ebenso auch die der Heiden!"[3]) Gemeint sein können nur die in der Umgebung der Stadt an den Straßen sich erhebenden antiken Grabdenkmäler, deren Existenz dem Pöbel unerträglich geworden zu sein schien.

Wertvoller für die Erkenntnis der heidnischen Partei und der heidenfeindlichen Stimmung sind die Vorgänge, welche durch die Rückwirkung des großen Heidenprozesses in Syrien auf die Hauptstadt unter Tiberius II († 582) hervorgerufen wurden.[4]) Schon die Kunde von den überraschenden Entdeckungen in Heliopolis, Edessa und Antiochia und dann die Ankunft der Verklagten selbst in Konstantinopel rief eine außergewöhnliche Erregung hervor. Der Kaiser setzte einen

---

[1]) Malal. XVIII p. 491.
[2]) Johannes v. Ephesus II, 48 (S. 87).
[3]) Joh. v. Eph. III, 13 (S. 107).
[4]) Joh. v. Ephes. III, 30 ff. (S. 125 ff.); Evagrius, H. E. V, 18.

Gerichtshof nieder und forderte eine unparteiische Unter=
suchung der Angelegenheit. Das Volk traute den Richtern
nicht, „da man von vielen wußte, daß sie zum Heidentum
hielten," und da lange Zeit nichts von dem Ergebnis der
Untersuchung in die Öffentlichkeit kam, glaubte man, „ein
Geschenk sei dazwischen gekommen und habe die Wahrheit
vertuscht." In der That wurden bald nachher die Verhafteten
entlassen.[1]) Sofort stand die Bevölkerung in Aufruhr. Ein
Geschrei erhob sich: „Die Gebeine der Richter sollen aus=
gegraben werden! Die Gebeine der Heiden sollen ausge=
graben werden! Der christliche Glaube soll verherrlicht
werden!" Die Menge bedrohte den Bischof, der plötzlich in
den Verdacht der Heidenfreundlichkeit gekommen war, weil
man den Vorgang des antiochenischen Bischofs hatte. Dann
stürmte sie zu dem Placidia=Palaste, wo das Richterkollegium
die Untersuchung geführt hatte, beschimpfte die Richter, brach
in das Innere ein und suchte nach den Heiden. Dabei ent=
deckten die Tumultuanten ein Gelaß mit Geld. Der Auf=
seher bot es ihnen an, um sie zu beruhigen, doch man schrie
ihm zurück: „Wir sind keine Räuber, sondern Christen, kämpfen
für Christus und wollen nur eine christliche Untersuchung hin=
sichtlich der Heiden." Zwei Heiden, ein Mann und eine Frau,
fielen in ihre Hand; sie wurden zum Meeresufer geschleppt,
in einen Kahn gesetzt und mit diesem verbrannt. Der Auf=
ruhr tobte weiter, trotzdem er nun sein Opfer gefunden. Die
wütenden Massen erbrachen die Gefängnisse und befreiten die
christlichen Gefangenen. „Die Heiden entläßt man, wozu soll

---

[1]) So Johannes von Ephesus, dagegen führt Evagrius die Er=
regung darauf zurück, daß über die Schuldigen nur das Exil, nicht
die Todesstrafe verhängt worden sei.

man die Christen gefangen halten!" Der Präfekt, dessen christliches Bekenntnis vielen zweifelhaft war, rettete sich nur dadurch, daß er sich bereit zeigte, sich in dieser Angelegenheit zu dem kaiserlichen Landsitze in der Nähe der Stadt zu begeben. Die Aufrührer folgten ihm und bedrohten den Kaiser mit Worten, „die sich nicht dazu schicken, schriftlich fixiert zu werden." Die Folge war eine Revision des Prozesses, die für die Angeklagten einen schlimmen Ausgang nahm. Ja, es wurden neue Festnahmen verfügt in Kleinasien und Syrien, und die Gefängnisse in Konstantinopel füllten sich mit Verhafteten, unter denen sich sogar Kleriker befanden, denen heidnische Frevel nachgesagt wurden. Die Schuldigen wurden nach richterlichem Urteil den Bestien vorgeworfen, die Leiber dann verbrannt. Obwohl das richterliche Verfahren möglichst beschleunigt wurde, zog es sich wegen der Menge der verklagten Personen bis in die Regierung des Kaisers Mauricius hin, der einen großen Eifer in dieser Sache bezeigte.

Ein Doppeltes ist in dieser Berichterstattung bemerkenswert: die tiefe Empfindlichkeit der Bevölkerung dem Hellenismus gegenüber und die nachsichtige Beurteilung desselben in der Regierung und der Rechtspflege. Der Fanatismus dieser Menge, die vor Brand und Mord nicht zurückschreckte, ist nur verständlich aus der Thatsache, daß in dem Volke selbst die alte Religion damals den Boden gänzlich verloren hatte, nicht mehr vorhanden war, wenigstens nicht in der Kenntnis. Nun trat der tot geglaubte Gegner, den man vergessen und verachten gelernt hatte, plötzlich vor die Augen einer Bevölkerung, die inzwischen nicht nur christlich, sondern auch kirchlich-orthodox geworden und gegen die Ketzer einen leidenschaftlichen Haß in sich zu tragen längst gewohnt war. Das

Konstantinopel Justinians war ein anderes als das Konstantinopel Konstantins. Dagegen die rechtskundigen Männer und höhern Beamten, in deren Hand der Prozeß gelegt wurde, mußten, auch wo sie in den Gedanken und Formen der justinianischen Orthodoxie sich bewegten, in sich eine starke Nötigung empfinden, den Hellenismus, dem sie ihr Wissen und ihre Bildung verdankten, nicht brutal niederzuschlagen. Manche Anzeichen weisen darauf hin, daß in der christlichen höhern Gesellschaft vereinzelt eine wohlwollende Gesinnung nach dem Heidentume hin vorhanden war, die sich allgemein auf religiöse Toleranz oder auf eine zwischen Christentum und Heidentum unbestimmbar liegende unklare religiöse Anschauung, wie wir sie z. B. bei Prokopius von Cäsarea und Agathias vorfinden, gründete. Der damalige Präfekt selbst kann als Repräsentant dieser Richtung angeführt werden. Nur dadurch war die Möglichkeit gegeben, daß unter den Gebildeten in der Stadt Anhänger der alten Religion in vorsichtigem Benehmen sich behaupten konnten. Doch darf in dem vorliegenden Falle auch die Vermutung gehört werden, daß persönliche Beziehungen, Rücksichten auf den hohen Stand des Anatolius und anderer Angeklagter, vielleicht auch Bestechung, wie das Volk mutmaaßte, von Einwirkung gewesen sind.

Auf gebildete Kreise weist auch die Nachricht, daß bald nach der Thronbesteigung des Kaisers Mauricius (seit 582) „einige Hellenen" bei einer Mahlzeit sich zu gotteslästerlichen Äußerungen über die Gottesgebärerin hinreißen ließen, wofür göttliche und irdische Strafe sie ereilte.[1]) Doch bleibt unentschieden, ob diese Männer der Kirche gegenüber die alte

---

[1]) Cedren. I p. 692.

Religion oder nur die antike Philosophie vertraten und von jener oder von dieser aus ihre Angriffe erhoben. In jedem Falle ist anzunehmen, daß die antike Welt- und Lebensanschauung ihren Bestand länger in der Philosophie als in der Religion hatte.

Die Umgebung von Konstantinopel, wo die Landgüter der Vornehmen lagen, ist durch die Entwickelung in der Stadt religiös bestimmt worden. Ganz abgesehen davon, daß daselbst Mönchsansiedelungen entstanden, wurden am Ende des vierten Jahrhunderts durch den Bischof Johannes sehr energische Versuche gemacht, die Bauernschaft kirchlich zu organisieren und, wo sie der neuen Religion noch fern stand, sie in dieselbe hineinzuziehen. Da das Ziel jedes Christen sein muß, so äußerte er sich einmal in einer Predigt,[1]) daß alle Menschen Christen werden, so mache er es zum Gesetz, daß niemand sein Landgut ohne Kirche belasse. Der Besitzer hat eine Missionsverpflichtung. Die Ausrede, daß eine Kirche in der Nähe sei, sei hinfällig, vielmehr: kein Landgut ohne Kirche. Eine Kirche bauen, heißt ein Kastell gegen den Teufel bauen. Ein solches Landgut ist wie ein Paradies Gottes. Die Bauernschaft wird dadurch tüchtiger, besser, so daß der Besitzer geistlichen und materiellen Gewinn davonträgt.

Die Bestimmtheit und Energie dieser Ermahnung weist auf das Vorhandensein heidnischer Landleute in nicht geringer Zahl. Über den Erfolg ist nichts bekannt. So wie die Agrarverhältnisse lagen, mußte es der Kirche nicht schwer fallen, gewinnreich einzusetzen.

---

[1]) Chrysost. In acta Apost. hom. XVIII, 4. 5.

XI.

Kleinasien.

Die Geschichte der alten Kirche ist fast in ihrem ganzen Umfange Geschichte der östlichen Christenheit, und hier wiederum steht Kleinasien im Vordergrunde. Von der syrischen Hauptstadt Antiochia aus erfolgten die ersten kräftigen Einwirkungen der neuen Religion auf die kleinasiatische Landschaftengruppe, welche seit uralter Zeit die Brücke bildete, über welche der Orient den Occident beschritt. Die älteste christliche Literatur hatte hier ihren Ausgang oder ihre Adresse. Die Mehrzahl der christlichen Schriftsteller der ersten drei Jahrhunderte gehörte diesem Gebiete an, dessen religiöses und theologisches Interesse sowohl hierdurch wie durch lebhafte Bewegungen bezeugt wird. Die großen Fragen, welche im Zeitalter der Konstantiner die Kirche in Unruhe nnd Zwiespalt führten, fanden vielleicht nirgends eine erregtere Beteiligung als in Kleinasien. Die erste Nachricht über kirchliche Synoden weist nach Kleinasien.[1]) Dahin entfällt auch die Mehrzahl der sog. ökumenischen Conzilien, darunter die beiden bedeutungsvollsten zu Nicäa und Chalcedon. In einer Zeit, als im Abendlande nicht nur die theologische Bildung, sondern

---

[1]) Euseb. H. E. V, 16, 10.

erst noch das Christentum selbst mühsam durch die Massen und Verhältnisse sich hindurcharbeiteten, gewährt die kleinasiatische Halbinsel den Eindruck einer mit allen Subtilitäten vertrauten Theologie und einer fertigen Kirche. Die religiöse Eroberung des Landes vollzog sich mit einer überraschenden Leichtigkeit, ähnlich wie in Antiochia festgestellt werden konnte Und doch befanden sich diese Provinzen mehr als irgendwelche andere im Reiche im Besitz von Heiligtümern, denen Religion und Kunst einen berühmten Namen gaben. In den Provinzialstädten waltete ein lebhaftes geistiges Interesse; Handel und Wandel bewegten sich von den Küstenplätzen auf zahlreichen Straßen nach dem Inneren. Ohne daß wir die Wege zu erkennen vermögen, sind bereits gegen den Ausgang des dritten Jahrhunderts diese Landschaften mit christlichen Gemeinden dicht durchsetzt. Als dann durch Konstantin der Schwerpunkt des Reiches nach Osten verlegt wurde und Byzanz zu einer einflußreichen kirchlichen Stadt sich emporhob, gewann das Christentum daselbst in seinem Verhältnis zum Heidentume eine noch günstigere Position. Die heidenfeindliche Politik der Nachfolger Theodosius' d. Gr. im Osten mußte gerade die der Regierung benachbarten Länder erfolgreich treffen. Doch fehlen gewaltthätige Vorgänge, wie sie Syrien bietet, fast gänzlich. Die Religiosität der Kleinasiaten entbehrte im allgemeinen des fanatischen Eifers, der dem Semitentum eigen war. Humanität und Aufklärung im Bunde mit dem Volkscharakter gaben ihr ein leichteres Gepräge und eine nachgiebige Weichheit. Jedenfalls gilt das von den Kulturstädten. Es bestand aber auch auf Seiten des Christentums eine größere Aufgeschlossenheit und Beweglichkeit als anderswo. Ein gemeinsames Band vaterländischer Gesinnung und künstlerischen Empfindens hat nicht gefehlt.

Für jene bietet bereits das zweite Jahrhundert ein wertvolles Beispiel. Der gegen Ende dieses Jahrhunderts gestorbene Bischof Aberkios von Hieropolis in Phrygien läßt seine von ihm selbst entworfene Grabschrift nicht etwa mit einem christlichen Bekenntnisse beginnen, sondern mit rühmender Erwähnung seines irdischen Bürgertums:

Ἐκλεκτῆς πόλεως ὁ πολείτης τοῦτ' ἐποίησα.

Und nochmals in den letzten Zeilen heißt es: wer einen andern Toten an dieser Stätte beisetzt, „der muß dem römischen Fiskus zweitausend und meiner trefflichen Vaterstadt Hieropolis eintausend Goldstücke als Strafe bezahlen."[1] Es ist ein Bischof, der so redet und zwar in einer Landschaft, die als der klassische Boden eines enthusiastischen Christentums gilt. Man darf daraus einen Schluß auf das Ganze ziehen. Deutlichere Auskunft freilich gewinnen wir über das Verhalten der kleinasiatischen Christenheit zu den antiken Kunstwerken. Die Probe ist an den Tempeln zu machen, weil in ihnen bei aller Kunstvollendung eine Aufreizung des religiösen Fanatismus lag. Dieser Fanatismus ist allerdings in einzelnen Fällen nachzuweisen. So ist in Beziehung auf den berühmten Dianatempel in Ephesus, den i. J. 262 die Goten zerstörten und an welchen sich für die Christen unliebsame Erinnerungen knüpften (Apostelgesch. c. 19), die Vermutung ausgesprochen worden, daß nach der Verwüstung christlicher Eifer das Seine dazu gethan, die letzten Spuren des gefeierten Artemision zu vernichten.[2] Auch die Trümmer des Bacchustempels von Teos in Carien und des

---

[1] Die Inschrift neuestens bei de Rossi, Inscript. christ. urbis Romae II Proœm. p. XII ff.

[2] Wood, Discoveries at Ephesus, Lond. 1877 S. 12.

Heiligtums der Athene Polias in Priene erwecken den Eindruck erlittener gewaltsamer Zerstörung.[1]) Über Laodicea in Phrygien berichtet Hamilton:[2]) „Der ganze Flächenraum der alten Stadt ist mit verfallenen Gebäuden bedeckt, und ich konnte die Stellen von mehrern Tempeln deutlich erkennen, deren Säulenfüße noch standen." Dieselbe Beobachtung ist häufig in Kleinasien gemacht worden, doch läßt sich daraus für unsere Frage nichts erschließen. Denn diese Verwüstungen können in den Wechselfällen der politischen Geschichte vorgekommen oder durch Naturereignisse hervorgerufen sein. Häufig hat auch der Vandalismus einer spätern Zeit an den Denkmälern unterschiedslos sich vergriffen. So ist in byzantinischer Zeit um die Stätte des alten Aphrodisias in Carien ein weiter Mauerring gelegt worden, der zum Teil aus dem Material der Tempel, Theater und Grabdenkmäler besteht. An die Reste des Venustempels lehnte sich eine Kirche an.[3]) Die Verödung der Städte auf der einen und die Not auf der andern Seite haben in Kleinasien nicht selten ein solches Verfahren herbeigeführt. Bei dieser Sachlage gewinnen diejenigen Tempelbauten, welche ein positives Zeugnis ergeben, um so mehr an Wert. Es sind nämlich in nicht geringer Anzahl Tempel auf uns gekommen, deren Zustand trotz größerer oder geringerer Schädigungen derartig ist, daß daraus auf eine schonende

---

[1]) Altertümer von Jonien, herausg. von d. Gesellsch. d. Dilettanten zu London I, Taf. 1. — Rayet et Thomas, Milet et le golfe latomique, Paris 1877 Taf. 6—8.

[2]) Hamilton, Reisen in Kleinasien, Pontus und Armenien, deutsch mit Anmerkungen von Kiepert. Lpz. 1843 I S. 470.

[3]) Fellows, Ein Ausflug nach Kleinasien, deutsch Lpz. 1853 S. 196.

Erhaltung seitens der Christen geschlossen werden kann. In vielen Fällen allerdings verdanken diese Tempel ihre Erhaltung der Umwandlung in Kirchen, so der berühmte Hekatetempel in Lagina. Indes auch ohne diesen Schutz haben nicht wenige Heiligtümer sich behauptet. Bei Azani in Phrygien steht auf einem Hügel ein wohlerhaltener jonischer Tempel mit langen Inschriften im Innern;[1]) einen großartigen Bau sah Hamilton bei Tavium in Galatien.[2]) Auch das Heiligtum des didymäischen Apollo bei Milet und ein Tempel in Labranda in Carien tragen nur Spuren allmählichen Verfalls.[3]) Doch am lehrreichsten sind Cyzikus und Ancyra, jenes an der Propontis, dieses in Galatien.

Cyzikus, welches Konstantin zur Metropolis der damals eingerichteten Provinz Hellespontus machte, war im Altertum bekannt durch seinen lebhaften Handel und seine schönen Gebäude. Der Rhetor Aristides ferner rühmte in seiner Rede an die Bewohner den Götterreichtum der Stadt. Das auf die Argonauten zurückgeführte uralte Kybeleheiligtum auf dem Dindymus machte Zeno zu einer Kirche der hl. Jungfrau. In einem eigentümlichen pythischen Orakel, welches in diesem Tempel in eherner Schrift eingegraben gewesen sein soll, entdeckten die Christen eine Weissagung dieses Vorganges. Denn dasselbe stellte die Verehrung des breieinigen Gottes und den Kultus der Maria in Aussicht, welch' letzterer der Bau einst geweiht werden würde.[4])

Man darf vielleicht annehmen, daß diese Verse christlicher

---

[1]) Fellows a. a. O. Taf. 8.
[2]) Hamilton a. a. O. I S. 363.
[3]) Altertümer von Jonien III Taf. 2. — IV Taf. 1.
[4]) Cedren. I p. 209 f.

Herkunft von den Christen der Stadt in ähnlicher Weise verwertet worden sind wie die sibyllinischen Orakel oder die Orphika, also in der Religionsgeschichte von Cyzikus eine Rolle gespielt haben. Den Hauptruhm von Cyzikus bildete der mächtige Hadrianstempel, in welchem die Zeitgenossen ein Wunderwerk sahen. Der Tempel diente der Verehrung des Kaisers, dessen Bildsäule mit der Inschrift Θεῖον Ἀδριάνου darin aufgestellt war. Noch nach der Mitte des sechsten Jahrhunderts wurde er bewundert.[1]) Im Jahre 1063 beschädigte ihn ein Erdbeben zum zweitenmale (das erstemal i. J. 443).[2]) Aber ein Reisender, der 1431 und 1444 die Stätte besuchte, fand noch die ganze Façade und die Hälfte der Säulen stehend, ja, an der Façade noch den Schmuck der Götterbilder.[3]) Nimmt man dazu, daß im Mittelalter an dem Bau die Bezeichnung „hellenischer Tempel" dauernd haftete, so ergiebt sich, daß dieser Tempel nicht einer kirchlichen Verwertung seine Erhaltung verdankte, sondern allein seinem monumentalen Werte. Cyzikus war bekannt durch sein reges künstlerisches und wissenschaftliches Leben, welches die Christen als Erbschaft übernahmen. Die arianischen Wirren zeigen die christliche Bevölkerung vielleicht schon als überwiegend. Neben Arianern und Orthodoxen beherbergte Cyzikus auch eine novatianische Gemeinde.[4])

Nur wenig anders verlief das Geschick des Roma- und

---

[1]) Malal. XI p. 279.

[2]) Cedren. I p. 656; Zonar. XVIII, 9; Joh. Scylitza, Hist. p. 638 (in d. Venet. Ausg. des Cedrenus).

[3]) Cyriacus von Ancona. Seine Worte lauten (Bull. de corr. hell. XIV 1890 S. 541): Stant et ornatissima in fronte diversa Deorum simulacra.

[4]) Sokrat. II, 38; IV, 7.

Augustustempels in Ancyra. Wahrscheinlich am Anfange
der christlichen Ära ließ Augustus in der blühenden Metropolis von Galatien auf der südwestlichen Kuppe des Höhen-
zuges, auf welcher die Stadt sich erhebt, dieses glänzende
Bauwerk errichten als Denkmal der Macht und Majestät
des römischen Reiches.[1]) Allmählich erhoben sich rings um
den Tempel weitere Monumente verschiedener Zweckbestimmung.
Im Pronaos wurde an der Wand der Urtext des „Testa-
mentes des Augustus" angebracht, unter einem Portikus die
griechische Übersetzung. Selbstverständlich umschloß der Tempelbau die Statuen der Roma und des Augustus samt den zu-
gehörigen Opferaltären. Als der Kaiser Julian auf seinem
Perserzuge die Stadt betrat, war das Heiligtum noch intakt.
Hernach ist eine Kirche hineingezwängt worden. Ein Teil
des Portikus wurde bei dieser Gelegenheit zerstört, um den
Chor herzustellen; die Cella mußte erweitert werden, da der
Raum für eine gottesdienstliche Versammlung zu klein war;
der vordere Portikus wurde zum Narther. Eingemeißelte
Kreuze verkündeten den christlichen Besitzstand.[2]) Aber diese
ziemlich ungeschickten Umbauten haben das Heiligtum mit
einer gewissen Schonung behandelt. Die großen Inschriften
sogar blieben intakt, obwohl der Redende darin seine Ver-
dienste um Erneuerung und Erbauung von Göttertempeln
aufzählt. Die Achtung vor der geschichtlichen Würde dieses

---

[1]) Perrot, Exploration archéol. de la Galatie et de la
Bithynie I Paris 1870 pl. 14—31. Dazu Mommsen, Res
gestae divi Augusti ex monument. Ancyrano et Apolloniensi,
Berol. 1883.

[2]) Im Innern auch eine eigenartige altchristliche Inschrift, deren
Inhalt nur zum Teil verständlich ist. Das untere Stück fehlt. C. J.
Gr. IV, 8817; vollständiger Perrot a. a. O. S. 263.

Monuments ist stärker gewesen als die Abneigung gegen den Götterglauben.

Wenn vor der Erbauung der Hagia Sophia Justinian den Beamten seines Reiches den Befehl gab, Material zu beschaffen, und diese, dem Befehl entsprechend, „aus Göttertempeln, Palästen, Bädern und Häusern" das Gewünschte entnahmen,¹) so folgt daraus, daß antike Tempel in größerer Zahl noch vorhanden gewesen sein müssen. Cyzikus, Ephesus und Troas werden bei dieser Gelegenheit namentlich genannt.

Das erste ökumenische Conzil fand in Nicäa in Bithynien statt (325). Bei der Wahl des Ortes ist seine günstige Verkehrslage ohne Zweifel mitbestimmend gewesen. Drei wichtige Straßen liefen hier zusammen, unter denen die eine die Verbindung mit dem Osten (Nicäa — Doryläum — Ancyra) und dem Süden (Nicäa — Doryläum — Apamea) sowie mit dem Südwesten (Nicäa — Doryläum — Laodicea), die andere (Nicäa — Cyzikus) mit dem nördlichen Westen bequem herstellte. Die dritte führte zu der Residenz Nikomedien. Außerdem ermöglichte ihre Lage in der Nähe der Propontis den Zugang zu Schiffe. Auch stellte Konstantin in freigebiger Weise den zu Lande reisenden Bischöfen Wagen und Lasttiere zur Verfügung.²) Demnach läßt sich annehmen, daß der größte Teil der kleinasiatischen Bischöfe sich zu den Verhandlungen eingestellt hat. Die erhaltenen Listen der Teilnehmer entbehren leider der Vollständigkeit und Genauigkeit: trotzdem darf in ihnen eine im allgemeinen wertvolle

---

¹) Codin. De S. Sophia p. 131 f.
²) Euseb. V. C. III, 6. 9.

Unterlage des Thatbestandes gefunden werden. Sie bieten folgendes Bild:[1])

Bithynia.

1. Nikomedia.   4. Kios.   7. Pruja am Olympos.
2. Nicäa.   5. Pruja am Hipius. 8. Hadrianopolis.
3. Chalcedon.   6. Apollonias.   9. Cäsarea.

Dazu werden lat. I 2 Chorepiscopi aufgezählt.

Paphlagonia.

1. Pompejopolis.   2. Jonopolis.   3. Amastris.

Pontus.

1. Neocäsarea.   2. Trapezus.   3. Pityus.
4. Amasia.   5. Comana.   6. Zela.

Cappadocia.

1. Cäsarea.   3. Colonia.   5. Comana.
2. Tyana.   4. Cyzistra.

Außerdem 5 Chorepiscopi.

---

[1]) Zu Grunde gelegt sind die lateinischen und die koptische Liste bei Mansi II p. 692 ff. u. Spicil. Solism. I p. 529 ff. Von den verschiedenen Notitiae episcopatuum sehe ich ab, da ihr Verhältnis zu einander, ihre Chronologie und ihr geschichtlicher Wert trotz der scharfsinnigen Untersuchungen, die neuerdings darüber geführt worden sind, noch nicht genügend feststehen. Vieles verdanke ich dem trefflichen Buche von Ramsay, The historical geopraphie of Asia Minor, Lond. 1890.

Galatia.

1. Ancyra. 3. Platana (?).¹) 5. Juliopolis.
2. Tabia.   4. Cinna.

Phrygia.

1. Laodicea. 3. Synnada. 5. Doryläum.
2. Synaus.   4. Azani.   6. Apamea.
7. Eukarpia. 8 Hierapolis.

Pamphylia (mit Lycia).

1. Perge.   3. Cibyra.²)   5. Sillyon.³)
2. Termessus. 4. Aspendus.   6. Maximianopolis.
7. Magydus.

Isauria.

1. Barata.   5. Isauropolis.   9. Side (?).
2. Coropissus.   6. Panemuteichos (?).   10. Vasada (?).
3. Claudiopolis. 7. Antiochia.   11. Laranda.
4. Seleucia.   8. Syedra.   12. Lystra.
13. Paralais.

Dazu 4 Chorepiscopi.

Pisidia.

1. Iconium.   5. Neapolis. 9. Amblada.
2. Hadrianopolis. 6. Selge.   10. Metropolis.
3. Zorzila.   7. Limnä.   11. Pappa.
4. Seleucia.   8. Apamea.   12. Baris.
13. Laodicea.

---

¹) Copt. Tmausont, lat. I Platana, lat. II Daumasia. Ich vermute, daß das in den Notitiae Episcopatuum verzeichnete Mnizos zu Grunde liegt.

²) Oder Verbe.

³) In lat. I unrichtig Seleuciensis.

Lydia.

1. Sardes.
2. Thyatira.
3. Philadelphia.
4. Bagis.¹)
5. Tripolis.
6. Ancyra.
7. Standitanus?²)
8. Aureliopolis.

Asia.

1. Cyzikus.
2. Ephesus.
3. Ilium.
4. Smyrna.
5. Hypepa.
6. Elea.
7. Antandros.

Caria.

1. Antiochia.
2. Aphrodisias.
3. Cibyra.
4. Milet.

Cilicia.

1. Tarsus.
2. Epiphania.
3. Neronias.³)
4. Castabala.
5. Flavias.
6. Abana.
7. Mopsuestia.
8. Alexandria.
9. Agä.
10. Irenopolis.

Dazu ein Chorepiscopus.

Diese Liste würde rund ein Drittel der Teilnehmer am Konzil als Kleinasiaten feststellen. Sie ist aber jedenfalls unvollständig, wenn sich auch nicht sagen läßt, in welchem Maaße. Pisidien und Isaurien stehen in erster Reihe, obwohl sie von Nicäa weit abliegen; dann folgt das noch ent-

---

¹) So möchte ich aus copt. Baris, lat. II Baris, lat. I Pepera konjizieren. Die Notitiae führen dieses Bistum auf. Ramsay (S. 134): Perperene.

²) Viell. Mostene? Ramsay: Blandos. Der Text ist korrumpiert.

³) Identisch mit Irenopolis?

ferntere Cilicien. Daß diese drei Landschaften ein Drittel der Gesamtzahl ausgemacht haben, muß außerhalb jeder Erwägung bleiben. Asien, Lydien und Carien mit zusammen nur 19 Bischöfen, Pontus mit 6, Paphlagonien mit 3 — auch diese Zahlen verraten sich deutlich als unvollständige. Ganz beträchtlich dürfte die Summe hinter der Gesamtzahl der kleinasiatischen Bistümer zurückbleiben. Nicht nur sind in jener Zeit zahlreich weitere Bistümer bekannt, sondern der Abstand zwischen dieser Zahl und der Zahl der in Chalcedon (451) vertretenen kleinasiatischen Bischöfe ist ein außerordentlich großer, und diese letztere Differenz ist nur zum geringen Teil aus der geschichtlichen Weiterbewegung entstanden. Der Reichtum Kleinasiens an blühenden Provinzialstädten, die Leichtigkeit und Lebhaftigkeit des Verkehrs im Lande selbst und durch das Land als Zwischengebiet lassen von vornherein annehmen, daß hier die verhältnismäßig größte Zahl der Bistümer vorhanden war. Als in der ersten Hälfte des sechsten Jahrhunderts Hierokles sein statistisches Handbuch des oströmischen Reiches schrieb, mag die Parallelisierung der kirchlichen und bürgerlichen Politieen ziemlich abgeschlossen gewesen sein.

Der Wert der aus der Statistik und Topographie der Bistümer sich ergebenden Folgerungen ist auch hier deutlich. In dem Grade, als das Land mit einer festen kirchlichen Organisation sich überzog, erfolgte eine Reduktion des Heidentums. Eine schärfere Aufsicht, eine größere Macht und ein entschiedenerer Wille traten ihm entgegen. In und neben den Tempeln erhoben sich Kirchen und Kapellen. Nicht selten erwuchs um ein Märtyrergrab eine Stadt oder ein bestimmter religiös erfüllter Wille rief eine Ansiedelung hervor. So verdankt Theodorupolis in Paphlagonien seinen

Ursprung dem Grabe des Märtyrers Theodoros. Aus den Wallfahrten entwickelte sich eine Stadt. Als die Kaiserin Eudokia i. J. 440 von Jerusalem zurückkehrend dort vorbeikam, errichtete sie aus Dankbarkeit für erfahrene Heilung eine Kirche und gab durch eine Inschrift Kunde davon.[1]) Das unbedeutende Drepana in Bithynien vergrößerte und besiedelte Helena aus Anhänglichkeit sowohl an ihre Vaterstadt wie aus religiöser Pietät gegen den Märtyrer Lucianus. Doch gewann der Ort erst später einige Bedeutung.[2]) Wie auf diese Weise die neue Religion in eigenen Schöpfungen hervortrat, so äußerte sich ihr Einfluß auch darin, daß bestimmte Städtenamen sich verloren in neuer Betrachtung oder absichtlich verdrängt wurden, weil sie anstößig erschienen. So wandelte Apollonias in Bithynia seinen Namen im siebenten Jahrhundert vorübergehend in Theotokia.[3]) Die Stelle von Apollonia in Pisidien nahm — wann, ist unbekannt — Sozopolis ($\Sigma\omega\zeta\acute{o}\pi o\lambda\iota\varsigma$) ein, wo ein wunderthätiges Marienbild Pilger sammelte.[4]) Der verhaßte Name Dios Hieron (Asia) ging, aber doch nicht durchgängig, über in Christopolis[5]) Aphrodisias in Carien trägt noch in den Unterschriften von Chalcedon seinen Namen; hernach heißt es Stauropolis.[6]) Wenn ferner Tyana gelegentlich Christu-

---

[1]) Die interessante Inschrift Bull. de corr. hell. XIII (1889), S. 294.
[2]) Sokrat. I, 17; 18; Philost. II, 12; Acta S. S. ad 7. Jan. p. 362; Prokop. De aedif. V, 2.
[3]) Ramsay Taf. S. 196.
[4]) Acta S. S. ad 6. April. p. 560. Dazu Ramsay a. a. O. S. 400 f.
[5]) Ramsay S. 114.
[6]) Ramsay S. 422 die Tafel.

polis genannt wird,¹) so ist darin gewiß der Gegensatz gegen den wunderthätigen Christus des Neuplatonismus zum Ausdruck gekommen, was um so näher liegt, da sich an einem See in der Nähe der Stadt ein besuchter Jupitertempel befand.²) In dem Verhalten zu den religiösen Städtenamen gab es selbstverständlich einen Unterschied des Urteils und der Stimmung. In den meisten Fällen sind die alten Namen in Gebrauch verblieben; auch scharf heidnische wie Apollonos Hieron in Lydien, Apollonia in Carien und verschiedentlich Heraklea. Es läßt sich die Vermutung aussprechen, daß auch da, wo zwar nicht ein christlicher Name eingetreten, wohl aber der alte landestümliche wieder zum Vorschein gekommen ist, um den hellenischen zu verdrängen, eine religiöse Antipathie sich ausgewirkt hat.³)

Die Frage, wie sich der Übergang vom Hellenismus zum Christentum vollzogen hat, erhält in den Quellen nur eine ungenügende Antwort. Nur Einzelheiten lassen sich auflesen. Im Besondern der Unterschied zwischen der landestümlichen und der griechisch-römischen Religion tritt nicht hervor. Denn wie sehr auch seit Alexander d. Gr. die Hellenisierung der kleinasiatischen Landschaften sich ausgedehnt und gefestigt hat, so ist darin, und nicht nur außerhalb der Städte, das landestümliche Wesen doch nicht gänzlich untergegangen.

In Nikomedia, der Metropole Bithyniens, nahm die letzte große Christenverfolgung ihren Anfang; sie stieß hier

---

¹) Ramsay S. 282.
²) Amm. Marcell. XXIII, 6, 19.
³) Die Thatsache des Wiederauftretens des ursprünglichen Namens konstatiert Ramsay S. 25.

auf eine große Gemeinde, deren Versammlungshaus sich weithin sichtbar erhob. Konstantin residierte öfters in der durch Reichtum und Kunst ausgezeichneten Stadt, und sein und seiner Umgebung Aufenthalt wird dem antiken Kultus gegenüber nicht ohne Folge geblieben sein. Zudem hatte damals Eusebius, ein gewandter und bei dem Kaiser hochangesehener Mann, das Bistum inne. Die neue Kirche, welche Konstantin als Votivgabe und Gedächtnisbau aufführen ließ, war durch Umfang und kostbare Ausstattung ausgezeichnet.[1]) In dem furchtbaren Erdbeben indes, welches i. J. 354 Nikomedia verwüstete, gingen Tempel und Kirchen unter.[2]) Julian, der dort einen Teil seiner Jugend verlebt hatte, gewährte reiche Mittel zum Wiederaufbau,[3]) und es ist anzunehmen, daß von ihm auch Tempel projektiert worden seien. Doch sein Tod trat hindernd dazwischen, und die Stadt erneuerte sich in christlicher Zeit mit Kirchen, aber ohne Tempel. Schon frühzeitig tritt Nikomedia auch als kirchliche Metropole von Bithynien auf, eine Stellung, welche die Synode zu Chalcedon, durch Einsprüche des Bischofs von Nicäa provoziert, ausdrücklich bestätigte. Derselben Landschaft gehören die Bistümer Nicäa und Chalcedon an, welche in den christologischen Kämpfen wichtige Synoden versammelten (325. 451). In Nicäa baute Justinian Kirchen und Klöster für Mönche und Nonnen und hob auch sonst die Stadt.[4]) In Bithynien hatte überhaupt der Hellenismus

---

[1]) Euseb. V. C. III, 50.
[2]) Daß die Stadt damals noch Tempel hatte, mögen sie auch dem Kultus entzogen worden sein, entnehme ich aus Libanius' Μονῳδία ἐπὶ Νικομηδείᾳ σεισμῷ ἀφανισθείσῃ (Reiske III, 337 ff.).
[3]) Amm. Marcell. XXII, 9, 3 ff.
[4]) Prokop. De aedif. V, 3.

sich tief eingebürgert, „und der derbe thrakische Schlag der Eingeborenen gab ihm eine gute Grundlage." So waren die Bedingungen dem Christentume günstig.

In dem benachbarten Paphlagonien, der Heimat Marcions und des Goëten Alexander von Abonuteichos, fand um die Mitte des vierten Jahrhunderts in der Metropole Gangra eine Synode statt, die sich mit der Angelegenheit des Eustathius und seiner Partei beschäftigte, aber zugleich uns das erste deutlichere Bild eines Stückes kirchlichen Lebens in jener Provinz aufthut. Christen in Besitz von Sklaven, Naturalienlieferungen an die Kirche, Märtyrerfeste, neben gesundem Christentum hochmütiges Sektierertum, krankhafte Askese neben verständiger Betonung des weltlichen Berufes — diese Einzelheiten treten uns in den Äußerungen und Beschlüssen der Versammlung entgegen. Nur der zweite Kanon nimmt eine Beziehung auf das Heidentum, insofern darin die Enthaltung von Götzenopferfleisch erwähnt wird.[1]) Es scheint aber nicht zulässig, hieraus auf die Fortdauer heidnischer Opfer zu schließen, da die Verwerfung des Genusses von Blut, Götzenopferfleisch und Ersticktem in der Kirche eine bloße, durch Apostelgesch. c. 15, 29 angegebene Formel geworden ist, welche die Tradition festhielt. In dem vorliegenden Kanon handelte es sich außerdem nur um den Genuß von Fleisch überhaupt, den die eustathianischen Asketen verwarfen.

Im Pontus leistete die Wirksamkeit des Bischofs Gregor von Neocäsarea, zubenannt der Wunderthäter, dem Christentume ohne Zweifel bedeutenden Vorschub. Wie sehr auch die Sage das Leben dieses um 270 gestorbenen Mannes aus-

---

[1]) Hefele, C. G.² I S. 781 (über diese Synode überhaupt das. S. 777 ff.).

geschmückt hat, seine hervorragende und erfolgreiche Missions=
thätigkeit bleibt als geschichtlich bestehen. Ein Sohn des
Landes und einer angesehenen Familie entstammend, aus=
gerüstet mit der philosophischen Theologie seines großen
Lehrers Origenes und überhaupt im Besitz einer wissen=
schaftlichen Bildung, war Gregor wohl geeignet, in der
Metropole der Provinz, wo er bei seiner Ankunft siebzehn
Christen gefunden und bei seinem Tode ebensoviele Heiden
zurückgelassen haben soll, der neuen Religion eine große An=
hängerschaft zu gewinnen. Sein schonendes Verhalten zu
den volkstümlichen Festen bezeugt außerdem seine praktische
Klugheit.[1]) Wie sich im vierten und in den folgenden Jahr=
hunderten die Auseinandersetzung zwischen Christentum und
Heidentum im Pontus vollzogen hat, ist nicht bekannt. Nicht
einmal über das Ende des berühmten und berüchtigten Heilig=
tums der Anaitis in Comana, welches 6000 Priester und
Hierodulen aufwies und ein Orakel hatte, ist etwas über=
liefert, obwohl sein Untergang sich nicht geräuschlos hat voll=
ziehen können.

Weit günstiger mußten die Verhältnisse in Kappa=
dozien liegen. Denn drei Männer, in denen Willenskraft,
Eifer, Wissenschaft und Schöngeistigkeit sich vereinten, übten
in der zweiten Hälfte des vierten Jahrhunderts einen ent=
scheidenden Einfluß auf die kirchlichen und religiösen Ver=
hältnisse des Landes: die Brüder Basilius d. Gr. und Gregor
von Nyssa und der ihnen nahe stehende Gregor von Nazianz.[2])

---

[1]) Gregor Nyss. De vita s. Greg. Thaumat.

[2]) Mommsen R. G. V, S. 307: „Die Studierenden aus
Kappadokien hatten auswärts viel zu leiden wegen ihres groben Accents
und ihrer Fehler in Aussprache und Betonung, und wenn sie attisch
reden lernten, fanden die Landsleute ihre Sprache affektiert. Erst in

Ihre vorwiegende Bedeutung liegt auf dogmengeschichtlichem Gebiete, aber ihr theologisches Interesse war zugleich religiöser Eifer, und dieser nahm seine Richtung auch gegen den Hellenismus. Basilius steht hier voran. Wie Gregor der Wunderthäter besaß er die hellenische Bildung, ja, unmittelbarer als jener hatte er sie in Athen von den damals gefeierten Lehrern gewonnen; auch waren beide Söhne angesehener und begüterter Familien des Landes. Doch darin überholte Basilius den Bischof der Nachbarprovinz, daß sein Humanismus und seine Vornehmheit sich gänzlich in den Dienst einer klaren und festen Energie stellten, die ihrerseits ihr Ziel in der Kirche fand. Seine Anweisung an die christlichen Jünglinge, ob und wie sie heidnische Schriftsteller lesen sollen,[1]) ist der treueste Ausdruck dieser Eigenart des bedeutenden Mannes. Nur neun Jahre hatte er den Bischofsstuhl des angesehenen Cäsarea inne, aber er verstand es, diese Jahre auszukaufen. Wenn der Freund in einem Gedächtnisspruch von ihm sagte:[2])

$$\textit{Βροντὴ σεῖο λόγος, ἀστεροπὴ δὲ βίος}$$

so war dies der zuverlässige Eindruck seiner Persönlichkeit. Die vollendete Kunst der Rhetorik, die Gabe, für Gedanken und Thatsachen das schönste Gewand zu wirken, eignete dem empfindsamen, zwischen Welt und Einsamkeit hin- und herfahrenden Gregor von Nazianz. Seinen Haß gegen das Heidentum bezeugen seine gegen Julian geschleuderten In-

---

der christlichen Zeit gaben die Studiengenossen des Kaisers Julian, Gregorios von Nazianzos und Basilios von Käsareia dem kappadokischen Namen einen besseren Klang."

[1]) Vgl. Bd. I S. 300 f.
[2]) Gregor. Naz. Epitaphia CXIX v. 40.

vektiven, aber, so wie sie vorliegen, sind sie doch nur verständlich aus einem reizbaren Gemüte, in welchem Haß oder Liebe gleich in Flammen sich offenbaren. Der Dritte, Gregor von Nyssa, besaß das Talent theologischer Spekulation. Alle drei Männer hatten Bistümer inne. Ihre Wirksamkeit konnte dem Heidentume nicht ausweichen.

In Kappadozien selbst ist, so vernehmen wir, die Kraft des Heidentums längst gebrochen wie sonst in der Welt. Die Verehrung der Götter ist nur noch da „in Trümmern und in Verminderung."[1] Die Tempel, ausgezeichnet durch Größe und Schönheit, sind nicht mehr.[2] Kappadozien insbesondere rühmt sich, eine „heilige und durch seine Frömmigkeit allen bekannte" Provinz zu sein; Festigkeit des Glaubens und einmütiges Zusammenhalten zeichnet die Kappadozier aus.[3] Die Metropole erfuhr einst den Zorn Julians, weil die Christen darin den Göttergläubigen Unbill zugefügt und einen Tychetempel zerstört hatten. Der Kaiser nahm dem blühenden Hauptorte der Landschaft die Stadtrechte.[4] Daraus ergiebt sich, daß die Mehrzahl der Bewohner damals schon christlich gewesen sein muß. Heidnische Tempel sind gefallen. Gregor von Nazianz selbst erbaute aus den Ruinen eines solchen ein Gotteshaus, das nun sprechen mußte:[5]

Ἀρχαία πόλις εἰμὶ δαίμοσι καμοῦσα.
Αὖϑις ἀνηγέρϑην παλάμαις Γρηγορίου.
Ναὸς ἐτύχϑη Χριστοῦ· δαίμονες εἴξατέ μοι.

---

[1] Gregor. Naz. In laudem fratris Basilii.
[2] Oratio XLIII In laud. Basilii Magni c. 63.
[3] Or. XXI In laud. Athanasii c. 14. — Or. XLIII In laud. Bas. M. c. 33.
[4] Theophan. I p. 73; Sozom. V, 10.
[5] Greg. Naz. Epigr. XXX.

Andererseits wurden in Comana zwei auf Orestes zurückgeführte Heiligtümer fast unverändert in gottesdienstlichen Gebrauch genommen.¹)

Indes das Heidentum ist noch da. An dem Begräbnisse des Basilius beteiligten sich unter Zeichen tiefer Trauer auch Heiden.²) In seiner großen katechetischen Unterweisung nimmt Gregor von Nyssa durchgehend auch auf die Hellenen Beziehung. Demnach war die Auseinandersetzung mit ihnen noch lebendig. Es bestanden auch freundschaftliche Verhältnisse, die in Besuchen oder in Korrespondenz zum Ausdruck kamen.³) Spielend redet Gregor von Nazianz von dem „gastlichen Gotte" und den „schützenden Genien," und als jemand ihn um Literatur zur Rhetorik bat, bedeutet er den Bittsteller zwar salbungsvoll, daß er jetzt durch die Gnade Gottes seine Augen gen Himmel gerichtet halte, und besser wäre es, jener läse die hl. Schrift, aber endlich schickt er ihm doch das Gewünschte.⁴) Allerdings derselbe Mann fand es ganz in der Ordnung, daß seine Mutter Nonna nie heidnische Lippen küßte und nie eine heidnische Hand berührte.⁵) In seiner Anschauung bestand die Stufenfolge: barbarisch — hellenisch — christlich.⁶)

---

¹) Prokop. De bello persico I, 17: (ναούς), οὓς δὴ Χριστιανοὶ ἱερά σφίσι πεποίηνται, τῆς οἰκοδομίας τὸ παράπαν οὐδὲν μεταβαλόντες.

²) Or. XLIII In laud. Basil. M. c. 80.

³) Die Briefe Gregors von Nazianz.

⁴) Epigr. LXV: πρός τε θεοῦ ξενίου σε λιτάζομαι — also Ζεὺς ξένιος christianisiert. — Epigr. LXXVI. — Epist. CCXXXV.

⁵) Epitaphia XCVI.

⁶) Epist. LXII.

Der Hellenismus war im Lande nicht nur als Bildung und Philosophie noch vorhanden, sondern auch als Kultus. Es kam vor, daß Christen entweder überhaupt zur Idololatrie abfielen oder von der heidnischen Mantik und den religiösen Sühnungen der alten Religion in einer Weise Gebrauch machten, daß es angebracht erschien, diese Beziehungen nach ihren Motiven und ihrem Inhalte klar zu stellen.[1]) Daneben gab es christianisierte heidnisch-religiöse Sitte; in den Schmausereien zu Ehren der Märtyrer lebten die antiken Opfermahlzeiten weiter, aber doch so deutlich, daß gewissenhafte Christen daran Anstoß nahmen.[2]) Indes im allgemeinen findet in den Schriften der drei Kappadozier der Götterglaube nur selten Erwähnung. Daraus läßt sich in jedem Falle die Geringfügigkeit seines Umfanges und seiner Bedeutung in der Öffentlichkeit erschließen. Die Erbauung von Kirchen scheint damals fleißig betrieben zu sein. In Mocissus errichtete später Justinian mehrere Kirchen und Hospitäler.[3]) Die Entwickelung des Städtewesens im Lande unter der römischen Herrschaft kam der Ausbreitung des Christentums günstig entgegen, ja, es ist anzunehmen, daß die Christianisierung im vierten Jahrhundert weit hinter dem vorliegenden Bestande zurückgeblieben wäre, wenn ihr nicht die städtische Entwickelung Hilfe geleistet hätte. Denn Kappadozien besaß in älterer Zeit Städte in staatsrechtlicher Bedeutung nur in ganz geringer Anzahl. Der politischen Gestaltung des Landes gaben nicht Städte mit selbständigen

---

[1]) Gregor. Nyss. Epist. can. c. 2. 3.
[2]) Gregor. Naz. Epigr. XXVI—XXIX.
[3]) Gregor. Naz. Or. funebr. in patrem c. 39; Epigr. XXX; Prokop. De aedif. V, 4.

Beamten und eigener Kurie ihre Physiognomie, sondern Komplexe von Ortschaften (vici, κῶμαι) unter einem Beamten, für welche Strabo die Bezeichnung Strategieen hat.¹) In dieses Schema hätte die kirchliche Organisation nur schwierig und langsam eindringen können. Indem dagegen die römische Regierung in wachsender Zahl Städte in staatsrechtlichem Sinne herstellte, ebnete sie der Kirche den Weg. Doch erinnert die bischöfliche Organisation in Kappadozien in manchen Stücken noch an die frühere politische Situation, die auch durch die Römer nicht gänzlich aufgehoben werden konnte. Darin wurzelt z. B. die Notwendigkeit, Chorbischöfe in größerer Anzahl anzustellen. Dem Metropoliten Basilius unterstanden nicht weniger als fünfzig.

In der Provinz Isauria lag bereits im vierten Jahrhundert die Metropolitengewalt in der Stadt Seleucia, die wegen eines Tempels des Apollo Sarpedonios einen Namen hatte. Im September 359 tagte hier eine von etwa 160 Bischöfen besuchte Unionssynode. Altchristliche Gräber in der Umgebung der Stadt und auch sonst im Lande, deren älteste in das vierte Jahrhundert zurückreichen, bekunden die Verbreitung des Christentums.²) Doch erst um die Mitte des fünften Jahrhunderts erhalten wir bestimmte Kunde über den Hellenismus in der Metropole. Der Bischof Basilius nämlich, der in den eutychianischen Streitigkeiten eine schwankende Rolle spielte, rühmt in einer Predigt den Triumphzug des Christentums: Länder und Inseln hat es

---

¹) Kuhn, Die städt. u. bürg. Verf. d. röm. Reichs II Lpz. 1865 S. 230 ff.
²) Bull. de corr. hell. IV (1880) S. 195 ff.; VII (1883) S. 230 ff. Genauere Untersuchungen fehlen noch.

gewonnen, Hellas sich zur Beute gemacht; die Idole sind gefallen, die Altäre umgestürzt, die Dämonen geflüchtet.¹) Mit dem apostolischen Netze sind die Völker gefangen.²) Doch nahm der Prediger andererseits Veranlassung, in heftiger Weise gegen die in der Stadt gefeierten olympischen Spiele, ein Erbe der Antike, sich zu ergehen. Diese Festfeier ist ihm nichts anderes als „Hellenismus, gehüllt in die Maske des Christentums." Die, welche das Siegel Christi tragen, mischen sich in den Festesreigen dem Teufel zuliebe. „Denn was ist der olympische Wettkampf anders als das Fest des Teufels, welcher das Kreuz schmäht?"³) Die gereizte Sprache erklärt sich allein aus der Thatsache, daß irgendwelche religiöse Riten, wenn auch in abgeblaßter Form, in dieser Feier noch fortdauerten, und daß neben den Christen auch Altgläubige in der Stadt noch vorhanden waren, an welchen diese dem Bischofe anstößigen Spiele Förderer und Liebhaber hatten.

In der Nachbarprovinz Lykaonia wies schon ein halbes Jahrhundert vorher der Metropolit Amphilochius von Iconium rühmend auf die Thatsache hin, daß durch die Geburt Christi der Irrtum der Dämonen vernichtet sei. Diese übliche Rede läßt sich nicht verwerten, wohl aber die Warnung, die Christen möchten den Heiden nicht Anlaß werden, um ihrer willen Gott zu lästern, denn sie stellt die Göttergläubigen als eine Instanz hin, mit welcher zu rechnen ist.⁴)

---

¹) Oratio XXX In illud: venite ad me omnes, qui c. 2 (Migne 85).
²) Or. XXXI In illud: venite post me, faciam vos fieri piscat. hom. c. 2.
³) Or. XXVII In Olympia.
⁴) Amphilochius, Oratio in Christi nat. c. 1. 5.

Wie in den westlichen Küstenlandschaften der Niedergang und Untergang der alten Religion sich abgespielt hat, entzieht sich leider unserer Erkenntnis. Die Kirchengeschichte dieser Gebiete im vierten und fünften Jahrhundert war eine bewegte, reich an Leben und Mannigfaltigkeit. In der Aufregung der religiösen und theologischen Kämpfe, welche gerade auf diesem Boden eine unruhvolle Teilnahme fanden, verlieren sich die letzten Geschicke des Hellenismus. Gleichsam unter der Hand scheint Posten für Posten erobert worden zu sein. Die Stelle des längst umgestürzten Athenetempels in Pergamon nahm eine Kirche ein, und rings herum schnitt man in den Felsen Gräber.[1] Das noch berühmtere Ilion ging mit seinen Heiligtümern, die Julian noch sah und die damals ein christlicher Bischof, aber heidnischen Glaubens, vorsichtig hütete, unter, ohne daß man es beachtete. Die spätesten Fundstücke, welche das Terrain geliefert hat, sind Münzen des Konstantius. Das Bistum Ilion dürfte an einer andern Stelle zu suchen sein.[2]

Dieses Stillschweigen bedeutete nicht das, was man leicht aus ihm schließen könnte, nämlich, daß der Götterglaube nur noch in unscheinbaren Überbleibseln vorhanden gewesen sei. Indes auch wenn die Folgerung nicht gezogen wird, überraschen doch die Selbstbekenntnisse eines Mannes justinianischer Zeit über seine Thätigkeit als „Heidenlehrer" und „Zertrümmerer der Götzenbilder." Der monophysitische Bischof Johannes von Ephesus nämlich berichtet in seiner Kirchengeschichte, wie er „in den Tagen des Kaisers Justinian" den Anfang seiner auf Vernichtung des Heidentums gerichteten

---

[1] Altertümer von Pergamon. Berl. 1885 II S. 88 ff.
[2] Bd. I S. 86 f.; Schliemann, Ilios. Lpz. 1881 S. 209.

Wirksamkeit auf dem Gebirge von Tralles „mit Gottes
Hilfe" gemacht habe. „Viele Tausende aus dem Gebiete
dieser Stadt wurden vom Irrtume des Götzendienstes bekehrt." Errichtet wurden zur Befestigung des gewonnenen
Gebietes 24 Kirchen und 4 Klöster. In der hochgelegenen
Stadt Dariro (?) zerstörte der Bischof einen „großen und
berühmten Götzentempel der Heiden" bis auf die Fundamente
und ließ an seiner Stelle ein „gewaltiges" Kloster erstehen,
dessen Baukosten der Kaiser Justinian bestritt, wie auch der
übrigen Klöster und der Kirchen. Noch weiter griff die
Wirksamkeit des Bischofs, der in einem Deuterius einen eifrigen Gehilfen hatte. In Asia, Carien, Phrygien und
Lydien erbaute er im Ganzen 99 Kirchen und 12 Klöster
und unterwies die Heiden.[1])

Diese wenigen Worte geben überraschende Aufschlüsse.
Nach ihnen zählten die Altgläubigen in den genannten Pro-
vinzen noch nach Tausenden. Es bedarf ganz besonderer
Mittel, sie von ihrem Kultus zu lösen und der Kirche ein-
zugliedern. Über ganze Provinzen erstrecken sich die Anhänger
der alten Religion. Doch ist zur richtigen Würdigung dieser
Thatsache zu beachten, daß dieses Heidentum nicht in den
Städten, sondern auf dem Lande liegt. In Beziehung auf
Tralles ist es genau gesagt. In dem mächtigen Mesogis-
Bergrücken, der sich als Grenze zwischen Lydien und Carien
hinstreckt, haben alte landestümliche Kulte sich behauptet. Auch
in Carien, Phrygien und Lydien gab es schwer zugängliche
Gebirge und verborgene Schluchten genug, in denen der alte

---

[1]) Johann. v. Ephesus, Kirchengesch. II, 44 (S. 84); III, 36
(S. 133); 37 (S. 134 f.).

Glaube vor dem Eifer der Bischöfe und der Gesetzgebung geschützt war. Daher nennt auch der Bischof, abgesehen von Dariro, keinen Städtenamen, und um Dariro kam er in Streit mit dem Bischof von Tralles, der seine Diözesanrechte dort liegen sah.[1]) Der ephesinische Bischof hat ohne Zweifel, auf bestimmte Nachrichten hin, Streifzüge in die wenig betretenen, abgelegenen Gebirgsgegenden der genannten Provinzen unternommen, um dem bäuerlichen Götzendienst beizukommen. Dieser Götterglaube wird als eine Mischung fremder und landestümlicher Vorstellungen zu denken sein, die sich auch sonst in Kleinasien findet. Anderwärts haben solche Unternehmungen nicht stattgefunden, sonst würde das Ergebnis ein ähnliches gewesen sein. Denn wie überall so hat auch in Kleinasien außerhalb der Städte das Heidentum länger sich behauptet.

Wenn Johannes von Ephesus Klostergründungen zur Sicherung des gewonnenen Gebietes vollzieht, so ist damit ein Mittel bezeichnet, welches in der Überwindung des Hellenismus auch in diesen Provinzen sich bewährt hat. Während die Bischöfe die Städte eroberten, besetzte das Mönchtum das innere Land; der Charakter der Abgeschiedenheit machte diesem eine Gegend erst wertvoll. So konnte es nicht ausbleiben, daß in steigendem Maaße die alte Religion in die Kenntnis und unter die Wirkung der Kirche kam.

In den Städten Kleinasiens hat sich das Geschick des Heidentums im allgemeinen bereits im vierten Jahrhundert entschieden. Für das Heidentum als Ganzes darf die Regierung Justinians als entscheidend angesehen werden. Die zahlreichen Kirchenbauten unter dieser Regierung, über welche

---

[1]) A. a. O. III, 37 (S. 134 f.).

Prokopius nur unvollständig berichtet,[1]) sind zum größten Teil im Interesse der christlichen Propaganda unternommen worden. Denn oft erheben sie sich da, wo ein altes Heiligtum stand, oder sie verherrlichten einen Märtyrer, der die Rolle eines Schutzgottes an sich genommen hatte, wie die Kirchen an der Pontusküste. Damit geht Hand in Hand die scharfe Richtung der justinianischen Gesetzgebung, die den Eindruck hinterläßt, daß man zu dem letzten Schlage ausholen wollte. So mag damals in Kleinasien der hellenische und der landestümliche Götterglaube in schweren Erschütterungen schwere Verluste erfahren haben, die sich nicht ausgleichen ließen und sein Hinsterben beschleunigten.[2])

---

[1]) Prokop. De aedificiis.
[2]) Die altchristlichen Denkmäler Kleinasiens, welche in früherer Zeit und namentlich neuestens, besonders durch die Bemühungen französischer Gelehrten, bekannt gegeben sind, habe ich nur in geringem Umfange in der obigen Darstellung verwertet. Denn dieser Denkmälerkomplex, der sich fortwährend vergrößert, ist chronologisch noch nicht geordnet und bietet, sowie er beschrieben wird, dem fern davon Stehenden in den meisten Fällen nicht die Möglichkeit, diese Arbeit unter Verzichtleistung auf die Autopsie zu vollziehen. Es steht mir aber außer allem Zweifel, daß diese Quellen sich als äußerst ergiebig erweisen werden, wenn sie einmal durch eine sachverständige archäologische Forschung hindurchgegangen sind. Wir stehen, glaube ich, in dieser Hinsicht noch vor großen Erfolgen. Was bei den Ausgrabungen in Ephesus Wood, man könnte sagen, zufällig, an altchristlichen Denkmälern gefunden hat, kann ein annäherndes Bild davon geben (Wood, Discoveries at Ephesus, S. 31 f.; 36: 56 ff. (?); 120 ff.; 222 f. (?). Bei Ermenek am Kalykadnus in Cilicien ist eine christliche Nekropole mit Kirchen und Inschriften angezeigt worden (Bull. de corr. hell. I (1877) S. 374).

Der allgemeine Verlauf des Gegensatzes.

Nachdem die auf Beseitigung des Heidentums gerichteten Bestrebungen der beiden bestimmenden Mächte, des Staates und der Kirche, und der Rückgang des Hellenismus im öffentlichen Leben der Allgemeinheit und der Provinzen dargestellt worden sind, ist es am Orte, das allgemeine Bild dieser Vorgänge zu zeichnen.

Die staatliche Gesetzgebung, welche auf das Heidentum abzielte, hinterläßt den Eindruck großer Schärfe. In allmählicher Steigerung hat sie an allen Punkten, zuletzt sogar auf wissenschaftlichem Gebiete, die Göttergläubigen rechtlos gemacht. In den Strafandrohungen ist sie bis zur Todesstrafe vorgeschritten. Indes gerade die schärfsten Edikte erwecken den Verdacht, daß ihre erste und wichtigste Tendenz Einschüchterung war. Die Wiederholung derselben Verordnungen Jahrhunderte hindurch und noch deutlicher die Fortdauer des Paganismus in Stadt und Land stellen diese Gesetzgebung in die rechte Beurteilung. Der Wille, den religiösen Gegensatz, der durch das Reich ging, in der Form auszugleichen, daß die eine für den Staat wertlos gewordene Religion verschwinde, bestand. Aber ebenso bestand ein hohes Interesse des Staates, dieses Ziel ohne Beunruhigung und Tumulte zu erreichen. Daher neben bereitwilligem Eingehen auf die Wünsche der Kirche seitens der Regierung ihr häufiges Zögern in der Durchführung ihrer eigenen Bestimmungen.

Noch der letzte große syrische Christenprozeß zeigt diese Zurückhaltung an. Daher die Klagen der Bischöfe und Synoden über die Lässigkeit der Beamten. Bald griff der Staat rücksichtslos durch, bald hielt er vorsichtig an sich. Im allgemeinen ließ er bei Ausführung seiner religionspolitischen Gesetze durch Rücksichten auf das Gemeinwohl sich bestimmen. Wo er mit kräftigen Maaßregeln einsetzte, war eine neue Situation in der Regel nicht erst zu schaffen, sondern ein bereits vollzogener Umschwung nur weiter zu führen. Nur selten ließ die Regierung sich herbei, vorhandene Zustände in eigener und erster Initiative umzustoßen. Dahin scheint die Mission des Cynegius unter Theodosius d. Gr. zu gehören. Die Meinung, daß der Arm des Staates den Hellenismus mit brutaler Gewalt niedergeschlagen habe, entspricht nicht dem Ausweis der Geschichte. Dem Wortlaute seiner Gesetzgebung nach zu urteilen, scheint es allerdings so, doch zwischen Wort und That, zwischen Drohung und Ahndung lagen zumeist weite Abstände oder beide berührten sich überhaupt nicht. So hat sogar ein so heidenfeindlicher Mann wie Konstantius die Todesstrafe, die er als der erste in die Religionspolitik aufnahm, in keinem einzigen Falle thatsächlich verhängt. Dem genialen Vorbilde Konstantins folgend, hat der antike Staat wohl stetig und mannigfaltig dem Ziele zugestrebt, die alte Religion einzuschnüren und die Rechte ihrer Bekenner zu verkürzen, aber brutale Gewalt lag der Gesamtrichtung dieser Politik fern, obschon harte Maaßregeln nicht gefehlt haben.

Ungeduldiger sah die Kirche die Entwickelung der Dinge, da sie ausschließlich durch religiöse Motive geleitet wurde. Die Fortdauer des Götterkultus erschien ihr als fortgesetzte Gotteslästerung und also die Vernichtung dieses Kultus als eine heilige Pflicht gegen Gott. Das Wie ist verschieden aufgefaßt worden. Die gemeinsam empfundene Verpflichtung, die alte Religion zu beseitigen, kam bald in der Form suchender Mission, bald in dem abstoßenden Bilde gewaltsamen Vorgehens gegen die Heiligtümer zur Auswirkung. Letzterer Weg war der mehr betretene. Augustinus und Chrysostomus haben wohl liebevolle Behandlung der Andersgläubigen und ihre innere Gewinnung empfohlen, aber jener war doch in Nordafrika der Führer einer rücksichtslos heidenfeindlichen Partei, und dieser hat in Phönizien Mönchsschaaren gedungen, die mit roher Gewalt das fremde Gebiet eroberten. Zwar ist die Belehrung der Heiden immer als Pflicht festgehalten und mündlich und schriftlich betrieben worden, doch erschien die zwangsweise Loslösung von dem antiken Kultus als das erste Erfordernis. Daher warf sich der kirchliche Übereifer zuerst auf die Tempel. Ihre Zerstörung oder Schließung galt als die erste Christenpflicht. Die „Häuser der Dämonen" und die „Bilder der Dämonen" gaben das vornehmste Ärgernis, und für ihre Vernichtung ließ sich die Menge leicht gewinnen. Daraus konnten blutige Kämpfe entstehen, in denen Christen und Heiden fielen, aber dieselben zählen doch zu den Ausnahmen und dürfen daher nicht die Gesamtbeurteilung einseitig bestimmen. Die Kirche hat doch soweit wenigstens den Gedanken religiöser Duldung festgehalten, daß sie nur den Apparat des alten Kultus zerstörte, die Anhänger dieses selbst dagegen nicht behelligte. Das ist wenigstens das Gesamtbild, welches ihr Verhältnis zum Heidentum gewährt.

Eine geschichtliche Wertung dieses bedeutungsvollen Kampfes muß indes noch ein drittes Moment in Rechnung ziehen, um der Wahrheit nahe zu kommen, ja, dieses dritte Moment ist nicht nur an sich wertvoll, sondern erläutert erst deutlich die Haltung des Staates und der Kirche.

Es hat nämlich die Darstellung gewisse Unterschiede des Widerstandswillens und der Widerstandskraft öfters gezeigt, zunächst den Unterschied zwischen Stadt und Land. Fast überall ließ sich die Thatsache feststellen, daß die größern Städte von dem Ringen beider Religionen wenig berührt worden sind. Der Übergang von dem alten zum neuen Glauben vollzog sich fast geräuschlos. Rom und Antiochia sind die hervorragendsten Beispiele hierfür. In Antiochia ist die alte Religion verschwunden, wahrscheinlich ohne je ernstlich in Kampfesstellung getreten zu sein. In Rom sind durch die aristokratisch-heidnische Partei wohl einzelne Bewegungen hervorgerufen worden, aber doch nur in kleinem Kreise und mit so geringer Lebenskraft, daß sie der Gegenwirkung sofort erlagen. Die Episoden, die in der Welthauptstadt unter und nach Gratian bis Theodosius d. Gr. sich abspielten, gewähren das anziehende Bild einer patriotisch-romantischen Gläubigkeit, aber erschütternde Vorgänge waren sie nicht. Sie verliefen wesentlich in den höhern Gesellschaftskreisen; das Volk stand als Zuschauer daneben. Eine Volksbewegung mit ihren Leidenschaften und Gefahren hat der Kampf zwischen Heidentum und Christentum in Rom nicht hervorzurufen vermocht. Auch in den nordafrikanischen Provinzen gehören die erregten, ja, blutigen Auseinandersetzungen zwischen der alten und der neuen Religion den kleinen Städten und dem Lande an; die Hauptstadt Karthago hat nur einige unbedeutende Tumulte erlebt. In Kleinasien war es nicht anders. Die namhaften Städte an der Küste und im Innern sind in die neue Situation, so zu sagen, hineingeglitten. Nikomedien, Smyrna, Ephesus, Milet, Cäsarea, Ancyra, um nur diese zu nennen, haben ohne Zweifel keine ernsthafteren Vorgänge dieser Art erlebt. Das Schweigen einer umfangreichen und mannigfaltigen Literatur wäre sonst nicht denkbar. Dasselbe gilt von Athen. Zwar hat hier der Götterglaube länger gehaftet, aber von kräftigen Lebensäußerungen und Gegenwirkungen gegen das Christentum ist nichts zu gewahren. Eine Ausnahme macht Alexandrien. In wilden Straßenkämpfen, auf einem wirklichen Schlachtfelde haben sich daselbst die Gegner gemessen. Fanatismus stand gegen Fanatismus. Ein Doppeltes hat hier die Entwickelung wesentlich anders gestaltet: das alexandrinische Judentum und der übelberüchtigte Charakter der Alexandriner. Alexandrien besaß die größte Judenkolonie in der alten Welt. Diese selbstbewußte Judenschaft war, wie überall in der alten Kirche das Judentum, von leidenschaftlichem Hasse gegen das Christentum erfüllt und weckte dadurch seinerseits die Feindschaft des Christentums gegen sich.[1]) Auch wenn die Quellen eine lebhafte Mitwirkung der alexandrinischen Juden an den religiösen Kämpfen in der Stadt nicht ausdrücklich erwähnten, müßte mit derselben von vornherein gerechnet werden. Auch in Antiochia hat noch in einer Zeit, wo das Christentum

---

[1]) Vgl. die Urteile des judenfeindlichen Patriarchen Chrill Hom. Pasch. I, 5: Ἰουδαῖοι δὲ πάντας ἀνθρώπους ὑπερβαλλόμενοι τῇ τῶν ἀσεβημάτων καινότητι. — Πάσης γὰρ, ὡς ἔπος εἰπεῖν, πονηρίας πεπληρωμένοι καὶ πᾶσαν ἐν ἑαυτοῖς ἀκαθαρσίαν ὠδίνοντες. — Πάσης γὰρ ὄντως ἀκαθαρσίας ἡ τῶν Ἰουδαίων γνώμη πεπλήρωται καὶ τῶν φαύλων οὐκ ἔστιν οὐδὲν ὃ μὴ παρ' ἐκείνοις τετίμηται. Ähnliche Äußerungen zahlreich auch sonst bei Chrill. Sie können als Meinung der Christen in Alexandrien gelten.

bereits die Stadt sich erobert hatte, das Judentum der Kirche
sich lästig gemacht und die überaus scharfen Predigten des
Chrysostomus „wider die Juden" hervorgerufen. Das reiz=
bare, unbotmäßige Naturell der Alexandriner bot einer Auf=
stachelung durch das christenfeindliche Judentum den günstig=
sten Boden. „Wenn es in Antiochia in der Regel bei den
Spottreden blieb, so griff der alexandrinische Pöbel bei dem
geringsten Anlaß zum Stein und zum Knittel. Im Kra=
wallieren, sagt ein selbst alexandrinischer Gewährsmann, sind
die Ägyptier allen andern voraus. Der kleinste Funke ge=
nügt hier, um einen Tumult zu entfachen."[1]) Dieselbe
Menge, die sich ohne sonderliche Anstrengung der Agitatoren
unter Caligula und unter Nero zu blutigen Judenhetzen
gewinnen ließ, war ebenso bereit, über die Christen herzu=
fallen, wenn sie in richtiger Weise in Bewegung gesetzt wurde.
Die Zusammenstöße selbst zeigten uns übrigens auf der heid=
nischen Seite neben jüdischen Händen auch göttergläubige
Philosophen als Führer. Die christliche Menge ihrerseits
hatte in den Geistlichen und den Mönchen ihre Leiter. Diese
Kämpfe waren daher im Grunde nur Pöbelexzesse, die zwar
in der religiösen Differenz ihren Ausgang nahmen, aber zu
blutigen Balgereien entarteten.

Langsam dagegen nur vermochte das Christentum in die
Landschaft vorzudringen. Eine raschere Gewinnung ist auf
diesem Boden immer Ausnahme gewesen. Die kirchliche
Organisation erwies sich auf der einen Seite ebenso hinderlich
wie auf der andern die mangelhafte Communikation und die
konservative Religiosität, die hier vorlagen. Denn indem die
bischöfliche Gewalt sich in den Städten festigte, wurde sie

---

[1]) Mommsen R. G. V S. 583.

durch eine eifersüchtige Betonung ihres kultischen und kanonischen Rechtes davon zurückgehalten, die Landbezirke vollständig und genügend kirchlich zu organisieren. Die unordentliche und lückenhafte geistliche Versorgung, welche sie zuließ, erwies sich unfähig zu kräftigem Handeln. Daher machten sich bischöfliche Streifzüge gegen das Heidentum im Innern des Landes nötig, wie sie z. B. Marcellus von Apamea und Johannes von Ephesus ausführten, und die gruppenweisen Unternehmungen der Mönche unter bischöflicher Auktorität. Daß ihre Erfolge nur äußerliche waren, leuchtet ein. Die feste, durch moderne Einflüsse gar nicht oder nur unwesentlich erweichte Gläubigkeit der Bauern und Hirten mußte sich von diesen Erschütterungen leicht erholen. Erst als das Klosterwesen eine weite Ausdehnung gewann und Mönchsniederlassungen zahlreich die abgeschiedenen Gegenden besetzten, und ein besseres Parochialsystem sich entwickelte, erlag das ländliche Heidentum. Es kommt dazu, daß das Interesse der Kirche nach dieser Seite hin kein großes war. Sie trug vorwiegend städtische Physiognomie. In der Bildungs- und Verkehrswelt hatte sie sich heimisch gemacht und fühlte sie sich heimisch. Der Aristokratismus des Städtetums gegenüber dem Lande war auch ihr zu eigen geworden. Indem sie auf diese Weise nicht die Neigung hatte, in diese Verhältnisse einzugehen, entwöhnte sie sich auch der Fähigkeit, es zu thun. Versuche ein bestimmtes Landgebiet im ganzen Umfange zu missionieren, haben stattgefunden, aber doch nur als vereinzelte Ausnahmen, welche der Gesamtstimmung der Kirche keineswegs entsprachen. Die Eroberung der Städte läßt sich dagegen überall als klares, festes Ziel erkennen; das Weitere blieb dem natürlichen Gange der Dinge überlassen. Daher steht die Christianisierung des

Landes hinter derjenigen der Stadt in der Regel um Jahrzehnte, oft aber auch um Jahrhunderte zurück.

Neben diesem deutlichen Unterschiede drängt sich eine zweite Beobachtung auf. Da nämlich, wo sich die siegreiche Kirche mit dem griechisch-römischen Götterglauben auseinandersetzte, gehören heftige Konflikte zu den Ausnahmeerfahrungen. In der Regel war der Widerstand ein geringer. Dagegen erwiesen sich die landestümlichen Religionen stärker und zäher und zwar desto mehr, je weniger sie von der Kulturreligion berührt waren. Denn die Durchsetzung mit fremden Anschauungen ist immer ein Zeichen der abnehmenden Kraft der rezipierenden Religion. So ist das Keltentum im mittlern und nördlichen Gallien dem Christentum nur allmählich gewichen, während es in den mehr romanisierten Gebieten mit der griechisch-römischen Religion, in die es eingegangen war, rasch erlag. Den ausdauerndsten und leidenschaftlichsten Widerstand indes fand die christliche Propaganda da, wo semitische Religion und Religiosität noch fortdauerten. Im Westen ist nirgends heißer zwischen der alten und der neuen Religion gestritten worden als in Nordafrika. Mit Gewalt schlug hier die Kirche unter Aufwendung all ihrer Machtmittel das Heidentum nieder. Denn in diesen Landschaften lebten auch in römischer Zeit selbständig oder in der Hülle der neuen Kultur phönizische Religion und Sitte fort. Noch im fünften Jahrhundert gab es bischöfliche Sprengel, deren Inhaber phönizisch verstehen mußten. Selbst in dem romanisierten Hippo wurde noch punisch verstanden. Die Kirche fand Veranlassung, auf diese sprachlichen Verhältnisse Rücksicht zu nehmen.[1]) Bis Tiberius trugen die Münzen punischer

---

[1]) Vgl. August. Epist. 66; 84, 2; 108, 14. Sermo 167, 4: latine vobis dicam, quia punice non omnes nostis. — Epist.

Städte noch phönizische Inschriften und ihre Duumviri nannten sich Sufeten. Fester wurzelte noch die Religion. Zwar unter den Götternamen, welche die Inschriften übermitteln, finden sich nur wenige punische, doch decken die nichtpunischen ohne Zweifel häufig punische Götter.[1]) So mögen hinter den häufig vorkommenden Namen Saturnus und Herkules phönizische Gottheiten liegen, die sich hier wie anderwärts der Nomenklatur des griechisch-römischen Pantheon anbequemt haben.[2]) Es muß auch weiter berücksichtigt werden, daß die Inschriftensitte in später Zeit fast ausschließlich den Römern oder romanisierten Puniern angehört, da im vierten Jahrhundert das Phöniziertum hauptsächlich nur noch in den niedern Volksschichten lebte.[3]) Dahin führen auch die Erfahrungen, welche die das Heidentum erdrückende Kirche in Nordafrika machte. Das Majumafest, diese echt phönizische Feier, war noch damals ein beliebtes Volksfest, welches den Unwillen der Kirche erregte.[4]) Auch die Verehrung von Bäumen und Hainen gehörte zu den Eigentümlichkeiten des punischen Kultus. Den Tempel der Cälestis z. B. in Karthago

---

202 hebt Augustin bei Einsetzung eines Bischofs in Fussala in Numibien besonders hervor, derselbe sei ein solcher, qui et punica lingua esset instructus.

[1]) Das Verzeichnis C. J. L. VIII, 2 p. 1081 ff. Dazu Annali dell' Instituto di corr. archeol. 1860 S. 80 ff.

[2]) Vgl. über diese Identifizierung Movers, Die Phönizier I S. 254 ff.

[3]) Anders lagen die Verhältnisse früher. Von den altpunischen d. h. wahrscheinlich vor der Zerstörung Afrikas entstandenen Inschriften gehören gegen 2500 Karthago an; andere entfallen auf Hadrumetum (9), Cirta (5), Thugga u. s. w. Schon die neupunischen Inschriften zeigen eine Abnahme (Euting bei Mommsen V S. 641 Anm. 1).

[4]) Cod. Theod. XV, 6, 1; XV, 6, 2 (vgl. auch XVI, 10, 17).

umgab ein Hain immergrüner Nadelhölzer. Daher wurde im fünften Jahrhundert ausdrücklich auch die Beseitigung der Idololatrie gefordert, die an Haine und Bäume sich knüpfte.[1]) Nicht selten traf man damals auf Reisen im Lande solche heilige Gegenstände und Orte an. Auch heilige Seen und Quellen waren noch da und wurden von den Gläubigen mit Opfer geehrt.[2]) In der Hauptstadt Karthago haben selbstverständlich ebenfalls Elemente punischer Religion sich behauptet, um so mehr, da hier das berühmte Heiligtum der himmlischen Jungfrau Astarte bis tief in die christliche Zeit hinein stand. Doch gab nicht punisches, sondern römisches Wesen im vierten Jahrhundert der Stadt ihr Gepräge; daher vollzog sich der Übergang zur neuen Religion leichter. Immerhin ist möglich, daß der Herkules, der zu Augustins Zeit die Gemüter der Christen erregte, eine phönizische Gottheit mit anderm Namen war.[3])

In dieser Fortdauer der punischen Religion, die auch in ihren verglimmenden Resten noch die Glut der Leidenschaftlichkeit trug, liegt die Erklärung dafür, daß der Vernichtungskampf hier durch die Kirche in einer Weise geführt ist wie

---

[1]) Cod. can. eccl. Afr. c. 84: Item placuit ab imperatoribus gloriosissimis peti, ut reliquiae idolatatriae non solum in simulacris, sed et in quibuscunque locis vel lucis vel arboribus omni modo deleantur.

[2]) Lehrreich ist in dieser Hinsicht das Schreiben des Publicola an Augustinus (Epist. 46). Darin fragt der Schreiber u. A.: De luco si licet ad aliquem usum suum christianum scientem ligna tollere? — Si licet de fonte bibere vel de puteo, ubi de sacrificio aliquid missum est? Si de puteo, qui in templo est u. s. w. — Si christianus debet in balneis, quibus in die festo suo pagani loti sunt, lavare u. s. w.

[3]) August. Sermo 24, 6.

sonst nicht im Westen. Das heiße Naturell kam bei den Verfolgern wie bei den Verfolgten dazu. Indes dasselbe Volkstum, dessen religiöses Empfinden und Handeln gewaltsam vernichtet wurden, lieferte der siegenden Kirche Heilige, deren fremdartige Namen den Spott gebildeter Heiden hervorriefen,[1] und unter die Bischofsnamen hat sich mancher phönizische Name eingereiht.

Das Semitentum, welches auf diesem Boden in reduzierter Kraft mühsam fremden Einflüssen gegenüber seine Existenz behauptete, war noch eine ganz andere Macht in Syrien und hat sich als solche vor dem Andrängen des Christentums in einzigartiger Weise bewährt. Zwar hatte die Hellenisierung dieses Volkstum erfolgreich erfaßt, doch lebten Sprache, Religion und Sitte des Landes noch kräftig fort. Die Religion insbesondere behauptete auch in den hellenisierten Städten ihre Geltung; die Konzessionen, wo sie stattfanden, waren nur nominelle. „Die Syrer von Beröa bringen ihre Weihgeschenke mit griechischer Aufschrift dem Zeus Malbachos, die von Apameia dem Zeus Belos, die von Berytos als römische Bürger dem Jupiter Balmarcodes, alles Gottheiten, an denen weder Zeus noch Jupiter wirklichen Teil hatten."[2] Ja, von diesen Gebieten aus hat das römische Reich selbst Gottheiten erhalten, den Baal (Jupiter) von Heliopolis, den Jupiter Dolichenus, den jugendlichen Lieblingsgott der Legionen, den palmyrenischen Malakbelus, den Gott von Emesa und mehrere Göttinnen. In

---

[1] August. Epist. 16, 2. Urteil des Grammatikers Maximus von Madaura: diis hominibusque odiosa nomina. Die ernste und gescheite Abwehr Augustins Epist. 17, 2.

[2] Mommsen V S. 452.

prunkenden, enthusiastischen, zum Teil ausschweifenden Kulten lebte diese Religion fort. In ihr fand das Volkstum seine Vergangenheit und sich selbst wieder. Ansehnliche Städte an der Küste und im Innern, heilige Wallfahrtsorte, ehrwürdige Tempel und Götterbilder stützten diesen Glauben. Die christliche Propaganda traf hier auf einen Widerstand, in welchem Zähigkeit und Fanatismus sich vereinigten. Hauptsächlich mit Gewalt ist daher dieses Land erobert worden. In größerer Anzahl, als unsere Quellen ahnen lassen, muß es auf beiden Seiten Erschlagene gegeben haben. Den Bischof Marcellus von Apamea verbrannte das altgläubige Landvolk lebendig, als er ihnen ein Heiligtum niederreißen ließ.[1]) Andererseits klagte in Beziehung auf die Tempelzerstörer Libanius: „Den Priestern bleibt nur die Wahl zwischen Schweigen und Tod."[2]) Es ist früher gezeigt worden, wie Militärmacht und Mönchsbanden aufgeboten werden mußten, um der Kirche zu einem unrühmlichen Siege zu verhelfen. In Palästina waren die Konflikte seltener, aber doch nur, weil die Bevölkerung durch den letzten großen Sieg aufgerieben war. In Cypern dagegen, dem uralten Sitze phönizischer Kultur und Religion, schien nur Gewaltthätigkeit zum Ziele führen zu können. Warum Antiochia in dieser Geschichte eine Ausnahmestellung einnimmt, ist oben gesagt worden. Auch sonst ist die Entwickelung in ruhigern Bahnen verlaufen, aber im allgemeinen vollzog sie sich in Gewaltaften und heftigen Erschütterungen.

Syrische oder wenigstens semitische Kulte sind schon in sehr alter Zeit auch in Kleinasien nachzuweisen. Der in

---

[1]) Bd. I S. 268 ff.
[2]) Liban. Pro templis c. 3.

Lycien, Cilicien und sonst verehrte Apollo Sarpedonios und die Diana Sarpedonia weisen dahin, wie auch Kybele und Tanais-Astarte; vorzüglich liegt in dem lydischen Kult eine große Übereinstimmung mit dem phönizischen.[1]) Aus diesen Beziehungen erklärt sich vielleicht, daß im sechsten Jahrhundert der Bischof Johannes hier noch Tausende von Heiden vorfand; es hätte also auch in diesem Falle die semitische Religion auf fremder Erde ihre Zähigkeit bewährt.

Eine objektive Beurteilung des Verfahrens der Kirche in Syrien darf nicht außer Rücksicht lassen, daß die bekämpfte Religion in ihrer praktischen Erscheinung der Moral des Christentums das schwerste Ärgernis bot. Es trat der Kirche darin nicht nur ein falscher Glaube entgegen, sondern ein schamloses Handeln unter dem Deckmantel und der Autorität der Religion. Die massenhafte Unzuchtsübung an den Wallfahrtsorten und an andern berühmten Heiligtümern, das Kastratentum, die ganze sinnlich-wollüstige Art der religiösen Gepflogenheit mußte den äußersten Abscheu hervorrufen und die Duldung dieser Dinge als eine große Versündigung ansehen lassen.[2]) Gleich unter den ersten Schlägen, mit welchen Konstantin die Heiligtümer traf, ging einer nach Phönizien. Der Tempel zu Aphaka am Libanon wurde dem Erdboden gleich gemacht und zwar weil hier „zu Ehren der schändlichen Göttin Aphrodite" die lasterhaftesten

---

[1]) Movers I S. 15 ff. Über das Vordringen semitischer Elemente und Einflüsse in Vorderasien s. auch Kiepert, Lehrb. d. ant. Geogr. Berl. 1878 §. §. 90. 114.

[2]) Preller, Röm. Mythologie. 2. Aufl. S. 742: „Nirgends war das Heidentum so götzendienerisch und grausam, lüstern und sinnlich ausschweifend als in diesem nationalen Kreise." Einzelheiten bei Movers Bd. I; bes. S. 676 ff.

Ausschweifungen sich sammelten und die schlimmsten Dinge sich vollzogen, „als gäbe es im Lande kein Gesetz und keinen Fürsten."[1] Gerade in diesem Kreise konnten alttestamentliche Anordnungen über Götzendienst und Unzucht unmittelbar zur Anwendung gebracht werden, und das Beispiel des Elias, der die Baalspfaffen schlachtete, sanktionierte jede Gewaltthat gegen den syrisch-phönizischen Baalsdienst. Die Meinung, daß die Vernichtung des Heidentums durch die Kirche in äußerlichen Herrschaftsgelüsten und blindem Fanatismus ihren Ausgang habe, trägt ein großes Unrecht in sich. Beide Motive haben sich allerdings geltend gemacht, aber die Polemik gegen den Götterglauben stellt als den ausschlaggebenden Grund fest den „Götzendienst," das heißt die religiöse Gegensätzlichkeit und diese zugleich als eine ethische. Die Erkenntnis, daß diese Religion den göttlichen Geboten nach ihrer religiösen wie sittlichen Seite zuwiderlaufe, und die daraus erwachsene Verpflichtung, diese Dissonanz aufzulösen, waren die treibenden Ursachen, die bei aller Trübung durch Rohheit und Fanatismus immer wieder hervortreten. Der empfindlichste Mangel ist, daß der Begriff der Gewissensfreiheit gar nicht und der Gedanke friedlicher Missionsarbeit nur sporadisch da ist. Die Geltung des alten Testaments hat hier ohne Zweifel einen verderblichen Einfluß geübt. Der erste klassische Theoretiker gewaltthätiger Intoleranz, Firmicus Maternus schuf sich aus diesem Material die Basis für seine Deduktionen. Seine Weise hat hernach überall da Nachahmung gefunden, wo es zur Vernichtung anzufeuern oder die vollzogene zu rechtfertigen galt. Nur so läßt sich ver-

---

[1] Euseb. V. C. III, 55. Hierselbst auch weitere Details.

stehen, daß dieselbe Kirche, welche drei Jahrhunderte hindurch Religionsfreiheit zu fordern nicht müde geworden war, selbst in der Praxis das Gegenteil übte, nachdem sie zu Macht gekommen war. So sehr fehlte die Empfindnng dieses Widerspruchs, daß in den theologischen Kämpfen des sechsten Jahrhunderts Christen, die von der Gegenpartei Unbill zu erleiden hatten, ihre Verfolger „Heiden" schalten;[1]) sie wußten nicht, daß Religionsverfolgung damals längst nicht mehr die Heiden ausschließlich charakterisierte.

Die große Mannigfaltigkeit, welche die provinziale Geschichte bietet, sollte in jedem Falle eine Warnung sein, Einzelheiten zu verallgemeinern. Die blutigen Religionskämpfe in Alexandrien charakterisieren ebensowenig das Verhalten der Kirche wie die Schonung des Hadrianstempels in Cyzikus. Wenn sie dort niederschlug und hier schonte, so wurde sie durch lokale Verhältnisse, seien es Ereignisse, seien es Parteien oder Stimmungen, so geführt. Das erweist sich deutlich als der allgemeine Wille, das Heidentum im ganzen Umfange und so schnell als möglich auszulöschen, und dieser Wille trägt zugleich die Entschlossenheit in sich, die irgendwie erreichbaren Machtmittel dazu aufzubieten. Nachsicht auf der einen und Brutalität auf der andern Seite sind nur Mißbildungen innerhalb dieses Gesamtwollens und Gesamthandelns, und es ist die Aufgabe der geschichtlichen Forschung, ihre Entstehung zu suchen.

Was die zeitliche Seite des Unterganges der alten Religion anbetrifft, so hat die frühere Darstellung gezeigt,

---

[1]) Johann. v. Ephesus II, 39. Der Ausspruch einer Christin: „Heiden seid ihr, aber keine Christen, denn Christen verfolgen Christen nicht" (S. 80). — II, 42 (S. 83); II, 14 (S. 58) u. sonst.

daß die Entscheidung am Ende des vierten Jahrhunderts sich bereits vollzogen hatte. Die großen Städte des Ostens und des Westens, Antiochia, Konstantinopel, Alexandrien, Rom, Karthago waren christlich. Dasselbe gilt von der Mehrzahl der kleinern Städte. Was noch zurückstand, mußte kurz oder lang nachfolgen; ein Stillstand oder gar eine Umkehr war nicht mehr denkbar. In den Städten bieten die untern und mittlern Schichten der Bevölkerung die breite und feste Basis der neuen Religion, während die höhern Gesellschaftskreise und die philosophisch Gebildeten zurückhielten. Rom und Alexandrien zeigen dies am deutlichsten. Nach dieser Seite hin ist auch viel Rücksicht geübt worden. In Heliopolis z. B. gab erst die fortwährende lästige Bedrückung der Christen durch die Primaten Anlaß zu staatlichem Einschreiten. Die prinzipielle Feindschaft beider Religionen hat ein friedliches Zusammenleben, ja, sogar freundschaftliche Verhältnisse nicht gehindert. Ein Heidenfeind wie Gregor von Nazianz und ein Christenfeind wie Libanius können dafür angeführt werden. Es hieße auch Unmögliches als möglich setzen, wenn man sich die Anhänger beider Religionen, welche durch tausend Bande gleichen Empfindens, gemeinsamer Verpflichtung und derselben Bildung zusammengehalten wurden, in haßerfülltem Ringen denken wollte. Nicht einmal die Katholisierung Frankreichs nach der Aufhebung des Edikts von Nantes gewährt die entsprechende geschichtliche Parallele; diese hat sich weit schärfer und rücksichtsloser vollzogen als die Unterdrückung des Götterglaubens. Doch bietet sonst die Gegenreformation des siebzehnten Jahrhunderts Vorgänge, die zu einem Vergleiche einladen.

Dritte Abteilung.

Religiöse Ausgleichungen.

Die Ermattung und der Verfall des geistigen und materiellen Lebens der Antike im dritten Jahrhundert begleitete eine Wandelung des religiösen Empfindens und Handelns. Das Zerfließen und Ineinanderfließen der Kulte zeigt diese Lage ebenso deutlich an wie die Sublimierung des Götterglaubens durch die Philosophie. Das Jahrhundert war ein religiöses, das religiöse Interesse ein großes. In der volkstümlichen Religiosität läßt sich im Vergleich zu der ältern Zeit nicht nur kein Nachlassen der Intensivität entdecken, sondern vielleicht sogar eine Steigerung. Die authentischen und unmittelbaren Zeugen, die Inschriften, schließen uns eine religiöse Welt mit reichem Inhalte auf.[1] Die Beziehungen zu den Göttern sind lebendige, persönliche. Gemeinden und

---

[1] In Beziehung auf römische Verhältnisse hat dieses Zeugnis der Inschriften zuerst in größerm Umfang Friedländer („Darstellungen aus der Sittengeschichte Roms" III, 4) verwertet. Daher ist im Folgenden vorwiegend auf die griechischen Länder Rücksicht genommen. Im allgemeinen ist die Erforschung der volkstümlichen Religiosität des 3. Jahrh. noch sehr im Rückstande. Auch das manches Wertvolle enthaltende Buch von Jean Réville: La religion à Rome sous les Sévères (deutsch Lpz. 1888) bietet hierfür wenig.

Einzelne eifern in Manifestation ihres religiösen Sinnes. Weltliche Korporationen stellen sich unter das besondere Patronat eines Gottes und ehren ihn mit regelmäßigen Opfern und Festfeiern.¹) Die Errichtung von Altären und Statuen, die Erbauung von Tempeln, die Niederschrift des Dankes zu öffentlichem Gedächtnis gehen weithin durch die alte Welt. In mittelbarer oder unmittelbarer Offenbarung tritt der göttliche Wille an den Einzelnen heran, um diese oder jene Leistung hervorzurufen²), oder das Dankgefühl über diese oder jene Wohlthat regt dazu an. Die Standlager der Armeen waren ein großes Pantheon; die Gefahr vor dem Feinde wies den Soldaten um so ernster an die waltenden Mächte. An den Wallfahrtsorten drängten sich die Gläubigen zusammen, um für sich oder ihre Angehörigen oder sonstige Personen Gebet und Opfer darzubringen, denn diese Religion kannte den Begriff der Fürbitte. „Ich bin gewallfahrtet zur Herrin Isis und habe die Anbetung vollzogen für mich und für andere", so lautete das Grundschema, welches die aus Nah und Fern kommenden Pilger im Tempel zu Philä persönlich gestalteten.³) Die Bittgänge machte eine große Beteiligung zu eindrucksvollen Akten. In den Prädikaten, mit welchen die Gottheit erfaßt wird, spricht sich das Vorhandensein eines persönlichen Verhältnisses zu ihr

---

¹) Liebenam a. a. O. S. 285 ff.

²) Die beliebten Formeln sind ex praecepto, ex jussu, monitu, imperio, κατὰ κέλευσιν, κατὰ πρόσταγμα.

³) C. J. Gr. III, 4897 ff., darunter: ἥκω πρὸς τὴν κυρίαν Ἶσιν καὶ προσκεκύνηκα (4907). — ἥκω καὶ προσκυνήσας τὴν κυρίαν Ἶσιν (4914). — ἥκομεν καὶ τὸ προσκύνημα αὐτῶν καὶ τῶν παρ'αὐτῶν πάντων πεποήκαμεν (4916). — ἥκω ... μνείαν ἐπ'ἀγαθῷ τῶν γονέων ποιούμενος (4936). —.

aus. „Allmächtig" — „König" — „Herr" — „heiliger Gott" — „Heiland" — „Freund" — „Vater" — „menschenfreundlich", sind einige bezeichnende Äußerungen dieser Art.¹) Es liegt kein Recht vor, sie als Phrasen zu beurteilen. „Großer Zeus im Himmel, sei gnädig mir, dem Demetrius", schreibt ein frommer Grieche auf einen Stein, und ein Anderer trägt sein Gebet vor die „erhörende Hera".²) Ein Phrygier, der in Gefahr des Ertrinkens Rettung fand, bringt seinen Dank zum Ausdruck an Zeus, Poseidon, Athene und an „alle Götter" und dann noch an den Flußgott, der ihm das Leben erhalten.³) In Delos giebt ein Schiffsherr samt seinen Gefährten einen Teil der Beute, vielleicht Strandgut, an Apollo ab, und demselben Gotte weihten ansässige Kaufleute und zufahrende Schiffer aus allen Städten und Nationen Gaben und Denkmäler.⁴) Städtische und Staatsedikte leiteten den Text mit der Überschrift Θεοί ein, auch wenn der Inhalt sich nicht auf Religiöses bezog.

Es ist nicht möglich, die reiche Fülle der Beziehungen, welche der Gläubige zur Götterwelt hatte und pflegte, auch nur annähernd zu entfalten. Neben der dem Volksglauben entfremdeten Philosophie gab es Verächter und Spötter der Religion, aber ein glaubensloses Volkstum ist weder im

---

¹) Vgl. z. B. C. J. L. VIII, 8807. 2634. 6353. 9649; III, 1422. 1090 (Jupiter summus exsuperantissimus divinarum humanarumque rerum rector fatorumque arbiter); C. J. G. 2342. 6280. 157. 246. 3993. 5940. 1052ᵇ. 1063. 6813. 8120. 2385. 4474.

²) Bull. de corr. hell. VII (1883) S. 322; 336 (Ἥρᾳ ἐπηκόῳ εὐχὴν Διομήδης); vgl. auch Waddington, Inscript. grecques de la Syrie n. 2627; C. J. G. n. 2566 (Ἀρτέμιδι εὐακόῳ).

³) Bull. de corr. hell. III (1879) S. 479.

⁴) Ebendas. S. 471. 373.

dritten noch im zweiten Jahrhundert vorhanden gewesen, ja, nicht einmal ein religiös indifferentes. Gerade diejenigen Schichten der antiken Gesellschaft, in welchen die besten Kräfte des Staates ruhten, werden inschriftlich als Träger dieser lebendigen Religiosität bezeugt.

Auch der kultische Austausch, welchen Orient und Occident und weiterhin hier wie dort Landschaften vollzogen, beweist nur ein gesteigertes religiöses Bedürfnis. Der Osten war schon längst in diese Mischung eingegangen, als Rom, durch seine politische Geschichte dazu geführt, die Gottheiten und Kulte der unterworfenen Völker legitimierte und teilweise durch einen offiziellen Akt in seine Staatsreligion aufnahm. Indem nun dieser religiöse Kosmopolitismus den Zugang zu den fremden Kulten auftat, warf sich das unbefriedigte religiöse Bedürfnis in das entstandene Chaos und suchte in neuen Formen und Vorstellungen zu gewinnen, was ihm Genüge geben könnte. Dieses kultische Durcheinander ist daher im letzten Grunde nur das Produkt eines mächtigen religiösen Dranges, der suchend in die verschiedensten Wege auseinanderging. Eine religiös gleichgültige Generation hätte diesen wunderbaren Synkretismus nicht hervorgebracht. Ähnliche Stimmungen und Zustände charakterisieren das vorreformatorische Jahrhundert, das gleichfalls als ein lebhaft religiöses beurteilt werden will. Die schweren, selbstverleugnenden Leistungen, welche ein Teil dieser Kulte den Gläubigen auferlegte, wie die Taurobolia und die Criobolia, und die oft drückenden materiellen Opfer bekräftigen diesen Gesamteindruck. Weder die vornehme Aburteilung dieser Frömmigkeit durch die philosophische Aufklärung noch ihre Verhöhnung durch ungebundene Literaten noch endlich einzelne skandalöse Vorgänge, welche durch Nichtswürdige in diesen Kulten herbeigeführt wurden, wie die Nachgiebigkeit der Isispriester in Rom gegen die Gelüste eines römischen Ritters zur Zeit des Tiberius,[1]) waren im stande, dieser religiösen Empfänglichkeit und der Art ihrer Lebensäußerungen Abbruch zu thun.

Diese Vervielfältigung der Kulte setzt, wie gesagt, eine intensive Religiosität voraus; darin wurzelt sie, aber es verband sich damit ein starker Individualismus. Das Interesse suchte nicht mehr das große Ganze der vaterländischen Religion, sondern das Einzelne, der persönlichen Neigung Zusagende in ihr. Die religiöse Sitte ging zwar immer dahin, in bestimmten Lebenslagen, in besondern Verhältnissen des Einzelnen oder eines Gemeinwesens einzelne Götter als Patrone und Nothelfer aus der größern Gruppe auszusondern, indes bestand daneben und darüber die vaterländische Religion als das Gemeinsame. Diese Individualisierung geht weiter. Sie schafft zahllose Kultgemeinden, die sich nach außen abschließen. Es entsteht ein religiöser Partikularismus, der auch wohl die Formen des Antagonismus angenommen hat. Gerade durch diesen Individualismus hat der Synkretismus des zweiten und dritten Jahrhunderts die alte Religion geschädigt. Aus einer Religion der Überlieferung mit festen Formen wurde sie zu Religionen der persönlichen Neigung, des Geschmackes. Sie zersplitterte in tausend Einzelheiten. Der Gewinn, den die Staatsreligion aus dem lebhaften religiösen Interesse der Kaiserzeit hätte nehmen können, wurde ihr durch die maaßlose Dezentralisation nicht nur nicht vorenthalten, sondern sie selbst erlitt dabei schwere Verluste, da die Entfernung zwischen diesen

---

[1]) Joseph. Ant. XVIII, 3, 4.

Kulten und ihrem, durch den Staat garantierten und in Thätigkeit erhaltenen Apparate immer größer wurde. In der Staatsreligion lag die alte heilige Form ohne religiösen Inhalt, in den Kulten die Religiosität in neuen Formen.

Diese Religiosität bildete den Besitz des eigentlichen Volkes. Es gab Landschaften, welche besondere Verhältnisse von der Kultur und damit von der Teilnahme an dieser Wandelung abschlossen, aber das allgemeine religiöse Gepräge der Völkergruppen, welche das römische Reich zusammenfaßte, war der individualistische Synkretismus.

Dahin ging auch die Neigung der römischen Aristokratie des vierten Jahrhunderts. Die Inhaber staatlicher Priestertümer reihten der Erwähnung dieser Würden gern die Aufzählung ihrer Ämter in ausländischen Kulten, besonders im Kulte des Mithras, an,[1]) und nicht zum mindesten empfingen sie von der Zugehörigkeit zu fremdländischen Religionen eine tiefere religiöse Empfindung. Ein bezeichnendes Beispiel dafür bietet der städtische und prätorianische Präfekt Vettius Agorius Prätextatus, dessen früher bereits Erwähnung geschah, eines der Häupter in der christenfeindlichen römischen Aristokratie. Die Gattin rühmt in einer Inschrift seine mannigfaltige Gottesverehrung.[2]) Sein religiöses Interesse zog auch die Gattin in den Kreis der Kulte, in welchem er sich bewegte.[3]) Auch sonst hat die höhere Bildung das Eingehen in diesen religiösen Prozeß nicht verschmäht, zuweilen

---

[1]) Vgl. S. 180 Anm. 2; 181 f.
[2]) C. J. L. VI, 1 n. 1779 (p. 398): divumque numen multiplex doctus colis. Das Urteil des Hieronymus Epist. 61 ad Pammach.: ... hominem sacrilegum et idolorum cultorem.
[3]) Vgl. die Inschrift S. 180 f.

allerdings wohl mit einigen Reserven. In dem Ganzen dieser neuen Bildungen gab es eben zahllose Kombinationen, die aber als gemeinsame Grundlage den Individualismus haben.

Das Gepräge der Mannigfaltigkeit trägt auch die Aufklärung. Sie befindet sich bald in kürzerer, bald in weiterer Distanz von dem Götterglauben, oder sie hat ihn in sich hineingezogen, idealisiert. Im Neuplatonismus gewann die volkstümliche Religion ihre schönste Verklärung. Dennoch muß gerade der Neuplatonismus als ein Geständnis der Unzulänglichkeit des alten Glaubens für die Weltanschauung und das religiöse Bedürfnis der Denkenden angesehen werden. Wenn die neuplatonischen Philosophen trotzdem für den Götterglauben auch in seiner üblichen Ausbildung eintraten, so waren der Konservatismus dieser Philosophie und die Rücksicht auf den gemeinsamen Gegner dabei hauptsächlich maaßgebend.

Die Kirche hatte es zunächst und hauptsächlich mit der volkstümlichen Religion und Religiosität zu thun. Beide waren für sie Gegenstand ununterbrochener literarischer und praktischer Bestreitung. Die Thorheit des Götterglaubens bildete den Inhalt ebensosehr der gelehrten Polemik wie der katechetischen Unterweisung. Das Urteil ist ausnahmslos scharf, die Abwehr eine entschiedene. Ein Zweifel über die Irrtümlichkeit und Sündhaftigkeit der Idololatrie ist nirgends aufgekommen. Die erregten Invektiven eines Gregor von Nazianz gegen Julian begegnen sich darin durchaus mit dem Ernst des Augustinischen „Gottesstaates". Lüge und Schande sind die beiden Größen, auf welche im Götterglauben alles sich zurückführen läßt. In schmählicher Knechtschaft hielten die Dämonen die Menschheit gefangen, bis

Christus kam. Von dieser Überzeugung aus gewannen die Vorstöße gegen das Heidentum ihre Kraft und Dauerhaftigkeit. Einen Unterschied der einzelnen Kulte gab es in dieser Beurteilung und Verurteilung nicht. Diese klare Stellung konnte indes nicht hindern, daß, wie öfters erwähnt wurde, die antike Superstition in den Gemeinden fortlebte. Doch ist sie stets als Gegensätzlichkeit empfunden und bekämpft und unter Strafe gestellt worden. Daneben aber hat eine ganz andersartige Fortdauer der antiken Religion in Christentum und Kirche stattgefunden, nämlich in der Weise, daß die Religiosität des heidnischen Volkstums Gedanken und Formen an die neue Religion abgab, welche zwar dem Wesen derselben zuwiderliefen, aber in ihr durch die Macht der Thatsachen öffentliche Anerkennung gewannen.

Der hohe Wert dieser Assimilation für die geschichtliche Erkenntnis des Unterganges des griechisch-römischen Heidentums leuchtet ein. Leider läßt sie sich nicht in ihrem ganzen Umfange, aber doch in bezeichnenden, ja, den wichtigsten Stücken feststellen. Eine Kombination heidnischer und christlicher Gedanken und Sitten vollzog sich zum erstenmal im Gnosticismus. Doch haben auch außerhalb dieses Kreises derartige Mischungen stattgefunden, wobei bald die eine, bald die andere Religion der vorwiegend bestimmende Faktor war. Eine synkretistisch gerichtete Zeit mußte in wechselnder Form auch mit dem Christentum, das bereits eine Macht bedeutete, sich auseinandersetzen. Unser Wissen darüber ist freilich Stückwerk. Aber eine an S. Pretestato vor Rom angeschlossene Grabkammer mit Malereien und Inschriften kann von diesen Vorgängen eine Vorstellung geben. Wenn es vorläufig auch ausgeschlossen scheint, den Kultus, welcher die Unterlage bildet, scharf zu bestimmen, so läßt sich die hier bezeugte Thatsächlichkeit eines christlich-heidnischen Synkretismus nicht verkennen.¹)

Es ist eine untrügliche Beobachtung, daß der Heiligenkultus in demselben Maße an Inhalt und Umfang gewinnt, als der Kampf der Kirche gegen das Heidentum sich weiter entfaltet. Als die Kirche, durch den Arm des Staates gestützt, die großen Massen an sich zu ziehen begann, blüht die Verehrung heiliger Personen in ihr auf, und so schnell gewinnt der neue Kultus dann auf dem alten und dem neuen Boden Bestand und Ausdehnung, daß der Zusammenhang desselben mit der großen geschichtlichen Auseinandersetzung zwischen den beiden Religionen dadurch unfraglich wird. Beide Religionen sind sich hier in einer wichtigen Konzession begegnet, doch so, daß die christliche Anschauung sich die einschneidendsten Abzüge gefallen lassen mußte; sie erlag der Gegenwirkung des antiken Manenkultus und des Polytheismus. Das erste Moment war der Manenkultus; zu ihm ist das andere erst hernach hinzugetreten.

Auf sepulkralem Gebiete nämlich hat die christliche Volksvorstellung sich ganz besonders durch die antike schon frühzeitig bestimmen lassen. Die hohe Wertschätzung des Begräbnisses, so daß wohl die Möglichkeit der Auferstehung von der ungestörten Grabesruhe abhängig gemacht werden konnte,²) die Strafandrohungen und Verfluchungen des Grabver-

---

¹) Die genauere Beschreibung und Literatur in meinen Katal. S. 42 ff.

²) C. J. L. V, 2 n. 5415 (Como): ... adjuro vos omnes Christiani u. s. w., ut hunc sepulcrum nunquam ullo tempore violetur, sed conservetur usque ad finem mundi, ut possim sine impedimento in vita redire, cum venerit, qui judicaturus est vivos et mortuos.

störers,¹) die Bezeichnung des Grabes als „ewiges Haus",²) die sepulkralen Mahle, die Verwendung von antiken sepulkralen Symbolen in der bildenden Kunst, die sich an den Grabstätten bethätigte, die Sprache der Inschriften und manches Andere verraten hier feste Zusammenhänge. Die Sigla D· M· (Dis Manibus) Θ· K· ($\Theta\varepsilon o\tilde{\iota}\varsigma\; \varkappa\alpha\tau\alpha\chi\vartheta o\nu\acute{\iota}o\iota\varsigma$) auf altchristlichen Epitaphien führen auf ein neues Moment innerhalb dieses Kreises. Zwar darüber besteht kein Zweifel, daß die Anwendung dieser Sigla nicht in bewußter Erkenntnis ihres Inhaltes ihre Ursache hat, sondern in einer gedankenlosen Nachahmung. Dennoch hat die Vorstellung der Toten als Manes in einer bestimmten Form fortbestanden. Das Altertum nämlich dachte sich die Toten als vergöttlichte Wesen (dii manes) fortlebend. Daher die Pflicht des Opfers über dem Grabe und das Gebet an die Toten.³) Es besteht die Möglichkeit eines momentanen persönlichen Eintretens derselben in die Diesseitigkeit; Mitleid oder Rache führt sie in die irdische Welt zurück. Diese durch und

---

¹) Gregor. Naz. Epitaphia XL, XLI, XLV ff. u. sonst; C. J. G. IV n. 9802; 9303; Beispiele aus dem Westen in mein. Kat. S. 15.

²) Domus aeterna, aeternalis, perpetua sedes, $o\tilde{\iota}\varkappa o\varsigma\; \alpha\iota\acute{\omega}\nu\iota o\varsigma$ öfters auf Inschriften. Vgl. Cod. Just. IX, 19, 4.

³) Orelli-Henzen 7346: Dis Manibus Thetidis u. s. w. Fecit pater ex viso... Tu qui legis et dubitas Manes esse, sponsione facta, invoca nos et intelleges (Inschrift im Museo Capitolino). — 7382 (Worte des verwitweten Gatten): ... nam nunc queror aput Manes ejus et flagito u. s. w. (Rom). — 6206 (Anrede an die Manes): parce matrem tuam et patrem et sororem tuam Marinam, ut possint tibi facere post me sollemnia. — 4707: ne tangito, o mortalis, reverere Manes Deos. — 4828: ... perque quos colis Manes. — 4775: ... peto vos Manes sanctissimae, commendatam habeatis meam conjugem.

durch volkstümliche Anschauung hat sich in den christlichen Gemeinden erhalten, und zwar, wie es scheint, mit nur geringen Abzügen. Denn nur darin kann die Sitte ihren Ausgang haben, den Toten die geweihten Elemente in den Mund zu geben¹), und die an gewöhnliche Tote gerichtete Bitte um Fürbitte, die hernach begreiflicherweise verschwunden ist.²) Vorzüglich aber wird diese Beziehung klar an den Festlichkeiten zu Ehren der Märtyrer. Die Mahlzeiten an den Gräbern der Märtyrer, die nicht selten zu wüsten Gelagen ausarteten, sind nichts anderes als die Fortsetzung der an den heidnischen Parentalia üblichen Opfermahlzeiten.³). Ja, noch mehr, es haben sich darin Handlungen erhalten, die von den im antiken Totenkult vollzogenen Speis- und Trankopfer sich nicht unterschieden.⁴) „Die Schatten der Abge-

---

¹) Concil. Carth. III c. 6: placuit, ut corporibus defunctorum eucharistia non detur. Dictum est enim a Domino: accipite et bibite. Cadavera autem nec bibere possunt nec edere. — Trullan. c. 83 u. sonst.

²) Z. B. Anatolius filio benemerenti fecit, qui vixit annis VII u. s. w. — Ispiritus tuus bene requiescat in Deo. Petas pro sorore tua (Rom, Lateran. 5. Jahrh.). — Ebend. in einem Epitaph: pete pro parentes tuos. — Εὔχου ὑπὲρ ἡμῶν, ἐρώτα ὑπὲρ ἡμῶν (C. J. Gr. IV, 9545; 9673; vgl. auch 9574).

³) Vgl. Gregor. Naz. Epigr. XXVI—XXIX; XXVIII das Urteil: πρὸς τοὺς δαιμονιακοὺς αὐτομολεῖτε τύπους. Pseudo-Cyprian. De duplici martyrio (Cypr. opp. ed. Vind. III p. 236): Annon videmus ad martyrum memorias christianum a christiano cogi ad ebrietatem? An hoc levius crimen esse quam hircum immolare Baccho? Mihi videtur multo gravius, si rem recta ratione volumus expendere. Auch sonst wird dies bezeugt.

⁴) August. De morib. eccl. cath. c. 34: Novi multos, qui luxuriosissime super mortuos bibant et epulas cadaveribus exhibentes super sepultos se ipsos sepeliant.

schiedenen versöhnt ihr mit Wein und Opfermahlen", warf ein Gegner der Großkirche den Katholiken vor,[1]) und eine gallische Synode untersagte, daß am Feste der Stuhlfeier Petri den Toten Speisen geopfert würden.[2]) Die Mutter Augustins selbst trug zu den Memorien der Märtyrer, „wie in Afrika Sitte war", Opferbrei, Brot und ungemischten Wein hinzu.[3])

Der Unterschied zwischen gewöhnlichen Toten und Märtyrern wird anfangs nicht innegehalten; erst allmählich wurden jene ausgeschieden und die hierher gehörigen Handlungen auf die Märtyrer und Heiligen ausschließlich bezogen.

Demnach hat sich die in der antiken Sitte und Vorstellung den Toten geltende religiöse Verehrung in der Kirche fortgesetzt. Der Totenkultus verengerte sich zum Märtyrerkultus. Wenn schon in konstantinischer Zeit hochklingende Ausdrücke über die Köstlichkeit der Märtyrerleiber und die Verehrung der Märtyrer begegnen, so ist darin allerdings auch die natürliche Pietät zu Worte gekommen, aber wahrscheinlich noch mehr die Nachwirkung des Manenkultus.

Dazu trat hauptsächlich seit dem vierten Jahrhundert der Einfluß des Polytheismus, um jene Vorstellungswelt mannigfaltiger und größer zu gestalten. Wenn im Manenkultus die Wurzeln der Heiligenverehrung liegen, so in der Götterverehrung ihr wichtigster Inhalt. Das Verhältnis, in welchem der Altgläubige zu seinen Göttern stand, ist auf-

---

[1]) August. Contra Faust. XX, 4: defunctorum umbras vino placatis et dapibus.
[2]) Concil. Turon. II c. 22: sunt etiam, qui in festivitate cathedrae domni Petri apostoli cibos mortuis offerunt.
[3]) August. Conf. VI, 2. Daselbst auch das Urteil: quia illa quasi parentalia superstitioni gentilium essent simillima.

genommen in den Heiligenkultus. Die zahllosen Legenden des vierten und fünften Jahrhunderts sind nur die christliche Variation der Erzählungen und Erfahrungen der antiken Frömmigkeit.

In den Legenden nehmen die Heilungswunder einen großen Raum ein. Seelische und leibliche Gebrechen finden bei den Heiligen Heilung. In einem öffentlichen Monumente in Theodorupolis in Paphlagonien rühmt die Kaiserin Eudokia:[1)]

Σωτὴρ φανεὶς Στέφανε, ἀλγεινῶν πόνων
Λαιοῦ γόνατος καὶ ποδὸς οἰκτρᾶς φίλης,
Θεῖον ναὸν δωροῦμαι κλεινῇ τῇ πόλει
Τοῦ Θεοδώρου, κράντορος παλαιφάτου,
Δωρουμένη ληφθέντα δῶρον σὸν πόδα
Αὐτῷ μένειν, σύσσημον ἀλήστου μνείας.

In Syrien errichtete ein militärischer Beamter ein Bauwerk, um damit seinen Dank gegen Gott den Herrn „und den heiligen Julianus" für sein und seiner Kinder Wohlergehen zum Ausdruck zu bringen.[2)] Die Literatur bietet weit zahlreichere Beispiele.[3)] Es wird damit der Glaube

---

[1)] Bull. de corr. hell. XIII (1889) S. 294. Zu beachten ist die Bezeichnung *σωτὴρ φανείς* für Stephanus.

[2)] Waddington n. 2562ᶜ·: ... *εὐχαριστῶν τὸν δεσπότην Θεὸν καὶ τὸν ἅγιον Ἰουλιανὸν ὑπὲρ σωτηρίας αὐτοῦ καὶ ἐνδοξοτάτων αὐτοῦ τέκνων* u. s. w. Die Formel *ὑπὲρ σωτηρίας* gehört der Antike an.

[3)] Z. B. August. De civit. XXII, 8, wo die Berichte wegen des Erzählers einen besondern Wert haben; Paul. Nol. Poema XXVI v. 305 ff., XIV v. 25 ff. Die Wundergeschichten der orientalischen Mönche bei Palladius, Rufinus, Theodoret u. A. Das allgemeine Urteil Gregor. Naz. Contra Jul. I, 69.

bestätigt, daß der Heilige neben andern Machtvollkommen=
heiten auch die Gabe der Heilungswunder besitze.

Die antiken Inschriften reden, von den literarischen
Quellen ganz zu schweigen, nicht anders. Sie ruhen auf
derselben Voraussetzung.¹) Auch hier wird die gewonnene
Wohlthat als Grund einer bestimmten Leistung, wie Tempel=
bau, Errichtung einer Statue, eines Altars bezeichnet.²) Aber
auch ohne eine besondere Veranlassung kann der Gott eine
bestimmte Forderung stellen, die er durch die Priester oder
in einer unmittelbaren Offenbarung an den Gläubigen heran=
bringt. „Während des Schlafes gemahnt," erwies sich so

---

¹) Vielleicht die interessanteste Inschrift dieser Art ist eine an der
Via Ostiensis bei Rom gefundene (C. J. L. VI, 1 n. 68). Darin:
Votum solvit ... libens animo ob luminibus restitutis,
derelictus a medicis, post menses decem beneficio dominaes
(= domina; gemeint ist die Bona Dea) medicinis sanatus. Per
eam restituta omnia, ministerio Canniae Fortunatae. Diese
letztere hat also die Heilung vermittelt. — Auf eine Befreiung von
Augenleiden bezieht sich auch wohl eine der Bona Dea oclata
errichtete Inschrift (ebend. n. 75). — Eigenartig Orelli-Henzen
1429, geweiht der Minerva memor: restitutio facta sibi capillo-
rum. — 1428: Minervae memori Coelia Juliana indulgentia
medicinarum ejus infirmitate gravi liberata. Alle möglichen
Heilungen werden aufgeführt, und es lassen sich dafür in der christ=
lichen Literatur Parallelen finden, die oft an Ungeheuerlichem das
Äußerste bieten.

²) Orelli-Henzen 1572 Widmung an Äskulap ob insignem
circa se numinis ejus effectum. — Waddington n. 2573:
$\Delta\iota\grave{\iota}$ $\dot{v}\psi\acute{\iota}\sigma\tau\omega$ u. s. w. $\varepsilon\dot{v}\xi\acute{\alpha}\mu\varepsilon\nu o\iota$ $\varkappa\alpha\grave{\iota}$ $\dot{\varepsilon}\pi\alpha\varkappa o v\sigma\vartheta\acute{\varepsilon}\nu\tau\varepsilon\varsigma$. Dazu
die christliche Inschrift n. 2510: ... $\varepsilon\dot{v}\chi\alpha\varrho\iota\sigma\tau\tilde{\omega}\nu$ $\ddot{\varepsilon}\varkappa\tau\iota\sigma\varepsilon$ $\tau\grave{o}$ $\mu\alpha\varrho$-
$\tau\acute{v}\varrho\iota o\nu$. Das Wort $\varepsilon\dot{v}\chi\alpha\varrho\iota\sigma\tau\tilde{\omega}\nu$ ist gerade in diesem Zusammen=
hang in beiden Inschriftengruppen sehr gebräuchlich; vgl. noch C. J.
L. VI, 1 n. 6: Aesculapio sancto ... gratias agentes nu-
mini tuo.

ein Frommer dem „mahnenden „Jupiter" folgsam; an einen andern kam „in Vision" der Befehl des Gottes.¹) Auch in der christlichen Frömmigkeit des vierten, noch mehr des fünften Jahrhunderts spielen die Mahnungen der toten Heiligen eine Rolle. Jener Johannes in Abra in Syrien, der früher genannt wurde, sah den Märtyrer Georg, der ihn zum Kirchenbau aufforderte, sogar mit wachen Augen, nicht im Schlafe.²)

In der Macht der Götter ist auch die Strafgewalt eingeschlossen. Ebendieselbe besitzen die Heiligen. Im Orient wie im Occident waren zahlreiche Erzählungen darüber im Umlauf. Unglaube, Verstocktheit, Raub heiliger Sachen, Spott riefen das strafende Eingreifen der Heiligen hervor. Ihre selbständige Machtvollkommenheit wird darin ganz besonders deutlich.³)

Es läßt sich mit Bestimmtheit annehmen, daß in dieser Übereinstimmung auch die Lokalisierung und Klassifizierung der hilfreichen Mächte eingeschlossen lag. Das frühe Mittel-

---

¹) Orelli-Henzen 1248 (somno monitus); 1914: Soli invicto Mithrae, sicut ipse se in visu jussit refici u. s. w. — C. J. L. VI, 1 n. 8: . . . ex viso Asclepio aram consecravit. Über Erscheinungen des Äskulap z. vgl. Origenes, C. Cels. III, 24. Die Beispiele lassen sich leicht mehren.

²) Vgl. S. 253. Die Worte lauten: . . . $τοῦ\ φανέντος\ αὐτῷ$ . . . $οὐ\ καθ'\ ὕπνον,\ ἀλλὰ\ φανερῶς$. Es ist dabei zu erinnern an die gerade in Carien häufigen (Bull. de corr. hell. XII S. 451 ff.), aber auch sonst anzutreffenden Prädikate $ἐπιφανέστατος$ und $ἐπιφανεστάτη$ für Götter und Göttinnen. Über Erscheinungen von Heiligen vgl. ferner Gregor Naz. Contra Jul. I, 69. Auch die Eudokia-Inschrift oben S. 352 Z. 1.

³) Ich begnüge mich, auf Gregor. Turon. De gloria martyr. und De miraculis S. Juliani zu verweisen.

alter rechnet mit den Patronatsgeschäften der einzelnen
Heiligen als etwas Festem und Selbstverständlichem; die an=
tike Religiosität lebte in derselben Meinung und Praxis. So
dürfen auch hier geschichtliche Zusammenhänge angenommen
werden, obwohl die dafür entscheidenden Thatsachen noch
nicht genügend festgestellt worden sind.[1]) Man darf z. B.
glauben, daß die heiligen Ärzte Cosmas und Damianus die
besondern Verrichtungen Äskulaps und der Hygieia auf sich
zogen, aber doch nicht durchgängig. Wie im Altertum die
Gebietsverteilung unter die Götter keine scharf begrenzte war,
so daß körperliche Heilungen auch von Jupiter und Apollo
erlangt wurden — daher die Bezeichnung σωτήρ für beide —
so sind auch auf christlichem Boden diese Vorstellungen da=
mals noch flüssige gewesen.[2]) Am deutlichsten treten die
antiken Züge in Maria hervor, oder vielmehr sie bot sich als
das willkommenste Äquivalent in einer Religiosität, in welcher
weibliche Gottheiten wie Astarte, Isis, Kybele eine ganz be=
sondere Bedeutung gewonnen hatten. Die Darbringung von
Opferkuchen in Phallusform, welche im peträischen Arabien
christliche Frauen übten, ist nur die Übertragung eines Stückes
des Astartekultus in das Christentum.[3]) Auch in den Dar=

---

[1]) Sicher weisen dahin Paul. Nol. Poema XIII (de S. Felice
carm. II) v. 26: O felix Felice tuo tibi praesule Nola | Inclita
cive sacro, caelesti firmo patrono. — Gregor. Magn. In
Evangelia lib. II hom. 32, 8: ... hos ergo ... patronos fa-
cite; hos in die tanti terroris illius defensores adhibite.

[2]) Nur genaue Lokalforschungen können weiterführen. Was bis
jetzt davon vorliegt, ist lückenhaft oder unzuverlässig (vgl. das S. 217
Bemerkte).

[3]) Epiph. Haer. LXXVIII, 23; LXXIX, 1. Rösch
„Astarte=Maria" (in d. „Theol. Stud. u. Krit." 1888 S. 265—299)

stellungen der Huldigung der Magier vor dem Christuskinde verbargen sich Reminiscenzen an antike Opferakte, obgleich die hinzugetragenen Gaben dem Jesusknaben galten.¹) Die unbefangene Auffassung der Marienbilder in der ältesten christlichen Kunst wandelt sich im vierten Jahrhundert und später noch mehr in einen hieratischen, göttergleichen Typus; ein junonischer Zug drängt sich ein.²) Die Möglichkeit, daß die schwarzen Marienbilder, deren erstes Aufkommen leider sich nicht erkennen läßt, an die schwarzen Artemis- und Isisbilder geschichtlich sich anreihen, liegt vor, doch ist auch denkbar, daß das Hohelied diese Bildungen hervorgerufen hat.³) Der mächtige Aufschwung des Marienkultus im fünften Jahrhundert hängt mit der christologischen Entwickelung und besonders mit den Festsetzungen des Konzils zu Ephesus, welches das Prädikat „Gottesgebärerin" legitimierte, zusammen, aber er wäre doch nicht möglich gewesen ohne die starke Unterlage einer religiösen Stimmung, welche bereit war, auf Maria zu übertragen, was Göttinnen bis dahin besaßen. Dieser Schritt wurde dadurch erleichtert, daß stereotype Prädikate der Göttinnen, wie „Königin," „Mutter,"

S. 279 bestimmt die Form der bei diesem Opfer gebrauchten Brode (κολλύριον, κολλούριον) richtig so; im übrigen ist der Aufsatz voll vager Schlüsse.

¹) Vgl. die Abbildungen in dem sonst wertlosen Buche von Liell, Die Darstellungen d. allersel. Jungfrau ... Maria (Freib. 1887) S. 240 ff.; weniger gut und vollständig sind die Tafeln bei Lehner, Die Marienverehrung in d. ersten Jahrhunderten, 1. Aufl. Stuttg. 1881.

²) Meine Archäol. Studien S. 177 ff.: „Die Marienbilder der altchristlichen Kunst."

³) Hohel. 1, 5; 6. Die Wahrscheinlichkeit ist übrigens sehr gering.

„Herrin", „heilig", himmlisch", Jungfrau „willfährig", sich leicht herübernehmen ließen und herübergenommen sind.¹)

Indem auf diese Weise Maria und die Heiligen aus der menschlichen Sphäre herausgehoben wurden, konnte nicht ausbleiben, daß sie auch diejenige Auszeichnung gewannen, welche die Antike den göttlichen Wesen gewährte, um sie als solche zu kennzeichnen, den um das Haupt gelegten Lichtkreis, Nimbus. Das Christusbild eröffnete die Reihe gegen Ausgang des dritten Jahrhunderts, die Engel- und Heiligenbilder folgten im vierten und fünften Jahrhundert nach.

So fand der Heide in der fremden Religion die Vielheit überirdischer, hilfreicher Mächte wieder, die in seiner eigenen Religion die Kirche als verabscheuungswürdig bekämpfte. Die Tempel, die Gebete, die Gelübde, die den Göttern dargebracht wurden, brauchten nur in eine andere Richtung gestellt zu werden, und, was mehr bedeutete, derselbe Wille und dieselbe Macht des Wohlthuns waren da.

---

¹) Aus dem C. J. seien beispielsweise angeführt: Mater deum, μήτηρ θεῶν (Maria: μήτηρ θεοῦ), aber auch μήτηρ allein (ebenso bei Maria), Isis regina, Juno regina Ἥρα βασίλεια, virgo Diana, sancta Diana, Mater deum sanctissima, Ῥέα ἁγνή, caelestis Diana, Ἥρα οὐρανία, Hera domina, Diana domina, Ἶσις δέσποινα, κυρία. Die Bezeichnung dominus, domina ist in der hagiologischen Sprache der anfängliche Ausdruck für das, was später sanctus, sancta besagte. Wie leicht auch ohne besondere Nötigung Formeln übernommen wurden, zeigen eine antike und eine christliche Inschrift in Khatoura in Syrien (Waddington n. 2702. 2704). Jene lautet: Χάρα, Ζεύς, Ὑγία | ὅσα λέγεις, φίλε καί σοι διπλᾶ. Die christliche: Ἰησοῦ Χριστέ βοήθει | Εἷς θεός μόνος | u. s. w. Ὅσα λέγις, φίλε, κέ σοι τὰ διπλᾶ u. s. w. (Die Abkürzungen aufgelöst.)

Die alten Heiligtümer fielen, aber neue erhoben sich, und wie jene diesem oder jenem Gotte dienten, so trugen diese den Namen der vergöttlichten Personen, welche dem Gläubigen dasselbe sein wollten, ja, noch mehr waren. Denn sie gewährten selbst nicht nur den begehrten Schutz, sondern übernahmen auch die Fürsprache bei Christus und dem höchsten Gotte. In der Literatur ist öfters die Rede davon, unmittelbarer zeugen davon die Bildwerke, am bezeichnendsten vielleicht ein Sarkophagrelief in S. Vitale in Ravenna. Auf einem niedrigen, aber schroffen Felsen steht hier Christus, die Rechte redend erhebend, mit der Linken dem Petrus eine Rolle überreichend. Zur Rechten Christi erblickt man Paulus, aber beide Apostel haben ihren Stand auf niedrigerem Niveau. In einiger Entfernung schließt zu beiden Seiten ein Palmbaum diese mittlere Scene ab. Neben den Palmen stehen in adorierender Haltung ein Mann und eine Frau; ängstlich blicken sie auf den Heiland hin und prägen den Eindruck aus, daß allein die Gegenwart der Heiligen sie ermutigt, in der Ferne respektvoll zu stehen. Auch das bekannte Mosaik in der Kirche der heiligen Cosmas und Damianus in Rom bringt diese Empfindung stark zum Ausdruck.[1]) Die Monumente geben zahlreiche Belege.

Eine seltsame Entwickelung. Jahrhunderte hindurch verwerteten die christlichen Apologeten und Polemiker in der Bestreitung des Götterglaubens gern die Entdeckung, daß die Götter nichts als vergöttlichte Menschen seien; jetzt übte das religiöse Gemeinwesen, für welches sie eintraten, mit Eifer auch seinerseits den Kult vergöttlichter Menschen. Ja, derselbe Mann, der jenes Argument im fünften Jahrhundert

---

[1]) De Rossi, Musaici crist. di Roma, fasc. 5.

noch verwertete, fand keinen Widerspruch darin, auszusprechen, daß die Heiligen zwar nicht „Götter", aber doch „göttliche Menschen" seien.¹) Die Entrüstungsfrage eines Hieronymus über eine richtige Beobachtung des Vigilantius: „Wo hat je ein Mensch die Märtyrer angebetet? Wer hat einen Menschen für einen Gott angesehen?"²) befand sich keineswegs in Einklang mit der volkstümlichen Vorstellung und Gewohnheit. Sein größerer Zeitgenosse Augustin hat offen ausgesprochen, viele Anbeter von Toten und Bildern zu kennen.³)

Es läßt sich ermessen, von welcher Tragweite diese Wandlung in der Auseinandersetzung beider Religionen war. Sie schlug über den trennenden Graben eine bequeme Brücke. Was hinüberzog, fand sich leicht zurecht und heimisch, besonders da, wo die Heiligtümer, an denen eine uralte Verehrung haftete, intakt blieben und nur den Besitzer wechselten, oder auch, wo an einem altheiligen Orte der Tempel des Kultus sich erhob, den die mächtige Kirche forderte. Auch die Feste der Heiligen gaben sich nicht als Fremdes. Sie waren Volksfeste wie die Götterfeste; als Ersatz dieser faßte auch die Kirche sie auf.⁴) „Statt der Götter hat der Herr seine Toten in eure Tempel eingeführt",⁵) in diesem Ausspruche lag mehr, als der Urheber meinte. Indem nun der Polytheismus proscribiert und zertreten wurde und der Strom der die

---

¹) Theodoret. Graec. affect. cur. Sermo VIII de Martyr.: ϑεῖοι ἄνϑρωποι.
²) Hieron. Adv. Vigil. c. 5: quis enim, o insanum caput, aliquando martyres adoravit? Quis hominem putavit Deum?
³) August. De mor. eccl. cath. c. 34: Novi multos esse sepulcrorum et picturarum adoratores.
⁴) Theodor. a. a. O.
⁵) Theodor. a. a. O.

Taufe empfangenden Heiden immer größer wurde, mußte die Heiligenverehrung an Intensivität gewinnen. Sie entbehrte an sich freilich des Materiellen, welches den antiken Kultus auszeichnet; sie war anfangs wenigstens ohne Statuen, auch ohne Opfer und forderte eine gewisse Abstraktion von dem Gläubigen. Dieser Mangel glich sich dadurch bald aus, daß die Reliquie und das Bild, also etwas durchaus Sinnenfälliges, in den Kultus sich einschoben. Das überraschende Anwachsen der Reliquien= und Bilderverehrung im fünften Jahrhundert läßt sich nur aus der Befriedigung des der paganistischen Menschheit innewohnenden mächtigen Dranges nach einem augenscheinlichen, sinnenfälligen Kultus erklären. Die Reliquienverehrung als religiöses Thun gedacht ist der Antike unbekannt,[1]) dennoch konnte sie schon im vierten Jahrhundert die abstruseste Ausbildung gewinnen. Nur eine Stimme darüber sei gehört. Gregor von Nyssa äußert in seinem Panegyricus auf den hl. Theodorus, daß es schon als ein Großes gelte, den Reliquienschrein zu berühren. Eine höhere Befriedigung aber gewährt, von dem Staube, der in der Nähe der Ruhestätte sich gelagert hat, Andenken mitzunehmen. Die höchsten Wünsche aber erfüllt es, die Überreste selbst zu berühren. „Das wissen diejenigen, welche es erlebt und ihre Sehnsucht gestillt haben."

---

[1]) Die antike Anschauung giebt gut wieder Gregor. Nyss. De S. Theodoro (init.): τὰ μὲν γὰρ ἄλλα τῶν λειψάνων καὶ βδελυκτὰ τοῖς πολλοῖς ἐστι καὶ οὐδεὶς ἡδέως παρέρχεται τάφον ἢ καὶ ἀνεῳγότι τυχὼν ἐκ τοῦ παραδόξου, ἐπιβαλὼν δὲ τὴν ὄψιν τῇ ἀμορφίᾳ τῶν ἐγκειμένων, πάσης ἀηδίας πληρωθεὶς καὶ βαρέα καταστενάξας τῆς ἀνθρωπότητος παρατρέχει.

Doch das war nicht einmal das Wunderlichste.

Wenn im Reliquienkultus der Paganismus einen neuen Weg sich bahnte, so trug er den Bilderdienst andererseits als längst Gewohntes mit sich in die Kirche. Drei Jahrhunderte hatte diese hierin widerstanden; noch am Anfange des vierten Jahrhunderts verbot eine ansehnliche spanische Synode in übergroßer Ängstlichkeit Bilder im gottesdienstlichen Hause[1], und die Scheu, Statuen zu bilden, weil in diesen die Götterwelt am augenfälligsten in die Erscheinung trat, hat die altchristliche Kunst überhaupt nie überwunden. Dennoch zog der Heiligenkultus den Bilderdienst nach sich und mußte es, denn diese Konzession lag in der Konsequenz jener ersten größern. Aber die Empfindung, daß die Verehrung des Bildes im Grunde idololatrisch sei trotz aller feinen Dinstinktionen der Theologen, war doch noch kräftig genug, den vollen Paganismus von diesem Gebiete so lange wenigstens zurückzuhalten, als es ein Heidentum gab. Erst im siebenten Jahrhundert wucherte diese Anschauung und Praxis üppig empor: Dagegen scheint die antike Sitte der Votiva, insbesondere die Gewohnheit, eine Nachbildung der geheilten Glieder an der Heilstätte niederzulegen, unbeanstandet Eingang gefunden zu haben. Sie galten als die sinnenfälligen Beweise der Macht des Märtyrers.[2] Auch die Translationen der Heiligen-

---

[1] Conc. Illib. c. 36: placuit picturas in ecclesia non esse debere, ne quod colitur et adoratur in parietibus depingatur. Der Kanon hat in jedem Falle eine bilderfeindliche Tendenz, wenn auch die lokalen Verhältnisse, die ihn hervorgerufen, nicht erkennbar sind.

[2] Theodor. a. a. O. nennt Augen, Füße, Hände, also dieselben Gegenstände, die z. B. als pompejanische Funde in der Terracottasammlung des Museo Nazionale in Neapel sich befinden.

leiber, die zu großen Festlichkeiten sich entwickelten, waren nur die fortgesetzte Übung eines antiken Brauches. So überführte Cimon die Gebeine des Theseus von Skyros nach Athen; die Triere, welche sie trug, wurde von den Athenern mit festlichen Aufzügen und Opfern empfangen. In derselben Weise waren die Überführung etwa der Reliquien des Propheten Samuel nach Konstantinopel und die Einholung der Gebeine des Stephanus ebendahin unter Theodosius II lebhafte Volksfeste.

Wenn im vorhergehenden die Götterwelt im allgemeinen als an der Schöpfung des Heiligenkultus beteiligt ins Auge gefaßt wurde, so darf nicht unerwähnt bleiben, daß innerhalb dieser allgemeinen Wirkung insbesondere der Heroenkult von großem Einflusse gewesen ist. Wenn Lucian den Heros definiert als ein Wesen, welches weder ausschließlich Gott noch ausschließlich Mensch, sondern beides sei,[1] so steht damit die angeführte Definition der Heiligen bei Theodoret in voller Übereinstimmung. Die Heroen sind vergöttlichte Menschen und erfreuen sich eines Kultus, der nach Inhalt und Umfang den Manenkultus überholt, obwohl er der Sphäre desselben angehört. Ursprünglich auf verstorbene Menschen der Vorzeit bezüglich, erstreckte die Heroisierung sich später auch auf jüngst Verstorbene. Jeder Tote konnte zur Würde eines Heros erhoben werden, wenn der Wille und die Mittel dazu vorhanden waren. Auch dieses hat im Heiligenkult deutliche Analogieen. Dieselben treten weiter darin hervor, daß der Heros die Gewalt des Wohlthuns — daher die häufigen Prädikate $\sigma\omega\tau\acute{\eta}\rho$, $\varepsilon\grave{\upsilon}\varepsilon\rho\gamma\acute{\varepsilon}\tau\eta\varsigma$ — wie des Schädigens besitzt; man kann seine Gunst und Ungunst

---

[1] Lucian. Dialogi mort. III, 2.

erfahren. Wie die eigentlichen Götter haben die Heroen die Fähigkeit, den Sterblichen sich sichtbar zu machen. Ferner kann noch darauf hingewiesen werden, daß der Heroenkultus genau wie der Heiligenkultus lokale Ausgänge hat und dieselben in der Regel mit Legenden umwoben sind. Wie diesen Heroen zu Ehren Hymnen gedichtet und bei feierlichen Gelegenheiten gesungen wurden, so hatte auch die christliche Poesie ihre Märtyrerhymnen. Das Heroon, der über dem Heroengrabe errichtete kapellenartige Bau, entspricht dem Martyrion über dem Märtyrergrabe und unterscheidet sich von dem Tempel ebenso wie dieses von der Kirche. In diesen Heroa ruhten die Reliquien wie in den Martyria, waren aber dort nicht Gegenstände religiöser Verehrung, sondern nur Erinnerungen. Kurzum, neben und in den Beziehungen zum Manenkult und zur Götterverehrung bestehen noch ganz bestimmte Zusammenhänge mit dem Heroenkult.[1])

Die Kirche hatte gegen diese Assimilation nichts einzuwenden; sie verfügte über Theologen genug, die ihr die Formeln lieferten, diesen Rückschritt zum Heidentum zu verschleiern. Mit Macht drängte sich das Neue aus den Massen ihr entgegen. Warnende Stimmen verhallten. Daß sie da waren und wie sie sich äußerten, giebt obigen Ausführungen eine Bestätigung. Von einem manichäischen Gegner mußte Augustinus den Vorwurf hören: „Die Idole habt ihr zu Märtyrern gewandelt."[2]) Der gallische Presbyter Vigilantius bezeichnete die Märtyrerverehrer als Götzenanbeter und fand

---

[1]) Über den Heroenkultus ist zu vergleichen der treffliche Artikel „Heros" von Deneken in Roscher's Lex. d. griech. und röm. Mythologie.

[2]) August. Contra Faust. XX, 4.

in diesem ganzen Kultus nichts anderes als „unter dem Vorwande der Religion" in die Kirche eingeführtes Heidentum.[1])

Doch noch zwei andere Kreise schneiden sich hier, wenngleich sie nicht in derselben Deutlichkeit hervortreten, wie die eben gezeichnete Situation. Zu den populärsten Stücken der römischen Frömmigkeit gehörte der Genienglaube, der in der Kaiserzeit eine reiche Ausbildung und weite Verbreitung gewann. Ursprünglich nichts anderes als das vergöttlichte Ich, wurde der Genius in der Vorstellung allmählich zu einer schützenden Macht neben den Lares und den Penaten und zwar so, daß dieser Schutz Personen wie Institutionen und Örtlichkeiten zu teil wurde. So gab es einen Genius des Kaisers, des römischen Volkes, aber z. B. auch einen genius thermarum. Das Wichtigste in diesem Glauben ist, daß jeder Mensch sich in der Tutela eines Genius befindet. Dieser begleitet ihn von der Wiege bis zum Tode als ein Wächter, schützt ihn vor Unglück und regt ihn zum Guten an. Daher die Sitte, dem Genius für das glücklich verlaufene Jahr zu danken und ihm Wünsche für die Zukunft vorzutragen. Vorzüglich war der Geburtstag, als der Tag des Empfangens des Schutzgeistes, ein Fest des Genius, der mit feierlichen Opfern geehrt wurde.[2])

Die christliche Engellehre trug bei aller Eigentümlichkeit manches dieser Vorstellung Verwandte in sich, und gerade dadurch kam sie in die Gefahr, nach dieser Richtung hin Zugeständnisse zu machen, und sie hat sie gemacht. Das, was im Genienglauben für die volkstümliche Anschauung das

---

[1]) Hieron. Adv. Vigil. c. 4. 5. 7. 8.
[2]) Artikel „Genius" von Birt in Roscher's Lex. d. griech. u. röm. Myth.

Wichtigste und Positivste war, die Tutel des Genius, beherrscht auch die Engellehre des christlichen Altertums. Ein jeder hat demnach einen Engel als Schutzgeist, der nicht von seiner Seite weicht.¹) Der ägyptische Asket Anuph erzählte den ihn Besuchenden, daß ihm stets ein Engel gegenwärtig sei, durch welchen er vollkommene Einsicht in die Dinge erhalte. Hieronymus richtete einen Hymnus an seinen Schutzengel, worin er diesen, den „guten Arzt" bittet, ihn zu hegen und zu leiten.²) Das ist überhaupt der von Gott den Engeln gegebene Auftrag, die Menschen in Obhut zu nehmen. „Für uns mühen sie sich ab, um unseretwillen laufen sie umher, uns, so kann man sagen, bedienen sie. Das ist kurz gesagt ihr Dienst: um unseretwillen überall hin sich abordnen zu lassen." So äußerte sich gelegentlich Chrysostomus über den Beruf der Engel.³) Das hindert nicht, daß die Hilfe der Engel bei besondern Anlässen erbeten wird. So betete Gregor von Nazianz vor Antritt einer Reise zu Christus um einen guten Engel als „Geleiter, Bewahrer, Helfer," der ihn vor

---

¹) Von den ältern Schriftstellern nicht zu reden, u. A. Hieron. In Jes. lib. XVIII c. 66: quod autem unusquisque nostrum habeat Angelos, multae scripturae docent. — In Ecclest. c. 5: . . . a praesenti angelo qui unicuique adhaeret comes. Der Doppelgenius, welchen Hermas (Mand. VI, 2: δύο εἰσὶν ἄγγελοι μετὰ τοῦ ἀνθρώπου, εἰς τῆς δικαιοσύνης καὶ εἰς ἰτῆς πονηρίας) setzt und worin er den Beifall späterer Theologen gefunden hat, ist nur aus antiker Anschauung erklärlich (vgl. Birt a. a. O. S. 1616 f.).

²) Rufin. Hist. mon. c. 10. — Hieron. In Ezech. hom. I.

³) Chrysost. In Epist. ad Hebr. cap. I hom. III, 2. — Lactant. Div. Inst. II, 15: die Bestimmung der Engel ist ad tutelam cultumque gentium. — Hieron. In Micham lib. II c. 6: . . . quibus rerum humanarum est procuratio.

allen Gefahren nachts und tags beschützen und ihn glücklich wieder heimgeleiten könne.¹) Denn das Bewußtsein in der Tutel eines Engels zu stehen, schließt in der christlichen Anschauung die Verpflichtung nicht aus, sich diese Tutel ausdrücklich von dem Herrn der Engel zu erbitten. Noch weiter führt in das andere Gebiet die Meinung, daß das All mit Engeln erfüllt ist;²) nicht nur den einzelnen Völkern stehen Engel vor, sondern auch Städte und Dörfer, Berghöhen und Schluchten werden in Beziehung zu Engeln gedacht.³) So wußte auch das Altertum vom genius vici, genius montis, genius valli,⁴) was alles sich zusammenfaßte in den Begriff des genius loci. Unter diesen Begriff entfällt auch der Glaube, daß ein Engel das Grab hüte.⁵) Wie in der christlichen Anschauung sich die Vorsehung der Engel mit der höhern Vorsehung Gottes vertragen mußte, so beziehen sich auch antike Dedikationen auf die Gottheit und den Genius

---

¹) Gregor. Naz. Carm. lib. I, 36 v. 20 f. (Migne 37 p. 519); dazu in Ἐνόδια Κωνσταντινουπόλεως p. 1019) v. 5 f.:
— — — Ἀλλά μοί τιν' ἀγγέλων
Πέμποις ὁδηγόν, δεξιὸν παραστάτην.

²) Hieron. In Ezech. hom. I: omnia Angelis plena sunt.

³) Clem. Alex. Strom. VI, 17: κατά τε γὰρ τὰ ἔθνη καὶ πόλεις νενέμηνται τῶν ἀγγέλων αἱ προστασίαι (und sonst). — Theodor. Graec. aff. cur. sermo III de angelis. Hier werden als Domänen der Engel genannt πόλεις καὶ κῶμοι καὶ τῶν ὀρῶν ἀκρωνυχίαι καὶ φάραγγες.

⁴) C. J. L. VIII, 2604; 9180 (genio montis ... vim tempestatum a patria arcenti); VII, 886 (vgl. auch VIII, 2597: genio domi suae; 2601: genio scholae).

⁵) C. J. G. IV n. 9882: Ἐνορκίζω ὑμᾶς τὸν ὧδε ἐφεστῶτα ἄγγελον u. s. w. Ist auch der cunarum Domini custos (Hieron. Ep. 147 ad Sabin.) ein genius loci?

zugleich.¹) So sind auch in diesem Kreise die beiden Religionen sich entgegengekommen, und ist dadurch der einen der Zugang zur andern erleichtert worden. Dagegen hat die Kirche die Anbetung und göttliche Verehrung der Engel, die gelegentlich und zwar, wie man annehmen darf, unter der Wirkung des Genienkultus hervortrat, verworfen mit der Begründung, daß dies Idololatrie sei.²) Doch gab es im fünften Jahrhundert bei Konstantinopel eine dem Erzengel Michael geweihte Kirche, in welcher Kranken durch Vision erfolgreiche Heilmittel durch den Erzengel zur Kenntnis gebracht wurden;³) hier berührte sich demnach der Engelkult mit dem Götterkult. Nicht überall freilich ist die Übereinstimmung als das Ergebnis unmittelbarer Einwirkung antiker Gedanken anzusehen, gerade das Alte Testament bot Anhaltspunkte genug, von denen die Genien-Engellehre ausgehen konnte, um sich im Verlaufe ihrer Entwickelung nach antiken Normen zu gestalten. Es wird unmöglich sein, beide Gebiete genau zu scheiden. Lactantius legte sich die Sache so zurecht, daß er die Genien und Dämonen als einen Zweig der Engel, nämlich als die gefallenen Engel bezeichnete.⁴) In jedem Falle mußte der Geniengläubige in der Engelwelt leicht heimisch werden.

---

¹) Z. B. C. J. L. III, 3231: Jovi optimo maximo et genio hujus loci; III, 4032: Jovi ... Junoni reginae et genio loci. J. R. N. 1387 u. sonst.

²) Concil. Laodic. 35: ... εἴ τις οὖν εὑρεθῇ ταύτῃ τῇ κεκρυμμένῃ εἰδωλολατρείᾳ σχολάζων, ἔστω ἀνάθεμα. Aus dieser Charakteristik darf man vielleicht auf die Herkunft zurückschließen.

³) Sozom. H. E. II, 3.

⁴) Lactant. Div. Inst. II, 5.

Die Darstellungen der Engel in der altchristlichen Kunst zeigen eine verschiedene Auffassungsweise, die durch die Antike bestimmt ist. Der spätere Typus nämlich, welcher schließlich der herrschende wurde, bildete sich in Abhängigkeit von den geflügelten Gestalten, welche die antike Kunst als beliebte Dekorationsfiguren hatte. Der jugendliche, beflügelte Engel hat seine Formation dorther erhalten. Die ältere Kunst dagegen stellt die Engel als bärtige Männer und unbeflügelt vor. So erscheinen sie auf dem bekannten Sarkophage von S. Paolo im Lateranmuseum in der Umgebung des schaffenden Gottes,[1]) und sonst in der Speisung des in den Löwenzwinger gesenkten Daniel. Den Übergang von der einen Auffassung zur andern haben wir in den bartlosen Jünglingsgestalten ohne Flügel, wie wir sie z. B. im Mosaik der Apsis von S. Vitale in Ravenna sehen. Hier treten sie zugleich als solche auf, die den Zugang zu Christus vermitteln, also in Ausübung ihrer Tutel. Ob in dem ältesten Typus eine Anknüpfung an antike Geniusdarstellungen vorliegt, läßt sich nicht entscheiden. Thatsächlich hat in der antiken Kunst der Genius auch die Gestalt eines bärtigen Mannes.

Trafen auf dem beschriebenen Gebiete antike und christliche Vorstellungen zusammen, so vermochte die Kirche des vierten Jahrhunderts auch eine bestimmt ausgeprägte religiöse Praxis zu bieten, in welcher ein antikes Ideal sich verwirklichte, das asketische, mönchische Leben.

Die alte Philosophie kannte und vertrat in wechselnder Form und in verschiedenem Umfange die Askese, am ausgeprägtesten der Neuplatonismus und der Neupythagoräismus.

---

[1]) Meine Archäol. Studien Fig. 22; dazu S. 150 ff.

Religiöse Ausgleichungen. 369

Bei Apollonius von Thana tritt dieselbe charakteristisch hervor. In die Volkskreise trugen die fremden Kulte orientalischen Ursprunges die Forderung der Reinheit und den Respekt vor der Askese als dem Wege dazu. „Die Enthaltsamkeit der Isispriester, die ängstliche Sorgfalt, mit der sie jede Verunreinigung vermieden, so sehr, daß sie nur leinene Gewänder tragen mochten, um nicht mit tierischen Stoffen in Berührung zu kommen, die Keuschheit, welche die ägyptische Göttin von ihren Adepten forderte, die blutigen Verstümmelungen der Priester der Kybele und der syrischen Göttin, die Wunden, welche sich die Getreuen der großen Mutter oder der Bellona zur Sühne ihrer Sünden beibrachten, die neubelebende Taufe im Blute eines Stieres oder Widders, der sich die Anbeter des Attis und des Mithras unterzogen, die Abwaschungen und Reinigungen, Bußübungen aller Art, welche die verschiedenen Priesterschaften den Einzuweihenden auferlegten und die von denjenigen, welche die Leichtgläubigkeit der Menge ausbeuteten, auf ihren Zügen durch das Land und die Vorstädte zur Schau gestellt wurden, alle diese Bräuche ergriffen die Einbildungskraft des Volkes und bewegten die religiös gesinnten Gemüter auf das mächtigste." [1]) Diese Stimmung der Askese machte sich auch im Christentume heimisch, unter andern Bedingungen, aber gewiß nicht unbeeinflußt durch das Heiligkeitsbedürfnis der antiken Welt im zweiten Jahrhundert. Mag man daher in den mönchischen Institutionen christliche Bildungen sehen wollen oder nicht, so ruht doch das Mönchtum selbst auf einem nichtchristlichen ethischen Dualismus. Es muß daher für die asketisch

---

[1]) Réville a. a. O. S. 151.

gestimmte Frömmigkeit des Heidentums eine gewisse Anziehungskraft gehabt und die Empfindung der Verwandtschaft geweckt haben. In einzelnen Stücken offenbarte sich eine fast vollständige Identität dieser Askese mit der heidnischen. Die Abstinenz von gewissen Speisen überhaupt oder vorübergehendes Fasten, die Rauheit und Ärmlichkeit der Kleidung, die Absperrung (reclusi, κάτοχοι) gehören hierher. Es besteht keine Nötigung, diese Stücke aus einem Einflusse der heidnischen Askese abzuleiten; vielmehr haben sich dieselben auf einem gleichartigen Boden selbständig gebildet. Anders verhält es sich meines Erachtens mit der Tonsur, deren Ursprung bisher in keiner Weise genügend erklärt worden ist. Denn daß das Haarscheeren „als ein Zeichen der Buße, wohl auch der Abhängigkeit und Dienstbarkeit gegen Gott, zu der die Klostergelübde verpflichteten," anzusehen sei, ist nur ein Schluß aus der Thatsache, daß Büßende und Klosterleute zuerst dasselbe übten. Vielmehr muß hierin eine Fortsetzung der im Altertume sehr verbreiteten Sitte des Haaropfers gesehen werden.[1] Es gab freilich mancherlei Veranlassungen dieses Opfers — Austritt aus dem Kindesalter, Eintritt in die Ehe u. s. w. —, doch liegt der mönchischen Anschauung am nächsten die religiöse Gepflogenheit, einem Gotte das Haar als verdienstliches Opfer darzubringen. Neuentdeckte Inschriften im Zeustempel zu Panamara geben darüber nähere Auskunft. Entweder Einzelne oder Mehrere, mochten es nun Familienangehörige oder Freunde sein, brachten dieses Opfer dar; es ist auch wiederholt worden.[2] In einem Asklepios-

---

[1] Vgl. Statius, Thebais II, 254; Plutarch. Theseus c. 5; Pausan. I, 43, 4; VIII, 41, 3; C. J. G. n. 2391.

[2] Die Inschriften zusammengestellt Bull. de corr. hell. 1888 S. 487 ff. Die gebräuchlichste Formel lautet: Διὶ Πανημέρῳ ἐπὶ

tempel in Sicyonia sah Pausanias eine Statue der Hygieia, welche in der Menge abgeschnittener Haare fast verschwand.¹) Genau so wollte die Tonsur der Mönche und das Scheeren der Nonnen als eine Leistung an Gott unter andern asketischen Werken angesehen werden. Diese Gleichheit der Motive verlangt in dem vorliegenden Falle eine unmittelbare Abhängigkeit. Die heidnische Herkunft der Tonsur ist aber auch in der Kirche nicht ganz verborgen geblieben, wenn auch der genauere Ort nicht erkannt wurde.²) Am deutlichsten dagegen trat der Parallelismus antiker und christlicher Askese in dem Institut der Vestalinnen auf der einen und dem weiblichen Mönchtum auf der andern Seite hervor. Das Keuschheitsgelübde der Vestalinnen, die feierliche Einkleidung, das Abscheeren des Haares, das jungfräuliche Leben in der Klausur hatten ihre Analogieen im christlichen Cönobitentum. Die Vestalinnen-Inschriften sind zum Teil ihrem Inhalte nach derartig, daß sie mit wenigen Modifikationen auch auf christliche Nonnen bezogen werden könnten; die bezeichnendsten Prädikate lassen sich ohne weiteres übertragen.³) Eine An-

ἱερέως (folgt der Name des Priesters) κόμαι (Name des Opfernden) εὐτυχῶς.

¹) Pausan. II, 11, 6.
²) Hieron. In Ezech. lib. XIII c. 44 v. 17 ff.: Quod autem sequitur: caput autem suum non radent u. s. w. perspicue demonstratur, nec rasis capitibus sicut sacerdotes cultoresque Isidis atque Serapidis nos esse debere.
³) C. J. L. VI, 1 n. 2131: sanctissima, benignissima; 2133: ... cujus egregiam sanctimoniam et venerabilem morum disciplinam in Deos; 2134: ... sanctissimae et piissimae ac super omnes retro religiosissimae, purissimae castissimaeque, cujus religiosam curam sacrorum et morum praedicabilem disciplinam. Dazu die Bezeichnung Virgo.

lehnung des Nonnentums in seiner Ausbildung an das Institut der Vestalinnen hat keinesfalls stattgefunden; aber es kommt hier darauf an, festzustellen, daß die Kirche eine ähnliche Einrichtung besaß.

Das gottesdienstliche Leben der Christen bot nicht minder Elemente, die nach ihrer äußern Erscheinung oder nach ihrem Inhalte oder nach beiden dem Heiden vertraut erscheinen mußten. Zwar der Tempel als Gotteshaus, als Wohnstätte des Gottes gedacht, diese Idee war im Christentume dahingefallen; diese neue Religion hatte nur religiöse Versammlungshäuser, in denen die Gemeinden zusammenkamen, um die Anbetung Gottes im Geiste zu vollziehen. Dennoch fand der Altgläubige den alten Namen templum, ναός wieder, den heiligen Tempelbezirk (περίβολος), das Allerheiligste (ἄδυτον) und den Opferaltar (θυσιαστήριον, ara). Denn die Tischform des christlichen Altars schwand seit dem vierten Jahrhundert allmählich, und der steinerne Altar trat hervor, der um so mehr an den antiken Altar erinnern konnte, da die liturgische Sprache von „Opfer" und „Darbringung" (θυσία, προσφορά, sacrificium) redete, und wirklich auch eine Opferhandlung sich ausbildete. Auch in den Namen ἱερεύς, sacerdos für den christlichen Priester kehrten antike Worte zurück. In dem Kultus selbst fehlte der Gebrauch des Weihrauchs nicht, den zwar in diesem Falle der alttestamentliche Ritus hervorgerufen hatte, der aber doch mit antiker gottesdienstlicher Gepflogenheit zusammentraf. Von diesen und andern Einzelheiten abgesehen, trat der christliche Kultus indes als etwas durchaus Neues vor das Auge des Heiden. Seine Voraussetzungen und seine Ziele waren ganz andere als die öffentliche Götterverehrung der Griechen und Römer. Dagegen bot die öffentliche Entfaltung des religiösen Lebens der

Christen zwei zu festen Besitzstücken gewordene Gewohnheiten, die eine um so willkommenere Überleitung abgaben, die Prozessionen und die Wallfahrten.

Feierliche Umzüge zum Zwecke der Entsühnung, Bittgänge zur Erlangung des göttlichen Segens, Prozessionen zu öffentlicher Dankbezeugung sind in irgend einer Form Bestandteile aller Religionen. Wenn daher im vierten Jahrhundert diese Litaneien in der Kirche hervortreten, so besteht an sich kein Grund, sie als entlehnte Gebräuche abzuschätzen. Es war natürlich, daß feierliche Akte, wie die Einholung von Reliquien, die Thronbesteigung eines Bischofs, die Einweihung einer Kirche, oder Landesplagen, wie Dürre, Seuche, Kriegsnot, oder die Dankempfindung nach Errettung aus Gefahren solche Manifestationen der Gemeinde hervorriefen. Doch erhebt sich die Frage, ob nicht in den feststehenden Rogationen der Kirche ein Anschluß an antike religiöse Sitte zu entdecken sei. Daß in einzelnen Fällen die Kirche griechisch-römische Feste und Riten dadurch absorbierte, daß sie dieselben mit christlichem Inhalte erfüllte oder wenigstens das spezifisch Religiöse darin aussonderte, ist eine Thatsache, die keiner Bestreitung unterliegt, obwohl zuzugeben ist, daß gerade hier vielfach phantastisches Meinen das Wort führt. Die bekannte Anweisung Gregors d. Gr. über das Verhalten seiner Missionare in England zu heidnischen Festen und Heiligtümern wird mit Recht in diesem Zusammenhange als ein gewichtiges Zeugnis angeführt. Thatsächliche Belege für diese Praxis konnten im Verlaufe unserer Darstellung öfters gegeben werden. Nur steht die Forschung hier erst noch in den Anfängen. In Beziehung auf die Rogationen ist jedenfalls in zwei Fällen durch eine umsichtige Untersuchung gezeigt worden, daß die Kirche eine antike Sitte an sich gezogen und in christliche Formen gekleidet hat.¹) Nämlich das bewegliche Fest der sog. kleinen Litanei (litania minor) im Frühling ist doch wohl nur der Ersatz der Ambarvalia, des segnenden Flurganges, dessen dreitägige Feier in den Mai fiel. Dasselbe ist von der großen Litanei am 25. April anzunehmen. „An demselben Tage (VII Kal. Mai.) wurden in Rom seit Alters die Robigalia gefeiert, ein Opfergang durch die Saaten, um den Brand vom Getreide abzuwehren; die Prozession ging auf der Via Flaminia bis zum fünften Meilenstein, d. h. an den Pons Mulvius, wo dem (Mars) Robigus durch den Flamen (Martialis?) ein Hund und ein Schaf geopfert wurden. Aber für die städtische Bevölkerung war der ernste Inhalt dieses Opfergangs frühzeitig zurückgetreten vor den Wettläufen der Jugend, die an dem Tage stattfanden und ihn zu einem heiteren Feste gestalteten; die Sorgen des Landmanns lagen dem bunt zusammengewürfelten Volk der Welthauptstadt fern genug. Die römische Kirche hatte hier Gelegenheit, dem Heidentum zu zeigen, daß sie die wahren Bedürfnisse des Volks besser verstehe und zu befriedigen wisse als die Vertreter eines in äußeres Gepränge ausgearteten Kultus, und hat sie genutzt. Sie hat den alten Bittgang für die Saaten einfach wiederhergestellt, genau an demselben Tage, auf demselben Wege, ja, bis zu derselben Haltestelle am Ponte molle."²) Für die Fortsetzung dagegen des städtischen Sühnganges Amburbale in der Lichtmeßprozession läßt sich nur eine gewisse Wahrscheinlichkeit herstellen.³)

---

¹) Usener, Alte Bittgänge. Ein religionsgeschichtlicher Beitrag (in „Philosophische Aufsätze. Eduard Zeller zu seinem fünfzigjährigen Doktor-Jubiläum gewidmet." Leipz. 1887 S. 277—302).
²) Usener a. a. O. S. 284 f.
³) Zuversichtlicher Usener S. 286 ff.

Wie die Prozessionen, so sind auch die Wallfahrten der christlichen und der antiken Frömmigkeit gemeinsam. Berühmte Orakelstätten und angesehene Heiligtümer, wie Delphi, Epidaurus, Delos, Philä, erfreuten sich zahlreicher Besucher, die meistens ein bestimmtes Anliegen vor den Gott zu bringen hatten. Die Voraussetzung eines Gradunterschiedes der heiligen Orte und Tempel bildet die theoretische Basis dazu. Die christlichen Wallfahrten dagegen sind anfangs hauptsächlich durch religiöse Pietät motiviert gewesen. Die Stätten zu sehen und an ihnen zu beten, welche durch die Offenbarungsgeschichte des alten und neuen Bundes geweiht waren, die Gräber der Männer zu besuchen, die in der Urgeschichte des Christentums einen hohen Namen hatten, und Orte zu schauen, die durch irgend eine religiöse Singularität ausgezeichnet waren, dieser Drang herrschte vor. Daher die Wallfahrten nach dem heiligen Lande, aber auch zu den Gräbern Pauli und Petri in Rom und zu den Mönchsheroen in Ägypten. Daneben drängte sich ein anderes Interesse echt antiker Art, also auch wohl antiken Ursprunges, durch, nämlich die Hoffnung, an bestimmten heiligen Orten leichter die Erfüllung gewisser Wünsche zu gewinnen. Der Märtyrerkultus schob sich in das Wallfahrtswesen ein. Die echt heidnische Lokalisierung der göttlichen Hilfe greift weiter um sich. Die Kranken, die sich in der Basilika des hl. Felix in Nola einfanden, beherrschte dieselbe religiöse Vorstellung wie die Hellenen, welche den Heilgott in Epidaurus aufsuchten. Die mahnenden Stimmen einzelner Theologen, daß anderswo ebenso Gott zu finden sei als in Jerusalem,[1])

---

[1]) Gregor. Nyss. Περὶ τῶν ἀπιόντων εἰς Ἱεροσόλυμα. Ebenso Hieronymus und Augustinus.

streifen nur die Außenseite dieser Anschauung, die im Volke festgewurzelt war und als Unterlage einen uralten Glauben hatte.[1]

Betreten wir das Gebiet des individuellen privaten Lebens, so kommen auch hier die alte Glaubenswelt und ihre Äußerungen an zahlreichen Punkten zum Vorschein. Zwar die Hauptmasse der in der Christenheit fortlebenden Superstition bildete fortwährend den Gegenstand theoretischer Bestreitung und praktischer Maaßregeln der Kirche, aber Einiges behauptete doch seine Existenz, allerdings in der Regel nur in der Weise, daß es einer Christianisierung sich unterzog. Es war indes ein Prozeß, der nur die Schale berührte; der Kern blieb. Das Sortilegium und das Amulett bieten sich als die bezeichnendsten Belege.

Der antike Mensch empfand ein starkes Bedürfnis, Entscheidungen seines Lebens von Gewicht auf eine Aussage der waltenden Mächte zu stellen. Neben den namhaften Orakelstätten gab es tausend Mittel, diesen Drang zu befriedigen; ja, in dem Maaße, als jene verwaisten, mehrten sich diese. Die häufige Anathematisierung der Orakelsitte durch Synoden und Theologen beweist, wie sehr hier die Christenheit die Neigung der Zeit teilte. Die Theologie verwies auf die biblischen Weissagungen als die wahren Orakel; ein Zugeständnis war nicht zu erlangen. Doch suchte das Orakelbedürfnis eine Deckung dadurch zu gewinnen, daß es sich christlich kleidete. So entstand der Gebrauch der Sortes sanctorum (scl. bibliorum), ein Verfahren, welches die orakelhafte Verwertung homerischer oder virgilischer Verse auf die heiligen Bücher

---

[1]) Die Frage, wo und in welcher Weise christliche Feste auf heidnische gelegt worden sind, lasse ich unerörtert. Niemand scheint augenblicklich kompetent, dieselbe genügend zu beantworten, obwohl gerade hier rasche Urteile beliebt sind.

der Christen übertrug. Es wurde die Bibel oder auch die Schrift eines Kirchenlehrers auf geradewohl aufgeschlagen und der Vers oder Satz, auf welchen das Auge zuerst fiel, als Orakel benutzt. Trotzdem und obwohl Kleriker diese Technik übten, hat die Kirche sie verworfen.[1]) Dennoch scheint sie weite Verbreitung gefunden zu haben.[2])

Dagegen erwarb sich das Amulett kirchliche Duldung. Sein Gebrauch in der christlichen Frömmigkeit ruht auf denselben Motiven wie sein Dasein in der antiken Superstition: die Welt ist mit bösen Mächten erfüllt oder bestimmten Menschen ist die Gewalt eigen, eine seelische oder materielle Schädigung Anderer auf übernatürliche Weise herbeizuführen. Ja, man darf annehmen, daß dieser Glaube unter den Christen noch reichlichere Nahrung fand, weil sie zu den heidnischen Erbstücken noch die Dämonenfurcht mit sich trugen; denn die antiken Götter waren in ihrer Anschauung zu dem Werte böser Dämonen herabgesunken.[3]) Was die Technik des antiken Aberglaubens als Schutzmittel geschaffen hatte: deutliche oder geheimnisvolle Schrift, Gegenstände von bestimmter Form, z. B. die lunula, der durch seinen Inhalt wirkende Zauber, sind auch in der Christenheit nachweisbar. Die Herkunft verrät sich deutlich. Nämlich bald darin, daß

---

[1]) Z. B. Synode zu Vannes (a. 465) c. 16; Syn. zu Agde (a. 506) c. 42 u. a.

[2]) In dieses Gebiet entfällt auch die Tagewählerei, von der bei verschiedener Gelegenheit die Rede gewesen ist. Ich verweise noch auf eine Inschrift v. J. 364 im Lateranmuseum (De Rossi, Inscript. I n. 172), worin der dies Saturni, also ein Unglückstag als Todestag des Knaben Simplicius genannt wird.

[3]) Über den Gebrauch der Amulette ist z. vergl. u. A. Bd. I S. 307. 309.

antike Amulette ohne weiteres übernommen sind, wie die Lunula und die Medaillen mit dem Bildnisse Alexanders d. Gr., oder dadurch, daß Antikes und Christliches sich zusammenschließen.

Die Inschrift eines in Neapel gefundenen magischen Nagels macht die Beschwörung wirksam mit dem „Zeichen" Gottes, Salomos und der „Herrin Artemis."[1]) Die Medaillen mit dem Kopfe Alexanders auf der einen und mit christlichen Darstellungen auf der andern Seite verraten denselben Ursprung.[2]) Die Kirche hat das heidnische Amulett bekämpft, aber den Amulettgebrauch an sich schließlich zugelassen, indem sie ihm eine Wendung auf Christus und christliche Mächte gab. Im Namen „des Herrn, des lebendigen Gottes" wird in dieser Intention auf einem in der Nähe von Beirut gefundenen Goldblättchen die Beschwörung vollzogen;[3]) oder die Kreuzesform zeigt die christliche Sphäre an.[4]) Statt der Kapsel (bulla) mit darin verschlossenem Zauber, die im Heidentum üblich war, trugen die Christen Enkolpien mit einem Stückchen des heiligen Kreuzes oder einer andern Reliquie. Wenn ein von der klassischen Bildung hergekommener Bischof in dieser Art von Amulett ein Schutzmittel für das irdische und für das ewige Heil fand,[5]) so kann man sich eine Vorstellung davon machen,

---

[1]) Die Inschrift u. A. bei Wilmanns, Exempla Inscript. latt. n. 2751. Der Schluß: ter dico, ter incanto in signu dei et signu Salomonis et signu de domna Artmix.

[2]) Kraus, Das Spottkruzifix vom Palatin. Freib. 1872 S. 23 Taf. n. 3. In dem einen Falle lautet die christliche Legende (aufgelöst): Dominus noster Jesus Christus Dei filius.

[3]) Cahier et Martin, Mélanges d'archéol. III S. 150 f.

[4]) Meine Kat. S. 220.

[5]) Paulinus von Nola; s. meine Katal. S. 223.

wie die Menge diese Dinge beurteilte. So wird auch begreiflich, daß ein altchristlicher Künstler die Eva mit einer Bulla abbildete.

Wertvoll ist die Beachtung dieser Vorstellungen und Praktiken, die aus dem Ineinandergehen von Altem und Neuem sich entwickelt haben, zur Erkenntnis der Religionsgeschichte in nachkonstantinischer Zeit. Doch in diesem Ganzen liegt noch ein Moment, durch welches alle Teile erst ihre Kraft und Dauer erhielten, der Unsterblichkeitsglaube.

Dieser Glaube ist ein festes Besitzstück der alten Religion. Die Hellenen und die Römer haben ihn. Doch erst im dritten Jahrhundert drängt er mit einer Gewalt hervor, daß in ihm das gesamte religiöse Interesse sich zu sammeln scheint. Die Gründe sind uns verschlossen, denn die jammervolle Zeitlage und das Umsichgreifen der orientalischen Kulte waren nur mitwirkende Faktoren, die keine ausreichende Erklärung geben können.[1]) Wir stehen hier vor demselben Rätsel, wie wenn wir das auffallende Hervortreten des Auferstehungsglaubens in der altchristlichen Vorstellung deuten sollen.

Der Zudrang zu den Mysterien findet seine Erklärung in der Hoffnung, über das Jenseits nicht nur Aufklärung zu gewinnen, sondern auch der Fortdauer in demselben durch Weihungen und Sühnungen gewiß zu werden. Die Sprache der Inschriften und der Sarkophagskulpturen ist keine andere. Mars, der sich der Rhea Silvia naht, Endymion, welchen

---

[1]) Burckhardt, Die Zeit Constantins d. Gr. 2. Aufl. Lpz. 1880 S. 186: „Aus unerforschlichen Tiefen pflegt solchen neuen Richtungen ihre wesentliche Kraft zu kommen; durch bloße Folgerungen aus vorhergegangenen Zuständen sind sie nicht zu deduzieren." Ich verweise überhaupt auf den trefflichen sechsten Abschnitt: „Die Unsterblichkeit und ihre Mysterien. Die Dämonisierung des Heidentums."

Selene aufsucht, Ganymed, der aus dem Diesseits entrückt wird, und vor allem das liebliche Märchen von Eros und Psyche, diese und andere Darstellungen sprechen den Glauben an ein Erhobenwerden aus dem Tode zu heiterer Götterfreude aus. Die beliebten bacchischen Szenen deuten in demselben Sinne, mit Anknüpfung an die Idee des Dionysos Zagreus, des Repräsentanten der im Jahreswechsel sterbenden und erstehenden Natur, auf das Erwachen neuen Lebens aus dem Tode hin.[1]) Diese Denkmäler gehören den höheren Klassen an, wie auch die Mehrzahl der Inschriften desselben Inhaltes, aber man darf annehmen, daß die untern Schichten noch fester ihre Vorstellungen an das Jenseits gebunden hatten. Deutlicher erkennen wir die allgemeine Verbreitung des Unsterblichkeitsglaubens in der Christenheit. Theologische Traktate auf der einen und die Grabmonumente auf der andern Seite geben ein ausreichendes Zeugnis. Die sepulkralen Bildwerke werden von dem Gedanken der Auferstehung beherrscht. Darnach sind die zur Darstellung gekommenen Szenen und Figuren der heiligen Schriften ausgewählt. Jene Juliana, welche an Stelle Noahs sich in der Arche abbilden ließ, wollte damit nur ihre Überzeugung ausdrücken, daß, wie der Patriarch vor den Wassertiefen gerettet wurde, so auch sie die Todestiefen nicht halten würden. Ja, sogar der beliebten Vorstellung von Christus als dem Guten Hirten wurde der neutestamentliche Inhalt genommen und eine Beziehung auf das Jenseits gegeben. Der Tod ist ein Schlaf. Die Gestorbenen werden bestattet „zum Schlafen;" sie leben

---

[1]) Stephani, Der ausruhende Herakles, Petersb. 1854; Pervanoglu, Das Familienmahl auf altgriech. Grabsteinen, Lpz. 1872; meine Archäol. Studien S. 8 ff.

in Gott, werden mit Christo auferstehen, in diesen und zahlreichen andern Wendungen kommt der unwandelbare Glaube an das Fortleben im Jenseits zum Ausdruck. Demnach fand das Heidentum bezüglich dieses festen Stückes seiner religiösen Überzeugung keinen Mangel in der neuen Religion. Daß die Unsterblichkeit hier anders gefaßt wurde als in der eigenen Religion, mochte nichts austragen, denn das Wichtigste stand in beiden Kreisen fest, die persönliche Fortdauer. Der Heiligenkultus erinnerte fortwährend daran und bot in den Machtwirkungen der Heiligen unerschöpfliche Garantieen. Aber es fehlen auch nicht ausdrückliche Bezeugungen, wie der eine Glaube in den andern sich hineinzog.

Die sepultrale Kunst nämlich der Christen hat mehrere echt antike symbolische Darstellungen festgehalten und sie neben ihre eigenen symbolischen Schöpfungen geordnet. Auf einem gallischen Sarkophage treten die Dioskuren auf, die Repräsentanten von Tag und Nacht, von Leben und Tod; die Sirenen, die „Totensängerinnen," Eros und Psyche, das Medusenhaupt wurden ebenfalls in den neuen Kreis hineingezogen. Im Deckengemälde der untern Vorhalle der Katakombe von S. Gennaro in Neapel sind Stücke des bacchischen und des Nereidencyklus verstreut. Die Bildersprache der Inschriften bestätigt weiter diesen Zusammenhang. Von Tartarus, Styx und Elysium ist darin die Rede. Daraus ist zu ersehen, wie sich der Übergang von der einen Vorstellungswelt zu der andern vollzog. Es konnte um so leichter eine gewisse Konfusion hier sich bilden, da über Einzelheiten der Eschatologie die Theologie keine einheitliche Antwort gab.

Es gilt indes von dieser Vorstellung wie von den sonst bisher erwähnten religiösen Ausgleichungen, daß die That=

sächlichkeit der Vorgänge und Verhältnisse zwar in fester Gewißheit liegt, aber ein genaues und vollständiges Bild des Wie nicht zu gewinnen ist. Niemand vermag zu sagen, wie die religiöse Welt des christlichen Volkstums des fünften Jahrhunderts beschaffen war. Die üblichen Rückschlüsse aus der Dogmengeschichte führen fast in allen Fällen in die Irre. Die wertvollsten Mittel geben die monumentalen Quellen und die Einsicht in die antike Religiosität des dritten und vierten Jahrhunderts an die Hand. Diese Unzulänglichkeit, die vielleicht im Laufe der Zeit, nämlich in dem Maaße, als jene Mittel reicher werden, sich verringern wird, kann freilich den Satz nicht aufheben, daß in der geschichtlichen Überwindung des Heidentums die religiöse Assimilation eine wichtige Aufgabe vollzogen hat. Die Religionsgeschichte kennt überhaupt nur Übergänge. Wenn schon die bürgerliche Sitte und das bürgerliche Meinen eines Volkes unter kräftiger fremder Einwirkung nur stufenweise sich überwinden läßt, so verfügt der religiöse Glaube über eine ganz andere Macht. Er ist kaum weniger als die Persönlichkeit selbst. Noch nie hat ein Volk seine Religion in einem Augenblicke weggeworfen, um in demselben Augenblicke sich einer neuen Religion hinzugeben. Vielmehr, wenn der Entschluß fertig war, kam die schwierigere, nur in allmählichem Fortschreiten zu leistende Aufgabe, die Bande der Vergangenheit eines nach dem andern zu lösen. Not und Gewalt können den Prozeß beschleunigen, aber sie erhalten ihn nicht in Bewegung. Dies vermag nur die neue Religion, welche an die Stelle der alten getreten ist, und zwar entweder durch die in ihr liegende überwältigende Kraft oder durch Zugeständnisse oder durch Beides. Letztern Weg hat die Kirche beschritten.

Die Vorgänge auf dem Gebiete der religiösen Assimilation

mußten von verschiedenem Werte sein, der im einzelnen nach lokalen und individuellen Verhältnissen, nämlich nach der zufälligen Richtung und Bestimmtheit der Frömmigkeit sich gestaltete. Wo die Heroenverehrung im Vordergrunde stand, vollzog sich die Ausgleichung anders als da, wo ein Mysterien= kultus einen Kreis beherrschte, und wiederum anders, wo die Religion zu ordinärer Superstition entartet war. Auch die Verschiedenheit der nationalen Kulte mußte zur Wirkung kommen. Der Ägypter fand andere Zugänge zu der neuen Religion als der Semite. Vor der Betrachtung entfaltet sich ein buntes Bild mit reichem Inhalte.

Der Heiligenkultus ist das bedeutsamste und wirkungs= vollste Zugeständnis, welches die Kirche gemacht hat. In den christologischen Konstruktionen der ältern und spätern Zeit lagen wohl die Ansätze zu dem Begriffe eines vergöttlichten Menschentums; doch verhielt sich die Kirche in der Anwendung desselben auf Christus durchaus ablehnend. Dagegen ging sie hernach um so bereitwilliger auf den Gedanken „göttlicher Menschen" als Mittler zwischen der diesseitigen und der jenseitigen Welt ein. Es braucht nicht gesagt zu werden, welche Revolution der religiösen Anschauung und Praxis darin eingeschlossen lag. Eine neue Welt des Glaubens und der Anbetung baute sich auf. Der Heide erkannte darin sein Eigenes, und der offizielle Vorbehalt der Kirche hinsichtlich des Heiligendienstes im Unterschiede vom Polytheismus blieb für die Massen ein geschriebener Buchstabe. Das ist ein festes Ergebnis geschichtlicher Untersuchung. Diese Konzession war keine freiwillige der Kirche, vielmehr hat der Druck des Paga= nismus sie auf diesen Mittelweg gestoßen. Denn im Christen= tume besteht nicht nur keine Nötigung zu solcher Weiter= bildung, sondern es sind feste Schranken dagegen gezogen.

Noch andere Stücke, wie erwähnt worden ist, bezeugen in Theorie und Praxis der Kirche dieses Ineinandergehen. Zugleich mit dem Untergange der alten Religion und in der Wirkung desselben hat sich das Christentum des vierten und fünften Jahrhunderts nach Inhalt und Form alteriert, doch nur in peripherischen Stücken. Der Paganismus hat damals in Christentum und Kirche sich Terrain erobert und dieses auch dauernd zu behaupten gewußt, aber jene beiden haben zu keiner Zeit ihre übermächtige Stellung ihm gegenüber verloren. Das Zugeständnis, daß in der Geschichte des sich auflösenden Heidentums die religiöse Assimilation eine folgenschwere Rolle gespielt hat, kann nicht umgangen werden, noch weniger aber die Anerkennung der Thatsache, daß die neue Religion ihre Weltstellung im letzten Grunde durch sich selbst, das heißt, durch die in ihr liegenden Kräfte gewonnen hat. Die religiösen Ausgleichungen zwischen dem alten und dem neuen Glauben, die feste und kluge Organisation der Kirche, die Weise ihrer Liebesthätigkeit, die Mitwirkung des Staates sind wohl erfolgreiche Hilfsmittel gewesen, welche die Entwickelung beschleunigten, aber die zentrale Gewalt, welche das Heidentum überwand, stellten sie nicht dar. Sie leisteten nur Dienste. Vielmehr dieselbe religiöse Kraft, welche schon in vorkonstantinischer Zeit ihre Superiorität über die Kulte des Heidentums durch ihr siegreiches Vordringen erwies und in der letzten und größten Verfolgung die Ohnmacht auch des antiken Staates ans Licht stellte, hat im vierten Jahrhundert unter überaus günstigen Umständen vollendet, was sie vorher in schwieriger Lage glücklich eingeleitet hatte. Es mag sein, daß die christliche Religion in nachkonstantinischer Zeit das religiöse Ideal des Christentums nicht mehr in ganzem Umfange und in voller Reinheit besaß; immerhin lagen die

Kulte des Heidentums tief unter ihr, ja sie stand ihnen, trotz der vorhandenen Berührungen, als etwas durchaus Neues entgegen. Eine religiös gerichtete Menschheit konnte sich dem Eindrucke und der Erkenntnis, in ihr etwas Höheres, ja das Höchste zu haben, auf die Dauer nicht entziehen. Der Sieg des Christentums mußte ein vollendeter werden, sobald die mittlern Gesellschaftsklassen, in denen die antike Frömmigkeit als innerlicher Besitz hauptsächlich ruhte, gewonnen waren. Die urteilslosen Massen, denen die Religion mechanische Gewohnheit war, folgten von selbst nach.

Nicht anders ist auch diejenige Macht erlegen, in welcher die tiefsten religiösen Bedürfnisse des Hellenismus im Gewande der Philosophie am Ende der alten Welt sich zusammenfaßten, der Neuplatonismus. Er war der letzte Feind, den die siegreiche Kirche und Theologie zu überwinden hatten. Gemeinsames hat in dieser Gegnerschaft von vornherein nicht gefehlt, und der Umfang desselben ist im vierten und fünften Jahrhundert dadurch gewachsen, daß die christliche Theologie aus dem Neuplatonismus sich ergänzte. Damit wurde der Weg von der einen Seite zu der andern ein bequemer, und er ist ohne Zweifel häufiger, als die Quellen sagen, beschritten worden. Das Beispiel des Bischofs Synesius von Cyrene, der keinen Widerspruch darin fand, dieser heidnischen Philosophie und der kirchlichen Dogmatik zugleich zu dienen,[1]) und der von Niemandem hierin behindert

---

[1]) Die bezeichnenden Worte in dem Schreiben an Euoptius sind: „Es ist schwierig, wo nicht geradezu unmöglich, die der Seele mittelst wissenschaftlicher Beweisführung zu Teil gewordene Überzeugung zu erschüttern. Du weißt aber, daß die Philosophie mancherlei aufstellt, was den als gültig anerkannten Dogmen widerstreitet (folgen einige

wurde, mag lehren, wie leicht die eine Welt in der andern sich einrichten ließ. Vorzüglich aus der Voraussetzung dieser Verwandtschaft erklärt sich die Schonung, welcher die neuplatonischen Lehrstühle und die Neuplatoniker sich zu erfreuen hatten in einer Zeit, wo das Heidentum unter dem äußersten Drucke stand. Einzelne Gewaltthätigkeiten sind vorgekommen, wie die Mißhandlung des Hierokles in Konstantinopel, die Ermordung der Hypatia und die Aufhebung der neuplatonischen Akademie in Athen, doch sind sie entweder aus persönlichen Anlässen hervorgewachsen oder waren Ausnahmen. Unter der Bedingung des Verzichts auf die Polemik gegen das Christentum genoß noch im Jahrhundert Justinians der Neuplatonismus stillschweigende Duldung.

Doch wäre diese Duldung schwerlich geübt worden, wenn in dieser religiösen Philosophie eine Gefahr oder auch nur eine ernsthafte Hemmung für das Christentum erkannt worden wäre. Der Neuplatonismus, der seiner ganzen Art nach nicht gemeindebildend sein konnte, muß in der That seit Julian auf eine geringe Anhängerzahl, die hauptsächlich dem gelehrten Stande angehörte, herabgesunken sein. Der Beifall,

---

Beispiele). Nun erweist allerdings der philosophische Geist, der zum Schauen der Wahrheit gelangt ist, für den praktischen Gebrauch dem Irrtume gewisse Zugeständnisse. Denn analog wie das Licht zum Auge, verhält sich die Wahrheit zum Volke. Wie nämlich das Auge nur zu seinem Nachteile der vollen Einwirkung des Lichtes ausgesetzt wird, und wie für Leute mit kranken Augen die Dunkelheit nützlicher ist, so glaube ich auch, daß der Irrtum für das Volk von Nutzen ist und daß die Wahrheit für diejenigen, welche nicht die Kraft haben, den Blick auf die volle Klarheit des Seienden zu richten, schädlich ist." Als seinen Grundsatz proklamiert er: für sich Philosoph zu bleiben, nach außen aber die Mythen zu vertreten (Volkmann, Synesius von Cyrene. Berl. 1869 S. 212).

den einzelne Lehrer fanden, der Zulauf, dessen sie sich rühmen konnten, können nicht für das Gegenteil angeführt werden, da sie in der rhetorischen Liebhaberei der Zeit ihren Ausgang haben.

Dennoch konnte der Kirche die Fortdauer dieser Partei nicht gleichgiltig sein. Ihre Theologen waren sich des prinzipiellen Widerspruchs zwischen Christentum und Neuplatonismus wohl bewußt, und dieser letztere faßte seine Aufgabe einer religiösen Erneuerung in unverkennbarem Gegensatz zum Christentum. Die Streitschrift des Porphyrius, des „grimmigsten Christenfeindes",[1]) war im fünften Jahrhundert ebensowenig vergessen wie die christenfeindliche Religionspolitik Julians. Doch ist schließlich der Neuplatonismus von selbst abgestorben, ohne daß die kirchliche Polemik sein Ende beschleunigte. Seine Bedeutung für die Geschichte des untergehenden Heidentums ist geringer, als angenommen wird und von weitem scheint. Denn er hat wohl kleinere Kreise beherrscht, aber die Volksreligion nicht beeinflußt. Sein Verhältnis zu ihr war nur ein äußerliches. Daher treten nirgends dauernde Zusammenhänge hervor. Das Wichtigste ist, daß auch in der Berührung dieser beiden Mächte religiöse Ausgleichungen zur Wirkung gekommen sind.

Neben dem Neuplatonismus und der volkstümlichen Gläubigkeit lagen in diesen beiden Jahrhunderten in reicher Zahl religiöse und irreligiöse Stimmungen, mit denen sich auseinanderzusetzen die Kirche in die Lage kam. Diese Stimmungen widerstreben fast ausnahmslos der genauern

---

[1]) August. De civ. dei XIX, 22: ... doctissimus philosophorum, quamvis Christianorum acerrimus inimicus ... Porphyrius.

Feststellung, hauptsächlich darum, weil ihre Träger in den seltensten Fällen Systematiker waren. Ein Ammianus Marcellinus ist von diesem Gesichtspunkte aus im Grunde ebenso rätselhaft wie Prokopius von Cäsarea. Das festeste Stück in diesen unbestimmbaren Anschauungen ist ein abgeblaßter Deismus. Dieser gewährte auch einen guten Schutz in der Heidenverfolgung, da er als Zustimmung zu dem christlichen Monotheismus beurteilt wurde.

Als Paulinus von Nola am Ende des vierten Jahrhunderts seine Bekehrung vollzog, bekannte er: alle Schulen habe er geprüft, viel geforscht und manchen Weg beschritten. „Aber nirgends habe ich Besseres gefunden als an Christus glauben."[1]) Die Erfahrung, welche dieses Geständnis voraussetzt, mögen in den Kreisen der Gebildeten Viele gemacht haben. Eine Zeit, die in demselben Maaße religiös interessiert wie religiös zerfahren ist, ruft naturgemäß solche Vorgänge hervor. Doch sehen wir davon nur das Äußere; das Innere entzieht sich dem Auge. Dennoch darf auch in Beziehung auf den Neuplatonismus und jede Art religiösphilosophischer Bildungen in ihrem geschichtlichen Verhältnisse zum Christentum gesagt werden, daß sie, indem sie erlagen, nicht ausschließlich, aber doch wesentlich der innern religiösen Superiorität des Christentums erlagen.

Die siegreiche Eroberung der antiken Kulturwelt durch das Christentum hat den Untergang dieser nicht aufgehalten. Ja, gerade als dieser Sieg sich vollendete, ging das westliche Reich in jenes Chaos auseinander, welches Jahrhunderte lang der Geschichte des Abendlandes ihre Physiognomie giebt.

---

[1]) Sog. Poema ultimum v. 1 ff. (Ausg. v. Bursian in d. Sitzungsber. d. K. bayr. Akad. d. W. 1880 S. 3 ff.).

Der Osten hielt sich in festern Formen, doch auf Kosten lebendiger Entwickelung und ohne die Erfahrung einer Verjüngung durch die neue Religion. Dennoch redet die Geschichte der nachkonstantinischen Jahrhunderte auf allen Blättern davon, daß die letzten Lebenskräfte der gealterten Menschheit durch die Berührung mit dem Christentum eine mächtige Anregung und einen höhern Inhalt empfingen. Was in der Klassizität wert war, nicht zu vergehen, ist in der christlichen Periode aufbehalten worden, um seinen unvergänglichen Wert in den kommenden Zeiten an der Menschheit immer wieder zu bewähren.

Zusätze und Berichtigungen.

Bd. I*) S. 3 A. 2 Z. 4 einzufügen vor Ep. 73 noch Ep. 71; ebend. Z. 3 in der Parenthese vor dem Citat de unico baptismo c. XIII, wo die Zahl steht.

S. 4 A. 1 Z. 7 f. ist die durch eine Verschiebung der Zahlen entstandene Verwirrung so herzustellen: „Not. dign. II (S. 615 ff.) 454" (nach dem bessern Text im C. Script. latt. VII Vict. Vit. p. 117 ff. 455). St. „Chrenaica" selbstverständlich „Syrtica".

S. 38 A. 3. Otto Seeck hat „Zeitschr. f. wissensch. Theol." 1890 S. 63 ff. daran erinnert, daß diese oratio funebris bereits von Wesseling (vgl. Frotscher im Programm von Freiberg i/S. 1855) als byzantinisch erwiesen worden sei. Die Tötung der Fausta sei Thatsache und psychologisch zu rechtfertigen. Vgl. meinen Aufsatz: „Die Verwandtenmorde Konstantins d. Gr." im „Theol. Lit. Bl." 1890 Ep. 17. Vgl. auch Hettner in d. „Westdeutschen Zeitschrift" 1888 S. 131.

S. 44 A. 2 ist der Wortlaut des Zosimus nach der neuesten Ausgabe von Mendelssohn (Lpz. 1887) so herzustellen: τῆς δὲ πατρίου καταλαβούσης ἑορτῆς, καθ'ἣν ἀνάγκη τὸ στρατόπεδον ἦν εἰς τὸ Καπιτώλιον ἀνιέναι καὶ τὰ νενομισμένα πληροῦν, δεδιὼς τοὺς στρατιώτας ὁ Κωσταντῖνος ἐκοίνησε τῆς ἑορτῆς. Ἐπιπέμψαντος δὲ αὐτῷ φάσμα τοῦ Αἰγυπτίου τὴν εἰς τὸ Καπιτώλιον ἄνοδον ὀνειδίξον ἀνέδην, τῆς ἱερᾶς ἁγιστείας ἀποστατήσας u. s. w.

---

*) Den größten Teil der Berichtigungen zu Bd. I verdanke ich Herrn Adolf Jülicher, der sich um Eruierung derselben in der „Theol. Lit. Ztg." besonders bemüht hat. Im übrigen wird es, denke ich, auch in Zukunft dabei bleiben, daß die durch diesen Gegenstand gestellte wissenschaftliche Aufgabe nicht durch dogmengeschichtliche und andere Phrasen, und seien sie auch noch so anspruchsvoll, sondern allein durch ernste, wenn auch nicht irrtumsfreie Arbeit zu lösen ist.

Zusätze und Berichtigungen.

S. 53 A. 5 st. H. E. IV, 48 l. V. C. III, 48. — S. 57 A. 3 Z. 6 st. H. E. l. V. C. — S. 64 Z. 5 v. u. l. „22. Mai, dem ersten Pfingsttage". — S. 67 Z. 7 ist der allgemeine Ausdruck darnach zu limitieren, daß zwischen dem Tode Konstantins und des Konstantius nur 24 Jahre liegen. — Zur Geschichte Konstantins sei bei dieser Gelegenheit noch verwiesen auf Otto Seeck, Die Bekehrung Konstantins d. Gr. (Deutsche Rundschau 1891 April S. 73—84). Der Verf. sucht die entscheidende Wendung Konstantins zum Christentum psychologisch aus den Erlebnissen des Kriegsunternehmens gegen Maxentius zu erklären. In dem glücklichen Ausgange des Feldzuges erprobte sich ihm der neue Gott. „Die Schlacht an der Milvischen Brücke hatte den Kaiser bekehrt; der Kaiser ließ es sich angelegen sein, auch sein Reich zu belehren; und daß dies vollständig gelang, war jetzt nur noch eine Frage der Zeit." Der Aufsatz ist beachtenswert. — Amedeo Crivellucci, Della fede storica di Eusebio nella vita di Constantio, Livorno 1888, worüber z. vgl. mein Referat im „Theol. Lit. Blat" 1889 S. 81. 89.

S. 69 Z. 5 ist Konstantius versehentlich als der jüngste Konstantinssohn bezeichnet; er war der mittlere unter den drei genannten. — S. 87 Z. 15; S. 94 Z. 11; S. 153 Z. 2 st. Neffe l. Vetter, wie auch sonst vorausgesetzt ist. — S. 77 Z. 5 f. v. u. ist richtig zu stellen nach S. 100 A. 1. Der Irrtum ist durch die hernach aufgegebene Adoptierung der Datierung von Cod. Theod. XVI, 10, 4 bei Gothofredus hervorgerufen. — S. 127 A. 2 st. XII l. XXII. — S. 140 A. 3 st. XL l. XLIX. — S. 182 A. 1 st. 363 l. 364. — S. 232 Z. 3 ist die ältere Datierung des Todestages auf 387 (z. B. bei Pauly) zu berichtigen in 384 ob. 385, wie Band II S. 180 auch angenommen ist. — S. 255 Z. 15 st. inferias l. iter; ebenso A. Z. 1. — S. 301 Z. 4 st. Orpheus l. Odysseus. — S. 353 A. 1 st. I, 9, 16 l. I, 10, 16; st. II, 38 l. l. 38. — S. 346 Z. 4 st. Suffecta l. Sufes u. darnach A. 1 Z. 2 Sufetanae (vgl. Bd. II S. 159). — S. 355 Z. 13 st. März l. Februar. — S. 364 Z. 3 u. im Folg. st. Olympos l. Olympios. — S. 420 A 2 st. 28 l. I, 54.

Bd. II S. 175. Zu dem Vestakult ist noch zu verweisen auf O. Marucchi, Nuova descrizione della casa delle Vestali, Roma 1887. Hier ist auch zuerst (S. 79 ff.) die S. 176 angeführte Vermutung über den Übertritt einer Vestalin ausgesprochen.

S. 277. Waddington teilt in s. Inscript. de la Syrie n. 2046 folgende Inschrift mit: ᾿Εκ προνοίας καὶ σπουδῆς Οὐάλεντος Ἀζίζου καὶ Σοβέου Ἀουίτου καὶ Μάγνου Ἀβγάρου καὶ Μάνου Θιέμου πιστῶν ἐκτίσθη τὸ Θεονδρίτιον ἔτ(ει) σπϑ. Darnach hätten die Genannten noch i. J. 391 dem Gotte Theandrites (denn Θεονδρίτιον = Θεανδρίτιον) ein Heiligtum errichtet. Ist die Datierung richtig, so würde jene Inschrift etwas Einzigartiges bezeugen. Oder sollte der Ausdruck Θεονδρίτιον christlichen Inhaltes und an ϑέανδρος = ϑεάνϑρωπος anzulehnen sein? Ich weiß mich nicht zu entscheiden.

S. 310 Z. 2 st. Neuplatonismus l. Neupythagoräismus.